낚시채비 & 묶음법 150

■ 장르별 묶음법 100선

■ 어종별 고수 채비 50선

낚시춘추 편집부

예조원

1

2

기회는 누구에게나 적절히 찾아온다.
성공과 실패는 준비와 기다림의 차이-.
철저한 준비로 순간에 대비하느냐,
막연한 기대로 요행만 꿈꾸느냐의 차이이다.

3

4

1. 대물은 대물 채비로! 최근 붕어낚시도 여유자적(餘裕自適)에서 벗어나, 치밀한 준비와 강한 인내심으로 오로지 '한 놈'을 노리는 대물낚시 분위기가 확산되고 있다. 사진은 경북 경산시 설못에서 낚은 '4짜' 붕어를 들고 환희에 찬 모습들. 2. 뙤약볕 물가에 앉은 낚시꾼의 마음을 아는지 모르는지, 무심한 그림자만 드리운 무심천(無心川 · 충북 청원군 가덕면 소재). 3. 플라이에 걸려든 산천어. 4. '장비와 채비는 나의 분신'. 강준치를 낚아 사진을 촬영하는 동안 플라이대를 물에 놓지 않고 입에 문 여조사. 수준급 매너다. 5, 6. 낚시에 앞서 채비를 준비하는 두 낚시인. 무슨 의도와 염원을 담고 있을까?

5

6

낚시에 있어서 준비란 다름 아닌 채비-.
그것은 자신의 염원과 의지가 담긴 구조물이다.
자신이 그렇게 설계하고, 직접 잇고 엮은 채비로
낚은 고기야말로 환희의 전리품이다.

최근 대물낚시의 확산에도 불구하고 채비는 더욱 경량화 추세다. 소(小)로 대(大)를 제압하고, 약(弱)으로 강(强)을 제압하는 것이다. 이 같은 경향이 확산되는 배경은 장비와 소품의 발달을 꼽을 수 있겠으나, 매듭의 진화 또한 빼놓을 수 없는 원동력이다. 줄을 가늘게 사용하면서도 강도는 몇 갑절 배가시키는 것이 매듭의 신비요, 마술이다. 빅 게임 채비에 있어 '비미니트위스트 묶음' 같은 것이 그 대표적인 사례이다.

A. 해외 원정낚시에서 대형 GT를 낚아 든 낚시인. 이 같은 대물낚시 채비 또한 와이어로 일관되던 옛날과는 달리, 몰라보게 경량화된 채비가 통용되고 있다. **B. C.** 갯바위낚시에 임하기 전, 채비를 점검하고 있는 모습들. 떠나올 때 준비하고, 현장에서 다시 확인! **D.** 추자도에서 90cm 참돔을 낚아든 낚시인. 갯바위 1.7호대, 3.5호 줄로 올린 놈이다. **E.** '심해어를 겨냥한 지깅 채비는 묶음법이 승부를 결정짓는 분수령이 되기도 한다. **F.** 낚싯바늘과 함께 가장 다양한 방법이 동원되는 루어 묶음법. 대상어의 종류에 따라 매듭의 특성을 살려야 하기 때문이다.

GRIP 290mm → SPINNING MODEL (S-832L)

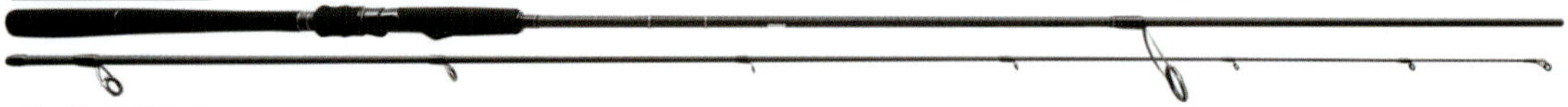

GRIP 430mm → SPINNING MODEL (S-962 MONSTER)

HURRICANE-X INSHORE

허리케인-X 인쇼어

규격	전장 (m)	절수 (本)	접은길이 (cm)	무게 (g)	선경 (mm)	원경 (mm)	LURE wt. (g)	P.E LINE (호)	GUIDE (ea)	GRIP (mm)	판매가 (원/₩)
S-832L	2.52	2	130.0	141.5	1.7	12.1	6~25	0.6~1.2	8	290	175,000
S-872ML	2.62	2	135.0	151.6	1.8	12.3	10~35	0.8~1.5	8	305	180,000
S-922ML	2.80	2	144.0	158.9	1.7	12.8	12~45	1.0~1.75	9	315	185,000
S-982M	2.95	2	151.5	180.5	1.8	13.4	18~60	1.2~2.0	9	330	190,000
S-962 MONSTER	2.90	2	149.5	233.4	2.2	17.0	20~80	2.0~4.0	8	430	195,000

※구매일로부터 1년 이내 1회 무상 A/S
※제품 규격 및 디자인과 판매가는 품질향상 등의 이유로 사전 예고 없이 변경될 수 있습니다.

CARBON 99%

1. FUJI "K" + ALCONITE GUIDE
2. FUJI VSS 16 REEL SEAT 적용
3. 하그립부 원그립 적용으로 편리성 및 선상낚시에서 홀더 사용시에 스크레치 현상 최소화
4. CTX적용으로 초고강도와 최고 감도를 동시에 실현

CTX
CARBON TAPE X-WARPING

Uni-Direct 형 Carbon 원사의 최대 취약점인 압축 강도를 보강하기 위하여 Blank 작업 시 최 외측에 24ton 또는 30ton Carbon Tape 을 X-자 형태로 일정한 Pitch로 감음으로서 압축 강도 및 외관을 화려하게 연출 할 수 있는 공법이다.

GRIP 230mm → SPINNING MODEL (ES-832M)

GRIP 215mm → SPINNING MODEL (ES-722ML / TIP RUN)

HURRICANE-X eging 허리케인-X 에깅

규격	전장 (m)	절수 (本)	접은길이 (cm)	무게 (g)	선경 (mm)	원경 (mm)	EGI / MAX (호/g)	P.E LINE (호)	GUIDE (ea)	GRIP (mm)	판매가 (원/₩)
ES-832M	2.52	2	129.0	111.4	1.7	12.2	3.0~4.0	0.6~1.25	10	230	165,000
ES-852ML	2.57	2	131.5	107.1	1.5	12.6	2.5~3.5	0.6~1.0	10	240	165,000
ES-872M	2.62	2	134.0	116.8	1.7	12.7	3.0~4.0	0.6~1.25	10	245	170,000
ES-682L (TIP RUN)	2.03	2	104.5	98.2	1.4	11.2	2.0~3.5 (40g)	0.4~0.8	9	215	150,000
ES-722ML (TIP RUN)	2.19	2	112.5	104.0	1.5	11.7	2.0~3.5 (40g)	0.6~1.0	9	215	160,000

※구매일로부터 1년 이내 1회 무상 A/S

※제품 규격 및 디자인과 판매가는 품질향상 등의 이유로 사전 예고 없이 변경될 수 있습니다.

※ES-682L / ES-722ML Tip Run (팁런) 모델은 선상용 모델입니다.

CARBON 99%

1. FUJI "K" + ALCONITE GUIDE
2. FUJI VSS 16 REEL SEAT 적용
3. 하그립부 원그립 적용으로 편리성 및 선상낚시에서 홀더 사용시에 스크레치 현상 최소화
4. CTX적용으로 초고강도와 최고 감도를 동시에 실현

CTXC
CARBON TAPE X-WARPING

Uni-Direct 형 Carbon 원사의 최대 취약점인 압축 강도를 보강하기 위하여 Blank 작업 시 최 외측에 24ton 또는 30ton Carbon Tape 을 X-자 형태로 일정한 Pitch로 감음으로서 압축 강도 및 외관을 화려하게 연출 할 수 있는 공법이다.

낚시채비 & 묶음법 150

■ 장르별 묶음법 100선

■ 어종별 고수 채비 50선

예조원

머리말

낚시는 채비로부터 시작된다. 좋은 장비와 소품은 돈으로 해결할 수 있지만 낚시인의 취향과 의도가 담기는 채비는 결국 낚시인 스스로가 만드는 것이다. 물론 대상어종에 따라 대량으로 만들어진 기성품을 구입해 사용할 수도 있지만, 적시적소의 조건에 부합해야 하는 채비다운 채비는 기성품으로 해결될 수도 없으려니와 낚시의 즐거움 또한 반감될 수밖에 없다.

따라서 낚시의 즐거움 역시 채비로부터 시작된다. 낚시를 떠나기 전 집안에서나 또는 낚시터 현장에서 채비를 점검하고 손수 만드는 일에서부터 진정한 의미의 낚시가 시작되며, 낚시의 즐거움이 시작되는 것이다. 원하는 대상어와 포인트를 머리 속에 그리며 정성 들여 채비를 준비하는 그 시간이야말로 전희(前戲)와 같은 것으로, 전희를 생략하거나 게을리 할 경우, 낚시의 오르가즘 또한 반감될 수밖에 없다.

남의 장비를 빌리거나 남이 만들어준 채비로 올린 고기는 그 가치가 다르다. 그저 조과(釣果) 자체가 전부인 초보 시절이면 몰라도, 낚시 경력이 쌓여갈수록 참다운 의미의 승부를 생각하게 된다. 자신이 아끼는 장비로, 자신의 의중을 담은 자작 채비로 낚은 대상어야말로 참다운 승부의 결과물인 것이다.

이렇듯 낚시에 있어 채비의 중요성은 아무리 강조해도 지나침이 없다. 대상어에 따라, 같은 대상어라 할지라도 지역에 따라, 포인트에 따라, 또는 시즌에 따라 채비가 달리 강조된다. 채비에 관한 전문서적도 많다. 그러나 이 같은 채비를 만드는 구체적 방법에 관한 설명과 이해의 노력은 부족한 편이다.

채비는 곧 묶음법이라 할 수 있다. 바늘과 줄, 줄과 줄, 줄과 소품을 연결하는 작업이 곧 채비를 만드는 일이다. 따라서 용도에 따른 묶음법을 숙지하지 않고선 원하는 채비를 만들 수 없다. 즉, 필요한 채비는 모방을 하더라도 표현(구현)은 손수 해야 하는 것이다.

그런데 채비의 기본이 되는 이 같은 묶음법은 그간 낚시 전문 잡지나 단행본 등에서 단편적으로 소개돼 왔을 뿐, 일목요연하게 정리된 교본이 없었다. 이에 금번 낚시춘추 편집부에서 펴내게 된 〈낚시 채비 & 묶음법 150〉은 모든 낚시 장르를 총 망라, 채비에 소용되는 수많은 묶음법을 집대성한 것으로, 총 100여 가지에 이르는 묶음법을 찾기 쉽고 활용하기 쉽게 용도별로 분류해 소개했다.

바늘 하나를 묶는 데도 20가지의 방법이 소개돼 있다. 이 모두를 숙지할 필요는 없다. 그러나 바늘도 종류가 다르고, 용도에 따라 묶는 방법이 달라지며, 묶는 방법에 따라 장단점이 공존한다는 사실을 발견하게 되면, 묶음법 하나 하나에 새로운 흥미를 갖게 될 것이다. 그리하여 용도에 맞는 묶음법, 그 용도와 특성이 요소 요소에 구현된 자작 채비는 낚시의 멋과 맛을 더 한층 배가시켜 줄 것이다.

묶음법에 이어 소개하는 '어종별 고수 채비 50선'은 민물 · 바다낚시 25개 장르에 대한 전문 낚시인 50인이 공개하는 자작 채비로, 전체 낚시 장르 및 대상어 종류에 비하면 절대 부족할 수도 있겠지만, 낚시의 형태를 대별(大別)한 사례로서 기타 영역에까지도 두루 활용할 수 있는 기본 채비라 여겨진다.

끝으로 이 책에 수록된 많은 내용들은 오랜 기간 낚시春秋 잡지에 소개된 것들이다. 잡지에 소개된 자료들을 새로이 다듬기도 하고, 이제껏 소개된 적이 없는 새로운 내용도 추가하였다. 날로 발전하는 낚시 장비, 이에 따른 새로운 채비 · 기법이 개발됨에 따라 묶음법 또한 새로운 형태가 선보이고 있다. 이런 부분에 대해선 외국 서적도 두루 참고했다.

부족한 측면도 더러 발견될 것이다. 국내의 경우 아직 동호인 숫자가 많지 않은 플라이낚시 및 은어낚시, 그리고 지깅 분야의 특수한 묶음법들이 다소 누락될 수밖에 없었다. 이 점 아쉽게 생각하며, 독자 여러분들의 성원에 힘입어 증보 작업의 기회가 주어지는 대로 더욱 완벽을 기해 나갈 것을 약속드린다.

끝으로 이 책이 나오기까지 많은 도움을 주신 조홍식 박사님, 그리고 한형주 박사님을 비롯한 여러 필진들께 감사드린다.

2004년 11월 1일

낚시춘추 편집부

c·o·n·t·e·n·t·s

낚시채비 & 묶음법 150

■ 장르별 묶음법 100선
■ 어종별 고수 채비 50선

차 례

제2부 어종별 고수 채비 50선

제1부 ▌ 묶음법 & 연결법 100선

제1장 낚싯바늘 묶음법

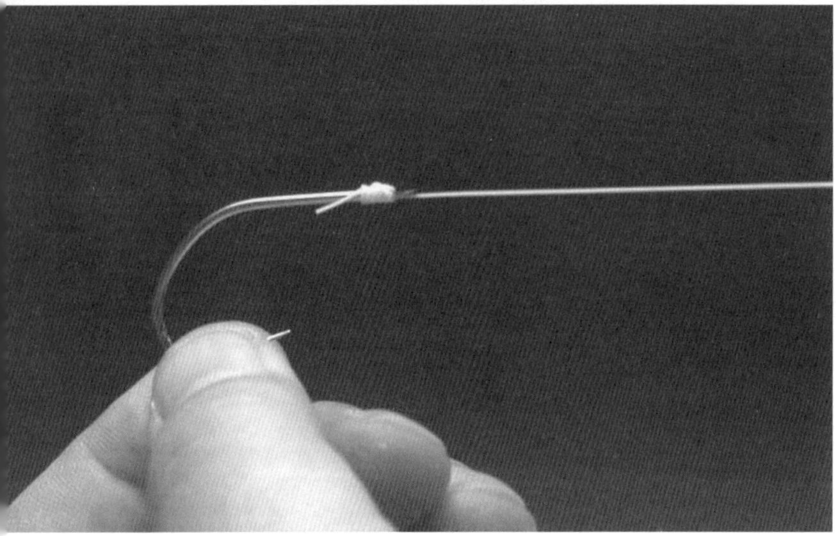

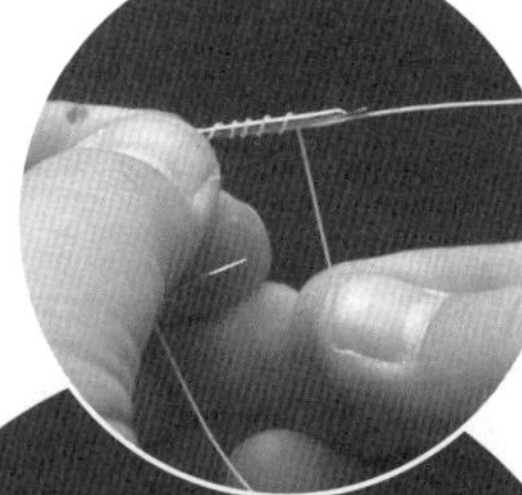

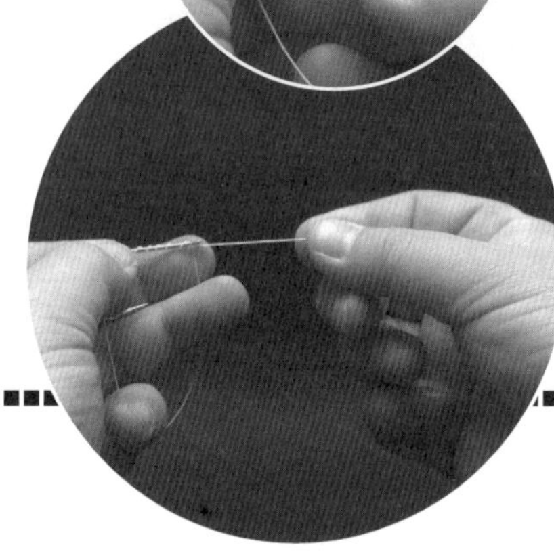

낚싯바늘 묶음법①

바깥돌리기

용 도 미끼를 사용하는 모든 낚시채비의 바늘 묶기에 활용된다.

특 징 ①낚싯바늘의 대소(大小) 또는 굵기 · 소재(素材)를 막론하고 '안돌리기'와 함께 가장 쉽고도 널리 사용되는 묶음법이다. ②'현장 바깥돌리기' 및 '현장 안돌리기'와는 달리, 미리 목줄을 묶어두거나, 목줄 길이가 그다지 길지 않는 민물낚시에 주로 사용된다. ③목줄 길이를 정해놓고 묶는 방식이기 때문에 목줄이 너무 길거나 원줄에 목줄이 연결돼 있는 상태에서는 통하지 않는다.

참 고 바늘 귀 부근에서 낚싯줄을 마지막으로 여밀 때 두 가지 방식으로 나뉜다. 〈그림3〉 단계에서 〈그림4〉 과정을 거쳐 마무리해도 되지만, 〈그림3-1〉처럼 바늘 축에만 별도로 두 바퀴 더 돌려주는 방식이 그것이다. 〈그림3-1〉에서 〈그림5-1〉로 마무리하면 목줄이 바늘귀에 스쳐 끊어질 위험이 줄어든다. 따라서 오른쪽 그림의 〈보강법〉 매듭은 농어 · 부시리 · 삼치 등, 바늘털이를 거세게 하는 어종을 상대로 미끼 낚시를 할 때 유용한 방식이다.

'안돌리기'와 함께 낚싯바늘을 묶는 데 가장 널리 사용되는 방법이며, 미리 목줄을 묶어두거나 목줄 길이가 그다지 길지 않는 민물낚시에 많이 사용된다. 목줄이 너무 길면 불편한 묶음법이다.

〈그림1〉

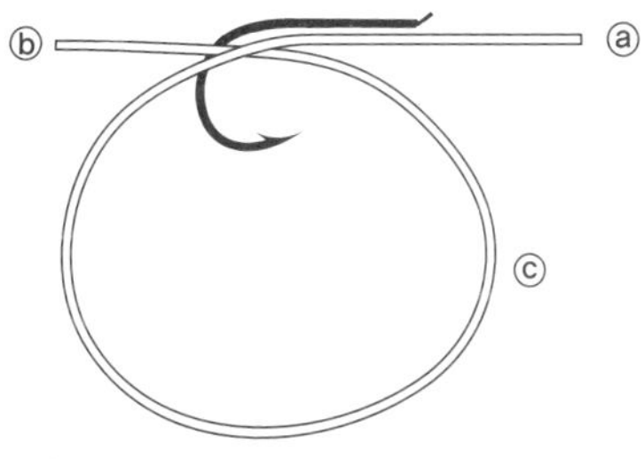

원을 크게 만들수록 돌려 감기가 편하다.

〈그림2〉

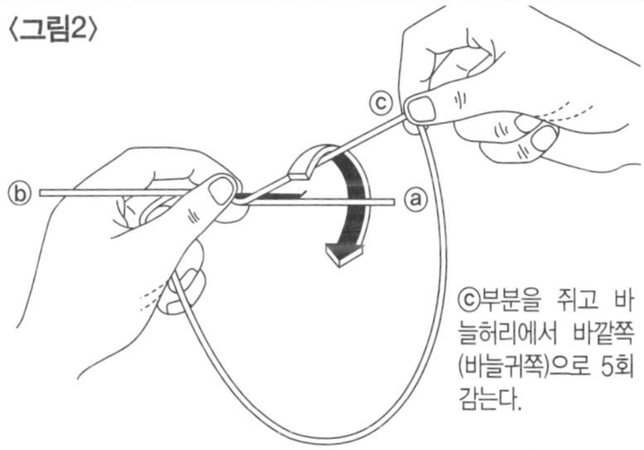

ⓒ부분을 쥐고 바늘허리에서 바깥쪽(바늘귀쪽)으로 5회 감는다.

〈그림3〉

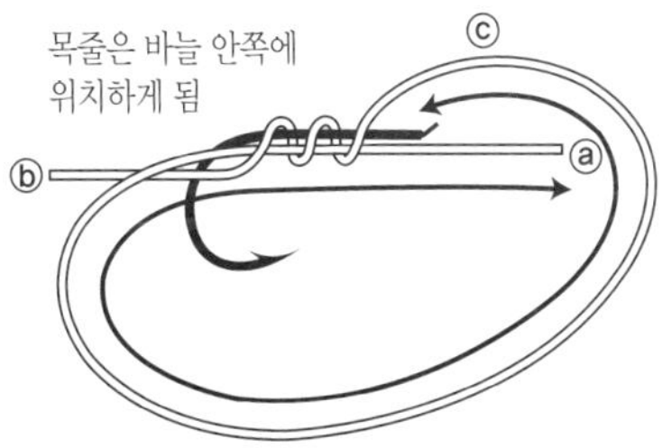

묶음법 완성 후 목줄 길이는 ⓐ~ⓒ 길이가 된다.

〈그림3-1〉보강법

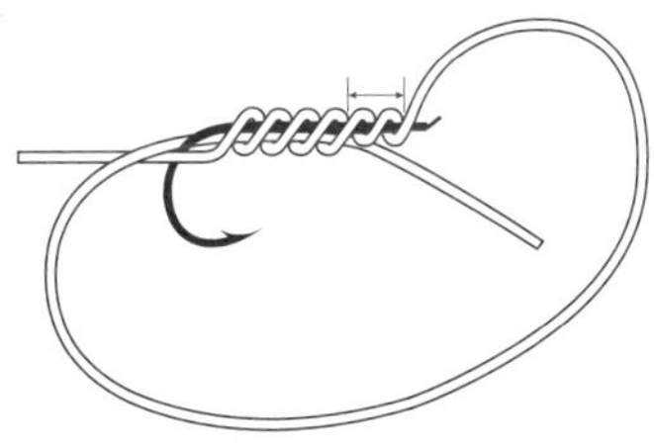

축에만 2회 추가로 감는다.

〈그림4〉

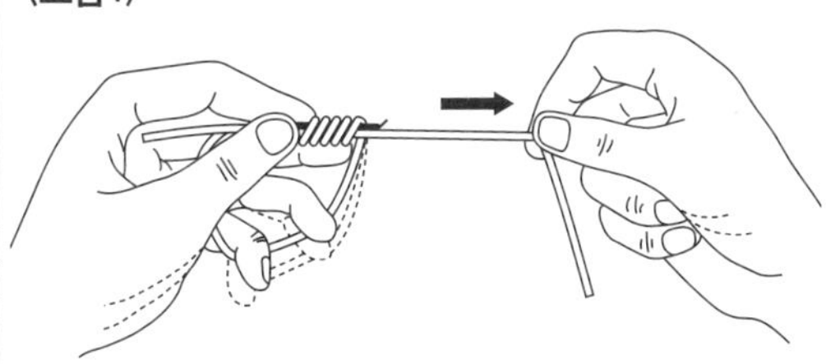

왼쪽 새끼손가락을 낚싯줄 고리 속에 넣고 여유줄에 텐션을 주면서 천천히 당기면 줄 꼬임도 안 생기고 줄 손상도 안 생긴다.

〈그림4-1〉

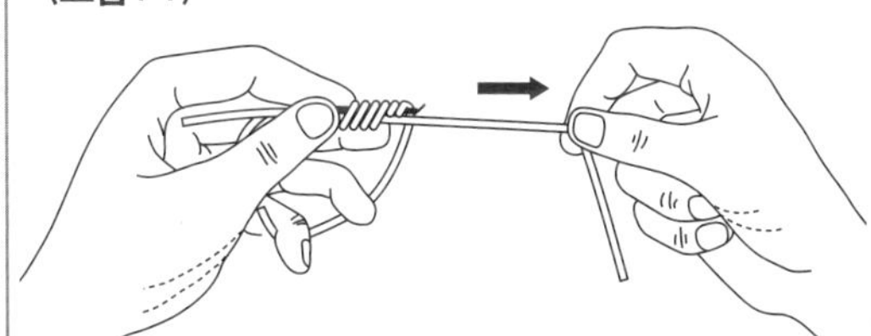

왼손 새끼손가락으로 여유줄에 텐션을 주면서 천천히 당긴다.

〈그림5〉

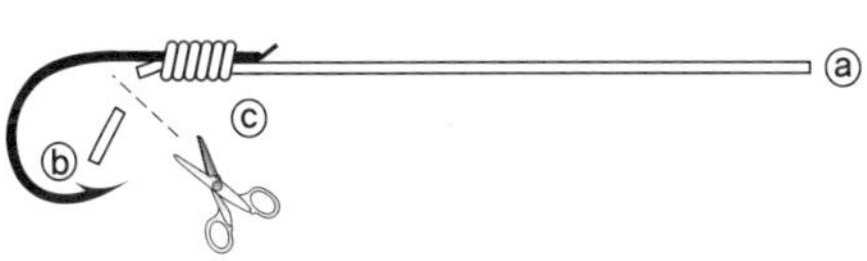

너무 바싹 자르면 묶음이 풀린다.

〈그림5-1〉

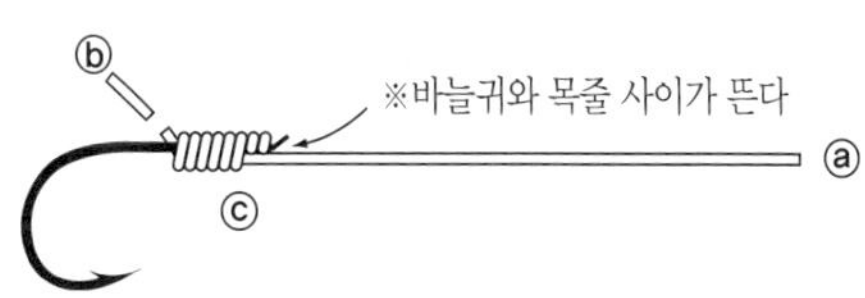

이렇게 묶으면 대상어가 심하게 설칠 때 목줄이 바늘귀에 스쳐서 끊어지는 위험이 줄어든다.

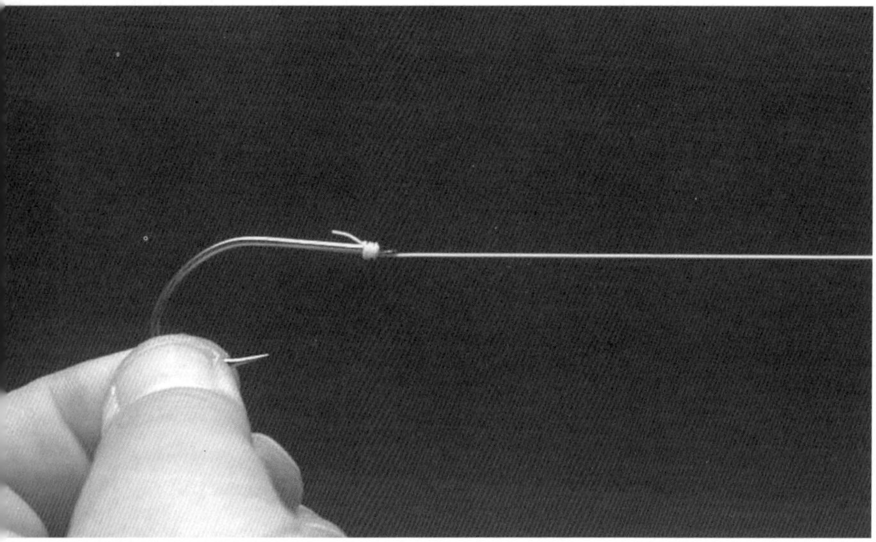

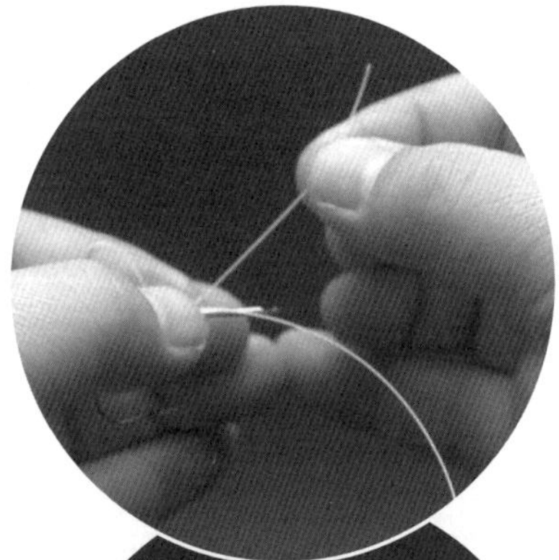

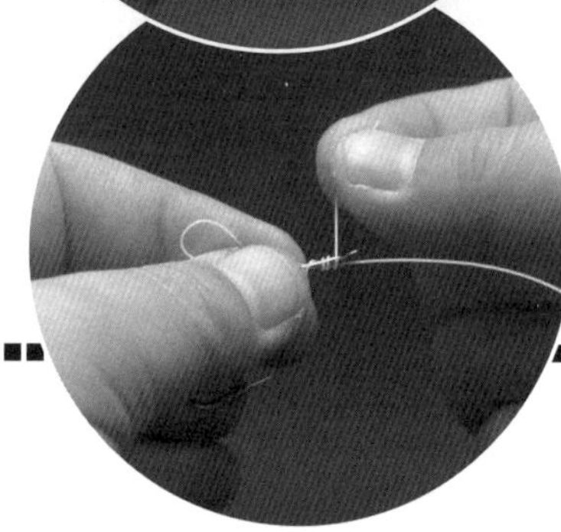

낚싯바늘 묶음법②

현장 바깥돌리기

용 도 ①미끼를 사용하는 모든 낚시채비의 바늘 묶기에 활용된다. ②특히 목줄을 길게 사용하는 바다낚시 때 유용한 방식이다. 낚시를 하는 도중 바늘이 떨어져나갔을 경우, 별도의 목줄 교체 없이 목줄 끝에 바로 바늘을 묶을 수 있는 방식이다.

특 징 ①낚싯바늘을 묶는 데 있어 가장 간단하고 기억하기 쉬운 방식이다. ② 단숨에 묶을 수 있고, 낚시 도중 손쉽게 바늘을 교체할 수 있다. ③ '현장 안돌리기'와 방식은 약간 틀리지만 원리와 특징은 같은 묶음법이다.

참 고 바늘 귀 부근에서 낚싯줄을 마지막으로 여밀 때, 일반 바깥돌리기처럼 별도의 보강(補强) 법이 있다. 〈그림3〉 단계에서 〈그림4〉처럼 곧장 마무리해도 되지만, 〈그림3-1〉처럼 목줄과 바늘 축 사이에 줄을 끼워 고리로 통과시키면, 낚시 도중 목줄이 바늘귀에 스쳐 끊어질 위험이 그만큼 줄어든다. 또한 매듭 부위가 잘 풀리지 않는 장점도 있다.

목줄을 길게 사용하는 바다낚시 때 유용한 방식이다. 낚시를 하는 도중 바늘이 떨어져나갔을 경우, 별도의 목줄 교체 없이 목줄 끝에 바로 바늘을 묶을 때 유용하다. 쉽고 빠르다는 점이 매력이다.

〈그림1〉

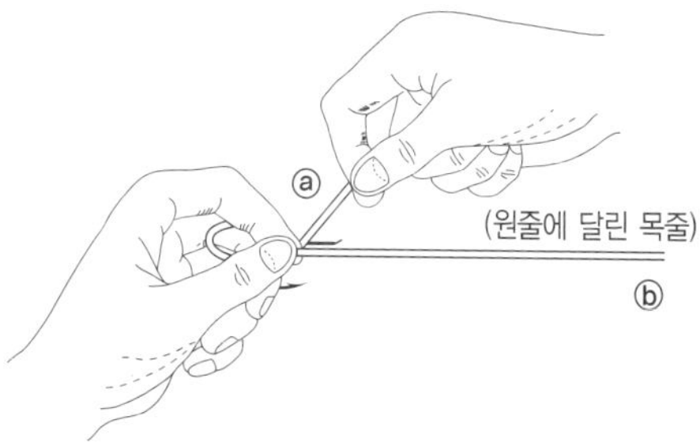

〈그림2〉

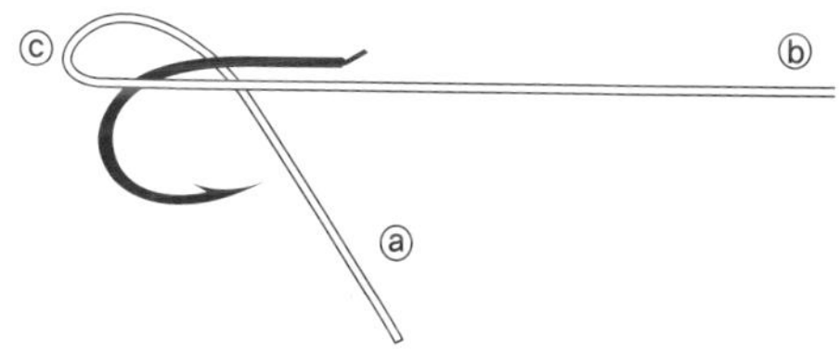

왼손으로는 작은 ⓒ고리를 접은 목줄과 바늘굽을 잡고 바른손으로 ⓐ를 바늘 축과 ⓑ줄 위에 바깥돌리기 묶음으로 5회 감는다.

〈그림3〉

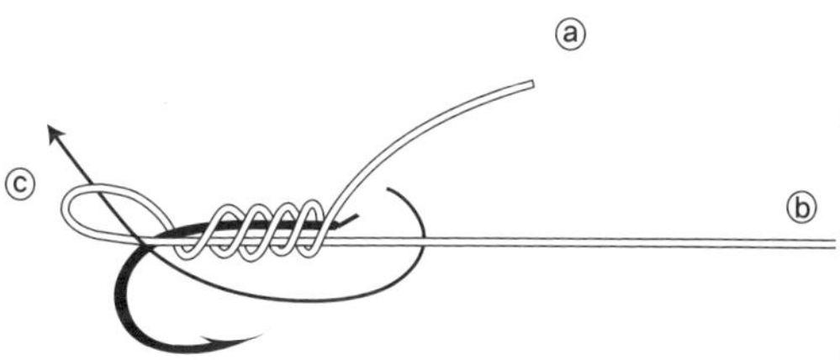

귀 사이에 끼우지 않고 ⓐ를 그대로 돌려 ⓒ 고리에 넣는다.

〈그림3-1〉 보강법

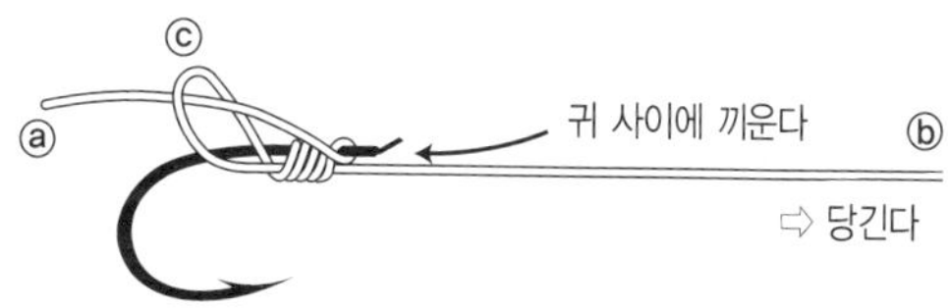

〈그림3〉과는 달리 5회 돌린 ⓐ줄을 바늘귀와 목줄 사이에 끼운 뒤, ⓒ고리 속으로 넣고 목줄을 당긴다.

〈그림4〉

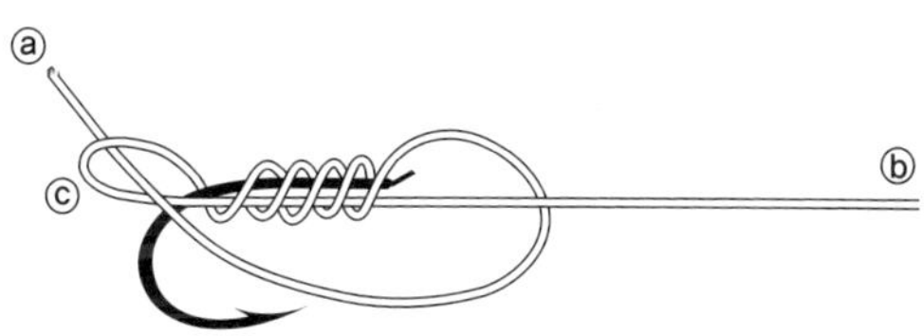

ⓑ를 먼저 당기고 나중에 ⓐ를 당긴 다음, 자투리 줄을 잘라내면 완성이 된다.

〈그림4-1〉

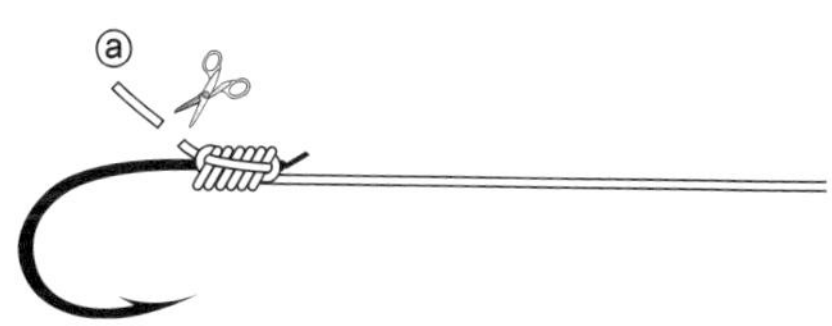

자투리 줄을 바짝 끊어도 잘 풀리지 않는다.

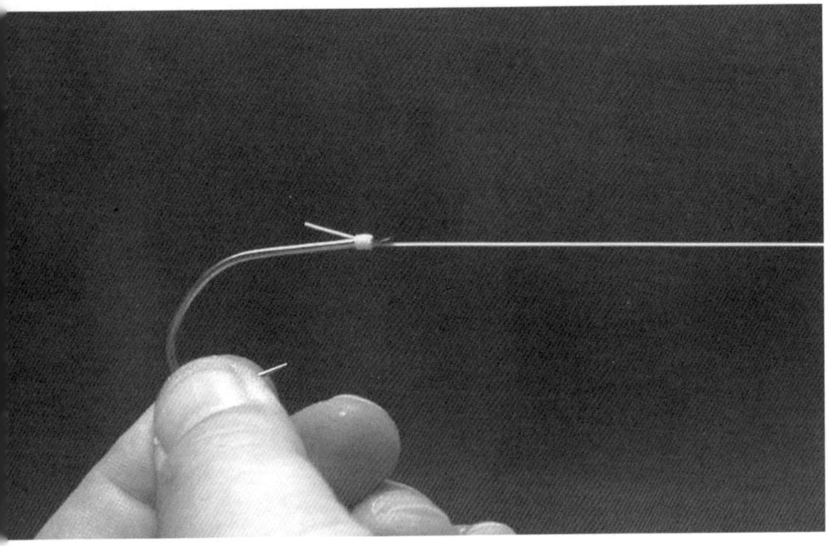

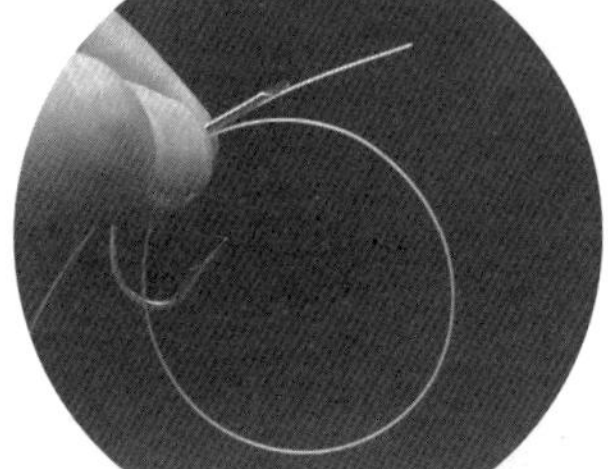

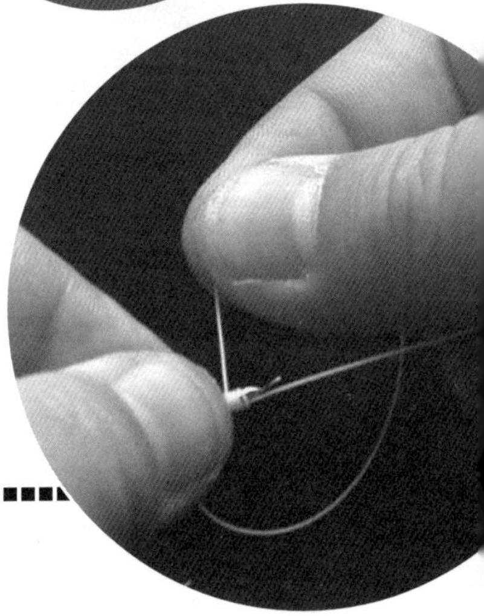

낚싯바늘 묶음법③

안돌리기

용 도 ①일반 '바깥돌리기' 처럼 낚시에 앞서 미리 목줄을 묶어두거나, 목줄 길이가 그다지 길지 않는 민물낚시에 주로 사용된다. ②일반 '바깥돌리기' 와 마찬가지로 목줄 길이를 정해놓고 묶는 방식인 데 비해, 목줄이 너무 길거나 원줄에 목줄이 연결돼 있는 상태에서는 역시 통하지 않는 방식이다.

특 징 ① '바깥돌리기' 와 함께 낚시바늘을 묶는 2대 방법 중의 하나다. ②이 방법에 숙달되지 않은 사람은 바늘귀로부터 처음 감기 시작할 때 자투리 줄이 자꾸 미끄러져 나가 짜증스럽기도 하지만 조금만 숙달되면 얼마든지 제어가 가능해진다. ③바늘을 쥔 왼손 엄지와 검지로 바늘과 자투리 줄을 잘 눌러주는 것이 요령이다.

참 고 ①바늘이 큰 경우는 그다지 어려움이 없으나, 바늘 크기가 너무 작을 경우는 묶기가 불편하다. ②완성된 뒤 자투리 줄 길이를 원하는 대로 활용할 수 있는 것이 장점이다.

목줄이 너무 길거나 원줄에 연결돼 있는 상태에선 통하지 않거나 불가능한 방법이다. 따라서 일반 '바깥돌리기' 와 마찬가지로 목줄 길이를 정해놓고 묶을 때 유용하다. 바늘 크기가 너무 작을 경우는 묶기가 불편하다.

〈그림1〉

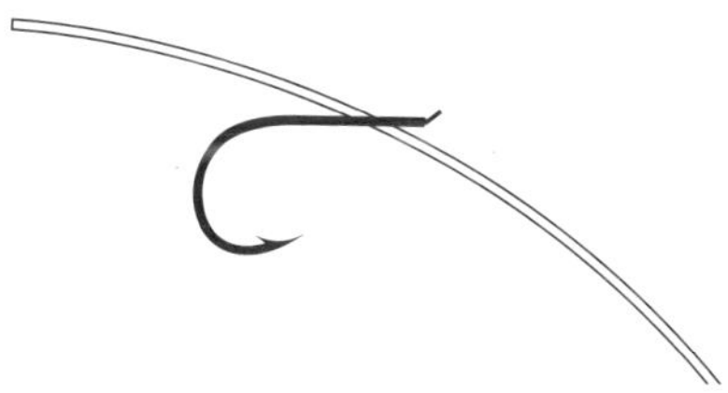

바늘 귀에 목줄을 대고 왼손 엄지와 검지로 누른다.

〈그림2〉

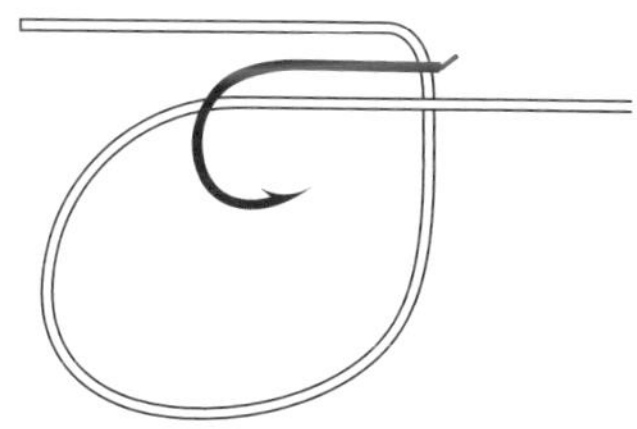

원을 크게 만들어 돌려야 묶기가 편리하다.

〈그림3〉

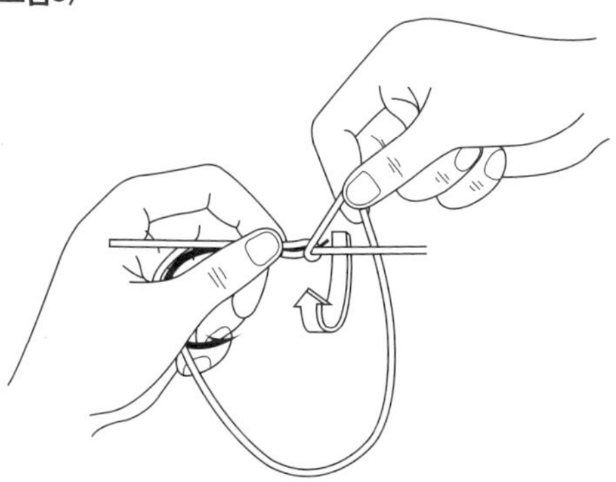

바늘귀 쪽부터 감기 시작해서, 차츰 힘을 주어가면서 안쪽으로 다섯 바퀴 감는다. 너무 힘주어 감으면 목줄에 파마가 생긴다.

〈그림4〉

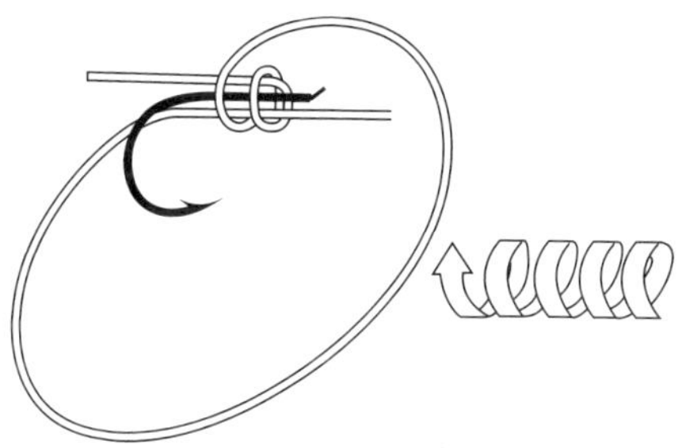

화살표 방향으로 4~5회 감는다.

〈그림5〉

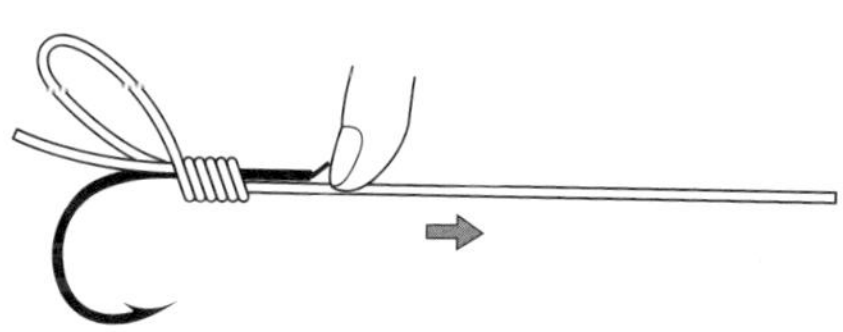

귀가 너무 나온 것은 손톱으로 밀고, 목줄은 바늘 채(軸) 안으로 위치하게 해서 당긴다.

〈그림6〉

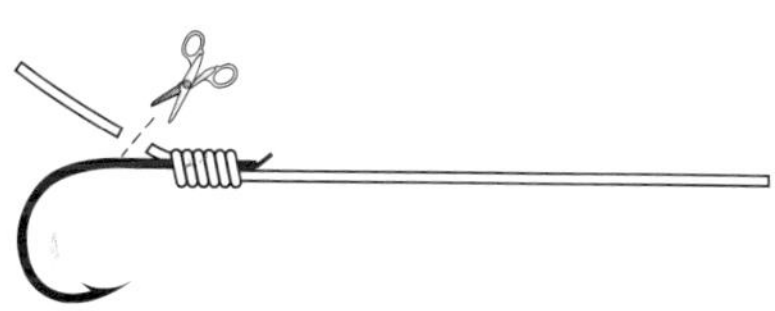

너무 바싹 끊으면 묶음이 풀린다.

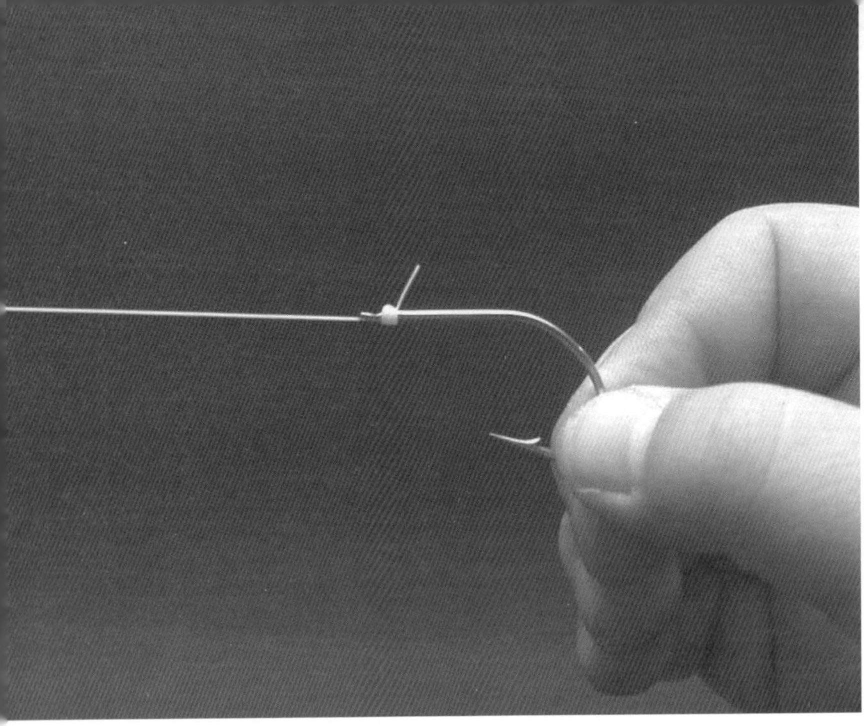

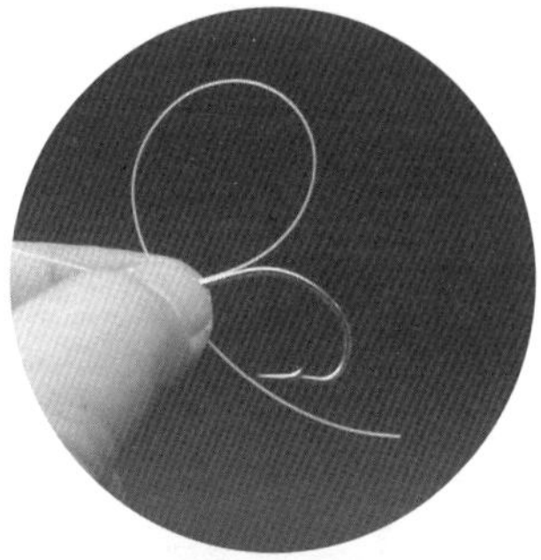

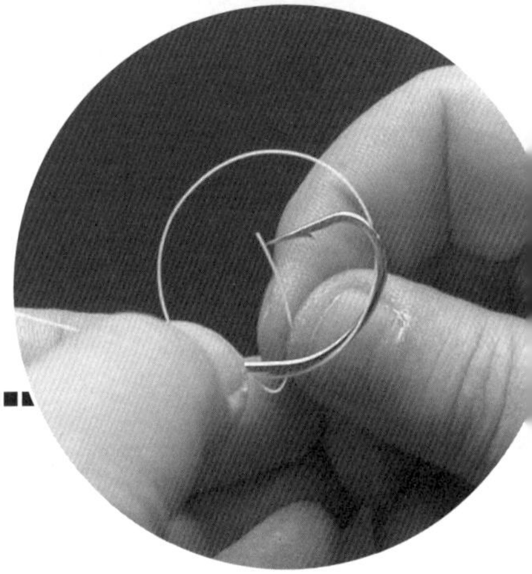

낚싯바늘 묶음법④

현장 안돌리기

용 도 ①민물 · 바다낚시 막론하고 거의 모든 낚시채비의 바늘 묶기에 활용되지만, 바늘 크기가 너무 작을 경우는 묶기가 불편하다. ② '현장 바깥돌리기' 와 마찬가지로 목줄을 길게 사용하는 바다낚시 채비를 할 때 특히 유용한 방식이며, 낚시를 하는 도중 바늘이 떨어져나갔을 때 별도의 목줄 교체 없이 목줄 끝에 바로 바늘을 묶을 수 있는 편리한 방법이다.

특 징 ①낚시 도중 손쉽게 바늘을 교체할 수 있는 방법이지만, 같은 목적의 '현장 바깥돌리기' 에 비해 묶기가 번거롭고, 숙달되지 않으면 그 과정이 어려운 것이 단점이다. ② '현장 바깥돌리기' 에 비해 방법은 다소 어렵지만 상대적인 장점도 있다.

참 고 허리가 짧은 바늘일수록 작업이 까다롭다. 상당한 주의력과 시간을 기울여야 하지만, 일단 완성하고 나면 묶음이 튼튼하다는 것이 장점이다. 최종 마무리 작업 시 목줄이 바늘 축 안쪽으로 놓이게 하고, 매듭 눈 부위는 반대로(바늘 축 바깥으로) 놓이게 하는 것이 결절(結節) 강도를 높이는 요령이다.

'현장 바깥돌리기' 와 함께 목줄을 길게 사용하는 바다낚시 채비를 할 때 특히 유용한 방식이며, 낚시를 하는 도중 바늘이 떨어져나갔을 때 별도의 목줄 교체 없이 목줄 끝에 바로 바늘을 묶을 때 흔히 활용된다.

〈그림1〉

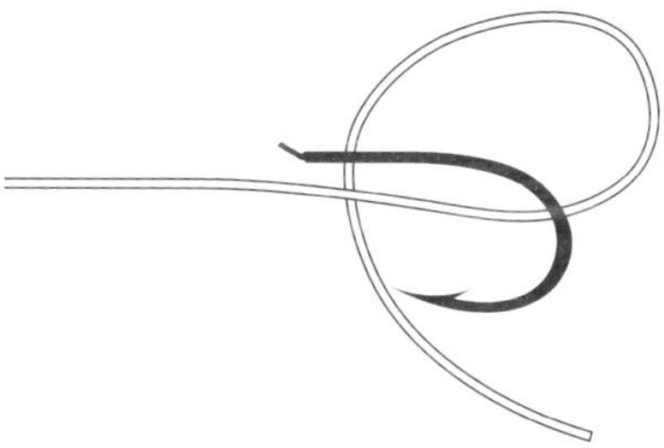

원을 크게 만들어 돌려야 묶기가 편리하다.

〈그림2〉

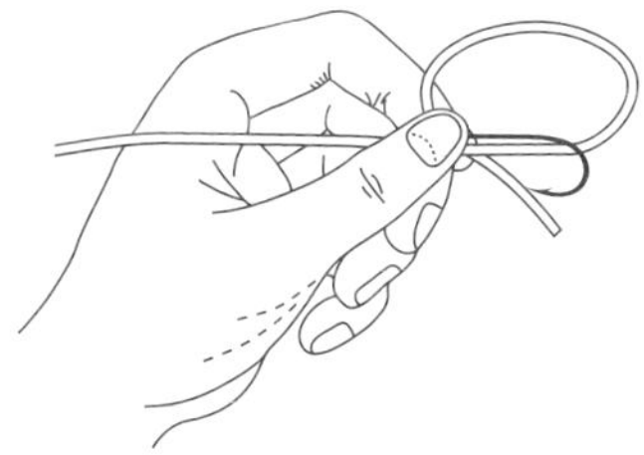

왼손 엄지와 검지로 바늘귀 부분과 목줄의 교차 지점을 함께 쥔다.

〈그림3〉

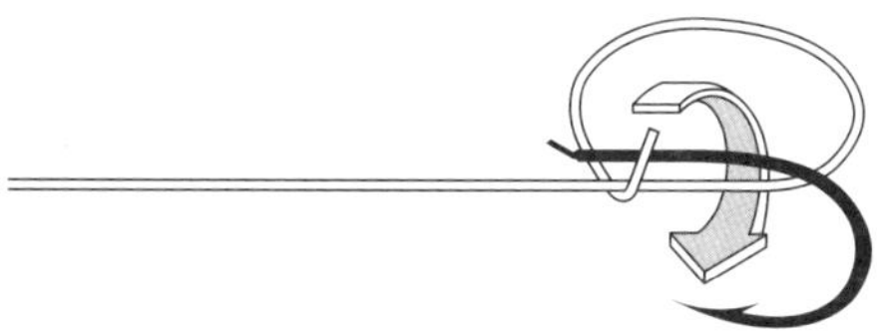

〈그림4〉

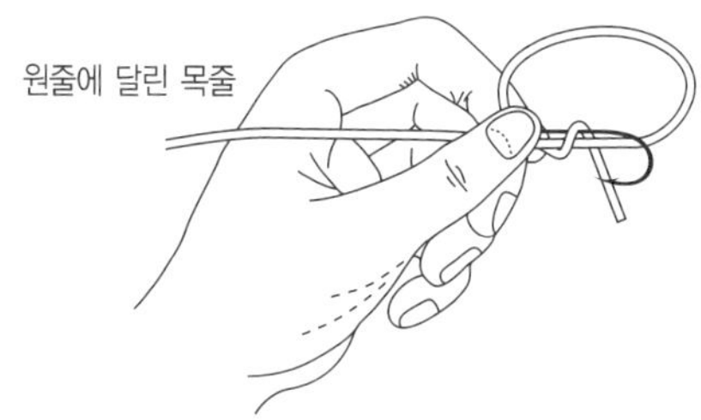

왼손으로 직경 4~5㎝ 정도의 원을 만든 목줄과 바늘귀를 함께 쥐고 바른손으로 줄 끝을 일일이 고리 속으로 5회 돌린다.

〈그림5〉

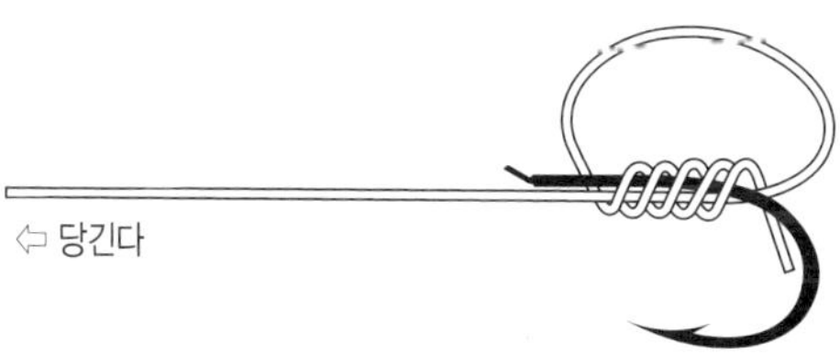

목줄이 바늘 채(軸) 안쪽으로 놓이게 하고 목줄을 당긴다.

〈그림6〉

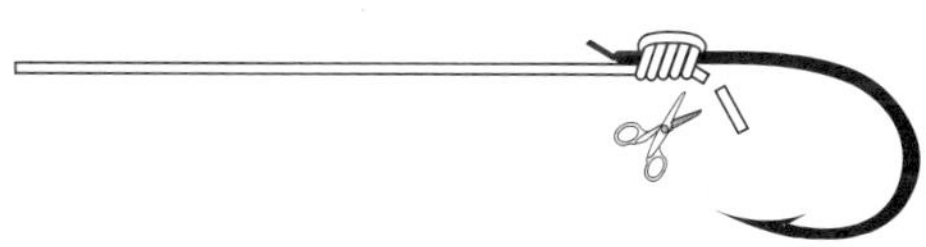

자투리 줄을 자르면 완성!

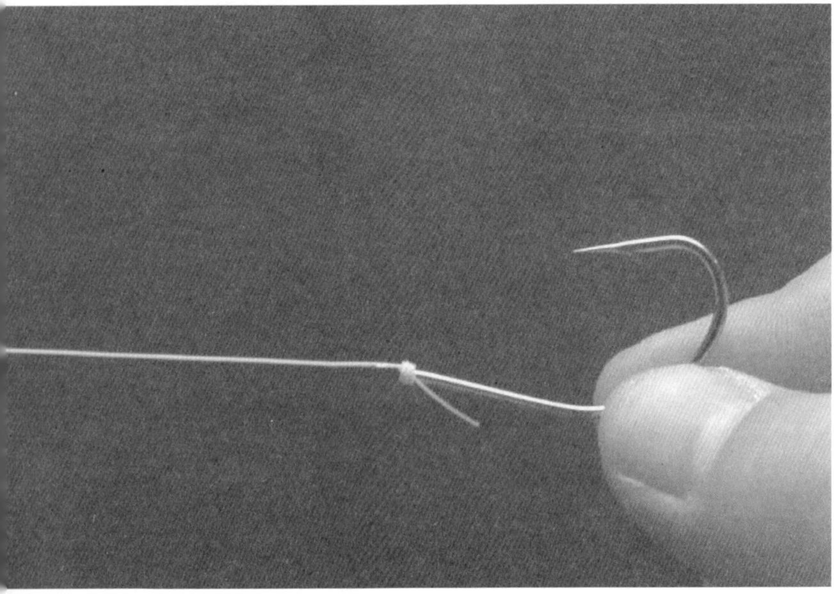

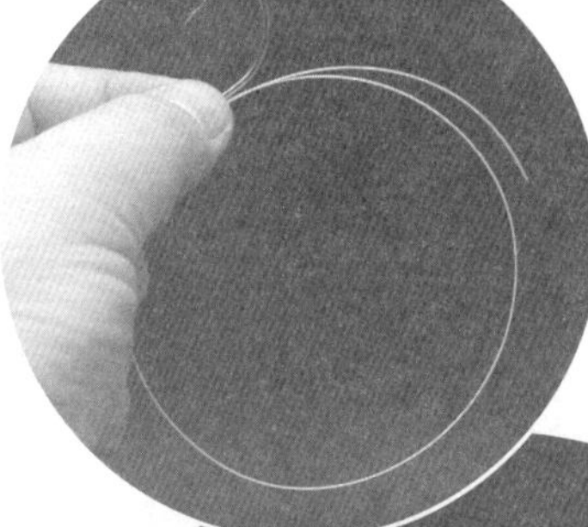

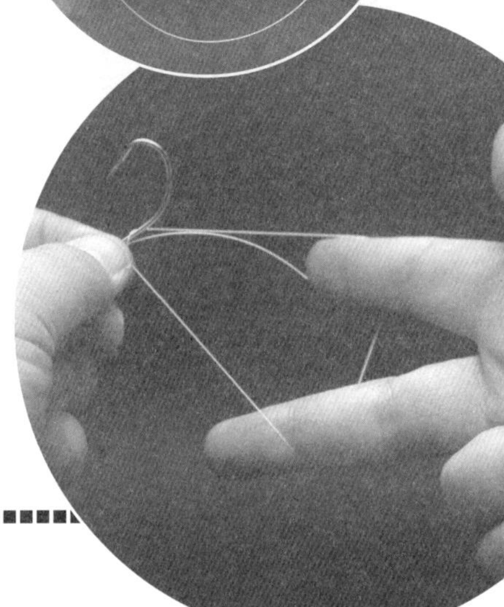

낚싯바늘 묶음법⑤

손가락 돌리기

용 도 ①모든 낚시채비의 바늘 묶기에 활용할 수 있다. ②목줄 길이를 미리 정해 놓고 바늘을 묶을 때도 좋고, 낚시를 하는 도중 바늘이 떨어져나갔을 경우, 별도의 목줄 교체 없이 목줄 끝에 바로 바늘을 묶을 때도 유용한 방식이다. ③목줄 채비를 자주 교체하게 되는 감성돔낚시에 있어 특히 유용하다.

특 징 ①'안돌리기'와 '바깥돌리기'의 특징을 모두 살린 묶음법이다. ②자투리 줄 어느 한 쪽도 매듭 부위 바깥으로 나오지 않게 하는 묶음법이다.

참 고 ①처음에는 다소 어색하지만 일단 익숙해지면 어떤 소재의 낚싯줄로든, 어떤 종류의 바늘이든 손쉽게 정확히 묶을 수 있다. 능숙 단계에 이르면 밤낚시 도중, 별도의 조명 기구 없이도 바늘을 묶을 수 있는 방법이다. ②다만, 바늘이 너무 작거나 너무 굵은 줄을 사용할 때는 번거로움이 따른다. ③목줄 부위가 바늘 축 안쪽으로 놓이게 최종 마무리하는 것이 좋다.

베테랑 바다낚시인들이 활용하는 묶음법이다. 한 번 익숙해지면 밤낚시 때 조명 기구 없이도 바늘을 묶을 수 있는 고도의 매듭법이지만, 바늘이 너무 작거나 너무 굵은 줄을 사용할 때는 번거로움이 따른다.

〈그림1〉

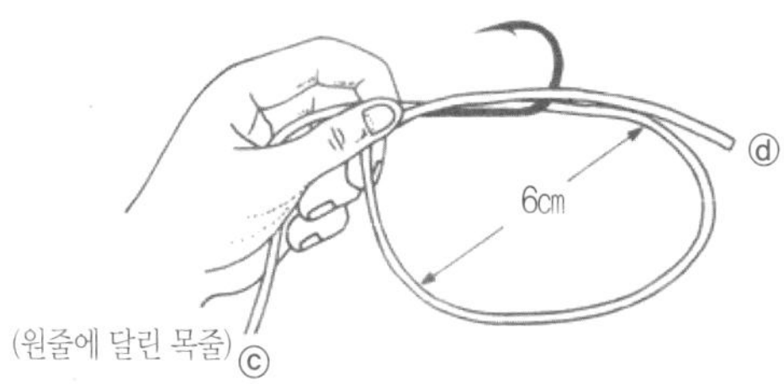

먼저 직경 6cm 정도의 원(圓)을 만들어 목줄의 교차 지점과 바늘귀를 함께 잡는다.

〈그림2〉

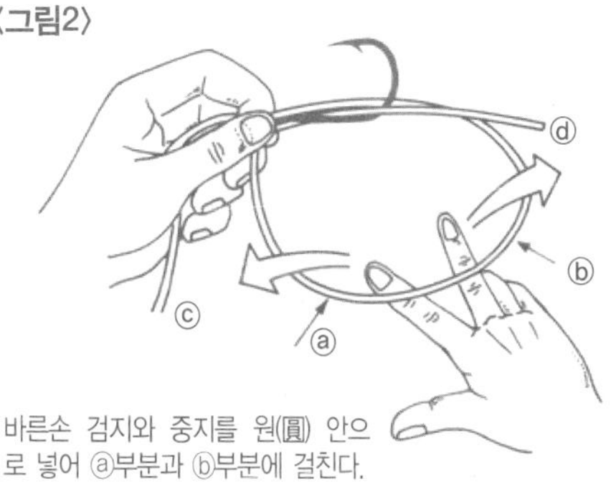

바른손 검지와 중지를 원(圓) 안으로 넣어 ⓐ부분과 ⓑ부분에 걸친다.

〈그림3〉

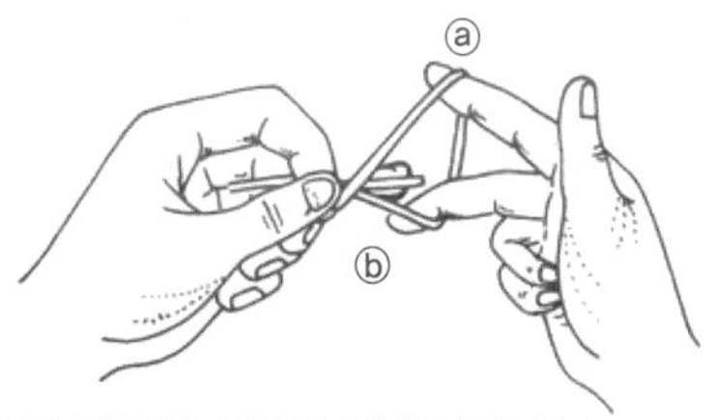

〈그림2〉 단계에서 중지 끝으로 ⓑ부분 줄을 걸어 누르는 기분으로 시계 방향으로 돌리는 한편,

〈그림4〉

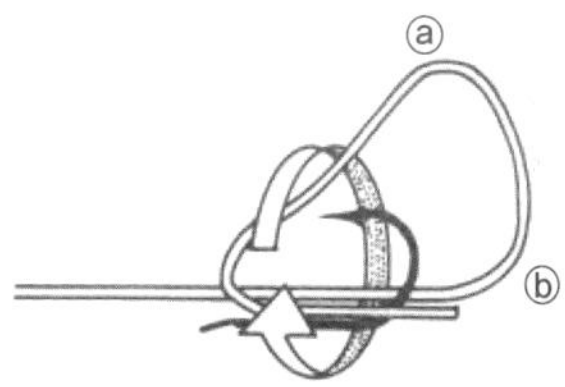

검지는 그대로 곧추 세워 줌으로써 ⓐ부분의 줄이 손가락으로부터 이탈되는 것을 방지한다.

〈그림5〉

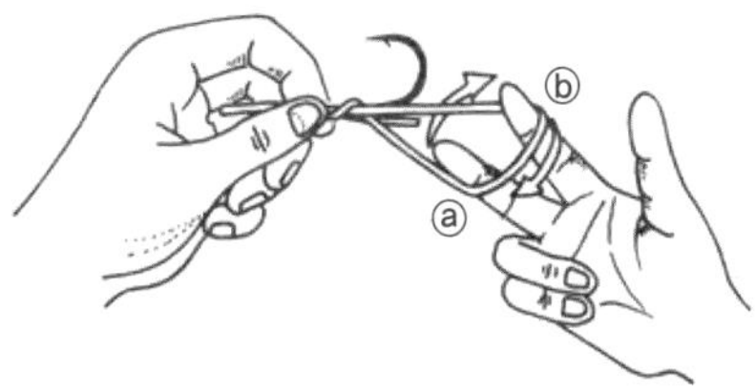

〈그림3〉 단계에서 검지로 ⓐ부분을 바늘 너머로 한 바퀴 돌려 〈그림5〉의 상태가 되면 줄을 팽팽히 유지시키면서 화살표 방향으로 두 손가락의 방향을 뒤집는다.

〈그림6〉

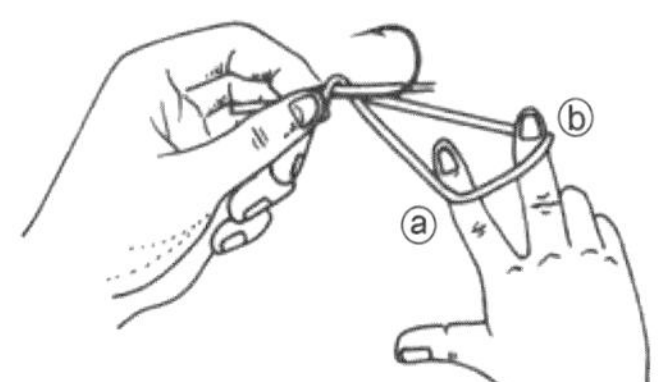

〈그림6〉처럼 검지와 중지의 위치가 바뀌게 되면 〈그림2〉 단계로 돌아가게 되는데, 여기서 또다시 〈그림3〉~〈그림5〉와 같은 동작을 4~5회 되풀이한다.

〈그림7〉

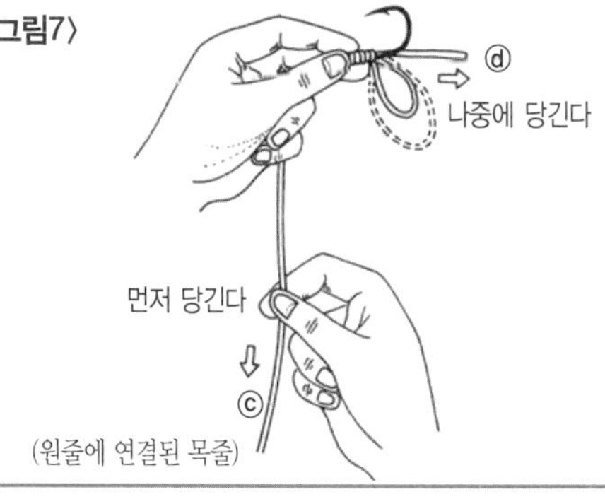

〈그림8〉

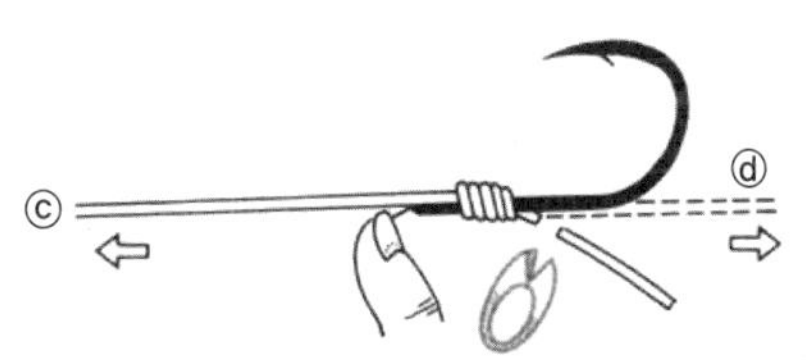

손톱으로 바늘귀를 매듭 부위까지 밀어내리는 한편, 목줄이 바늘 축 안쪽으로 오게 최종 마무리를 한다.

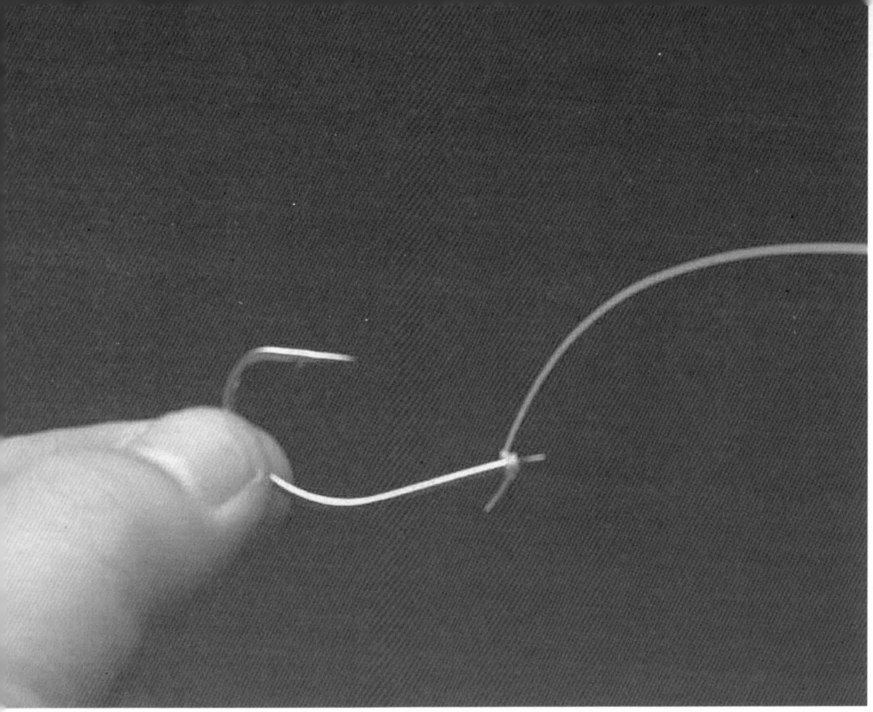

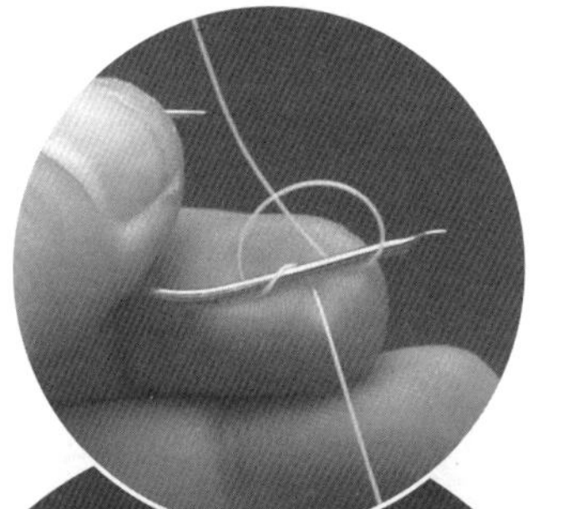

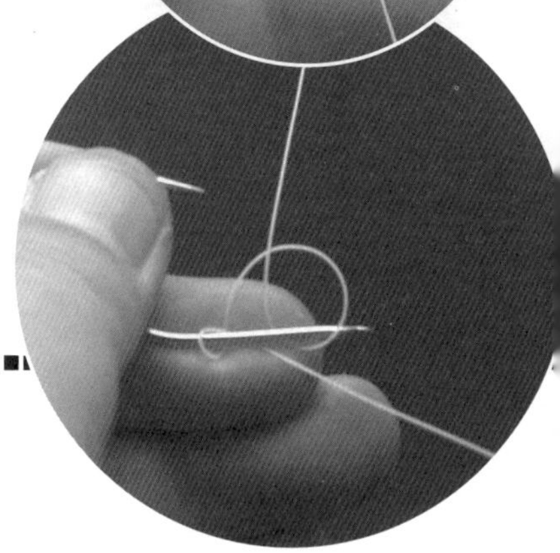

낚싯바늘 묶음법⑥

어부 묶음

용 도 ①이름에서도 알 수 있듯이 어부들이 작은 고기를 노릴 때에 이용하는 묶음법이다. ②아주 짧은 목줄로도 묶음이 가능하며, 크기가 작은 바늘을 묶기에도 편리하다.

특 징 ①절차가 간편해서 짧은 시간에 많은 바늘을 묶을 수 있다. ②어느 정도 결절 강도도 보장된다. ③그렇지만 바늘과 목줄이 일직선상으로 위치하지 않아 예민한 채비가 되지 못한다.

참 고 바늘 축에 줄을 두 번 정도 감아 돌린다. 그러나 이것만으로는 풀려지기 쉬우므로 한 번 더 줄을 비틀어서 고리를 바늘 끝으로부터 안 쪽으로 뒤집어씌운다. 그 다음, 짧은 여분 줄 끝을 고리 안으로 통과시킨 후, 양 끝을 잡아 당겨서 졸라 맨다. 완성된 그림에서 보듯 매듭 눈이 단지 세 개에 불과할 정도로 간편한 묶음법이지만 전문 낚시 채비에는 그다지 활용되지 않는다. 그러나 주낚 채비에는 무난한 방법이다.

낚시인들의 채비에는 거의 활용되지 않는다. 짧은 시간에 많은 바늘을 묶을 수 있는 방법으로, 어부들이 작은 고기를 노릴 때에 주로 사용하는 묶음법이다. 아주 짧은 목줄로도 묶음이 가능하다는 것이 장점.

〈그림1〉

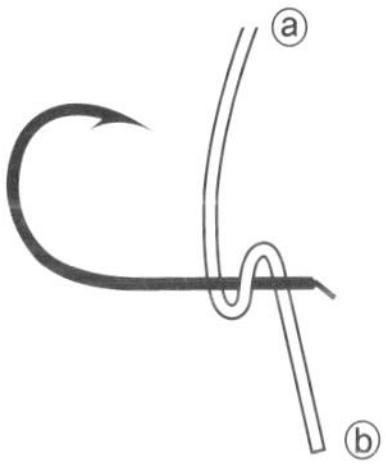

바늘귀 아래쪽에 목줄을 한 번 감아 올린다.

〈그림2〉

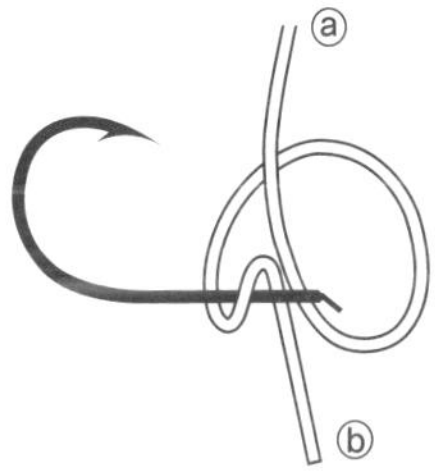

ⓐ를 반대로 비틀어서 만든 고리를 바늘귀 쪽에 건다.

〈그림3〉

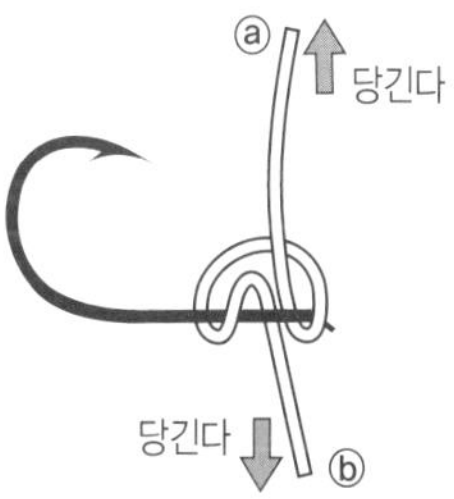

양쪽 끝을 강하게 당겨 조이면 이것으로도 완성이 된다.

〈그림4〉

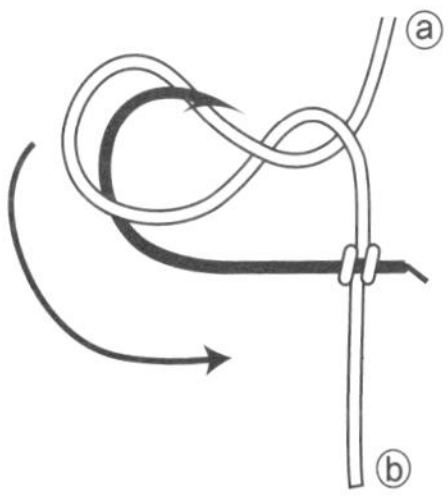

ⓐ를 한 번 더 비틀어서 바늘 끝으로부터
안쪽으로 통과시켜 보강한다.

〈그림5〉

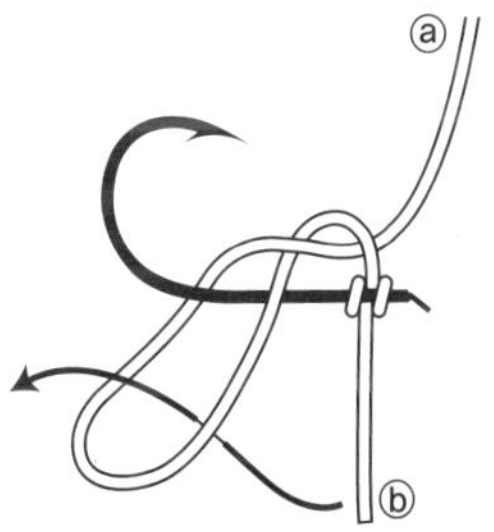

ⓑ를 고리 속으로 통과시킨다.

〈그림6〉

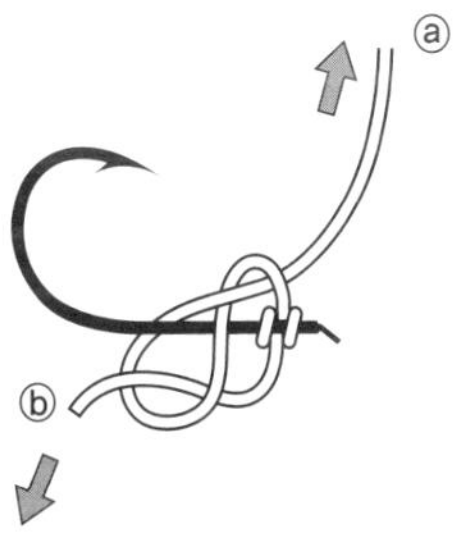

ⓐ와 ⓑ를 강하게 당겨 조인다.

〈그림7〉

여분 줄을 자른다.

〈그림8〉

완성 단계

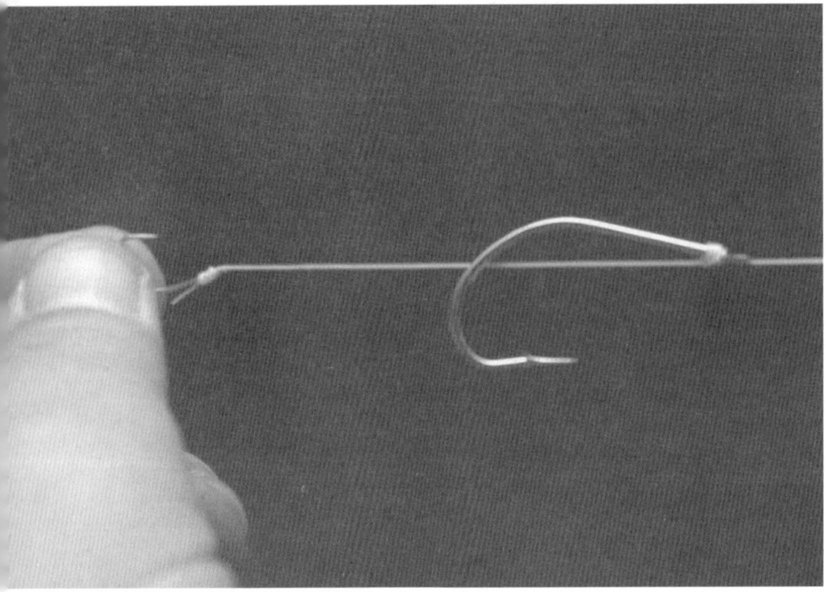

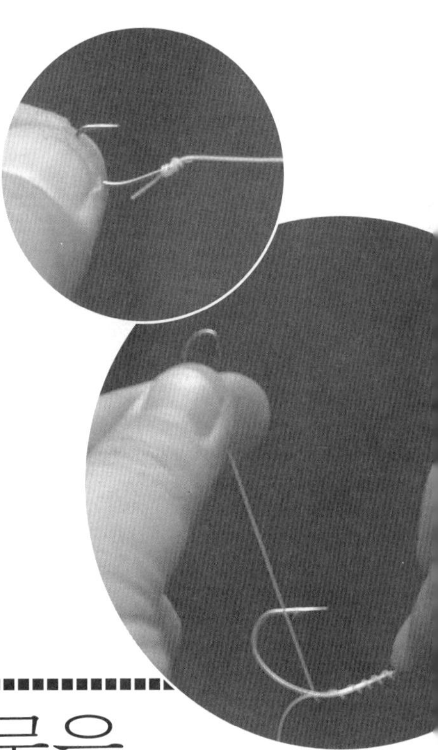

낚싯바늘 묶음법⑦

모자(母子)바늘 묶음

용 도 ①바다낚시에 있어 생미끼를 사용하는 채비에 사용된다. 대형 광어 등을 겨냥해 살아있는 정어리 미끼를 광어가 있는 수심층까지 내려 보내어 힘차게 헤엄치도록 유도하기 위해선 바늘 한 개로는 한계가 따른다. 어미(母)바늘과 새끼(子)바늘 두 개를 활용해야 한다. ②일본에서는 '손자(孫子)바늘' 묶음이라 한다.

특 징 ①은어 놀림낚시 채비의 역침(逆針)을 응용하는 방법으로, 아래쪽 바늘은 은어 놀림낚시처럼 세발갈고리 바늘을 활용해도 된다. ②우선 아래쪽의 새끼바늘에는 생미끼의 입이나 코를 걸고, 위쪽의 어미바늘로 꼬리지느러미 부근을 꿰어두면 생미끼가 오래 버티고, 대상어도 잘 걸린다.

참 고 ①먼저 새끼바늘을 묶는 법은 〈그림〉과 같이 '현장 바깥돌리기' 식을 취해도 좋고, 아니면 '현장 안돌리기' 방식을 취해도 좋다. ②생미끼의 크기를 계산, 적당한 위치에 어미바늘을 달되, '현장 안돌리기' 방식으로 묶어야 한다.

생미끼 낚시를 할 때 활용되는 바늘 묶음법이다. 아래쪽의 작은(子)바늘에는 생미끼의 입이나 코를 걸고, 위쪽의 큰(母)바늘엔 꼬리지느러미 부근을 꿰어두면 생미끼가 오래 버티고, 대상어도 잘 걸린다.

〈그림1〉

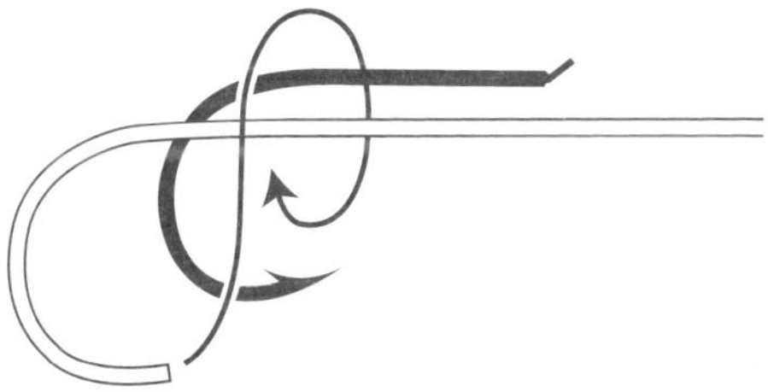

오른쪽 그림처럼 '현장 바깥돌리기' 방식으로 새끼바늘부터 맨다.

〈그림2〉

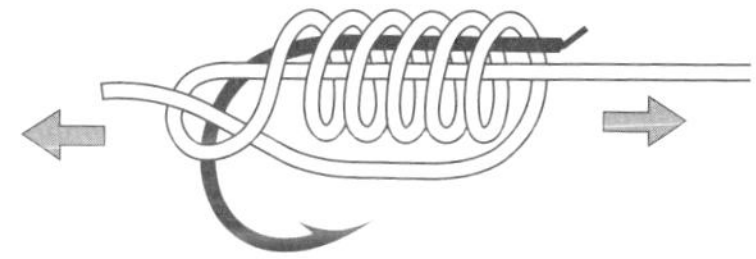

〈그림3〉

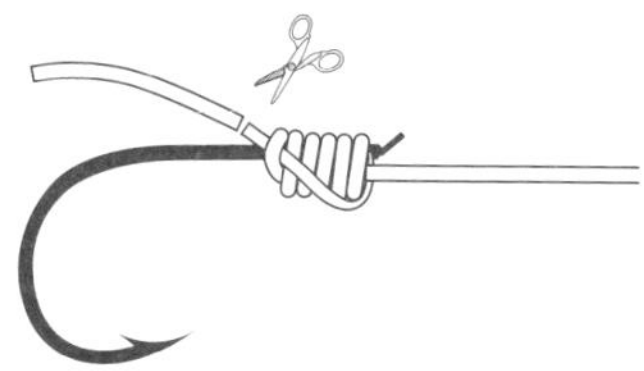

〈그림4〉

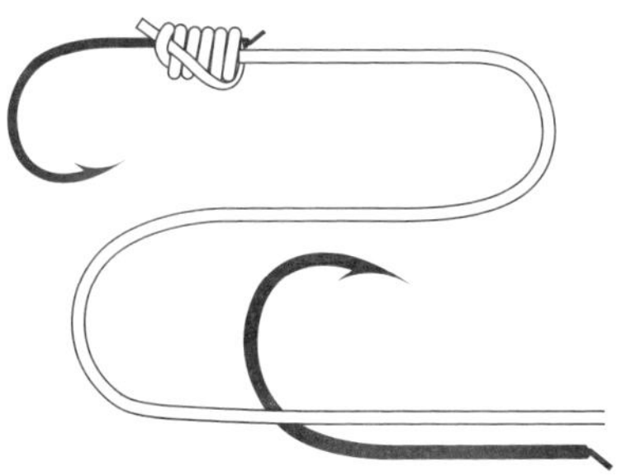

이번엔 어미바늘을 묶는다.

〈그림5〉

고리를 만들어 새끼바늘을 고리 안으로 넣고 돌린다.

〈그림6〉

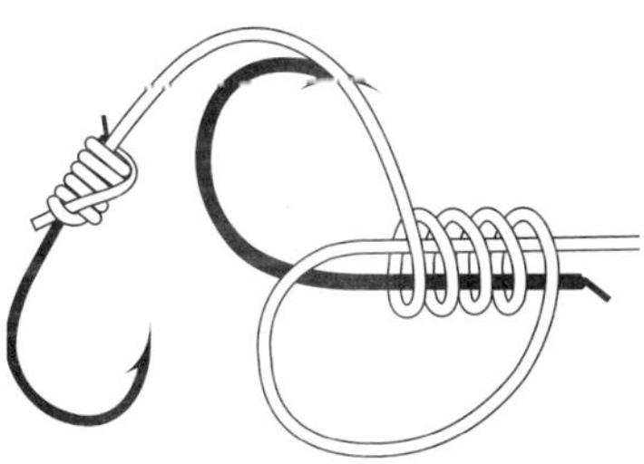

'현장 안돌리기' 형식으로 4~5차례 감아 완성시킨다.

〈그림7〉

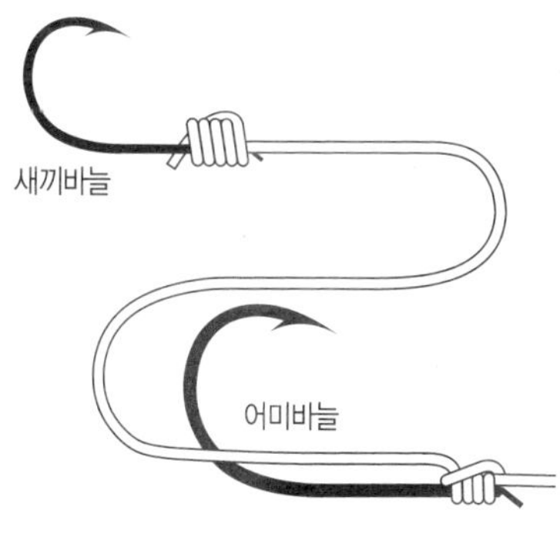

먼저 어미바늘을 묶은 줄의 여분으로 새끼바늘을 나중에 묶어도 무방하다.

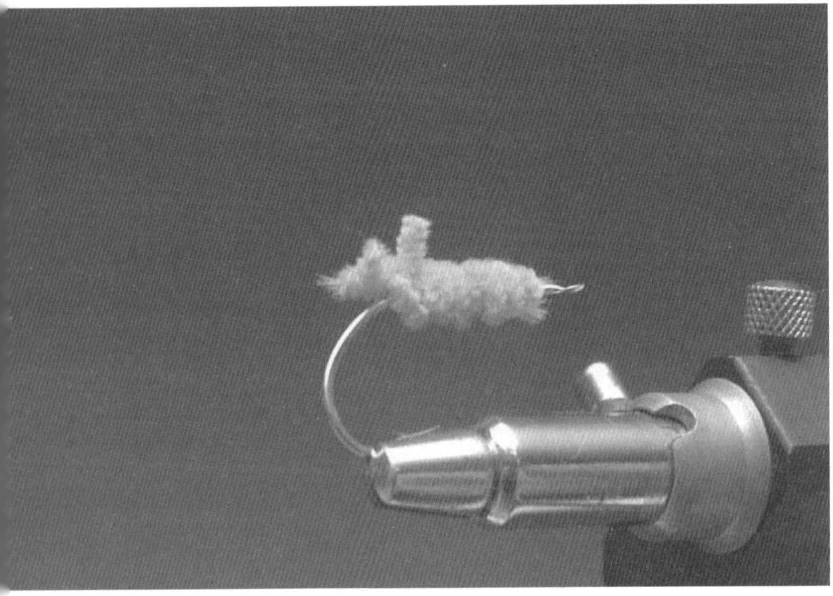

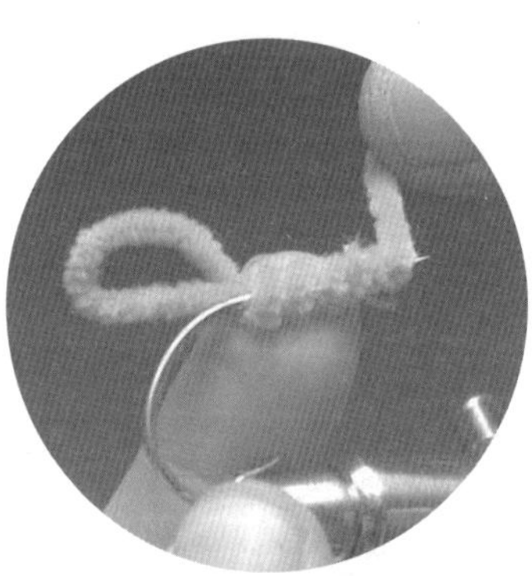

낚싯바늘 묶음법⑧

털실바늘 묶음

용 도 ①낚싯바늘에 가짜 미끼를 다는 형식으로, 화려한 색상의 털실 자체가 미끼 역할을 하게 된다. 구슬이나 반짝이 테이프를 다는 것과 같은 형식이다. ②강 여울에서의 피라미 · 갈겨니낚시에 활용되고, 바다 배낚시 또는 방파제낚시에서도 활용된다. 가다랑어 · 삼치 · 전갱이 · 고등어 등이 그 대상어이다

특 징 ①어피(魚皮) 또는 반짝이 테이프 등을 감은 인조미끼 바늘에 비해 성능이 뒤떨어지는 것이 사실이다. ②시중에 판매되는 털바늘이나 어피바늘을 사용하는 것이 좋겠지만, 재미삼아 스스로 만들어 보는 것도 낚시의 또 다른 즐거움이다.

참 고 ①얼마나 화려하게 만들어 고기에게 어필할 것이냐가 중요하다. ②털실은 상당한 탄력성이 있으므로 끊어지지 않을 정도로 강하게 당겨주면서 묶지 않으면 제대로 묶여지지 않는다는 점을 염두에 두어야 한다.

낚싯바늘에 구슬이나 반짝이 테이프를 다는 것과 같은 목적이다. 화려한 색상의 털실 자체가 미끼 역할을 하기 때문이다. 여울에서의 피라미 · 갈겨니낚시를 할 때 활용되지만, 성능은 크게 기대할 바가 못 된다.

〈그림1〉

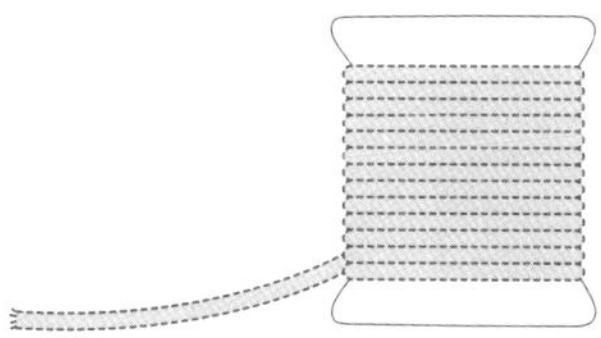

타래실이 아닌, 버려진 헌 털실을 사용해도 좋다.

〈그림2〉

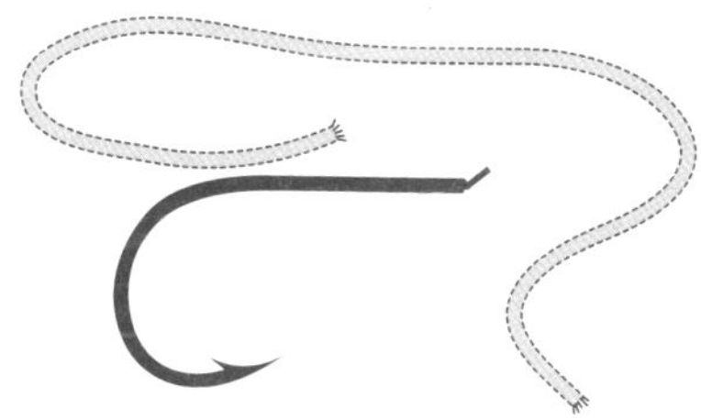

털실을 접어 돌려서 바늘 축과 나란히 한다.

〈그림3〉

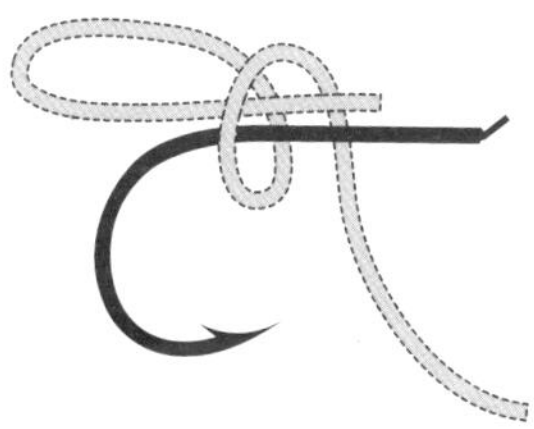

고리를 남겨두고 촘촘히 감아 준다.

〈그림4〉

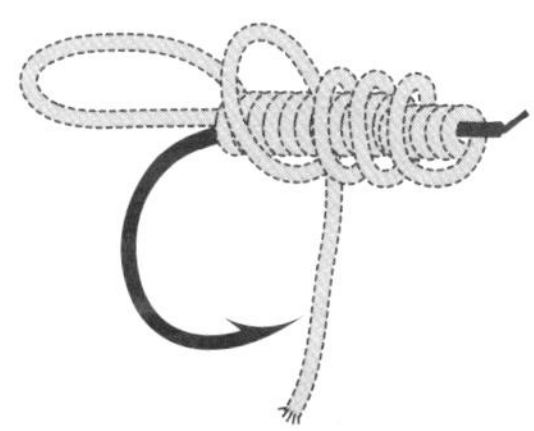

목 부분까지 감기면, 방향을 바꿔 덧감아 내린다.

〈그림5〉

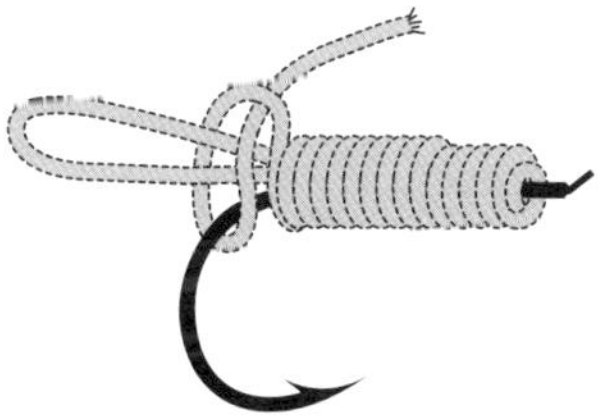

마지막으로 한 번 매듭을 지어 조여 준다.

〈그림6〉

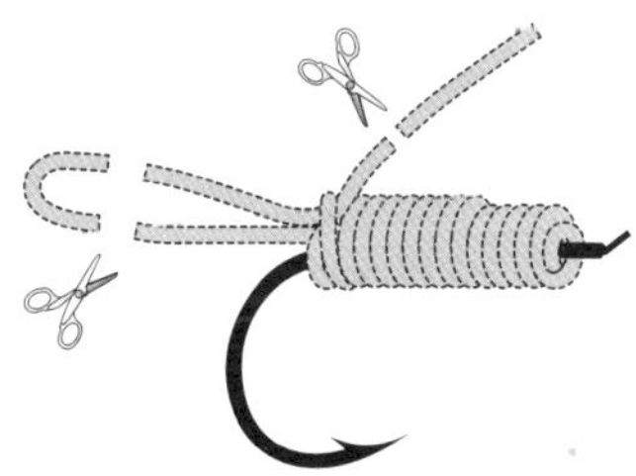

여분 줄을 자르고, 고리 끝 부분을 잘라주면 완성이다.

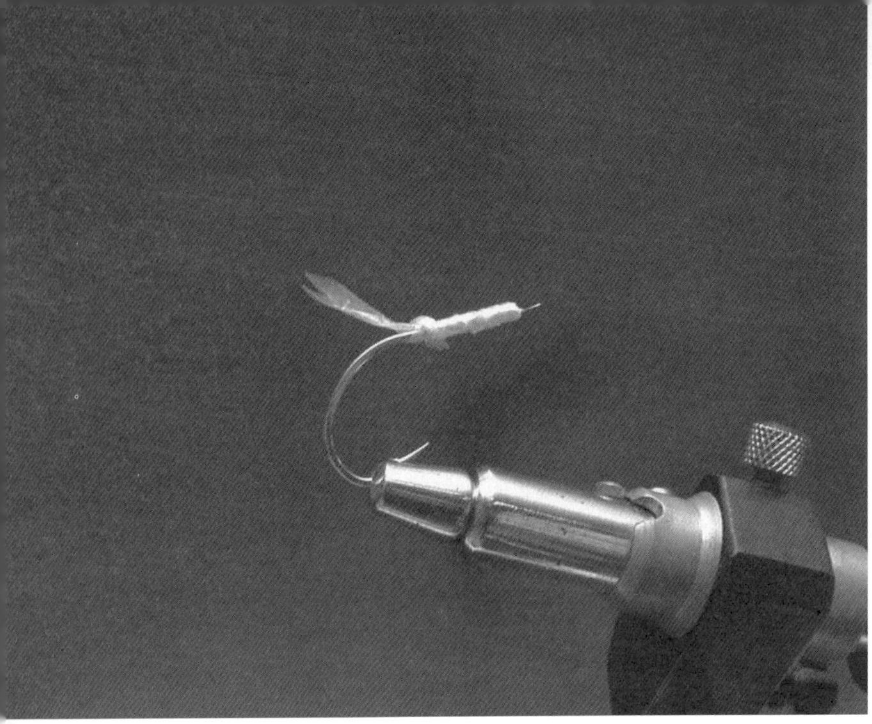

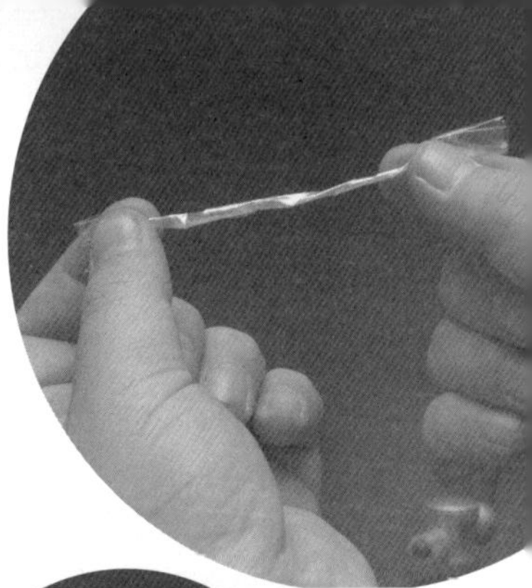

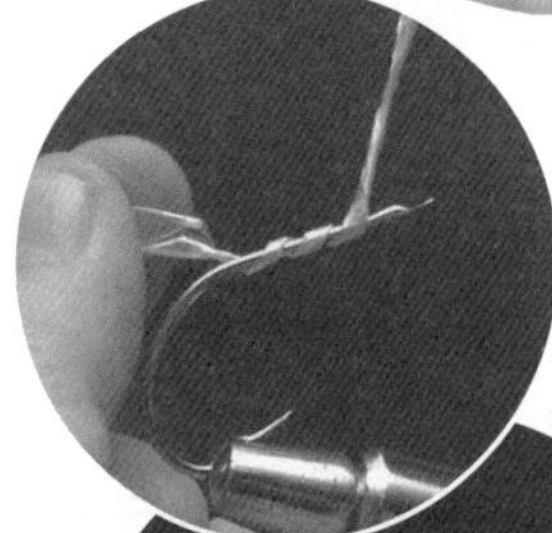

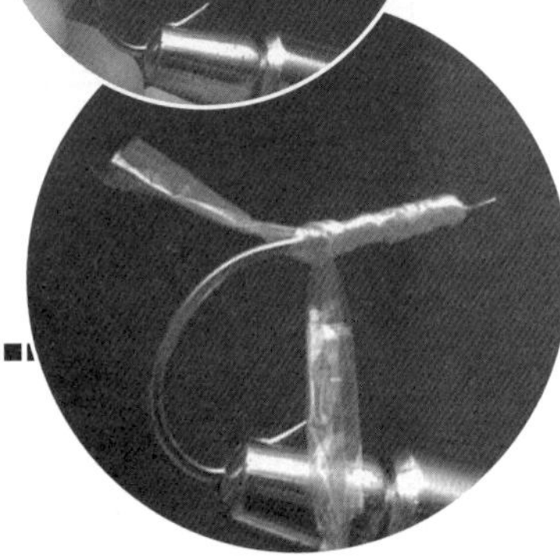

낚싯바늘 묶음법⑨

반짝이바늘 묶음

용 도 ①전항의 '털실바늘 묶음'과 같은 용도의 가짜미끼 형태이다. ②전갱이 · 고등어 · 벤자리낚시에 유용하며, 볼락 · 열기를 대상어로 한 카드채비에도 사용된다.

특 징 ①털실에 비해 반짝이 테이프는 물을 먹지 않아 가짜미끼로서의 성능이 당연히 뛰어나다.

참 고 ①반짝이는 흰색 및 핑크와 녹색 등, 여러 가지의 색상이 있으므로 대상 어종과 낚시터 현장의 물색을 잘 고려해서 사용하면 된다. ②따라서 반짝이바늘은 시판되고 있는 것들도 있지만 스스로 연구하면서 만들어 보는 것도 조과를 올리는데 도움이 된다. ③작업 과정에 있어 주의할 점은 바늘귀 아래쪽에 목줄을 묶을 부분을 조금 남겨두고 반짝이를 감아야 나중에 후회하지 않는다. ④바늘 축에 한 번 감을 때마다 반짝이를 당겨주면서 제대로 눌러주지 않으면 금방 제자리로 돌아와 버린다.

전항의 '털실바늘 묶음'과 같은 용도이지만 가짜미끼로서의 성능은 다소 뛰어나다. 전갱이 · 고등어낚시에 유용하며, 볼락 · 열기를 대상어로 한 카드채비에도 사용된다. 심심풀이로 시도해볼 만하다.

〈그림1〉

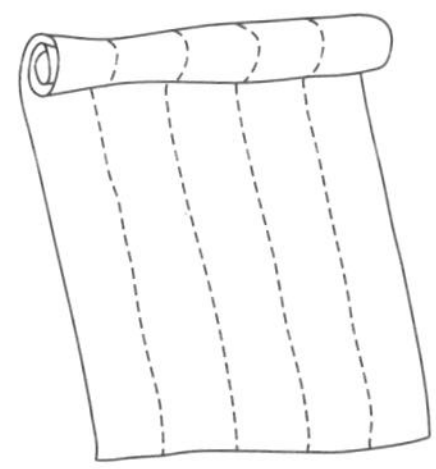

넓은 형태로 되어 있는 반짝이를 폭 5mm 정도로 잘라준다.

〈그림2〉

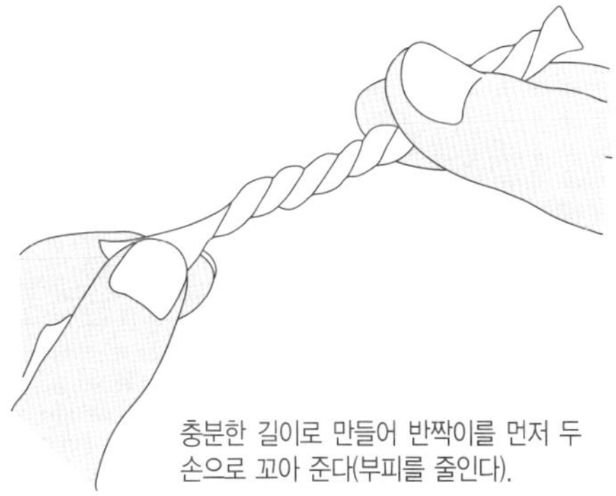

충분한 길이로 만들어 반짝이를 먼저 두 손으로 꼬아 준다(부피를 줄인다).

〈그림3〉

바늘의 축에 감아 준다. 느슨하게 하면 꼬임이 풀려지므로 팽팽하게 당긴 상태에서 감는다.

〈그림4〉

바늘의 목 부분까지 감은 후에 다시 한 번 아래로 덧감아 내린다.

〈그림5〉

마무리 작업으로 두 차례에 걸쳐 매듭을 단단히 짓는다.

〈그림6〉

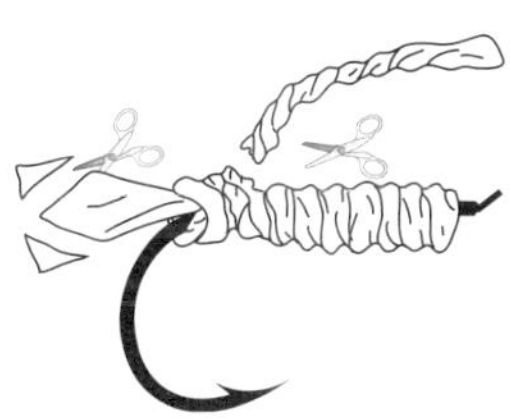

여분을 자르고, 날개를 정리해 주면 완성이다.

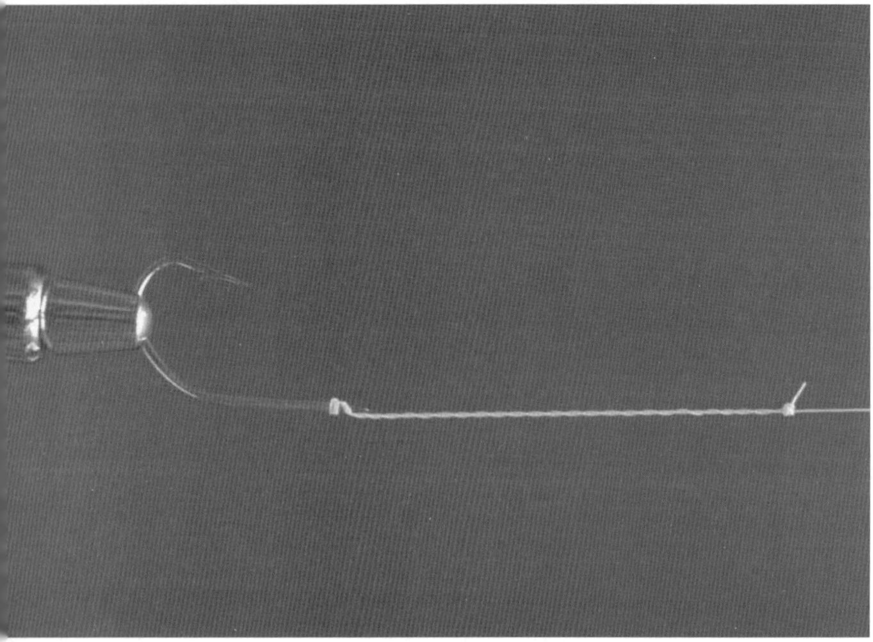

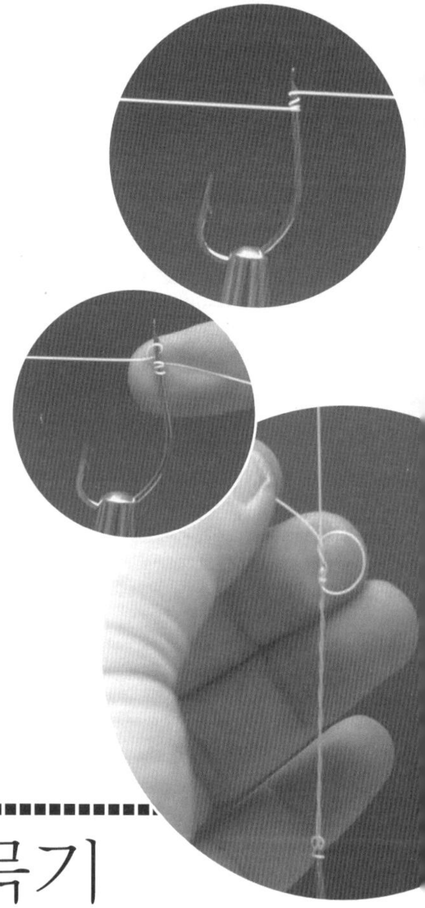

낚싯바늘 묶음법⑩

목줄 두겹 꼬아 묶기

대형급 어종이나 이빨이 날카로운 대상어에게 목줄 부근이 끊어지지 않도록 보강해 주는 방법이다. 나일론 줄보다는 케블러 줄을 사용하는 것이 원칙이며, 주로 배낚시에서 대물을 노릴 때 많이 사용한다.

용 도 ①바늘 근처의 목줄이 대형급 어종이나 이빨이 날카로운 대상어에게 끊어지지 않도록 목줄을 보강해 주는 방법이다. ②따라서 나일론 줄보다는 케블러 소재의 줄을 사용하는 것이 원칙이며, 주로 배낚시에서 대물을 노릴 때 많이 사용한다.

특 징 ①바늘 근처의 목줄 부위를 두 겹으로 꼬아 묶은 점, 특히 강도가 높은 케블러 줄을 사용함으로써 대물의 이빨에 할퀴더라도 줄이 끊어질 염려가 적다. ②살아있는 생미끼를 사용할 때에 가장 적합한 매듭법이기도 하다.

참 고 ①시작부터 끝까지 양 손으로 줄을 쥐고 당겨야 하므로 낚싯바늘은 어딘가에 걸어서 고정시켜 두고 작업을 하는 것이 좋다. ②케블러를 바늘 축에 감을 때에도 강하게 당겨주면서 감아야 한다.

〈그림1〉

케블러 줄을 바늘 허리에 3회 휘감는다.

〈그림2〉

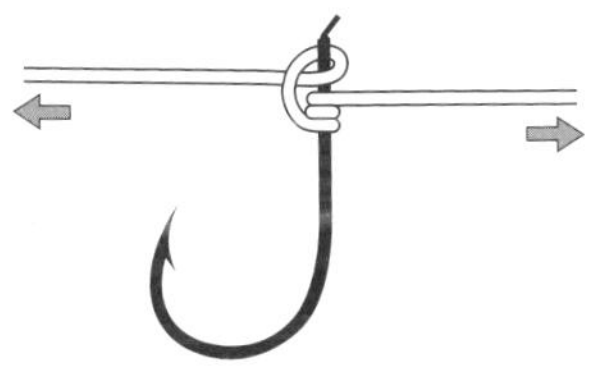

아래 쪽 줄을 위로 올려 바늘 목에 대고 매듭을 지은 후, 양쪽으로 잡아당겨 단단히 조인다.

〈그림3〉

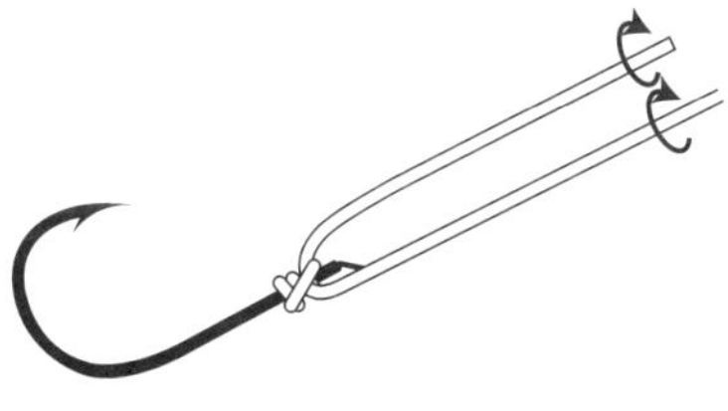

양쪽 줄을 엄지와 검지로 단단히 쥐고 각각의 줄을 비벼 꼰다.

〈그림4〉

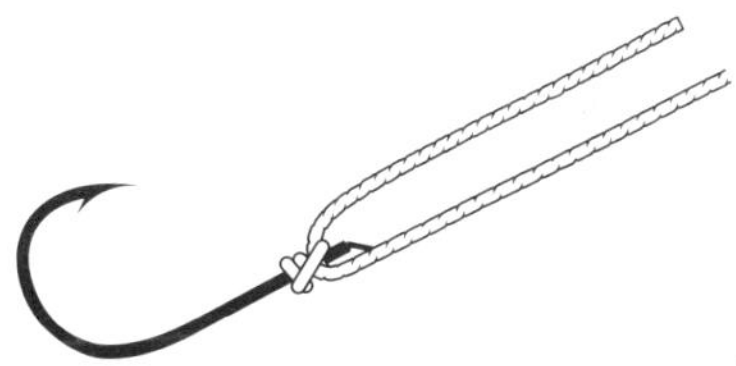

두 가닥의 꼰줄을 한 손에 쥐고, 다른 한 손으로는 바늘을 누른다.

〈그림5〉

꼰줄을 쥔 손을 서서히 풀면 두 가닥의 줄이 자연스럽게 휘감겨진다.

〈그림6〉

짧은 쪽 줄을 꼰줄 위로 고리를 만들어 3회 가량 돌려 묶는다.

〈그림7〉

고리를 통과한 끝 줄을 위로 끌어올리면서 당겨주면 꼬임이 풀리지 않는다.

〈그림8〉

여분의 줄을 잘라주면 완성.

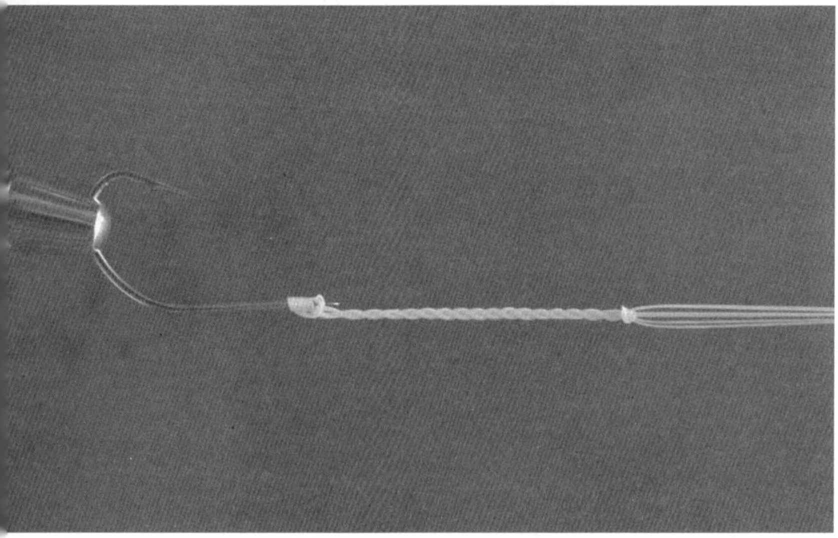

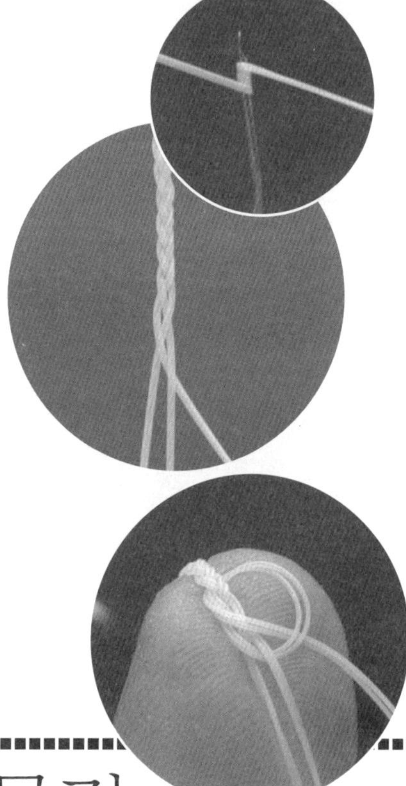

낚싯바늘 묶음법⑪

목줄 세겹 꼬아 묶기

용 도 ①전항의 '두겹 꼬아 묶기'와 마찬가지로 대형급 어종으로부터 바늘 근처의 목줄을 보강해 주기 위한 방법이다. ②대형급으로부터 목줄을 보호하고, 여러 가닥의 줄로 바늘을 묶는 만큼 반드시 케블러 줄을 사용하는 것이 원칙이다. ③먼 바다의 배낚시에서 대형 방어나 부시리 등의 회유어를 겨냥, 생미끼 채비를 할 때 사용하는 바늘 묶음법이다.

특 징 ①전항의 '두겹 꼬아 묶기'로도 목줄이 불안할 경우 '세겹 꼬아 묶기'를 택한다. ②그래도 목줄이 불안한 경우 같은 방법으로 '네겹 꼬아 묶기'도 할 수 있다.

참 고 ①모든 작업 단계마다 양 손으로 줄을 쥐고 단단히 조이거나 꽉꽉 당겨야 하므로 바이스(vice)를 이용하거나 별도의 고리를 만들어 바늘을 고정시켜 두고 작업을 해야 한다. ②특히 케블러로 바늘을 묶어주는 〈그림3〉 및 〈그림4〉 단계에서 힘주어 당겨 조이지 않으면 대물과의 파이팅 시, 바늘에서 줄이 빠져버리는 경우가 발생한다. 꼭 명심해야 할 사항이다.

전항의 '두겹 꼬아 묶기'보다 목줄 부근을 더 한층 보강하는 방법이다. 역시 케블러 줄을 사용하는 것이 원칙이며, 양 손으로 줄을 쥐고 단단히 조이면서 꽉꽉 당겨야 하므로 바이스(vice)를 사용하는 것이 좋다

〈그림1〉

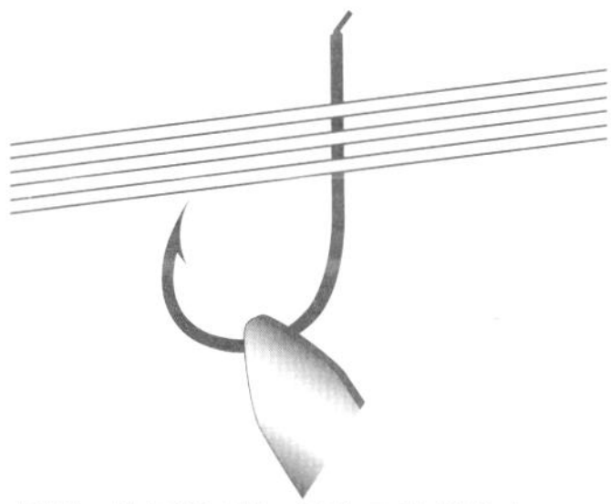

세 가닥의 케블러를 바늘 축에 교차 시킨다.

〈그림2〉

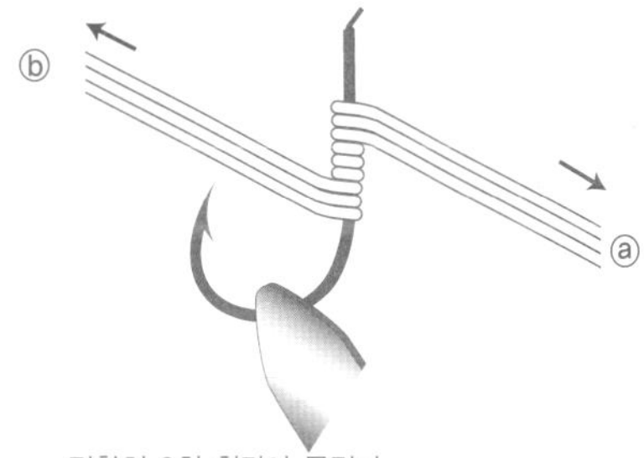

정확히 3회 휘감아 돌린다.

〈그림3〉

ⓑ부분을 바늘목 쪽으로 올려 한 바퀴 돌려 감는다.

〈그림4〉

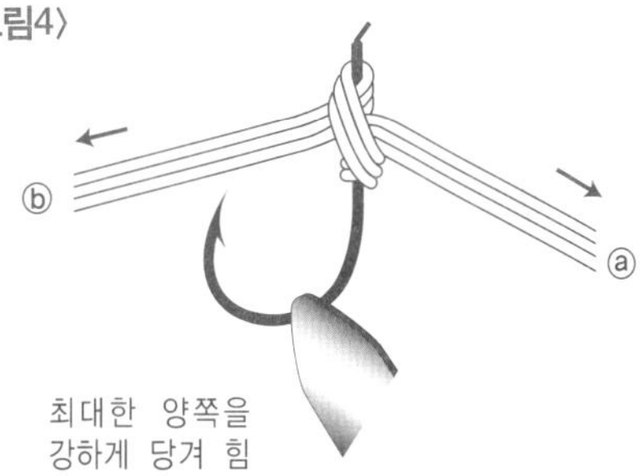

최대한 양쪽을 강하게 당겨 힘껏 졸라 맨다.

〈그림5〉

별도의 끈이나 바이스를 이용해 바늘을 걸어두고 케블러를 모두 아래쪽으로 모은다.

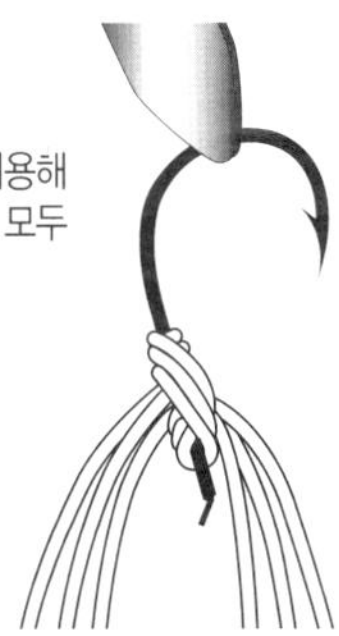

〈그림6〉

양손을 이용, 두 줄씩 세 갈래로 나뉘어 진다.

〈그림7〉

여자 머리 땋듯 두 줄씩 서로 교차시키며 계속 땋아 내린다.

〈그림8〉

마무리 작업으로, 한 갈래의 줄로 1회 매듭을 지어주면 완성이 된다.

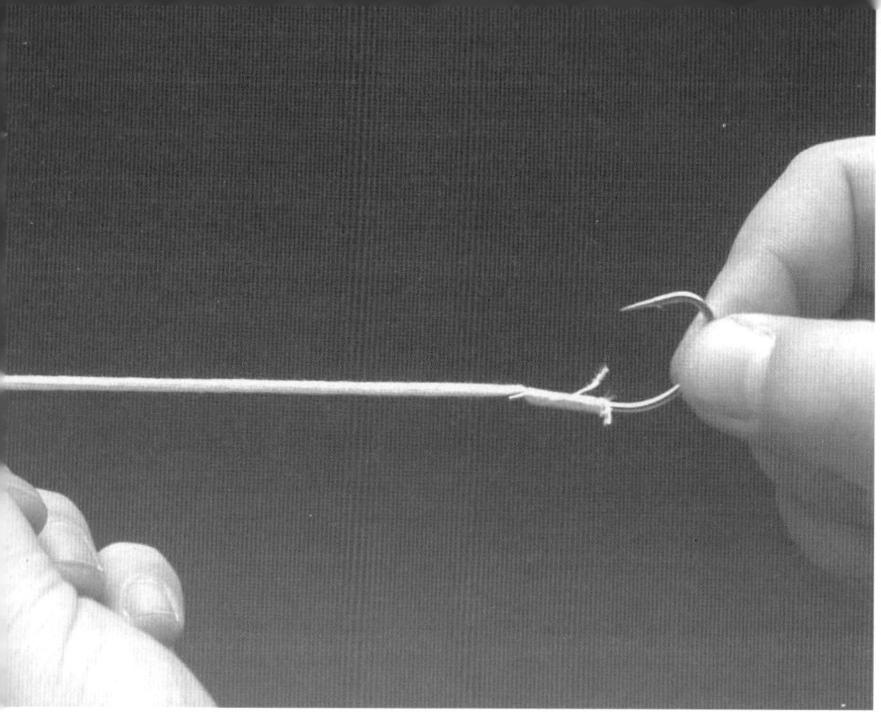

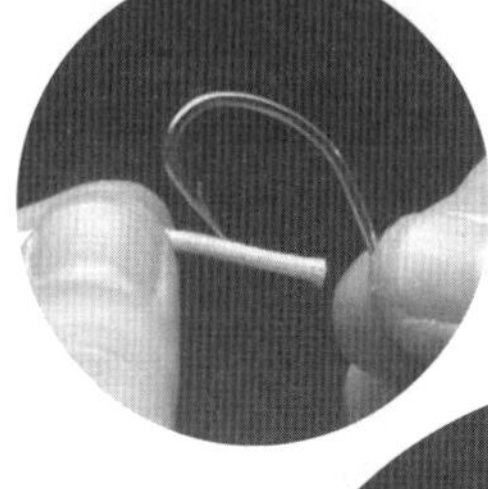

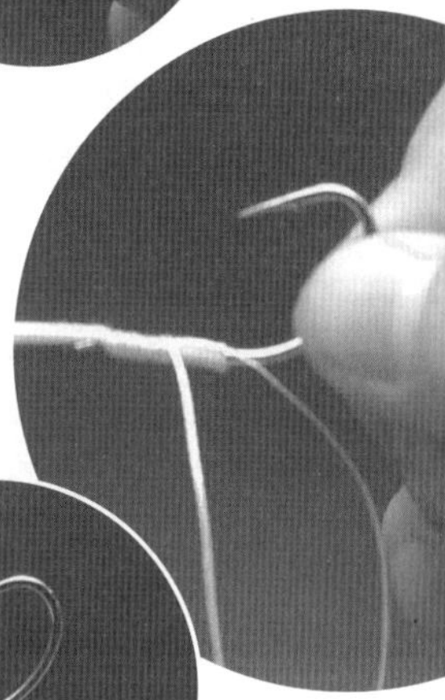

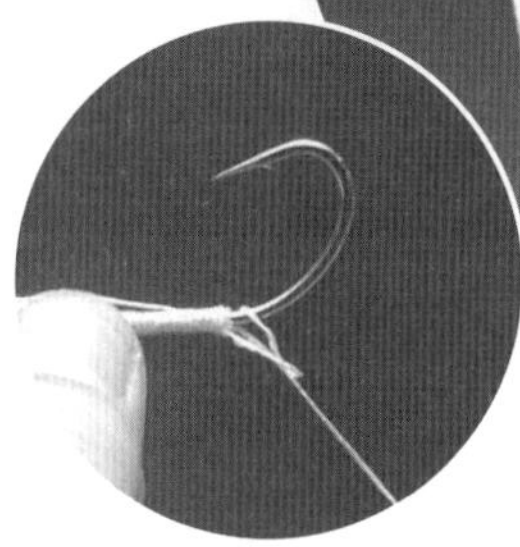

낚싯바늘 묶음법⑫

케블러 줄 면사 돌려 묶기

용도 ①원래 돌돔 바늘을 묶을 때 활용되던 방식이다. ②지깅 바늘 묶음에도 차용되었으나 최근에는 고리가 달린 지깅용 바늘이 널리 시판되는 탓에 그 용도가 줄어들고 있다.

특징 ①여타의 바늘 묶음법과는 달리, 매듭눈이 생기지 않아 바늘채비가 깔끔하다는 것이 장점으로 손꼽혔다. ②그러나 별도의 면사를 감고 순간접착제를 발라야 하는 등, 작업이 번거롭다는 것이 단점. ③바늘 끝을 케블러 속으로 통과시키는 과정에서 생기는 흠집으로 강도가 약해지는 점도 간과할 수 없는 단점이다.

과거 돌돔 바늘을 묶거나 지깅 바늘을 묶을 때 사용됐으나 최근엔 사용 빈도수가 줄어들고 있다. 바늘 끝을 케블러 속으로 통과시키는 과정에서 생기는 흠집으로 강도가 약해지는 단점이 지적된다.

참고 ①케블러 줄은 중간에 심이 들어있고 그 주위가 둥글게 꼬여 있다. 우선 케블러 줄을 필요한 길이만큼 자른 다음, 중간의 심을 빼낸다(심은 당기면 바로 빠진다). 그런 다음에 작업에 들어간다. ②면사를 감을 때는 보빈(Bobbin · 줄 감기를 도와주는 실패 모양의 도구)을 사용하는 것이 좋다. 바늘 목 부분에서 허리 부분까지 촘촘히 감는 데 큰 도움이 된다.

〈그림1〉

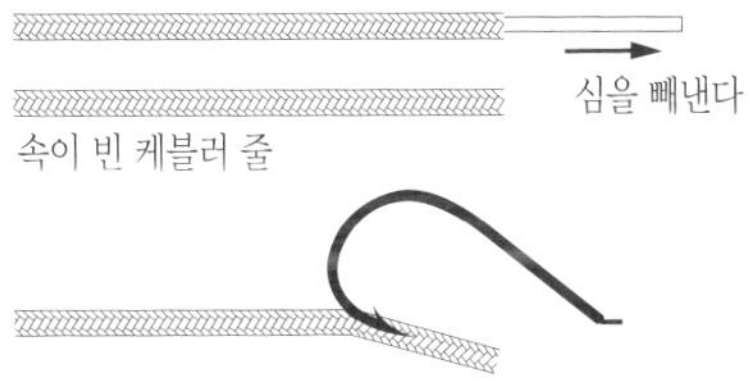

케블러 줄의 심을 빼낸 다음, 적당한 지점에 바늘 끝을 꽂는다.

〈그림2〉

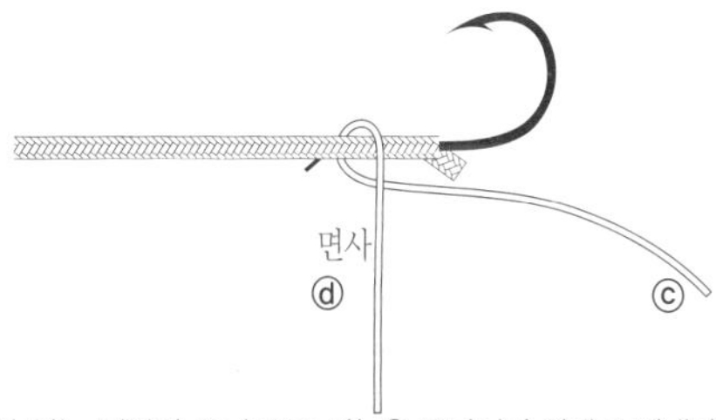

심이 없는 케블러 줄 속으로 바늘을 통과시켜 아래로 빼낸다(목 부분만을 케블러 밖에 남겨둔다).

〈그림3〉

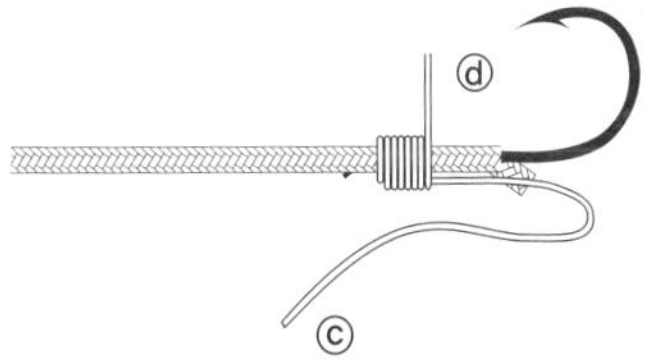

면사 ⓓ부분을 쥐고 바늘목 쪽에서부터 허리 쪽으로 촘촘히 감아 내리되, 케블러가 씌워진 중간 지점까지 감는다.

〈그림4〉

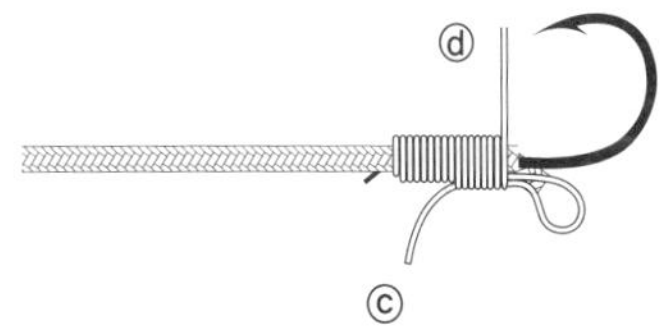

중간쯤 감은 뒤, ⓒ부분을 유(U)자로 돌린 다음, 다시 그 위로 면사를 촘촘히 감아 내린다.

〈그림5〉

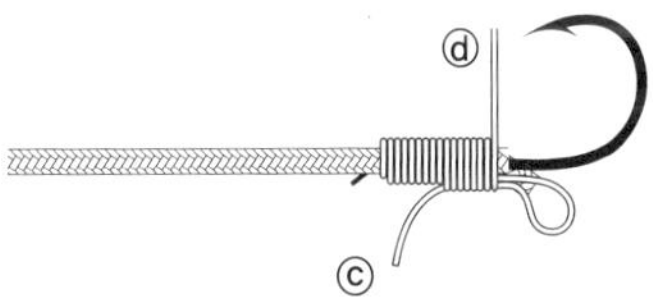

케블러가 씌워진 부분까지 촘촘히 감아내려 간다.

〈그림6〉

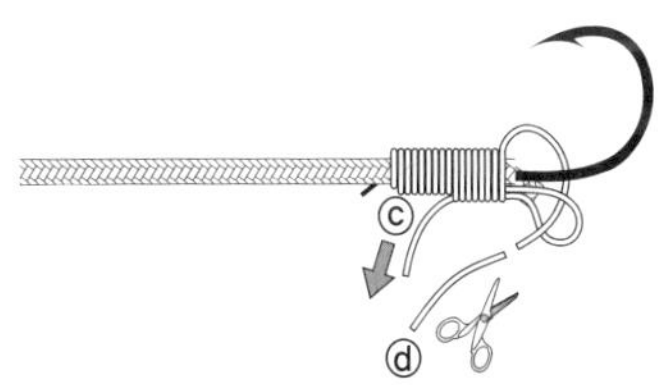

ⓓ부분을 바늘 너머로 해서 ⓒ줄의 고리 속으로 통과시킨 다음, 여분 줄이 많이 생기지 않게 ⓓ줄을 적당한 위치에서 잘라버린다.

〈그림7〉

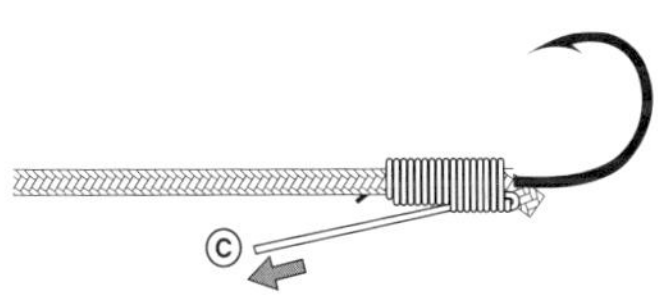

ⓒ부분을 잡아당기면 ⓓ부분의 여분 줄은 매듭 속으로 파묻혀 보이지 않게 된다.

〈그림8〉

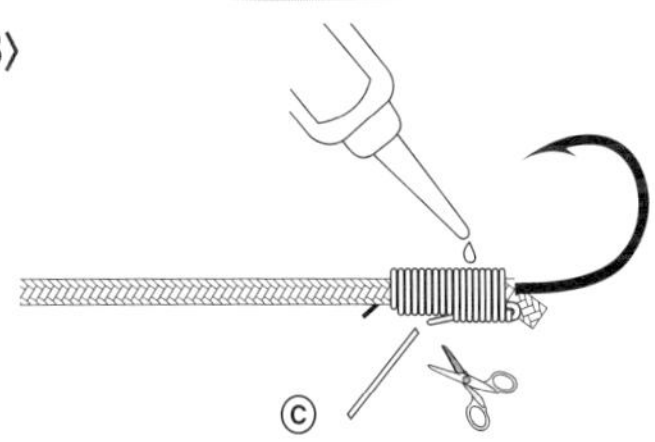

ⓒ부분의 자투리 줄을 잘라낸 다음, 순간접착제를 발라주면 완성품이 된다. (케블러 줄 자투리는 약간 남겨 둔다)

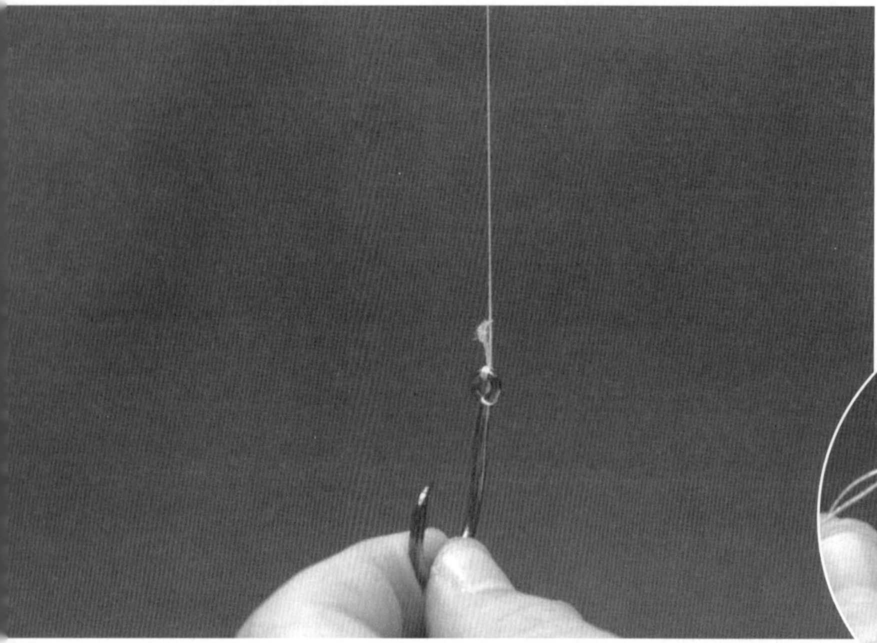

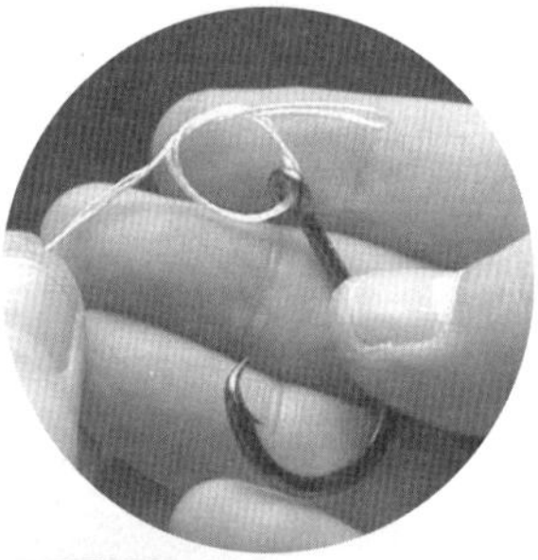

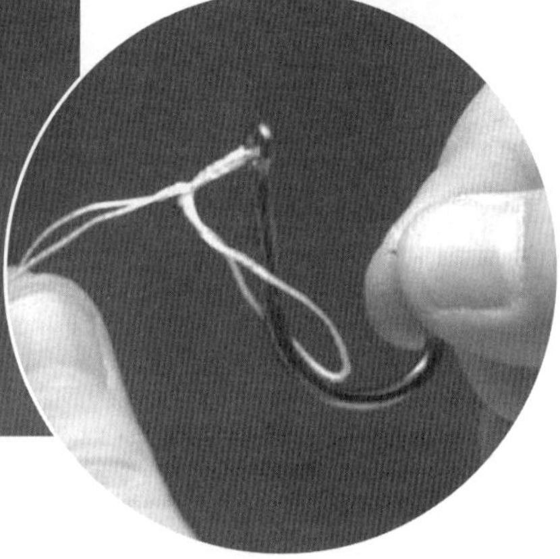

낚싯바늘 묶음법⑬

귓구멍바늘 두겹 묶음

–일명 '팔로마 묶음' (Palomar Knot)

용 도 ①귀에 구멍(Eye)이 뚫린 바늘을 묶는 방법으로서 일명 '팔로마 묶음'(Palomar knot)이라 부른다. ②주로 케블러 또는 PE 라인을 사용, 날카로운 이빨을 가진 삼치나 돌돔을 대상어로 하는 낚시채비에 활용된다.

특 징 ①바늘귀에 구멍이 뚫린 바늘 종류를 간단히 묶을 수 있는 방법이지만, 고리가 완전히 막혀 있지 않은 일반 '고리바늘'(Open Eye)에는 사용해선 안된다. ②소형급을 대상어로 할 때 손쉽게 묶을 수 있다.

참 고 ①케블러 라인이나 PE 라인으로 간편하게 묶을 수 있는 두 가지 방식 중의 하나다. ②대형어를 상대로 목줄의 강도를 높여주기 위해선 바늘 매듭 부위 위쪽을 별도로 보강해 주어야 한다.

바늘귀에 구멍이 뚫린 돌돔 바늘 종류를 간단히 묶을 수 있는 방법이지만, 구멍이 완전히 닫혀 있는 '귓구멍 바늘'이 아닌, 일반 고리바늘(Open eye)의 경우에는 이 묶음법을 사용해선 안 된다.

〈그림1〉

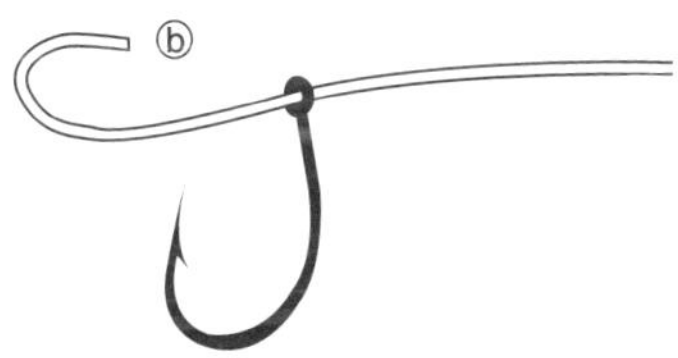

라인 한 쪽 끝을 바늘귀 구멍으로 통과시킨다(처음부터 두 겹을 지어 꿰어도 된다).

〈그림2〉

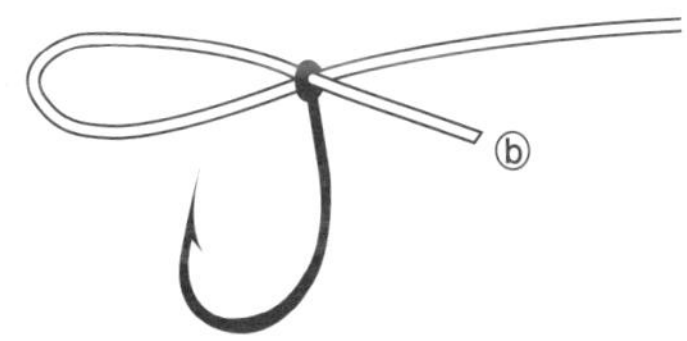

다시 한 번 되돌려 꿰어 줄이 두 겹이 되게 한다.

〈그림3〉

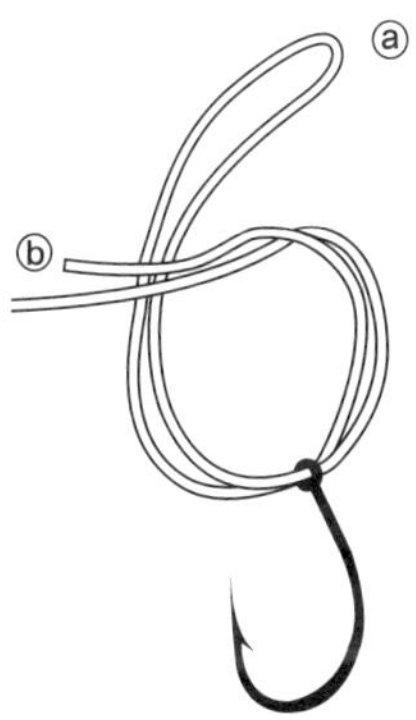

두 겹의 줄을 서로 위쪽으로 겹쳐 모아 원을 만든다.

〈그림4〉

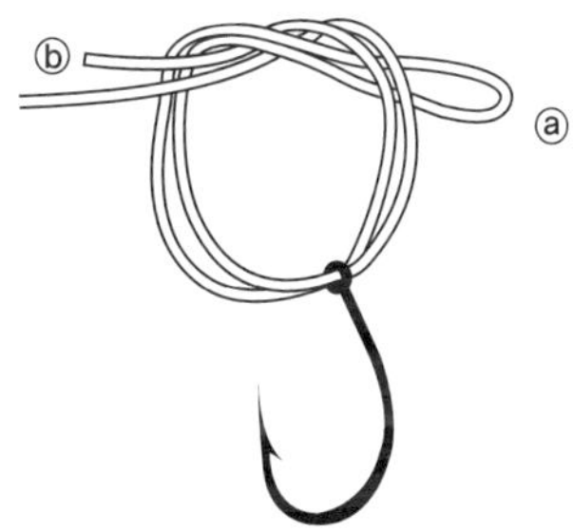

두 겹의 줄을 어긋지게 교차시킨 후, ⓐ부분을 아래로 끌어내린다.

〈그림5〉

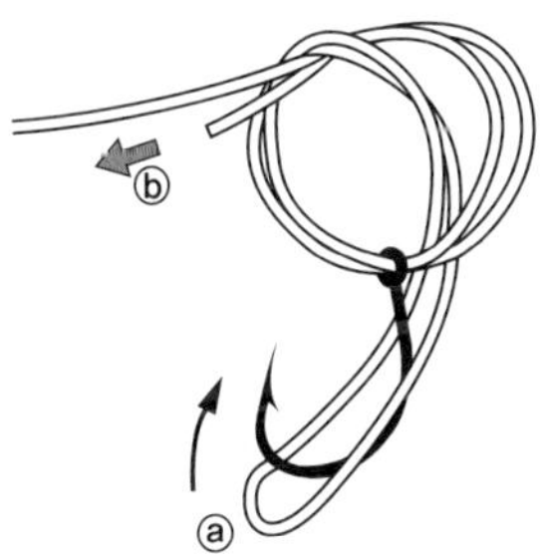

ⓐ부분의 고리 속으로 바늘을 통과시킨 후, ⓑ부분의 줄 두 겹을 함께 쥐고 끌어당긴다.

〈그림6〉

완성 단계.

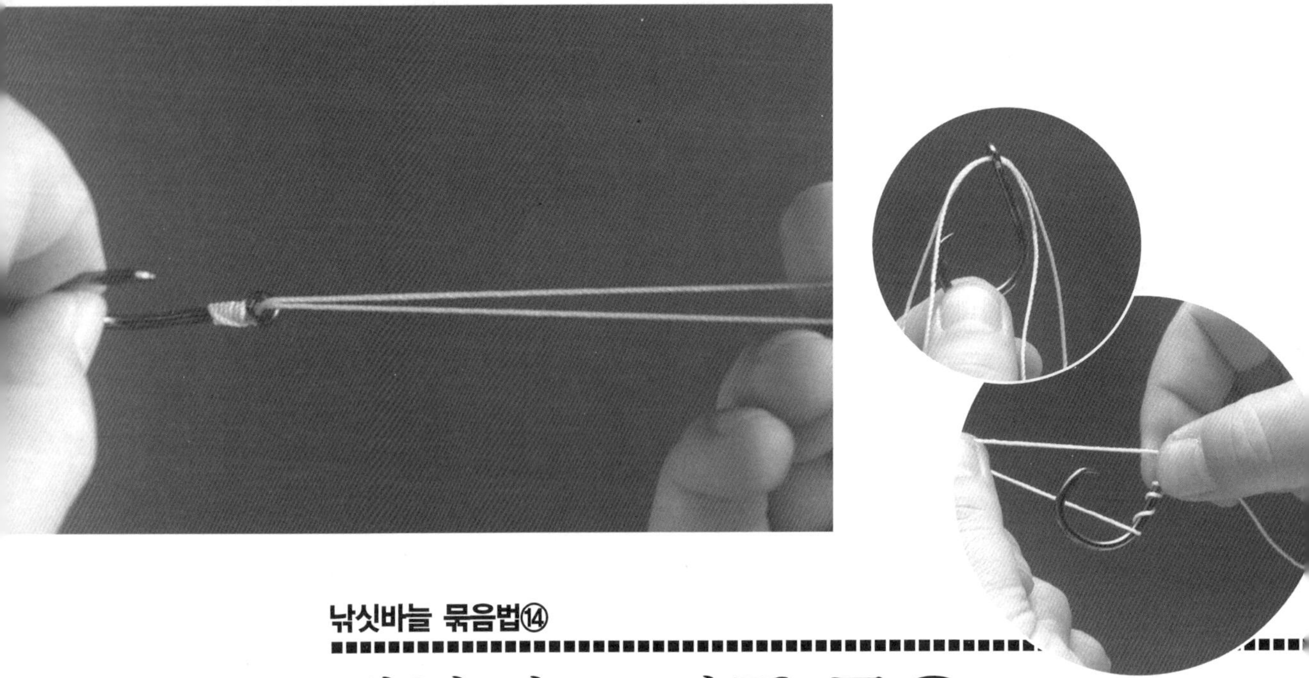

낚싯바늘 묶음법⑭

케블러 고리줄 묶음

용 도 ①귀에 구멍(Eye)이 뚫린 바늘 묶음법의 하나로, 케블러 고리줄을 이용하는 방식이다. ②주로 케블러 또는 PE 라인을 사용, 날카로운 이빨을 가진 삼치나 돌돔을 대상어로 하는 낚시채비에 활용된다.

특 징 ①묶는 방법이 쉽고 간단한 것이 장점이지만, 고리로 만들어진 시제품이 없을 경우는 일부러 만들어야 하는 번거로움이 따른다. ②강도가 높은 케블러 라인을 사용한다 해도, 이빨이 날카로운 대형급이 걸렸을 때는 목줄 매듭 부위가 쓸려 터질 위험이 따른다. ③고리부위가 열려있는 바늘(Open Eye)은 불가.

참 고 ①처음부터 고리 형태로 만들어져 있는 케블러 줄을 사용하는 것이 좋다. ②방법은 두 가지(그림 참조). 어떤 방식이 되었든 케블러는 반드시 바늘의 안쪽으로 나오도록 해야 한다. 이것은 낚싯바늘 묶음법의 기본상식으로, 아무리 단단하게 묶었다 할지라도 목줄이 바늘 바깥쪽으로 향하게 되면 각도가 좋지 않아 챔질에 불리하다.

전항의 '귓구멍바늘 두겹 묶음'과 마찬가지로 귀에 구멍(Eye)이 뚫린 바늘을 묶는 방법 중의 하나다. 주로 케블러 또는 PE 라인을 사용, 날카로운 이빨을 가진 삼치를 대상어로 할 때에 활용된다.

〈그림1〉

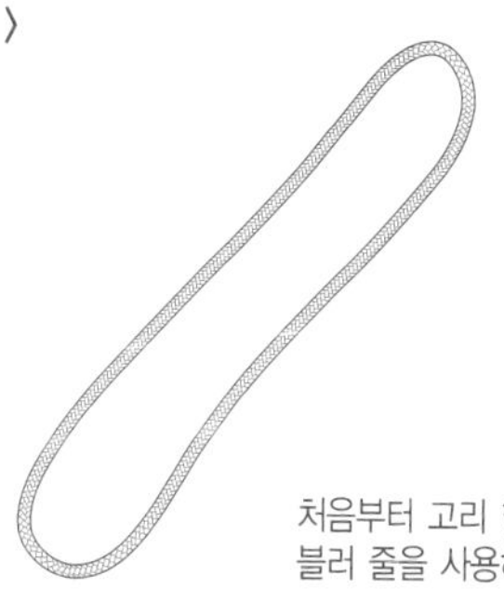

처음부터 고리 형태로 되어 있는 케블러 줄을 사용하는 것이 편리하다.

〈그림2〉

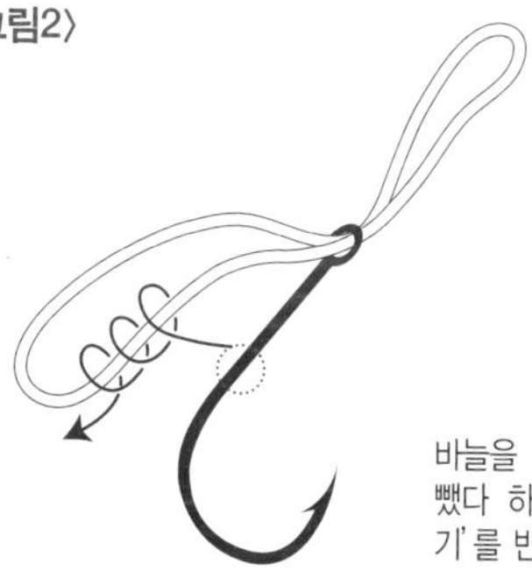

바늘을 고리 속으로 넣었다 뺐다 하는 식으로 '돌려 빼기'를 반복한다.

〈그림3〉

바늘허리 부분에 줄이 3~4회 가량 감기면 고리 끝을 위로 잡아당긴다.

〈그림4〉

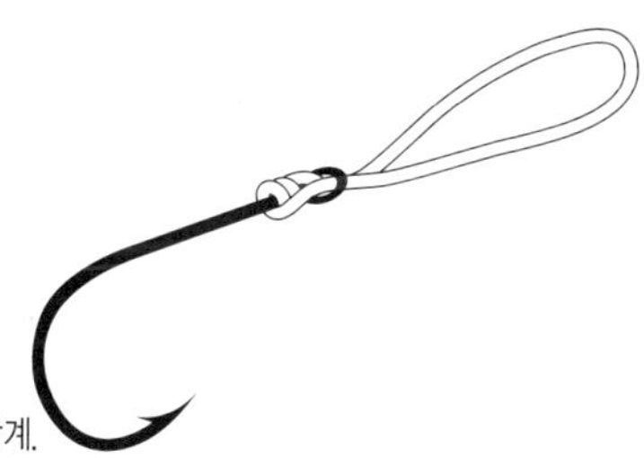

완성 단계.

〈그림①〉

낚싯줄 고리를 바늘허리에 대고서 ⓐ부분을 위로 들어올려 바늘 축에 감는다.

〈그림②〉

바늘 축에 줄을 3~4회 감은 모습.

〈그림③〉

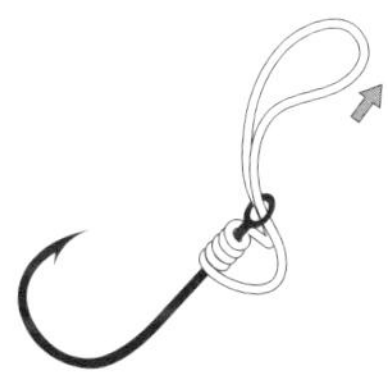

고리 끝을 바늘 귀 구멍으로 통과시켜 잡아당긴다.

〈그림④〉

완성 단계.

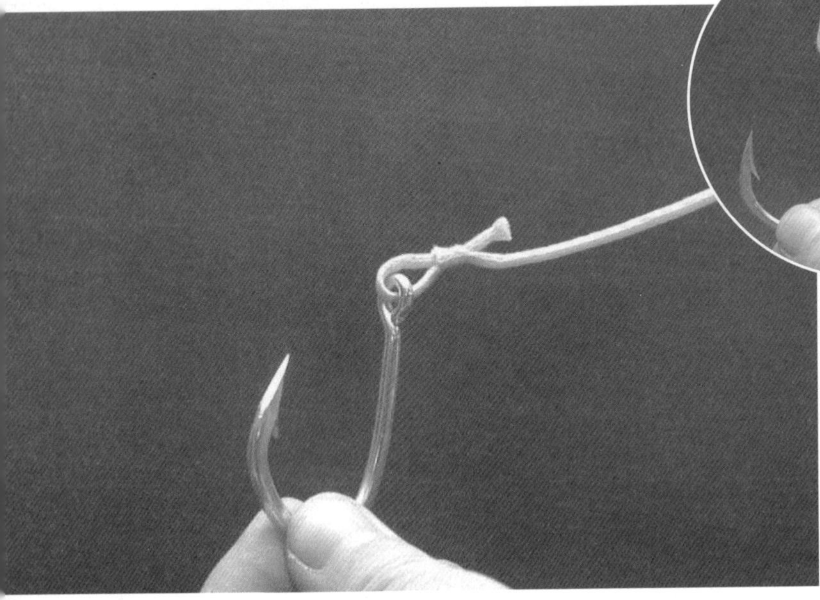

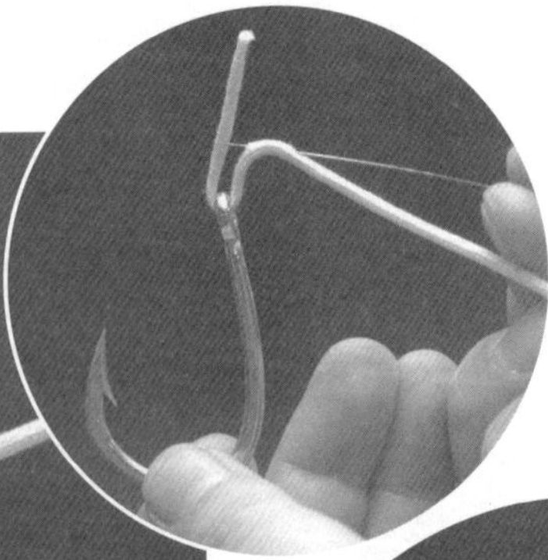

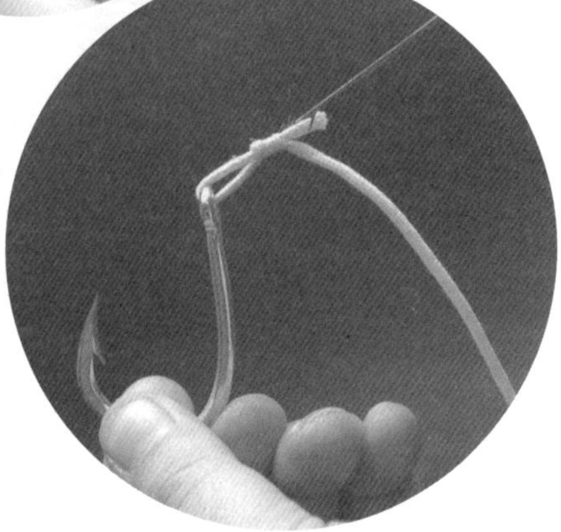

낚싯바늘 묶음법⑮

케블러 줄 바느질 묶음

용 도 ①최근 갯바위 돌돔낚시에 가장 많이 활용되는 묶음법이다. ②심해(深海) 배낚시에서 대형급 부시리 · 방어 등을 노리는 채비에 활용된다. ②케블라 목줄 끝고리에서 바늘이 유동을 하게 되므로 미끼의 움직임이 자연스럽게 연출된다. ③생미끼가 물속에서 자연스럽게, 그리고 가장 오래도록 살아 유영할 수 있게 하는, 가장 확실한 바늘 묶음법이다.

특 징 ①바늘을 묶는 일반적인 방법과는 달리 매듭을 짓지 않으므로 매듭눈도 생기지 않아 물속에서의 저항이 적다. ②별도의 보조 줄 없이 케블라 줄 자체만으로도 묶음이 가능해 그만큼 간편하다. ③날카로운 이빨에 목줄이 끊어지거나, 매듭눈이 풀리는 등의 위험이 방지된다.

참 고 ①우선 케블러 속에 들어 있는 심을 빼내고 작업에 임한다. ②반드시 코바늘 또는 귀바늘이 준비돼 있어야 한다.

최근 갯바위 돌돔낚시에 가장 많이 활용되는 묶음법으로, 코바늘만 있으며 누구든 간단히 묶을 수 있다. 케블러 줄을 통과시키는 범위가 3cm 정도만 되면 순간접착제를 바르지 않아도 절대로 풀릴 염려는 없다.

〈그림1〉

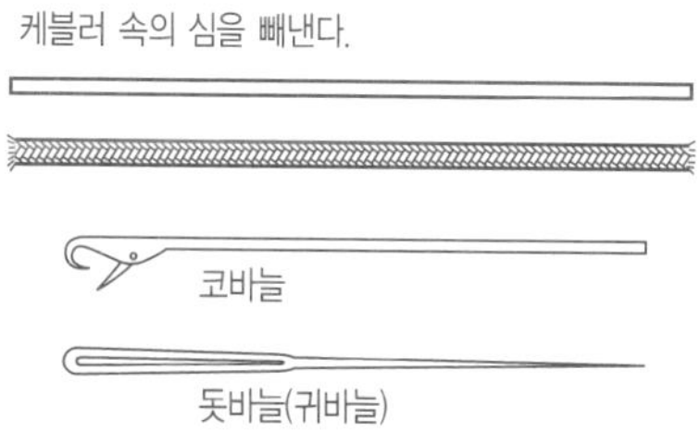

케블러 속의 심을 빼낸다. 코바늘 또는 귀바늘도 준비한다.

〈그림2〉

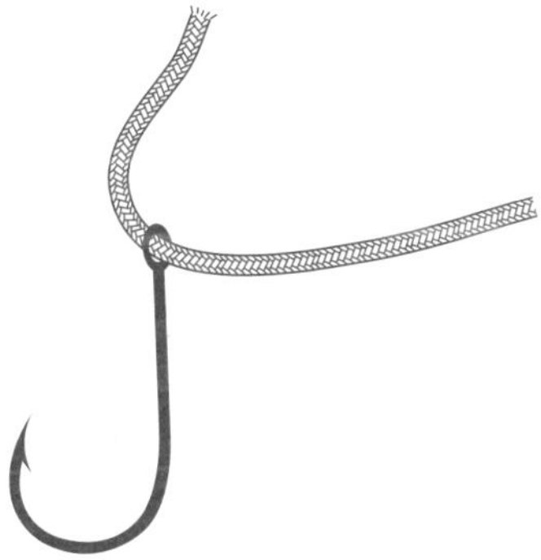

케블러를 바늘귀 구멍으로 통과시킨다.

〈그림3〉

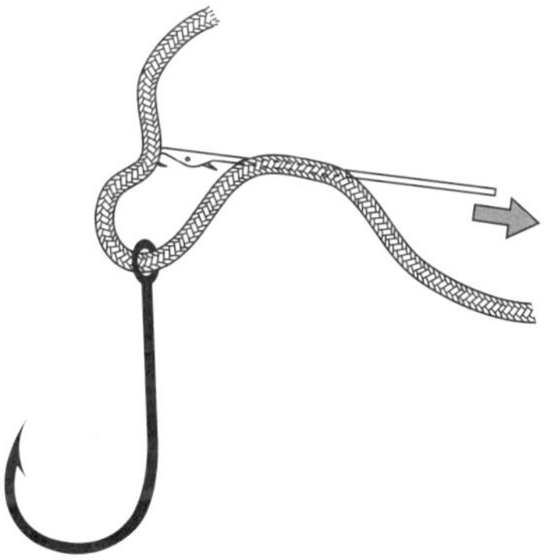

코바늘을 케블러 속으로 통과시켜 끝 부분으로 건너편의 케블러를 집는다.

〈그림4〉

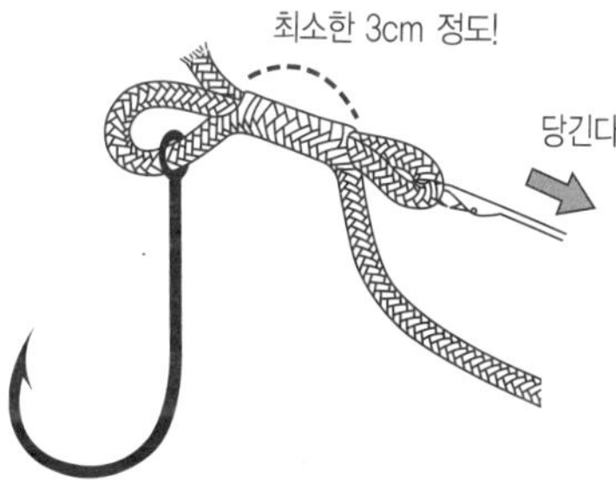

코바늘을 잡아당기면 턱이 닫히면서 걸리적거림 없이 앞으로 당겨진다.

〈그림5〉

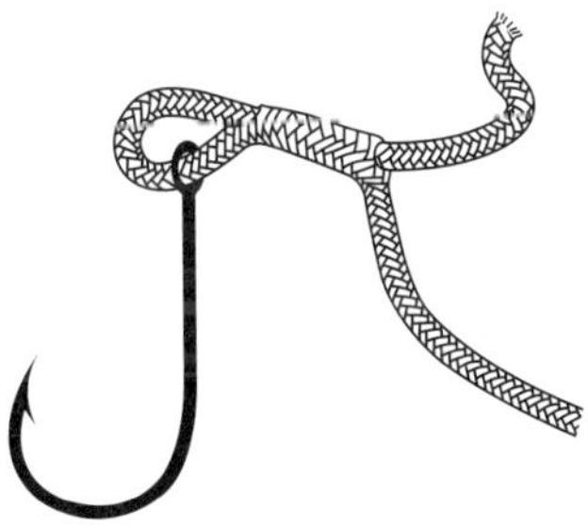

케블러가 케블러 속으로 완전히 관통된 모습.

〈그림6〉

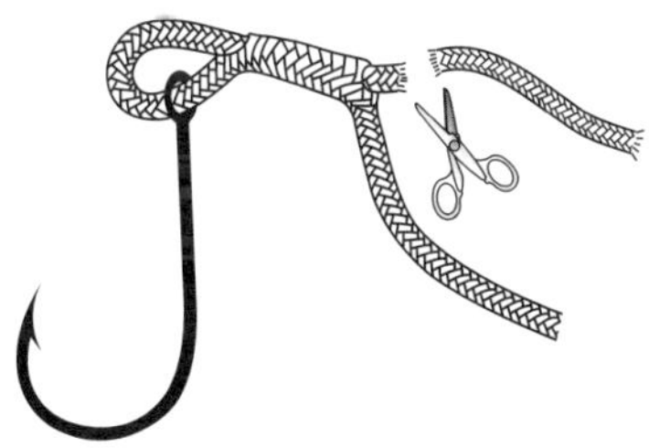

자투리 줄을 잘라주면 완성이 된다.

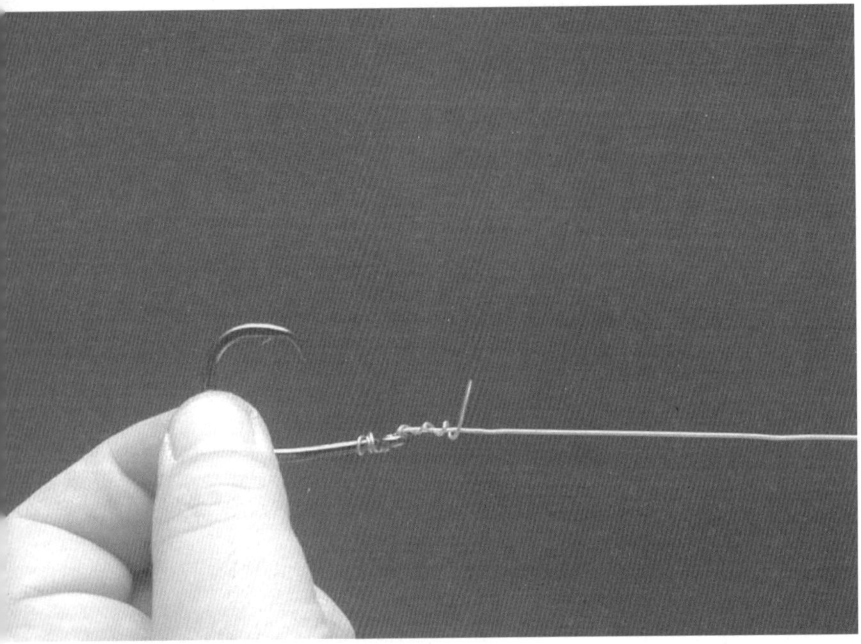

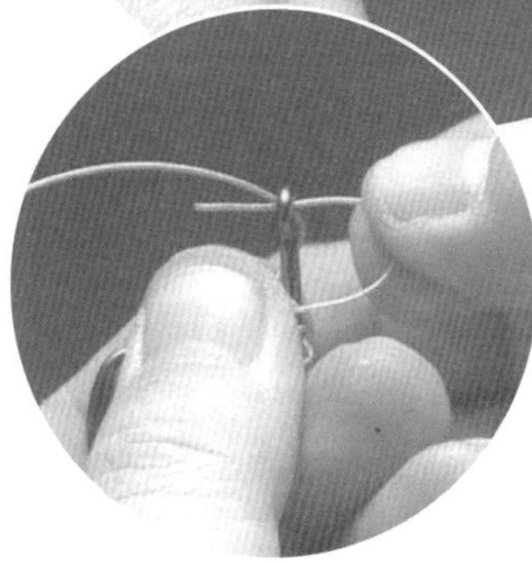

낚싯바늘 묶음법⑯

와이어 고정식 묶음

용 도 ①갯바위 돌돔낚시에 사용되는 바늘 묶음법으로, 와이어를 이용한 돌돔 바늘 묶음법 가운데 가장 오래 통용돼 온 방법이다. ②근년에는 케블라 줄의 사용으로 점차 퇴색돼 가는 묶음법이기도 하다.

특 징 ①돌돔낚시에 있어 소라 · 전복 · 오분자기 등 갑각류 미끼를 사용하던 때에 널리 사용하던 방법이다. ②같은 와이어를 사용한 '목 흔들림' 묶음법에 비해 채비가 유연하지 못하고, 물속에서의 미끼 움직임 또한 자연스럽지 못한 단점이 있다. ③최근 유행하는 케블라 묶음으로 인해 투박하게 느껴지는 묶음법이다.

참 고 ①처음에는 다소 힘들지만 여러 차례 연습하다 보면 익숙해진다. ②처음 바늘 축에 와이어를 감을 때, 제대로 누르고 있지 않으면 와이어가 자체 반동으로 돌아와 버리기 때문에 주의해야 한다.

과거에 많이 사용하던 돌돔바늘 묶음법으로, 지금은 사용 빈도수가 점차 줄어들고 있다. 〈그림5〉 단계에서 한 쪽 와이어를 한 쪽 와이어에 감아 돌리기 위해선 〈그림4〉 단계를 반드시 거쳐야 한다.

〈그림1〉

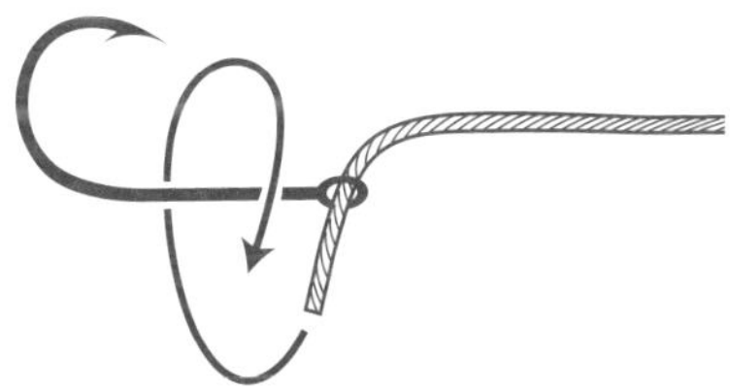

와이어 끝을 바늘 안쪽으로 해서 구멍 속으로 통과시킨 뒤, 바늘목 부분부터 시작해 허리 쪽으로 감아 내린다.

〈그림2〉

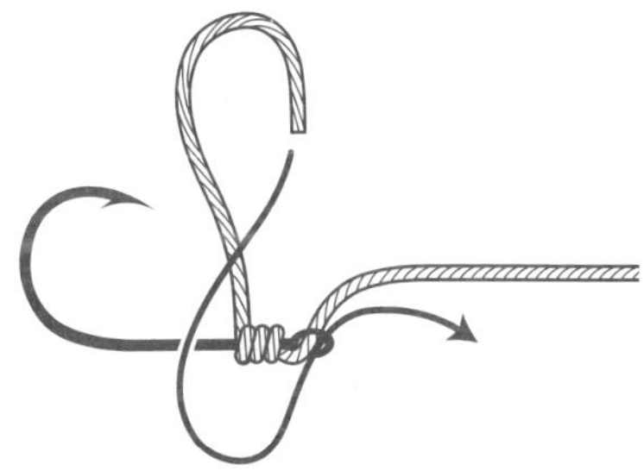

2~3회 강하게 눌러 감은 후, 와이어 끝을 바늘 안쪽에서 바깥쪽으로 넘겨 올리듯 하면서 바늘구멍으로 통과시킨다.

〈그림3〉

바늘 바깥쪽 방향에서 안쪽 방향으로, 처음 통과시킨 와이어와 교차되듯이 바늘구멍으로 다시 나온 와이어 모습.

〈그림4〉

두 가닥의 와이어를 그림과 같이 4~5회 꼬아 뻣뻣한 강도를 약화시킨다.

〈그림5〉

〈그림4〉의 줄을 풀어 4~5회 꼭꼭 눌러 감는다. 그런데 〈그림4〉의 작업을 거치지 않으면 이 그림처럼 감겨지질 않는다.

〈그림6〉

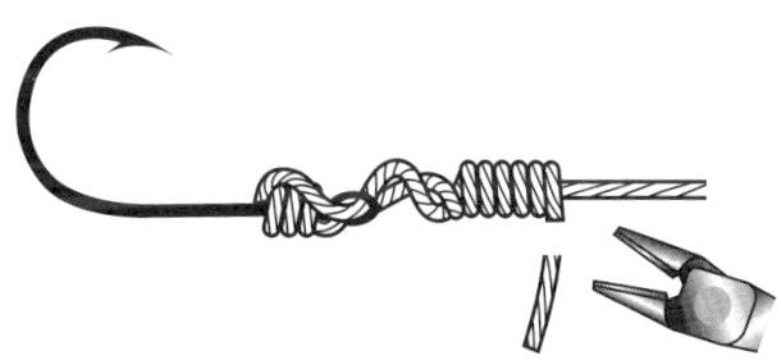

여분 줄을 니퍼로 바짝 자른다.

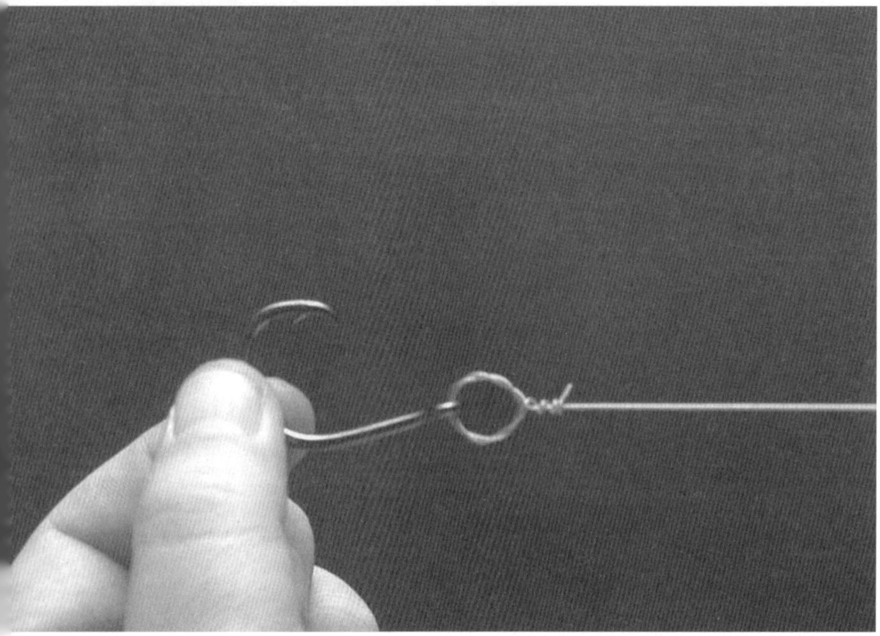

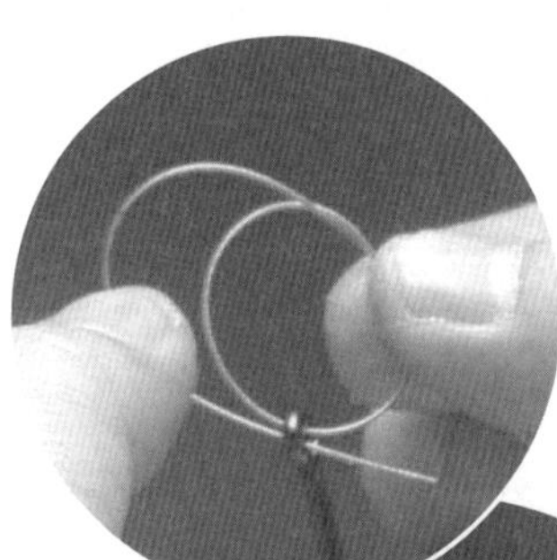

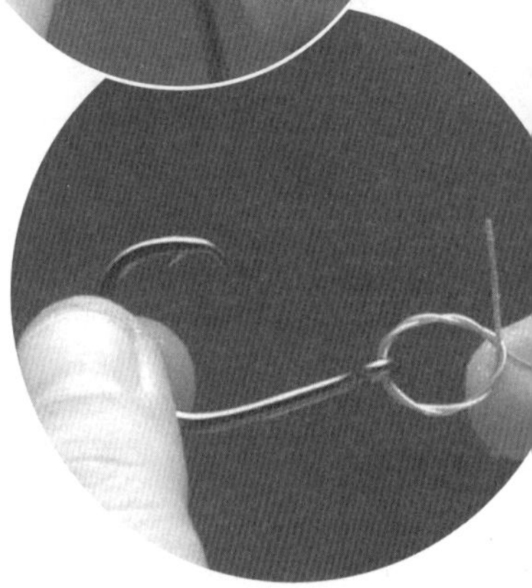

낚싯바늘 묶음법⑰

와이어 목흔들림 묶음

용 도 ①와이어로 돌돔 바늘을 묶는 데 있어 효율성 높은 방법이며, 이빨이 날카로운 다금바리 및 대형급 돗돔 채비에 활용된다. ② '와이어 고정식 묶음' 에 비해 절차가 번거로운 방법이지만, 공을 들인 만큼 그 효과가 돋보이므로 꼭 익혀두어야 할 묶음법이다.

특 징 ① '고정식' 에 비해 '목흔들림' 채비는 미끼, 특히 생미끼의 움직임을 자연스럽게 연출해 준다. ②고기가 미끼를 물었을 때도 바늘이 전후로 흔들리기 때문에 저항 없이 미끼를 삼킬 수 있도록 해준다.

참 고 바늘 구멍에 와이어를 통과시켜 작은 고리를 만들어 주어야 하는데, 이때 고리를 너무 크게 만들게 되면 와이어의 반발력에 의해 완성된 모양새가 자신이 의도하는 바와는 크게 달라질 수도 있으므로 이 점에 주의해야 한다.

와이어 고정식 묶음에 비해 그 효능이 뛰어나다. 바늘귀 구멍으로 와이어를 통과시킨 후 〈그림5〉처럼 한 쪽 와이어를 한 쪽 와이어에 감아 돌리기보다는 슬리브를 이용해 고정시키는 것이 한결 편리하다.

〈그림1〉

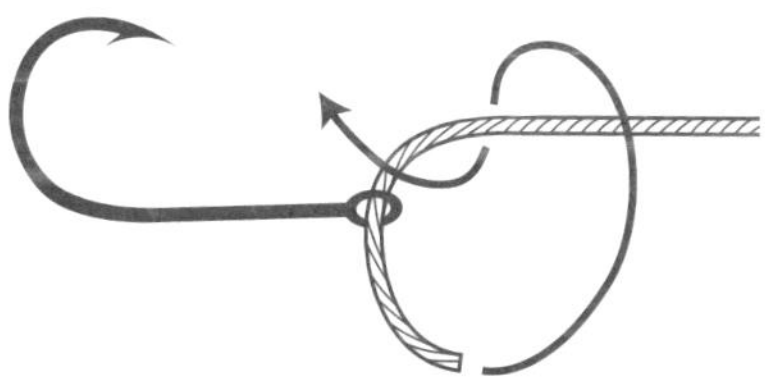

와이어 끝 부분을 바늘 구멍에 꿰되, 안쪽으로부터 넣어 바깥쪽으로 통과시킨다.

〈그림2〉

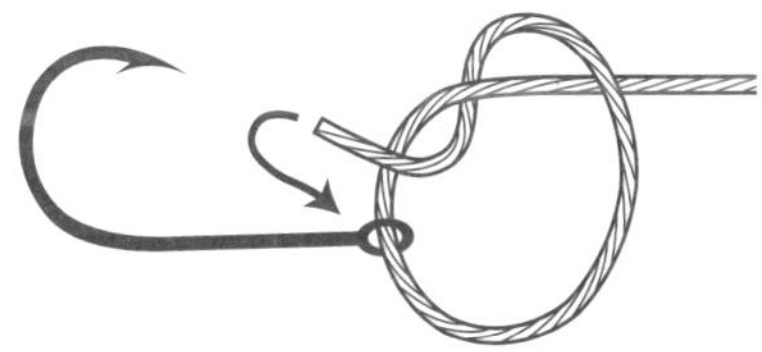

와이어 끝을 고리 안으로 넣어 한 차례 돌려 빼낸다.

〈그림3〉

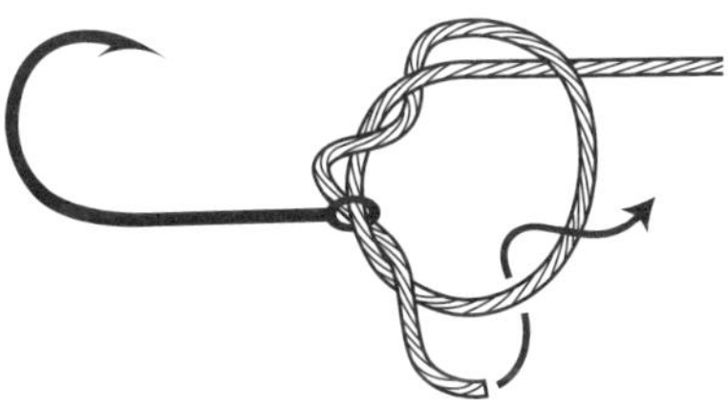

와이어 끝을 다시 바늘 구멍으로 집어넣은 뒤, 고리를 축으로 계속 돌려 나간다.

〈그림4〉

고리의 크기를 조절해 가면서 점점 조여 준다.

〈그림5〉

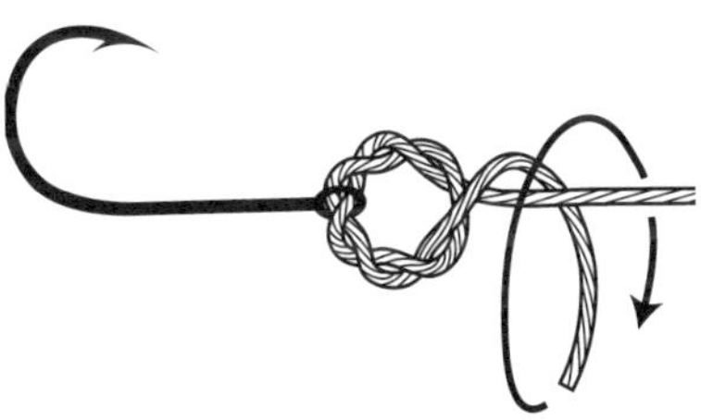

고리가 꽈배기처럼 제대로 조여지면, 자투리 줄을 원줄에 대고 감아 주되, 전항(와이어 고정식 묶음)의 〈그림4〉 단계를 반드시 먼저 거쳐야 한다.

〈그림6〉

4~5회 감아 올린 후, 마지막으로 한 번 더 단단히 조인 다음, 여분 줄을 니퍼로 바짝 잘라준다.

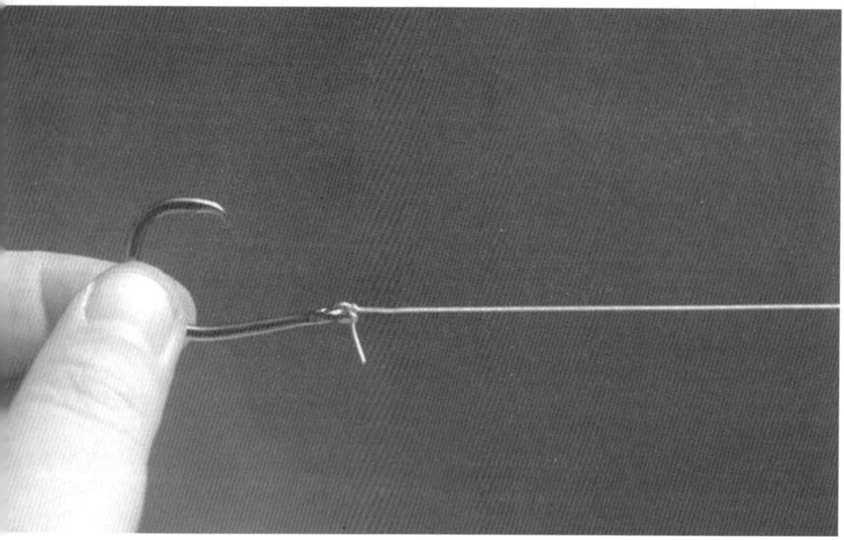

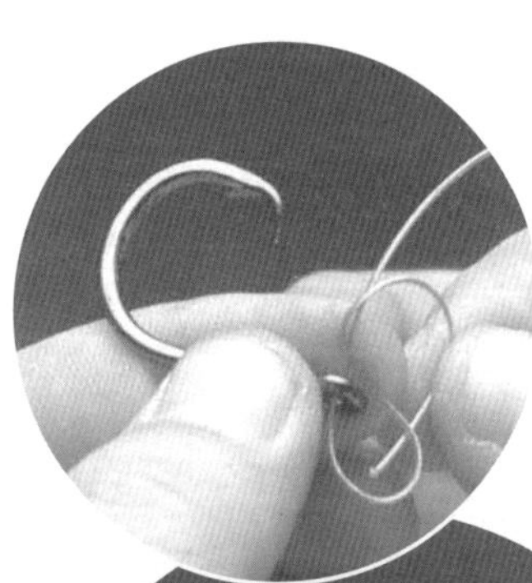

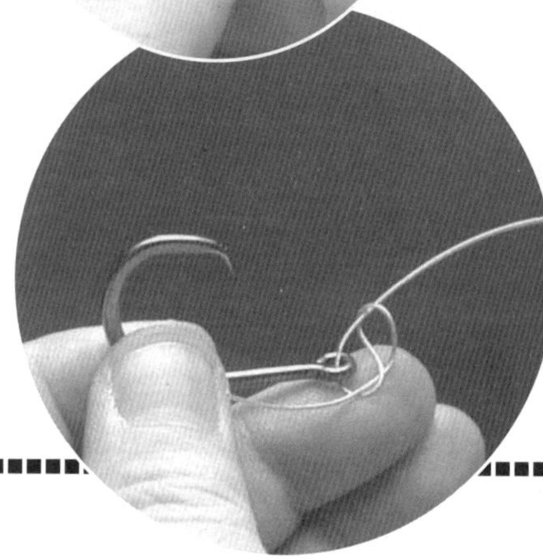

낚싯바늘 묶음법⑱

와이어 8자 묶음

용 도 ①갯바위 돌돔낚시 채비에 사용되며, 상어를 대상어로 한 생미끼 채비에도 활용된다. ② '8자 묶음법' 만 이해하면 누구나 간단히 묶을 수 있다.

특 징 ①와이어 묶음이라고 해서 무조건 어려운 것은 아니다. 와이어는 반발력이 강해 잘못하면 원래 상태대로 되돌아가기도 하지만, 일단 힘을 주어 제대로 한 번 조여 놓기만 하면 염려와는 달리 잘 풀리지 않는 특징도 있다. ②단단히 조여 묶은 와이어는 바늘에 아주 잘 달라붙는 특성이 있으며, 결절강도(結節强度) 또한 가장 높은 것이 와이어의 장점이다.

참 고 ①귓구멍바늘(바늘귀에 구멍이 있는 것)을 와이어로 묶을 수 있는 가장 손쉬운 방법이지만, 대충 당겨서 묶게 되면 금방 와이어의 반발력으로 감은 것이 원래대로 돌아가 버린다. 따라서 최종 매듭을 지을 때 단단히 조여 주어야 한다. ② 맨손으로 작업을 하다가는 상처를 입을 수도 있으므로, 숙달이 될 때까지는 반드시 도구(집게)를 사용하는 것이 좋다.

갯바위 돌돔낚시 채비에 사용되며, 상어를 대상어로 한 생미끼 채비에도 활용된다. '8자 묶음' 만 이해하면 누구나 간단히 묶을 수 있다. 가능한 집게를 사용하는 것이 좋다.

〈그림1〉

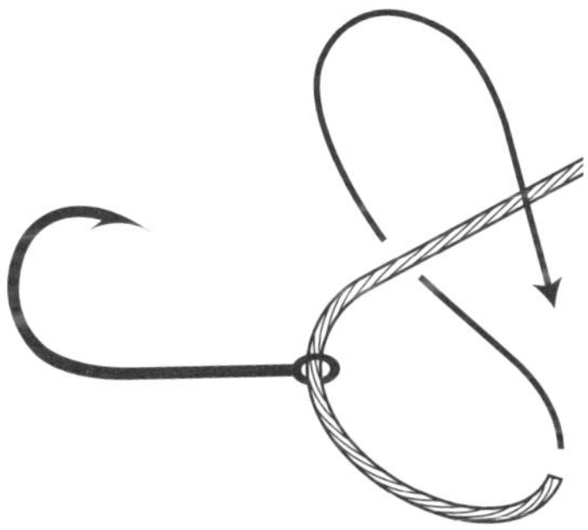

바늘 귀 구멍으로(바늘 안쪽에서 바깥 방향으로) 와이어 끝을 통과시킨다.

〈그림2〉

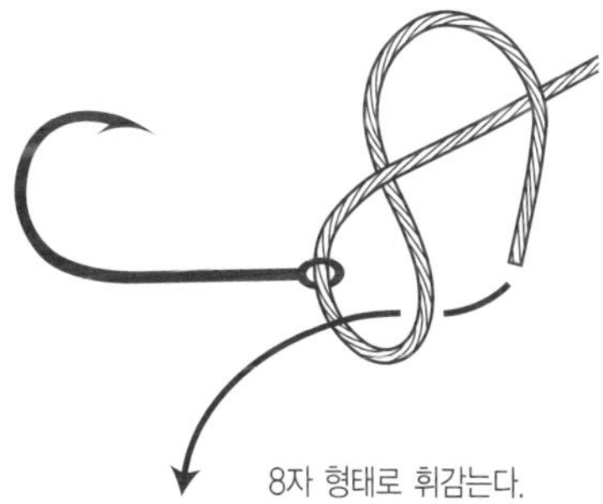

8자 형태로 휘감는다.

〈그림3〉

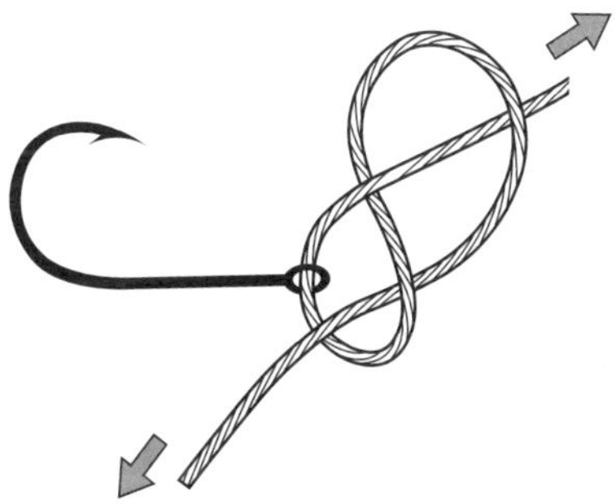

양쪽 줄을 집게로 집어 천천히 조여 준다.

〈그림4〉

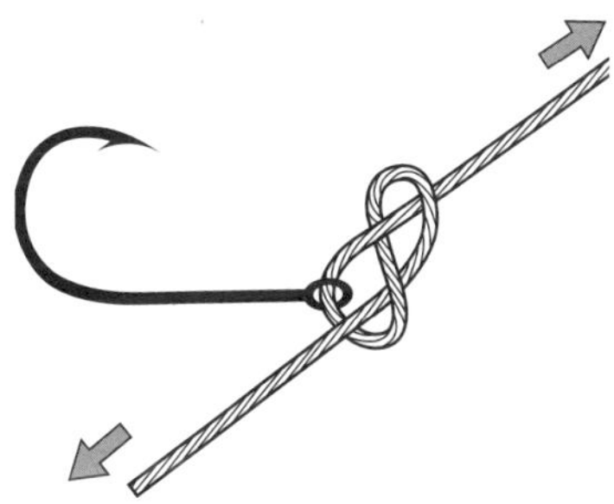

강하게 조여 맨다.

〈그림5〉

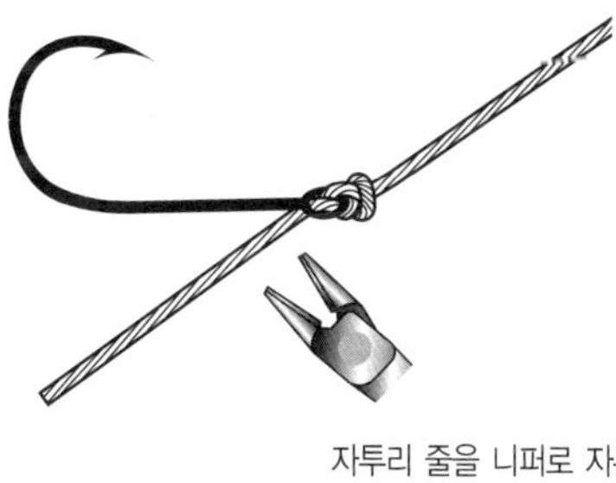

자투리 줄을 니퍼로 자른다.

〈그림6〉

완성 단계.

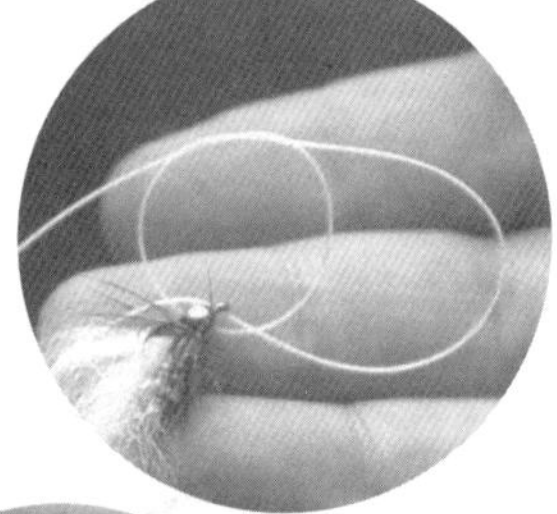

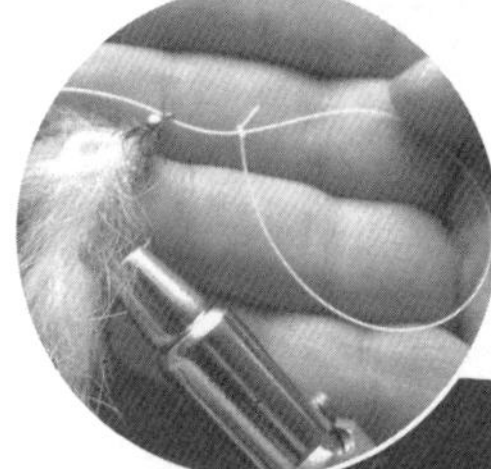

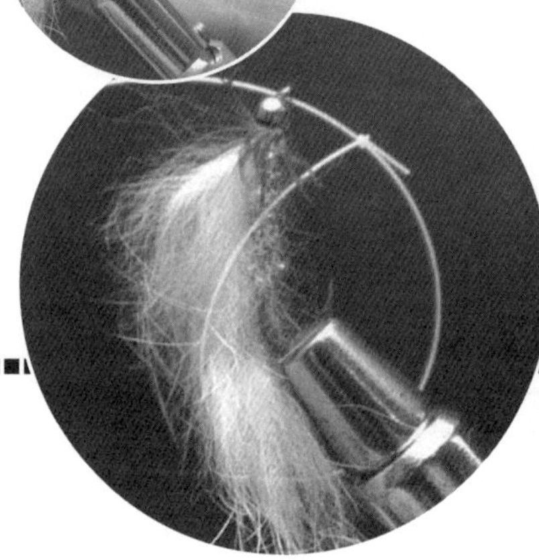

낚싯바늘 묶음법⑲

플라이 바늘 묶음

용 도 플라이 바늘을 묶는 방법 중의 하나로, 드라이 플라이를 맬 때 특히 유용하다.

특 징 채비의 강도도 믿을만하며, 매듭 부위의 유연성이 좋아 플라이도 원하는 자세로 잘 유지된다.

참 고 ①플라이와 티펫(Tippet)을 연결하는 방법에는 여러 가지가 있다. 가장 간단한 방법인 '꽈배기 묶음'은 여러 차례 줄을 꼬아야 하기 때문에 티펫이 굵거나 너무 가는 경우에는 합당치가 않다. 또한 매듭 부위가 고리를 고정시키기 때문에 플라이가 어긋나 버리면 수중에서 부자연한 자세가 되어 먹잇감으로서의 효과를 연출하지 못한다. ②이에 반해 '안돌리기 묶음'은 플라이의 자세에도 문제가 없고 후킹을 할 때에도 충격을 흡수하여 준다.

플라이 바늘을 묶는 방법 중의 하나로, 드라이 플라이를 맬 때 특히 유용하다. 채비의 강도도 믿을 만하며, 매듭 부위의 유연성이 좋아 플라이도 원하는 자세로 잘 유지된다.

〈그림1〉

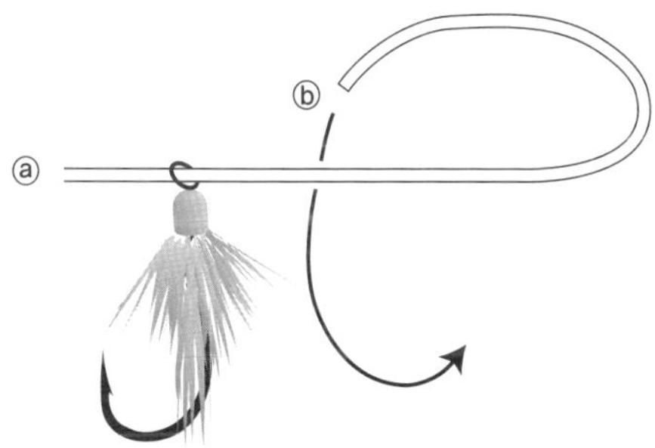

티펫 끝 부분(ⓑ)을 바늘 구멍으로 통과시킨다.

〈그림2〉

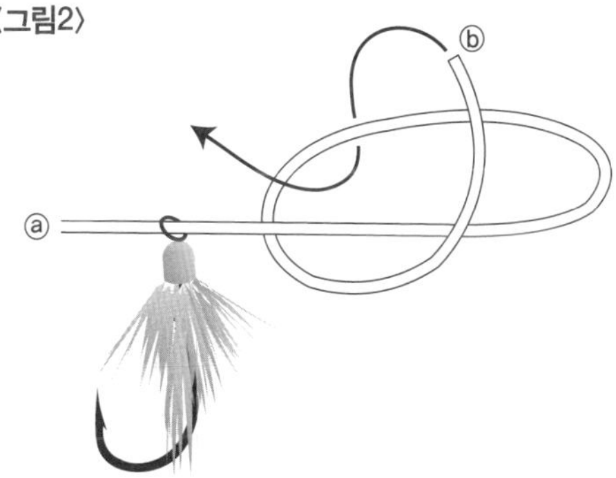

ⓑ부분의 줄을 한 바퀴 돌려 고리를 만든다.

〈그림3〉

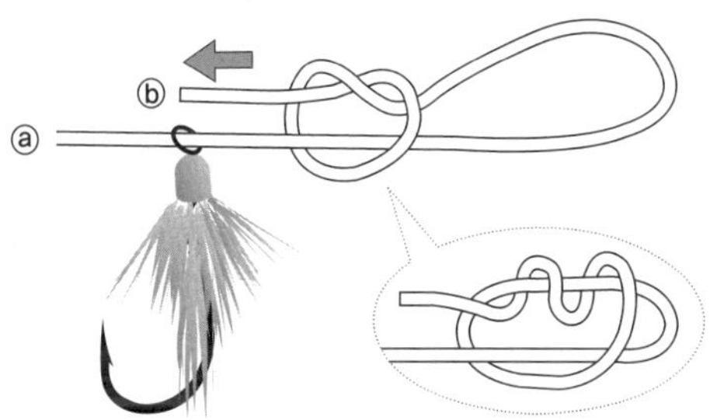

ⓑ부분을 한 바퀴 또는 두 바퀴 돌려 매듭을 짓는다.

〈그림4〉

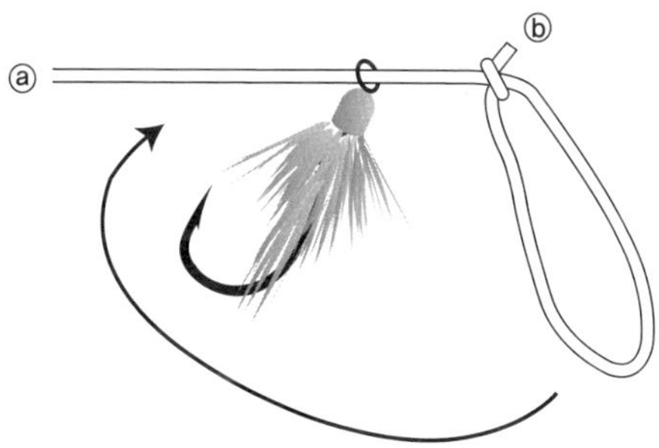

바늘이 통과 할 정도의 고리를 짓는다.

〈그림5〉

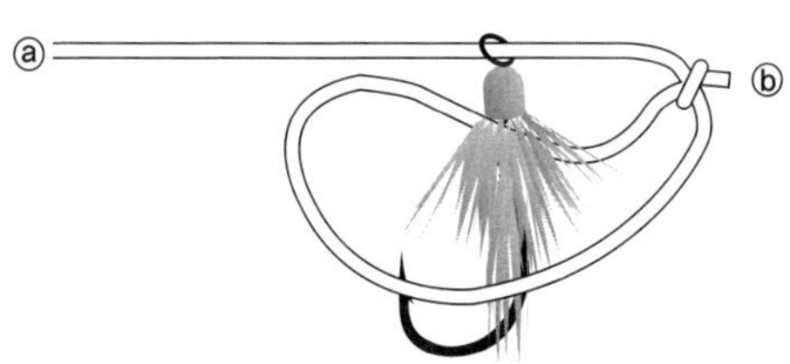

고리 안으로 바늘을 통과시킨다.

〈그림6〉

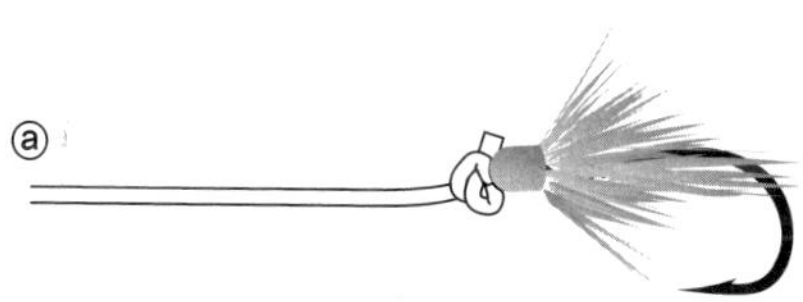

ⓐ부분을 천천히 힘주어 당겨서 매듭이 바늘 구멍에 바짝 붙으면 완성이 된다.

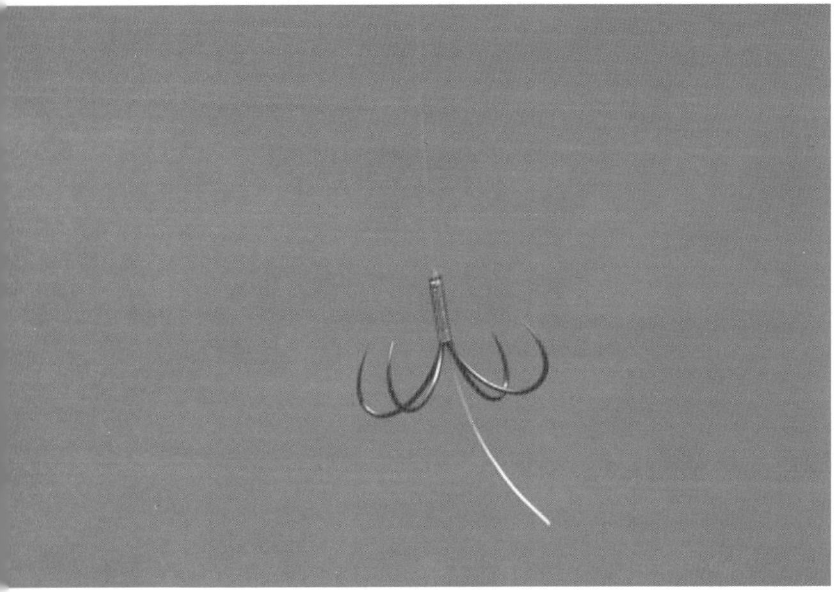

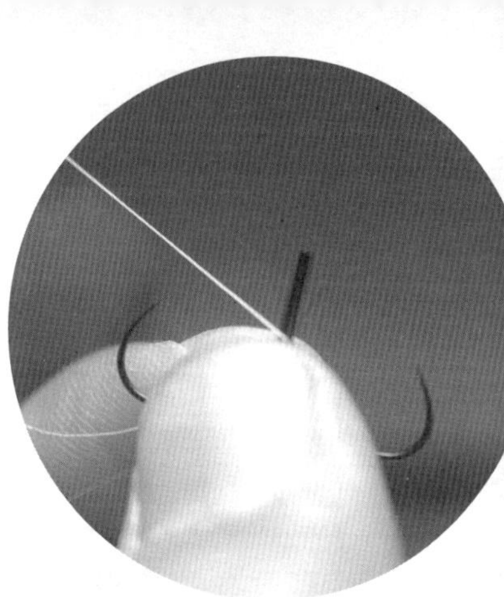

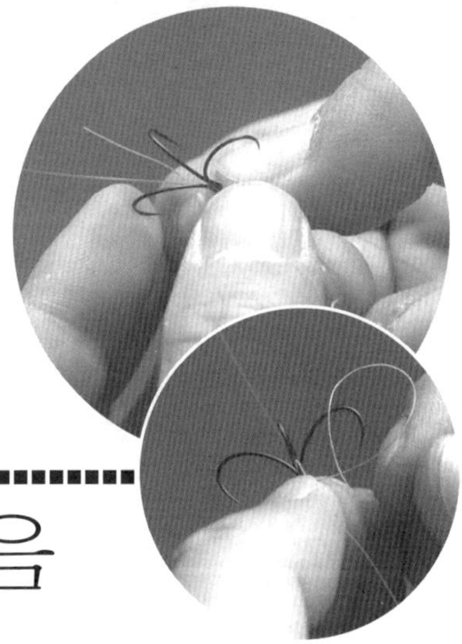

낚싯바늘 묶음법⑳

갈고리 바늘 묶음

용 도 ①은어 놀림낚시 또는 소(沼)갈고리 채비에 많이 사용된다. ②숭어 · 전어 등 훌치기낚시용에도 널리 활용되는 방법이다.

특 징 세발갈고리 또는 네발갈고리가 사용되는데, 세발갈고리만으로도 네발갈고리와 똑 같은 효과를 볼 수 있으므로, 굳이 번거롭게 네발갈고리로 묶을 필요는 없다.

참 고 ①은어를 가급적 다치지 않게 해야 하는 놀림낚시의 특성상 은어낚시 바늘은 미늘이 없는 것이 특징이며, 대부분 훌치기낚시용 갈고리바늘 또한 미늘이 없는 것을 사용한다. ②시판되는 채비를 사용할 수도 있지만 은어낚시에 정식 입문하려면 '갈고리바늘 묶음'은 꼭 익혀두어야 한다. ③다른 바늘도 그렇지만 특히 은어낚시용 갈고리바늘은 바늘 끝의 예리함이 생명이므로 낚시 도중에 끝을 자주 갈아 주어야 한다.

은어낚시 및 숭어 · 전어 등 훌치기낚시용 갈고리바늘을 묶는 방법이다. 세발갈고리 또는 네발갈고리가 사용되는데, 굳이 네 개의 바늘을 묶을 것까지 없이 세발갈고리만으로도 충분한 효과를 누릴 수 있다.

〈그림1〉

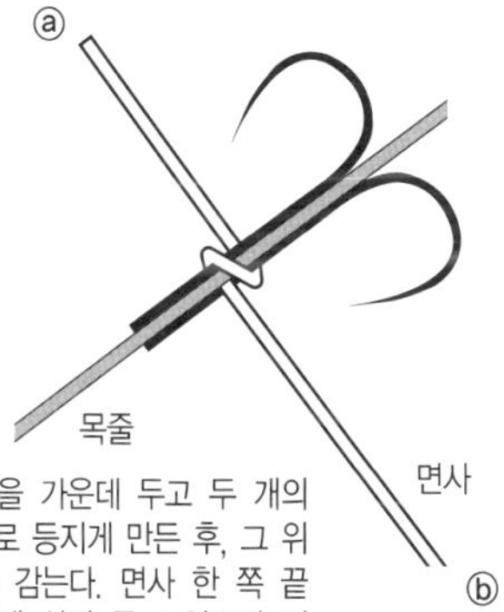

우선 목줄을 가운데 두고 두 개의 바늘이 서로 등지게 만든 후, 그 위에 면사를 감는다. 면사 한 쪽 끝부분을 입에 살짝 물고 있으면 편리하다.

〈그림2〉

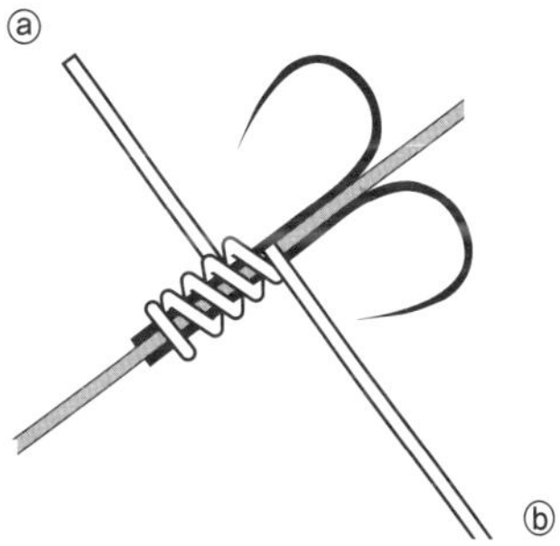

ⓑ를 바늘목 방향으로 올려 감은 뒤, 다시 아래로 둘둘 감아 내린 다음, 바늘과 목줄 사이에 끼워 임시로 고정시킨다.

〈그림3〉

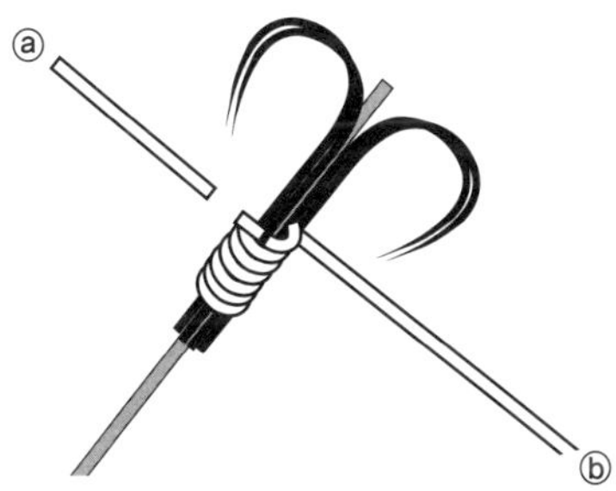

〈그림2〉 상태에서 다시 두 개의 추가 바늘을 나란히 올린 후, 이번에는 ⓐ줄로 네 개의 바늘을 적당히 둘둘 감은 다음, 바늘과 바늘 사이에 끼워 임시로 고정시키고선 끝을 잘라버린다.

〈그림4〉

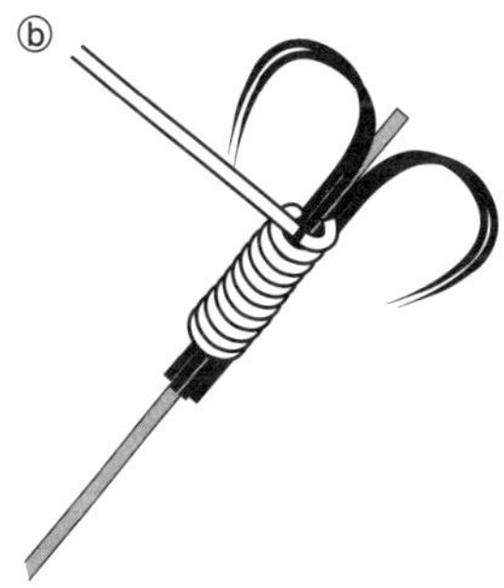

다시 한 번 ⓑ줄로 이번에는 꼼꼼히 감아준 다음, 역시 바늘과 바늘 사이에 끼워 임시로 고정시킨다.

〈그림5〉

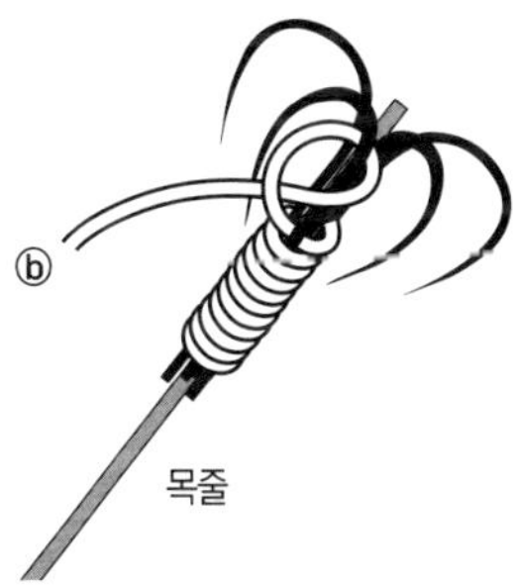

먼저 네 개의 바늘이 정확히 十자 형태를 유지하도록 각도를 조절해 주고, 목줄이 네 개의 바늘 중심에 위치하도록 손질을 한다. 그런 다음, 자투리 줄로 한 쪽 바늘을 엇돌려 묶는다.

〈그림6〉

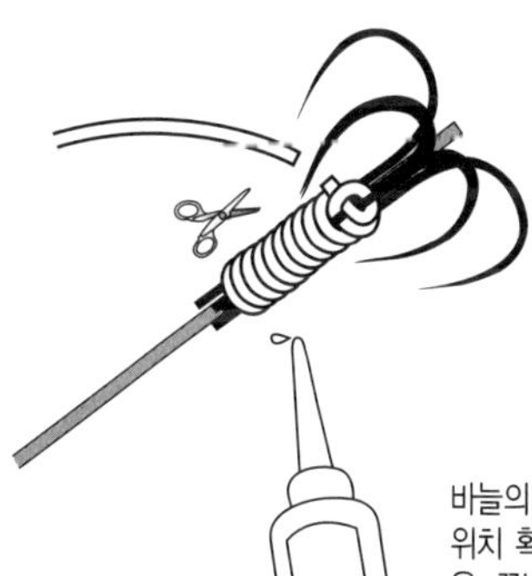

바늘의 각도 및 목줄의 위치 확인 등, 모든 손질을 끝낸 다음에 순간접착제를 발라주고서 자투리 줄을 잘라낸다.

제1부 | 묶음법 & 연결법 100선

제2장 낚싯줄 연결법

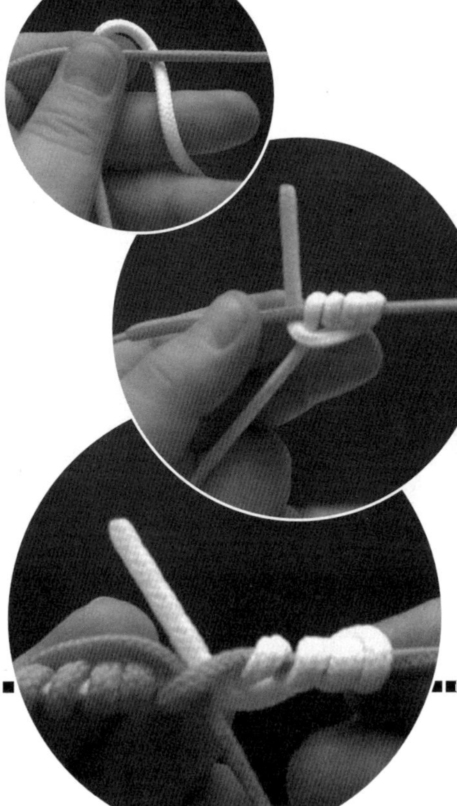

낚싯줄 연결법①

짜배기 묶음

–일명 'Blood Knot'

용 도 ①낚싯줄과 낚싯줄을 연결하는 가장 확실한 방법으로, 서로 다른 굵기의 나일론 줄을 연결할 때 특히 유용하다. ②가자미 · 보리멸 등의 던질낚시 채비에 있어 원줄과 힘줄을 연결할 때, ③플라이 라인의 리더와 티펫을 연결할 때, ④갯바위낚시에 있어 도래 없이 원줄과 목줄을 직결하는 방식으로 많이 활용된다.

특 징 ①결절(結節) 강도가 매우 높고, ②매듭의 마지막 자투리 부분이 상하 직각으로 위치하기 때문에 풀릴 위험성이 적다. ③낚싯줄 연결(매듭) 부위가 릴 또는 릴대의 가이드를 통과할 때 마찰이 적다.

참 고 ①줄의 굵기 차이가 너무 심한 경우는 곤란하다. ②줄의 굵기 차이가 심한 경우, 니퍼 끝을 불에 달궈 자투리 줄 양쪽 끝을 살짝 눌러주면 풀어질 위험이 없어진다. ②서양(西洋) 중세의 고문용, 수도사의 자해용 채찍 끝 매듭에서 유래된 것이라 하여 'Blood Knot' 란 이름이 붙여졌다.

낚싯줄과 낚싯줄을 연결하는 가장 확실한 방법으로, 서양에선 'Blood knot'라 부른다. 중세의 고문용, 또는 수도사의 자해용 채찍 끝의 매듭에서 유래된 이름이라고 한다.

〈그림1〉

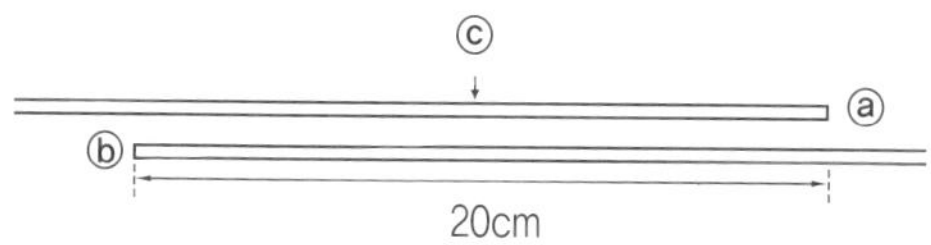

서로 다른 2개의 줄 ⓐ와 ⓑ를 20cm 정도 되게 교차시킨다.

〈그림2〉

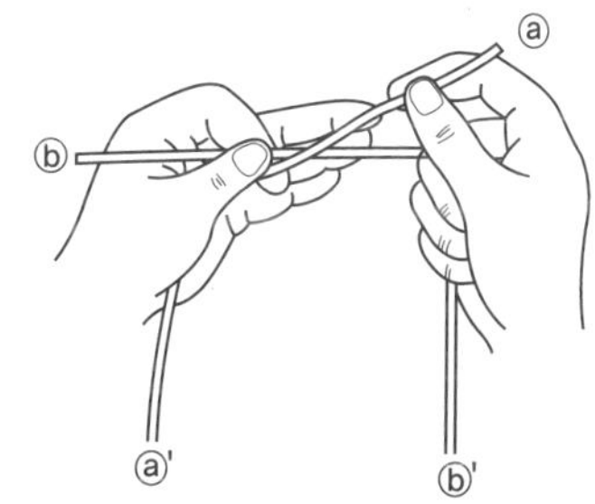

교차된 두 줄의 중간 지점인 ⓒ부분을 왼손 엄지와 검지로 거머쥐고, 바른손으론 ⓑ줄을 중지 · 약지 · 소지 사이에 쥔 다음, 엄지와 검지를 이용해 ⓐ줄을 ⓑ줄 위로 넘긴다.

〈그림3〉

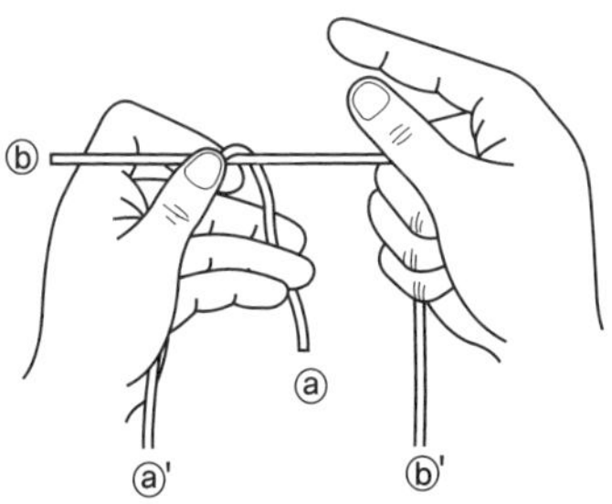

바른손 검지와 엄지로 ⓑ줄 위로 넘긴 ⓐ줄을 왼손 중지와 소지에 끼워 받는다.

〈그림4〉

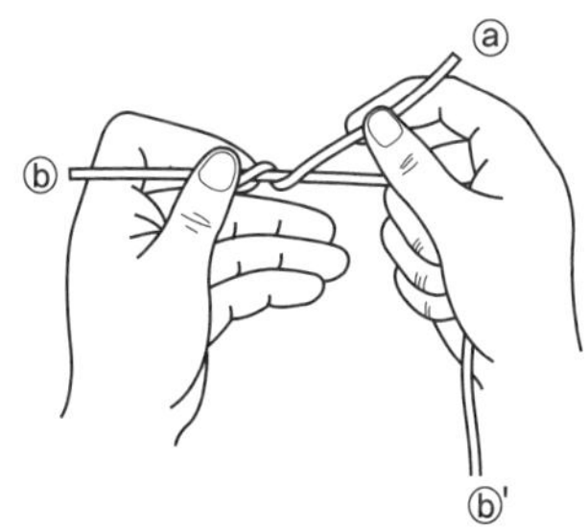

왼손 중지와 소지에 끼운 ⓐ줄을 오른손 엄지와 검지로 옮겨 받은 다음, 다시 ⓑ줄 위로 넘겨 돌린다.

〈그림5〉

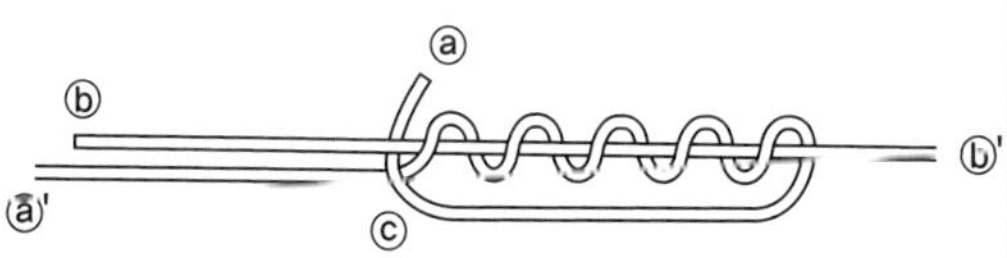

〈그림2〉에서 〈그림4〉와 같은 방식으로 ⓐ줄을 ⓑ에 5~6회 돌려 감은 후, 중간의 ⓒ지점으로 되돌려 두 줄 사이에 끼운다.

〈그림6〉

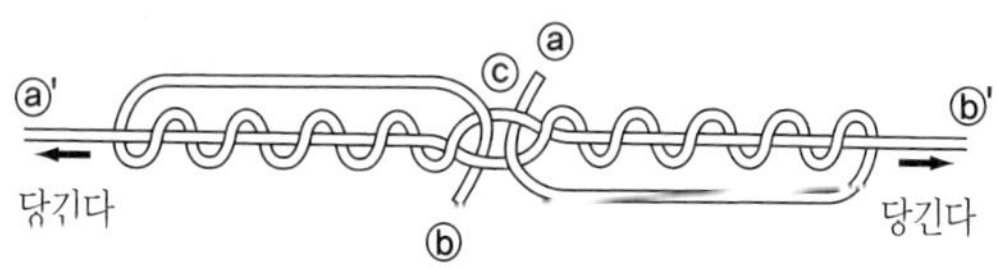

〈그림7〉

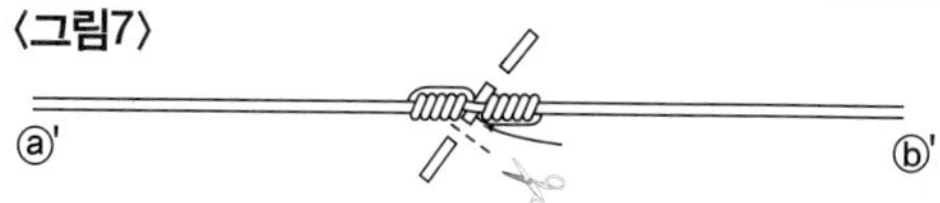

이번에는 같은 방법으로 ⓑ줄을 ⓐ에 5~6회 돌려 감은 후, 중간의 ⓒ지점으로 되돌려 고리 사이에 끼운다. ⓐ와 ⓑ가 빠지지 않게 당겨 주면서 ⓐ'와 ⓑ'를 천천히 맞당겨 주면 완성이 된다.

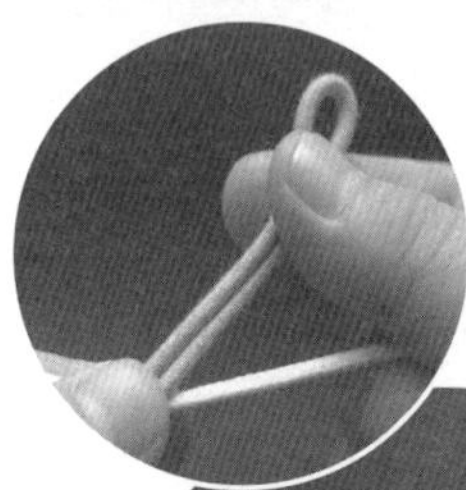

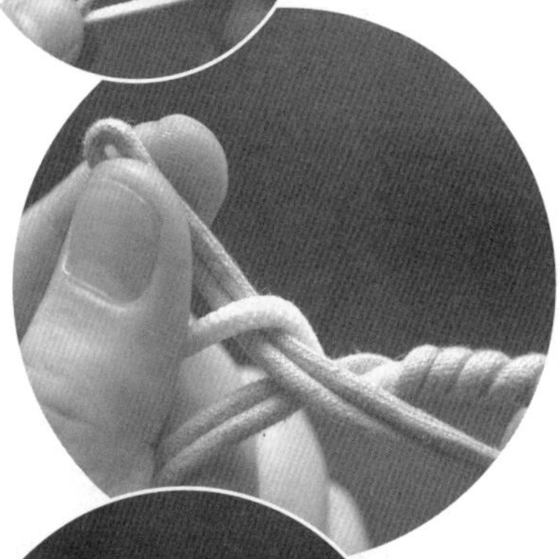

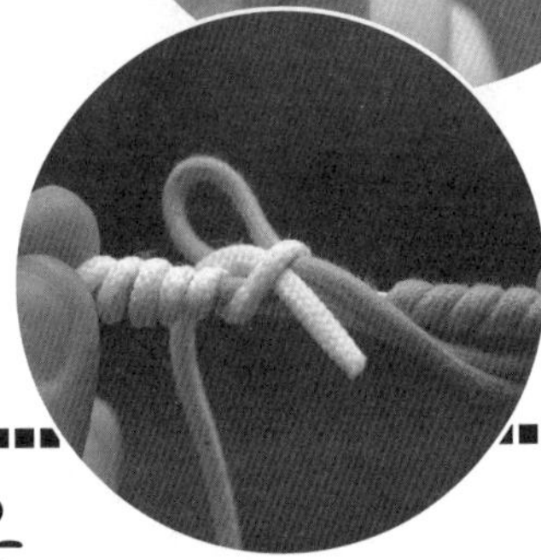

낚싯줄 연결법②

겹줄 꽈배기 묶음

용 도 ①일반 '꽈배기 묶음' 과 같은 방법이지만, 특히 굵기가 크게 다른 두 줄을 연결할 때 사용된다. ②가자미 · 보리멸 등의 던질낚시 채비에 있어 굵은 힘줄과 가는 목줄을 연결할 때 유용하다.

특 징 ①2호와 4~5호, 3호와 6~7호 등 목줄과 원줄(또는 힘줄) 간의 격차가 너무 심한 상황에서 일반 '꽈배기 묶음' 을 하면 줄이 풀리거나, 가는 줄이 터질 위험성이 높다. ②따라서 이때는 가는 줄을 두 겹으로 만들어 꽈배기 묶음을 해야 결절(結節) 강도를 높일 수 있다. 낚싯줄에 순간적인 힘이 가해졌을 때도 풀릴 위험성은 거의 없다.

참 고 ①두 줄의 굵기가 1~2호 차이에 불과하다면 굳이 겹줄을 만들 필요 없이, 그냥 '일반 꽈배기 묶음' 을 하는 것이 좋다. 3호 이상 차이가 날 경우는 이 방법을 사용해야 안심할 수가 있다. ②〈그림5〉 단계에서 좌우로 너무 빠르게 당기면 매듭 간격이 흐트러지므로 서서히 조여 주는 게 요령.

전항의 '꽈배기 묶음' 과 같은 방법이지만, 매우 가는 줄 끼리 연결할 때 활용된다. 두 가닥의 줄이 서로 겹쳐 있고, 서로 꼬여진 부분이 많아 매듭을 지을 때 심한 마찰로 인해 줄이 손상될 염려가 높다.

〈그림1〉

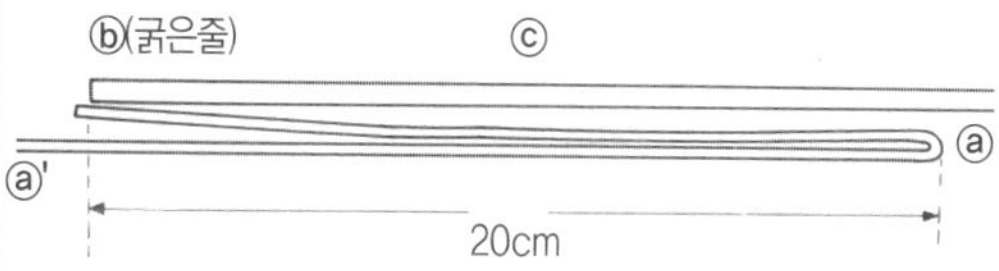

먼저 굵기가 가는 쪽의 줄을 20cm 가량 접은 후, 2개의 줄을 중심부(ⓒ)에서 교차시킨다.

〈그림2〉

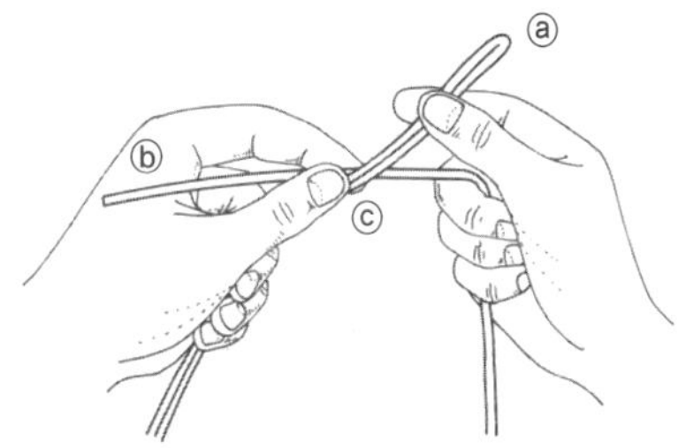

두 줄의 교차 지점인 ⓒ부분을 왼손 엄지와 검지로 거머쥐고, 바른손 엄지와 검지를 이용해 ⓐ줄을 ⓑ줄 위로 넘긴다.

〈그림3〉

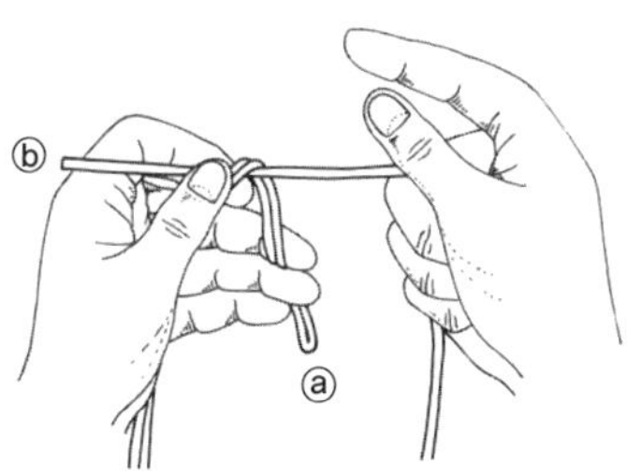

바른손 검지와 엄지로 ⓑ줄 위로 넘긴 ⓐ줄을 왼손 중지와 소지에 끼워 받는다.

〈그림4〉

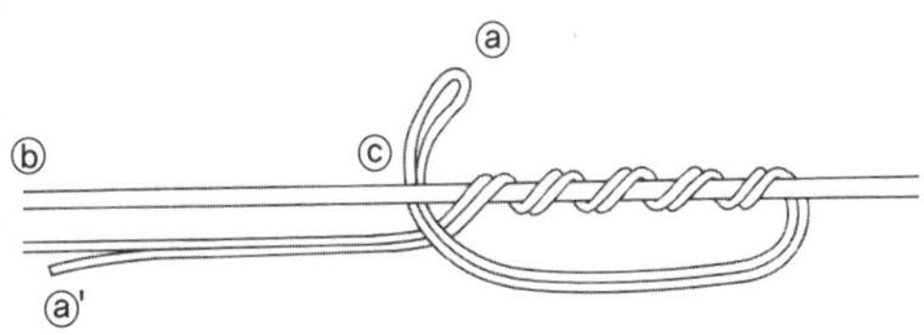

〈그림2〉와 〈그림3〉과 같은 방법으로 5~6회 감은 후, ⓐ줄을 가운데 쪽으로 되돌려 두 줄의 교차점(ⓒ지점) 사이에 끼운다.

〈그림5〉

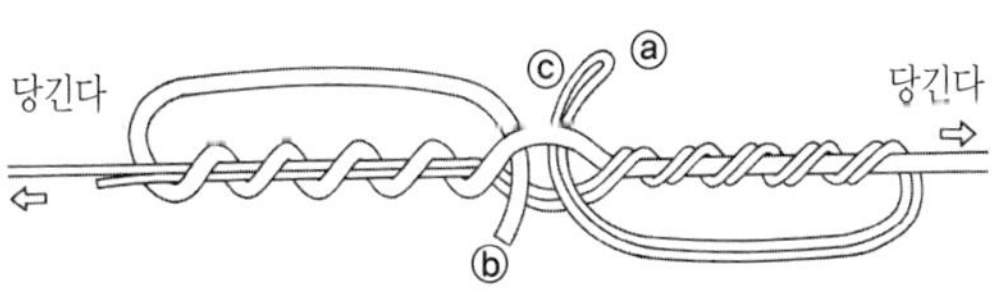

이번에는 같은 방법으로 ⓑ줄을 ⓐ에 5~6회 돌려 감은 후, 중간의 ⓒ지점으로 되돌려 고리 사이에 끼운다.

〈그림6〉

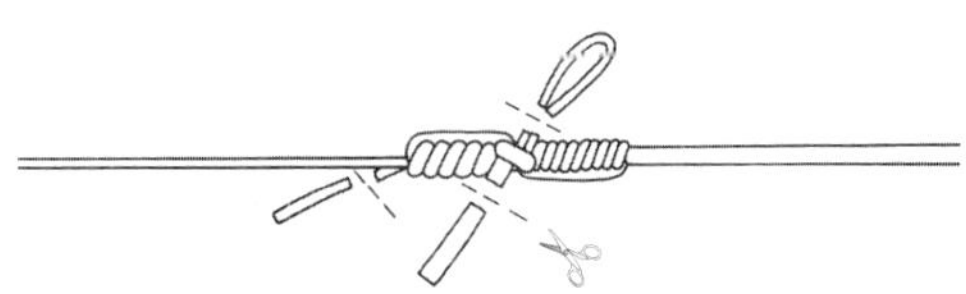

〈그림5〉 단계에서 ⓐ와 ⓑ가 빠지지 않게 당겨 주면서 양쪽 줄을 천천히 맞당겨 주면 완성이 된다.

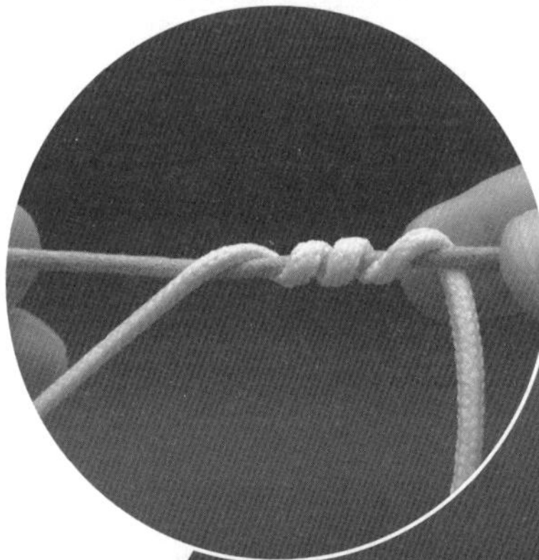

낚싯줄 연결법③

특수 꽈배기 묶음

용 도 ①여러 가지 꽈배기 묶음법 가운데 가장 확실한 방법으로, 두 줄의 굵기가 같거나 차이가 나도 상관이 없다. ②가자미 · 보리멸 등의 던질낚시 채비에 있어 원줄과 힘줄, 또는 힘줄과 목줄 끼리 연결할 때, ③플라이 라인의 리더와 티펫을 연결할 때, ④갯바위낚시에 있어 도래 없이 원줄과 목줄을 직결할 때도 유용한 방법이다.

특 징 ①일반 꽈배기 묶음법을 보강한 것으로서, 매듭 부위의 자투리 줄을 바짝 잘라도 풀릴 위험이 적고, ②릴 스풀 및 릴대의 가이드를 매듭 부위가 통과할 때도 그만큼 마찰이 적어진다.

일반 꽈배기 묶음과 중간 과정은 동일하지만 마무리 하는 방법이 다르다. 일반 꽈배기 묶음법을 보강한 것으로서, 매듭 부위의 자투리 줄을 바짝 잘라도 저절로 풀릴 위험이 적다.

참 고 ①꽈배기 묶음의 불안 요소를 완전 해소시킨 작업 방법이다. ②매듭 부위의 자투리 줄을 바짝 자른 상태에서 순간접착제를 바르지 않아도 줄이 풀릴 걱정이 거의 없다. ③앞서 소개한 일반 '꽈배기 묶음법' 을 참고하면 이해에 도움이 될 것이다.

〈그림1〉

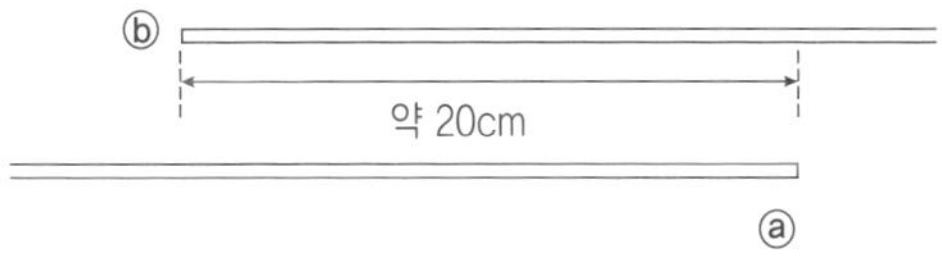

서로 연결할 줄을 20cm 정도 되게 겹쳐 쥔다.

〈그림2〉

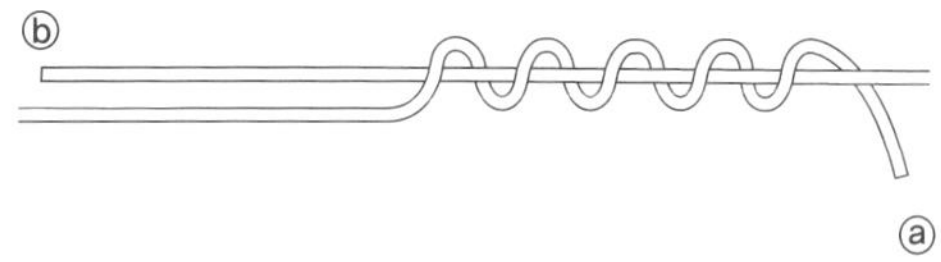

ⓐ줄을 ⓑ줄 위에 4~5회 돌려 감는다.

〈그림3〉

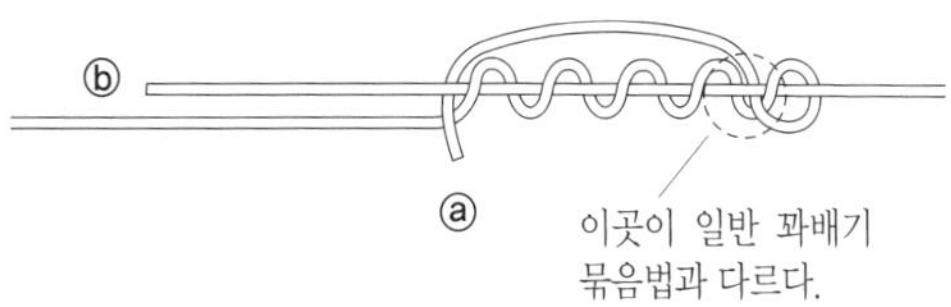

ⓐ줄을 뒤로 돌려 고리 속으로 한 번 통과시킨 뒤, 두 줄의 교차 지점에 끼운다.

〈그림4〉

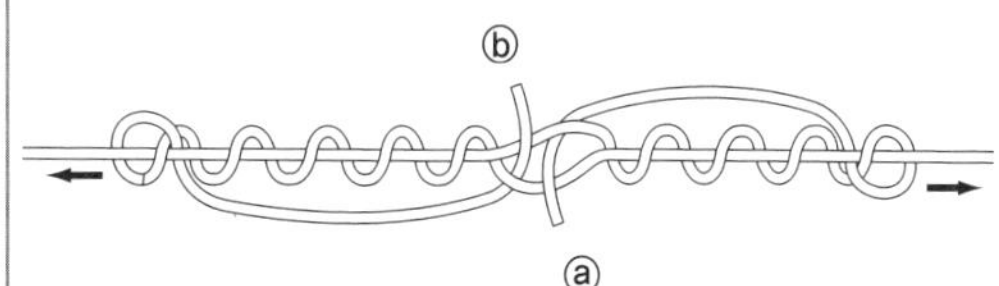

〈그림2〉와 같은 방식으로 ⓑ줄을 ⓐ줄에 4~5회 감은 후, 〈그림3〉과 같이 반복한다.

〈그림5〉

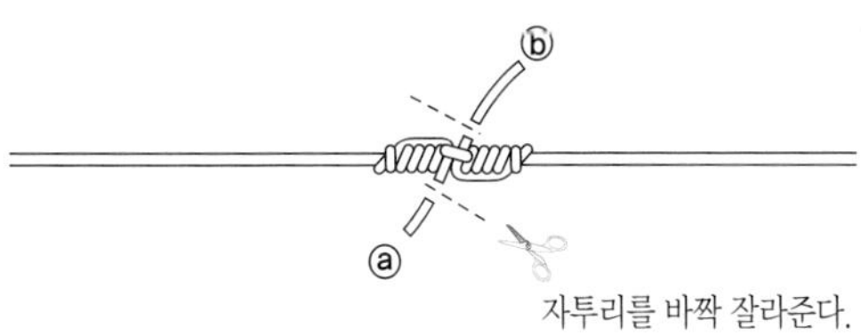

자투리를 바짝 잘라도 풀어질 위험이 없다.

〈그림6〉

순간접착제를 바르지 않아도 안심할 수 있다.

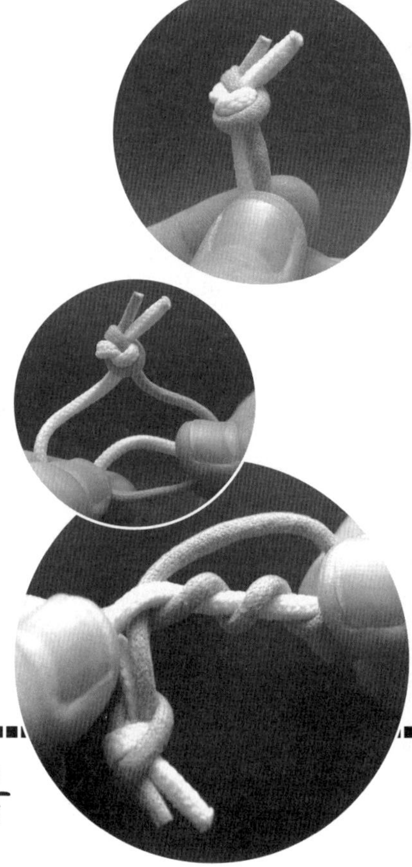

낚싯줄 연결법④

매듭 꽈배기 묶음

용 도 ①여러 가지 꽈배기 묶음법 중에서 가장 손쉬운 방법으로, ②굵기가 같거나 서로 비슷한 나일론 줄을 연결할 때 특히 유용하다. ②가자미 · 보리멸 등의 던질낚시 채비에 있어 원줄과 힘줄을 연결할 때 활용된다.

특 징 ①앞서 소개한 꽈배기 묶음 3가지 방법은 숙달되지 않으면 상당히 작업이 까다로운 데 비해, 두 줄을 임시로 묶어두고 시작하는 이 방법은 초심자도 쉽게 따라 할 수 있다. ②앞서 소개한 3가지 '꽈배기 묶음법'의 특징이 두 줄의 자투리가 각기 반대 방향으로 교차되는 것이라면, 이 방법은 자투리 줄이 나란히 같은 방향으로 나간다는 점이다.

참 고 ①방법이 쉬운 것이 장점이지만, 잘못하면 풀릴 위험성이 높으므로, 마무리 단계에서 순간접착제를 매듭 부위에 살짝 발라주면 된다. 순간접착제를 너무 많이 바르면 줄이 약화되는 점 유념해야 한다. ②작업하기가 쉬워 겨울철 손이 곱았을 때나, 밤낚시 조명기구 아래서도 줄을 연결할 수 있다.

매듭 꽈배기 묶음이라고 하나, 매듭을 짓지 않고도 묶을 수 있다. 여러 가지 꽈배기 묶음법 가운데 손쉽게 묶을 수 있는 방법이지만, 자투리 줄이 나란히 같은 방향으로 나간다는 것이 단점이다.

〈그림1〉

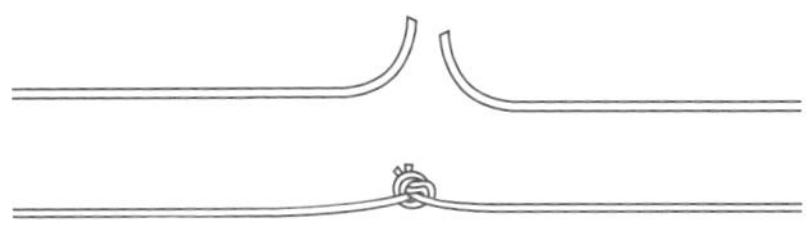

두 줄을 임시로 묶는다. 어떤 방법이든 관계없다.

〈그림2〉

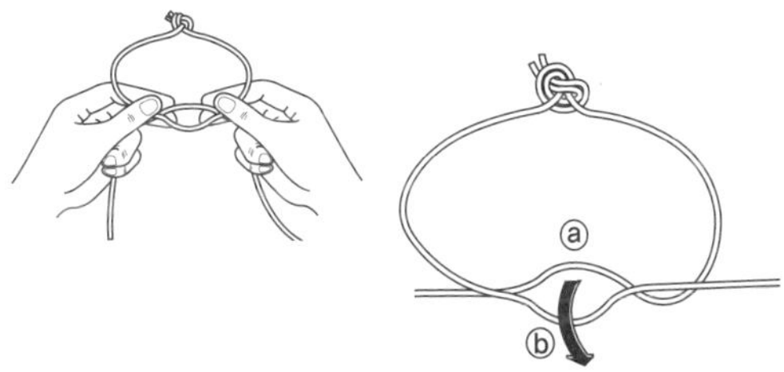

큰 고리를 만들어 줄을 양손에 쥔 후, 다시 작은 고리를 만들어 오른손 집게손가락으로 ⓐ부분을 ⓑ부분 너머로 계속 돌려 감는다.

〈그림3〉

5~6회 가량 돌리면 완전한 꽈배기 형태가 된다.

〈그림4〉

두 줄의 묶음 부위를 고리 속으로 집어넣고 양쪽 줄을 잡아 당긴다.

〈그림5〉

다른 '꽈배기 묶음법'과는 달리 자투리 줄이 같은 방향으로 향한다.

〈그림6〉

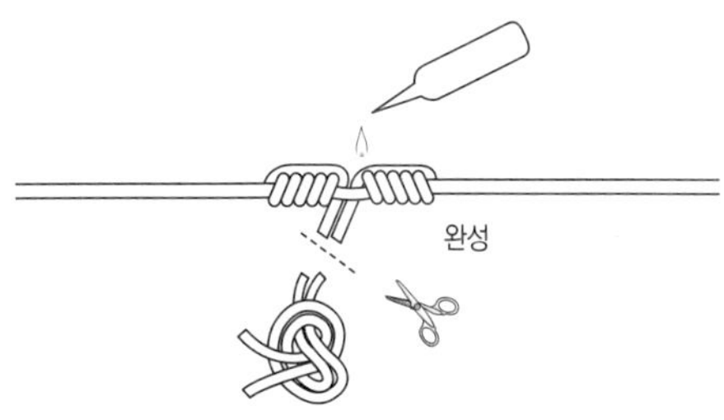

묶음 부위를 잘라내고 그 위에 순간접착제를 살짝 바른다.

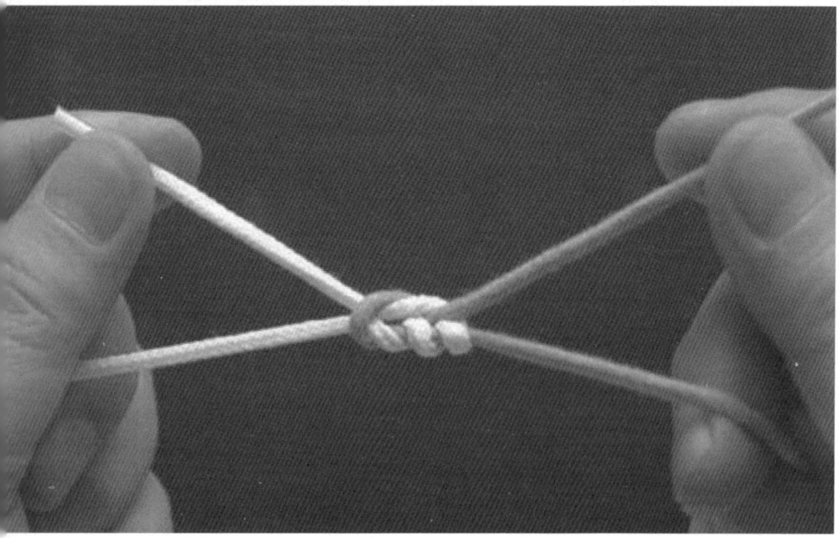

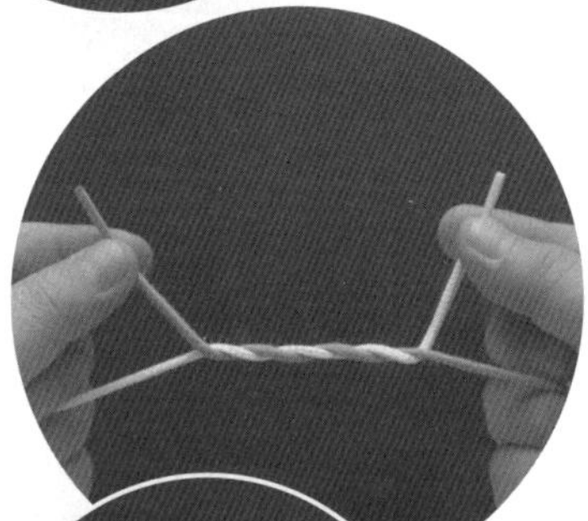

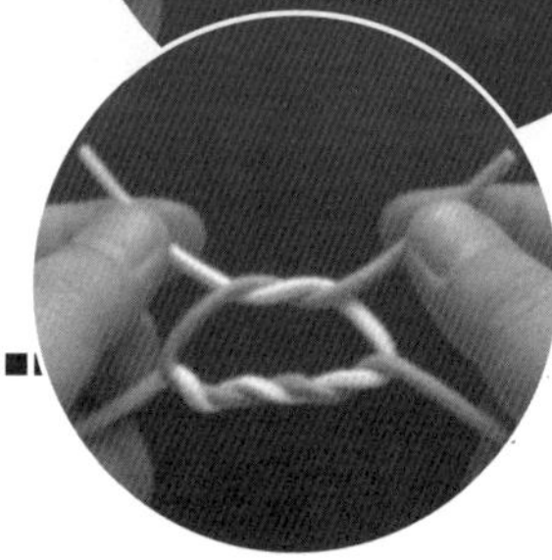

낚싯줄 연결법⑤

꽈배기 8자 묶음

-일명 '외과 수술 매듭법' '미하라(三原) 직결법'

용도 ①도래를 사용하지 않고 목줄과 원줄을 연결할 수 있는 방법이며, ②낚시 도중 원줄이 끊어졌을 때 긴급하게 응급 처치를 할 수 있는 연결법이다.

특징 ①묶는 방법이 쉽고 빠르다는 것이 장점이며, ②앞서 소개한 '꽈배기 묶음법' 4가지 방식에 비해 매듭 부위가 굵어지는 단점이 있지만 풀릴 위험성은 크게 없다. 낚싯줄끼리의 연결법에 있어 매듭 부위가 굵어지면 굵어질수록 릴 스풀 또는 릴대의 가이드에 줄이 스칠 때 마찰력이 커진다는 점 기억해 두어야 한다.

참고 ①병원에서 외과 수술을 할 때 절개한 피부를 봉합하는 형식과 비슷한 매듭으로, 일명 '외과 수술 매듭법'이라고도 한다. ②갯바위 찌낚시에도 많이 활용되는 것으로, 일본의 찌낚시 명인 미하라(三原)가 차용(借用)한 매듭법이라고 해서 일본에서는 '미하라 직결법'이라 부르기도 한다.

병원에서 외과 수술을 할 때 절개한 피부를 봉합하는 형식과 비슷해 '외과 수술 매듭법'이라고도 한다. 낚시 도중 원줄이 끊어졌을 때 긴급하게 응급 처치를 할 수 있는 연결법이다.

〈그림1〉

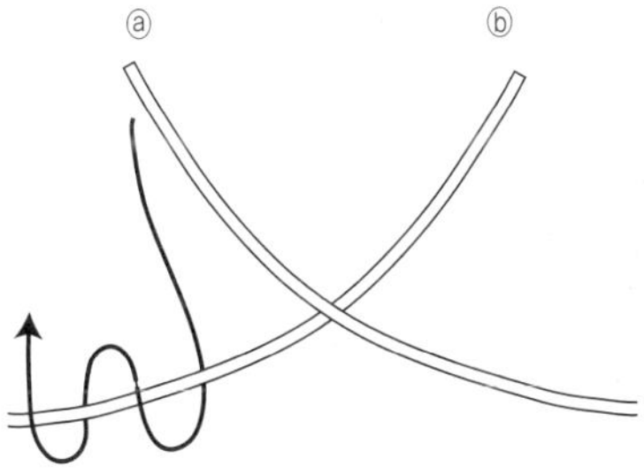

낚싯줄 ⓐ를 ⓑ에 2회 가량 돌린다.

〈그림2〉

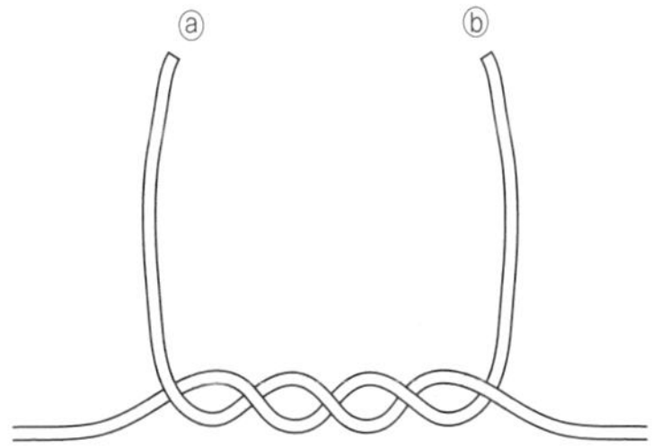

낚싯줄 ⓑ를 ⓐ에 2회 가량 돌린다.

〈그림3〉

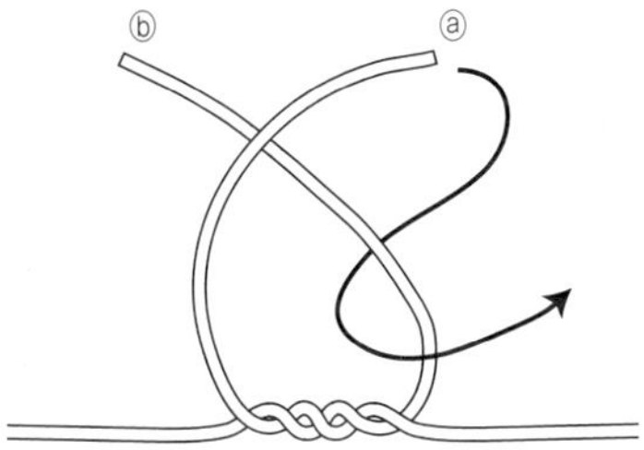

ⓐ를 ⓑ에 1회 감아 돌린다(8자 모양이 되게).

〈그림4〉

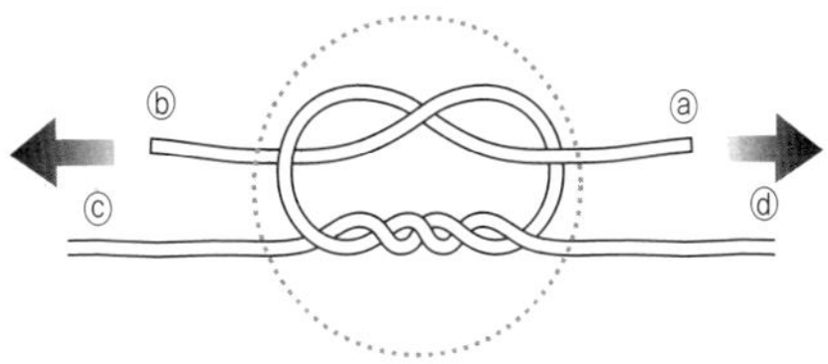

ⓐ, ⓑ, ⓒ, ⓓ를 동일한 힘으로 좌우로 잡아 당겨 조인다.

〈그림4-1〉 보강법

〈그림4〉 단계에 ⓐ와 ⓑ줄을 각각 한번 더 감아 돌려주면 결절 강도가 더욱 높아진다.

〈그림5〉

매듭 부위가 서로 엉키지 않고 순탄하게 조여져야 한다.

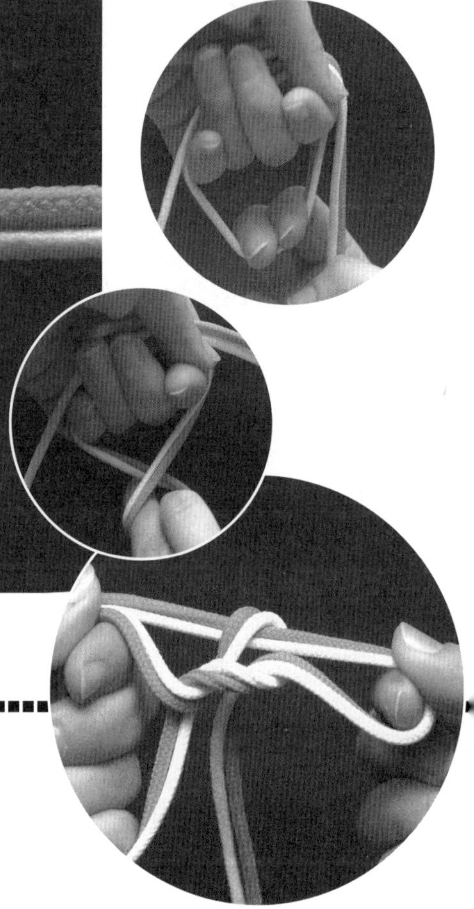

낚싯줄 연결법⑥

겹8자 묶음

–일명 '손가락 돌려 묶기'

용 도 ①낚싯줄과 낚싯줄을 연결하는 가장 확실한 방법이다. ②줄의 굵기가 서로 달라도 무방하다.

특 징 ①최근에는 줄과 줄(원줄과 목줄)을 연결함에 있어 도래를 사용하지 않고 직결하는 스타일이 늘고 있다. 이것은 낚싯줄의 결절강도를 조금이라도 떨어뜨리지 않기 위해서다. 줄과 재질이 다른 도래와 같은 금속 도구를 사용하게 되면 아무래도 줄에 상처가 생겨 결국에는 줄이 끊어지는 원인이 되기 때문이다. ②낚싯줄 직결법 가운데 '겹8자 묶음'은 우선 방법이 간단하고, 잘 풀리지도 않는다. ③매듭 부위도 그다지 크지 않고, 결절강도 또한 최강을 자랑한다.

참 고 ①일명 '손가락 돌려 묶기'라 부르는데, 굳이 왼손에 줄을 돌려 매고서 작업을 시작하지 않아도 무방하다. 〈그림7–1〉 단계에서부터 바로 시작해도 된다. ②고리를 지을 땐 〈그림7–1〉처럼 반드시 두 번만 돌려야 한다. 이때 세 번을 비틀면 매듭의 눈이 커져 강도가 떨어지게 되므로 주의해야 한다.

일명 '손가락 돌려 묶기'로 낚싯줄과 낚싯줄을 손쉽게 연결할 수 있는 방법이다. 줄의 굵기가 서로 달라도 무방하며, 매듭 부위도 그다지 크지 않을 뿐더러 결절강도 또한 최강을 자랑한다.

〈그림1〉

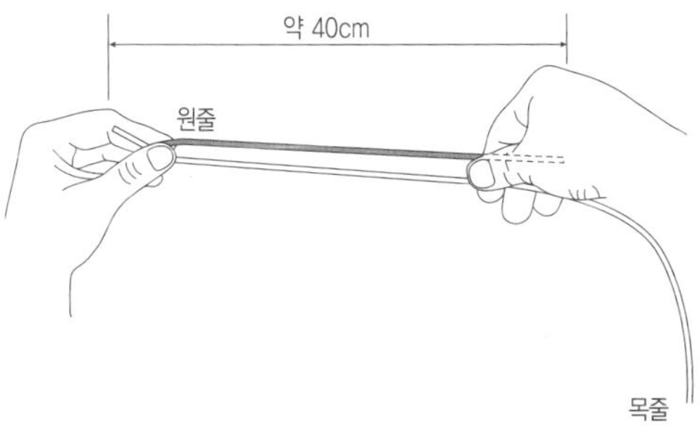

두 개의 줄을 약 40cm 정도 겹치게 한다.

〈그림2〉

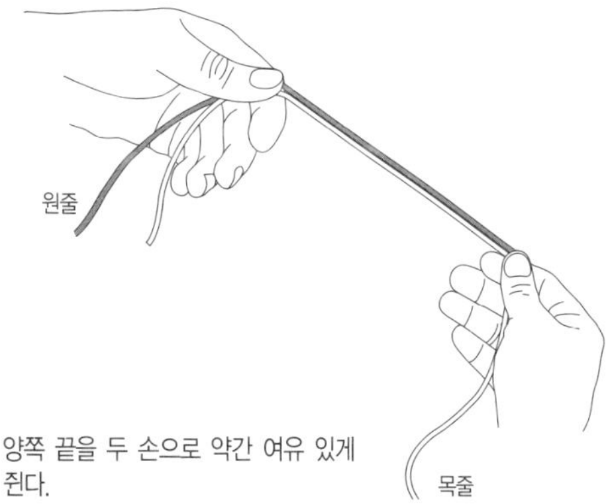

양쪽 끝을 두 손으로 약간 여유 있게 쥔다.

〈그림3〉

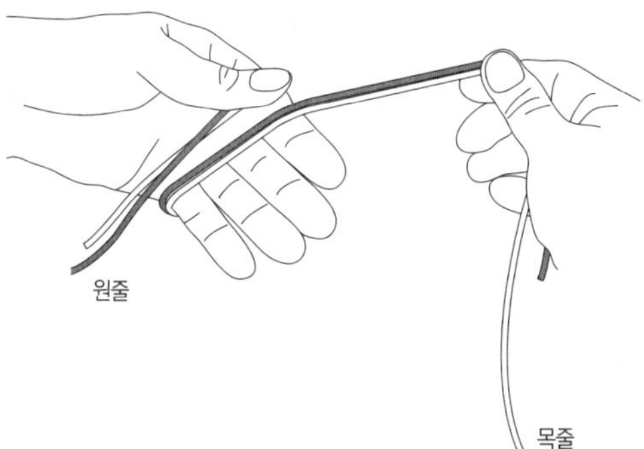

왼손 바닥에 두 줄을 한 바퀴 돌려 감은 후 손을 움켜쥔다.

〈그림4〉

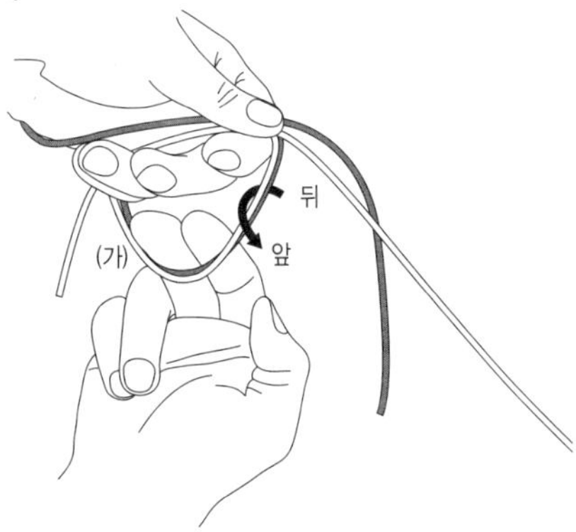

오른손 검지와 중지로 왼손 등의 줄을 당긴다.

〈그림5〉

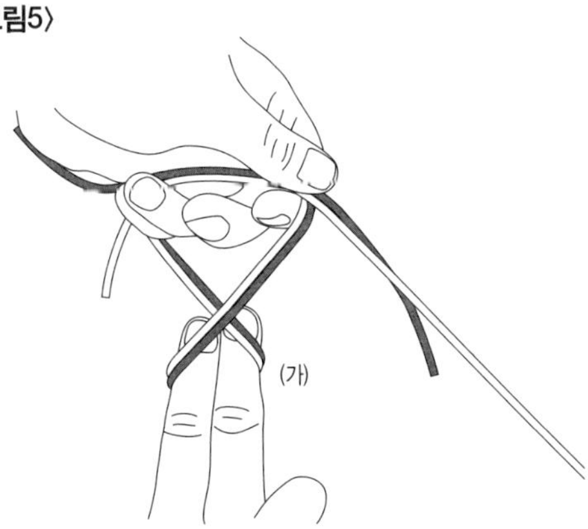

오른손 검지와 중지로 줄을 당기면서 한 바퀴 돌린다.

〈그림6〉

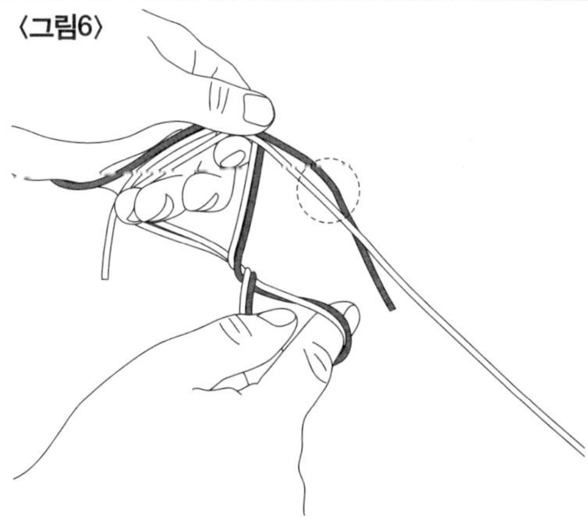

한 바퀴 더 돌린 다음, 손가락의 자세를 바꾼다.

〈그림7〉

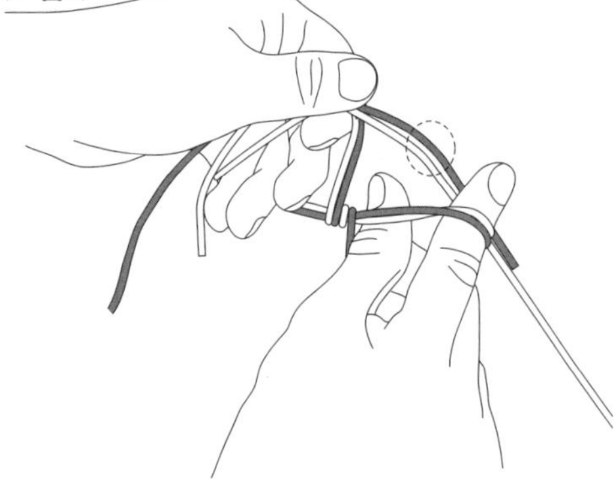

오른손 검지로 점선 부분을 걸어 쥐고 당긴다.

〈그림7-1〉

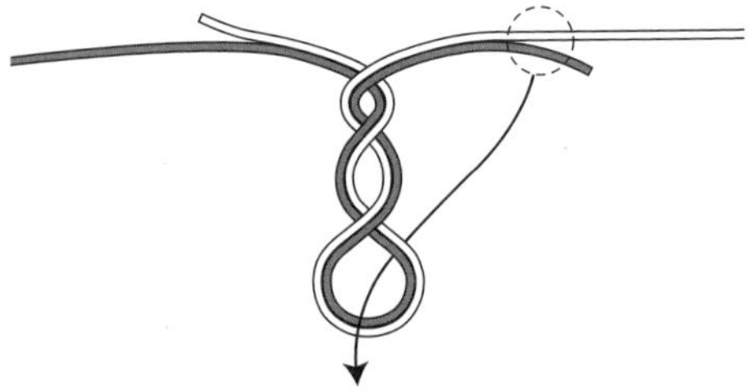

〈그림1〉~〈그림7〉 단계를 요약한 것으로, 처음부터 왼손에 줄을 돌려 매고 시작할 필요 없이, 그냥 고리 하나를 만든 후 그 고리를 한 바퀴 더 돌려주는 방식을 취해도 된다.

〈그림7-2〉

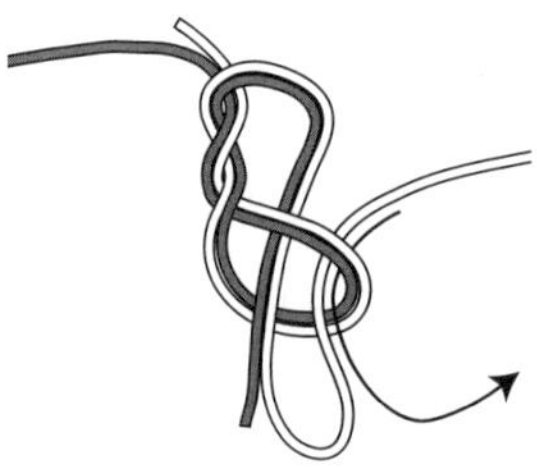

〈그림7〉 단계에서 점선 동그라미 부분의 줄을 고리 속으로 뽑아낸다.

〈그림8〉

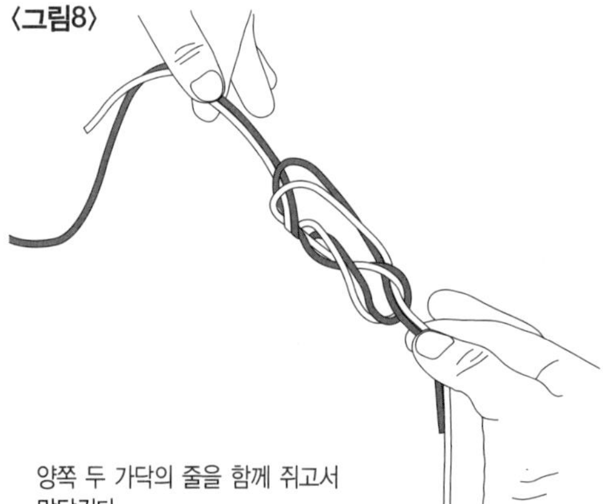

양쪽 두 가닥의 줄을 함께 쥐고서 맞당긴다.

〈그림9〉

매듭 부위가 2중의 8자 모양이 되면 제대로 된 것이다.

〈그림10〉

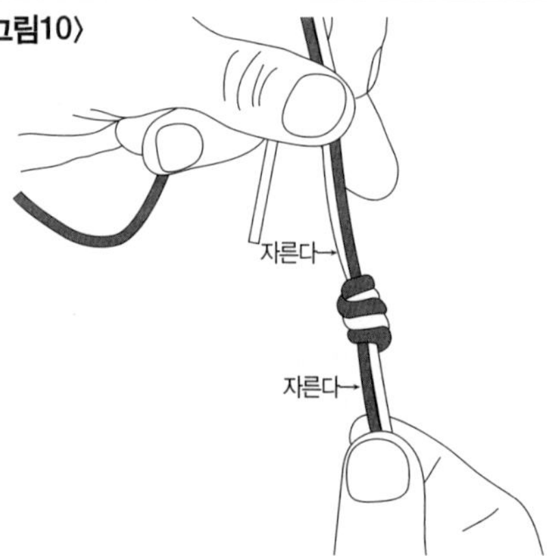

양쪽의 자투리 줄을 잘라내면 완성품이 된다.

토막상식

'매듭' 은 낚싯줄의 소재와 함께 진화!

낚시 채비 가운데 가장 중요한 요소는 바늘과 줄이다. 바늘과 줄의 발달이 새로운 매듭을 가능케 했고, 새로운 매듭이 새로운 채비를 발전시켰다. 소재의 진화는 곧 채비의 진화인 것이다.

오래 전 바늘의 소재는 돌멩이 및 동물의 뼈와 뿔 등 이었으며, 여기에 청동과 철을 시작으로 하는 금속류가 더해졌다. 형태에도 관심이 많았지만 그 소재에 대해 연구를 거듭했다.

낚싯줄도 마찬가지다. 처음엔 식물의 섬유나 동물의 가죽 · 근육 · 인대 · 털 등으로 줄을 사용했다. 옛 조상들 가운데 꾼들은 '처녀의 머리칼이 낚싯줄로는 최고!' 라고 우기기도 하고, 더러는 '말의 꼬리털 가운데 백마, 그것도 종마의 꼬리털이 최고!' 라며 물러서지 않는 분들도 있었던 것 같다.

그런 낚싯줄의 역사에 첫 혁명을 가져온 것이 삽사(澁絲)와 천잠사(天蠶絲 · 일본명 데구스)이다. 삽사는 마(麻)에서 만들어진 실을 감의 떫은 즙에 적셔 햇빛에 건조시킨 것이며, 천잠사는 것은 누에의 성숙한 견사선(絹絲腺)을 떼어서 식초에 담가 늘어뜨린 후 햇볕에 건조를 시킨 것이다. 이것이 우리나라 해방 전후의 낚싯줄이다.

낚싯줄의 대변혁은 나일론의 등장이다. '물과 공기와 석탄으로부터 만들어진 강철과 같이 강하고 거미줄처럼 가는' 나일론 소재는 미국 듀퐁사에 의해 1937년에 발표되었으다. 그러나 이것이 실제로 낚싯줄로 사용되기까지는 한참의 세월이 지난 후이다.

나일론 라인은 지금도 가장 주류를 이루는 낚싯줄이지만, 잘 늘어나는 단점을 커버하기 위해 심해 낚시용으로 개발된 폴리에스텔계 섬유의 데트론과 데이크론이 선을 보였다. 불소수지를 소재로 한 플로로 카본 라인은 나일론보다도 흡수성이 작고 침력(沈力)이 빠르며 수중에서 잘 보이지 않는 등 주로 목줄용으로 인기를 끌고 있다.

이밖에도 돌돔낚시 등에 없어서는 안 되는 와이어 라인, 은어낚시에 돌풍을 일으킨 메탈라인, 대물낚시용으로 필수품인 케블러(열과 마찰에 강하 소재로 방탄조끼에 사용됨), 그리고 근년에는 고분지량 폴리에틸렌을 특수 성형한 고강도 섬유를 소재로 한 PE라인이 루어낚시인들의 인기를 끌고 있다

이렇듯 온갖 소재가 개발되는 동안 낚싯줄도 많은 변혁을 가져왔다. '감성돔낚시, 0.4호로 도전한다!' 는 말까지 나오고 있으니, 낚싯줄의 변혁은 어디까지 이어질지 모른다.

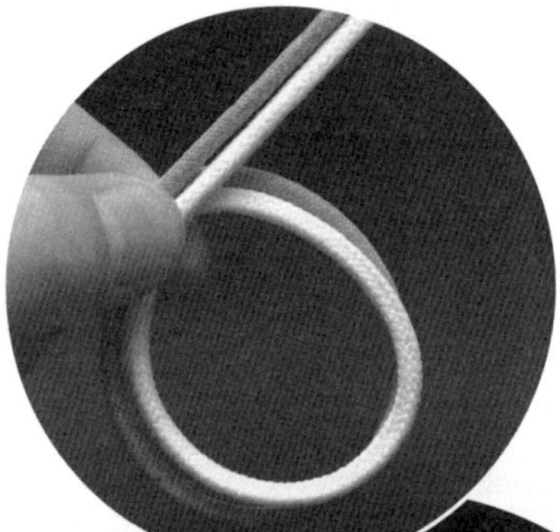

낚싯줄 연결법⑦

겹돌리기 묶음

용도 ①서로 굵기가 같은 나일론 줄이나 플로로 카본 줄 끼리 묶을 때 적합하다. 소재가 다른 줄의 경우에도 그다지 위화감이 없다. ②바다낚시의 경우, 원줄과 목줄을 직결할 때, 플라이낚시에서는 리더와 티펫을 연결할 때 사용된다. ③낚싯줄 끼리의 단순한 연결뿐 아니라, 원줄(기둥줄)에 가짓줄 채비를 달 때도 활용된다. 민물의 빙어 · 피라미낚시, 또는 바다의 볼락 · 보리멸낚시에서처럼 가지바늘 채비를 직결식으로 연결할 때 바로 이 방법이 활용된다.

특징 ①방법이 간단하고 매듭도 튼튼하다. ②낚싯줄 끼리 단순히 연결을 하는 용도보다는 가짓줄 채비를 달 때 활용하는 방법으로, 목줄로 사용할 부분을 미리 길게 잡아 묶은 후, 그 끝에 바늘을 묶으면 된다.

참고 이 방법은 반드시 어느 한 쪽의 겹줄을 고리 속으로 여러 차례 돌려야 하기 때문에 양쪽 줄의 길이가 너무 길 경우는 작업하는 데 있어 여러 차례 불편이 따른다.

낚싯줄 이음법 가운데 가장 손쉽고 짧은 시간에 작업을 완결할 수 있는 방법이다. 저절로 풀어진 위험도 없으며, 소재가 다른 줄 끼리 묶을 때에도 그다지 위화감이 없다.

〈그림1〉

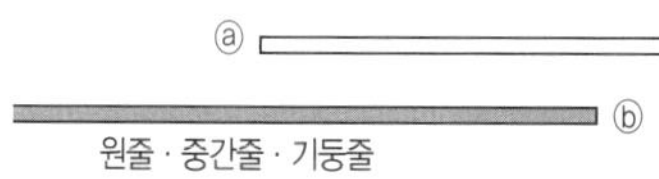

두 개의 줄을 10~15cm 가량 겹쳐 잡는다.

〈그림2〉

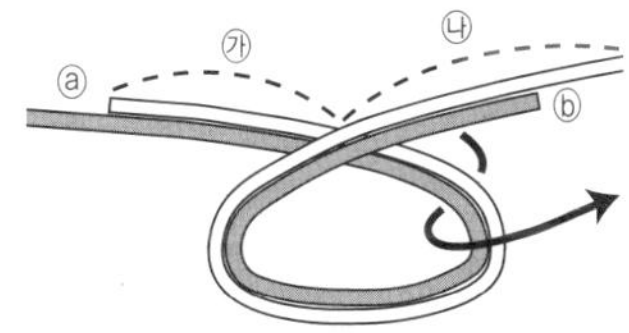

커다란 원을 만들어 ⓑ부분의 줄을 고리 안으로 돌려 빼낸다.

〈그림3〉

한 바퀴 더 돌려 빼낸다. 총 2~3회 반복하는 것이 적당하다.

〈그림4〉

ⓐ와 ⓑ부분의 두 줄을 함께 쥐고 천천히 맞당긴다.

〈그림5〉

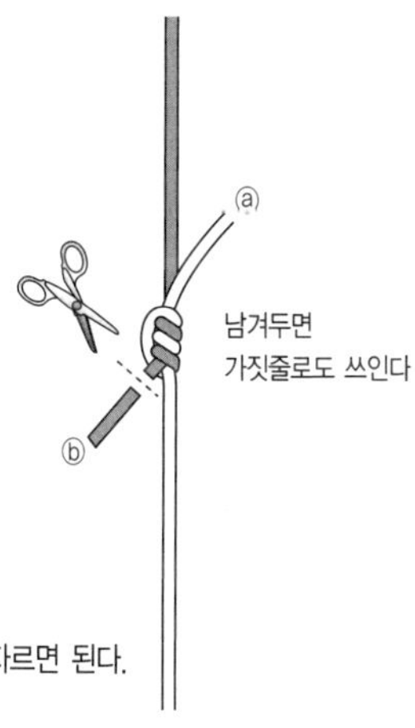

양쪽 자투리를 자르면 된다.

〈그림5-1〉

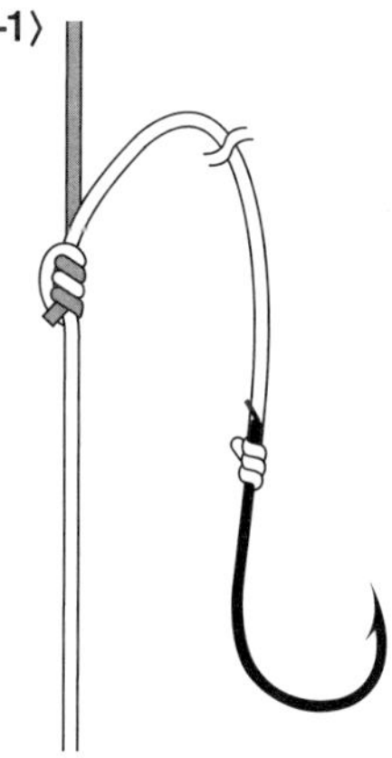

〈그림2〉 단계에서 목줄 ㉮㉯ 부분의 길이를 반대로, 즉 ㉮부분을 길게 잡고 묶으면 가짓줄로 사용할 수 있다.

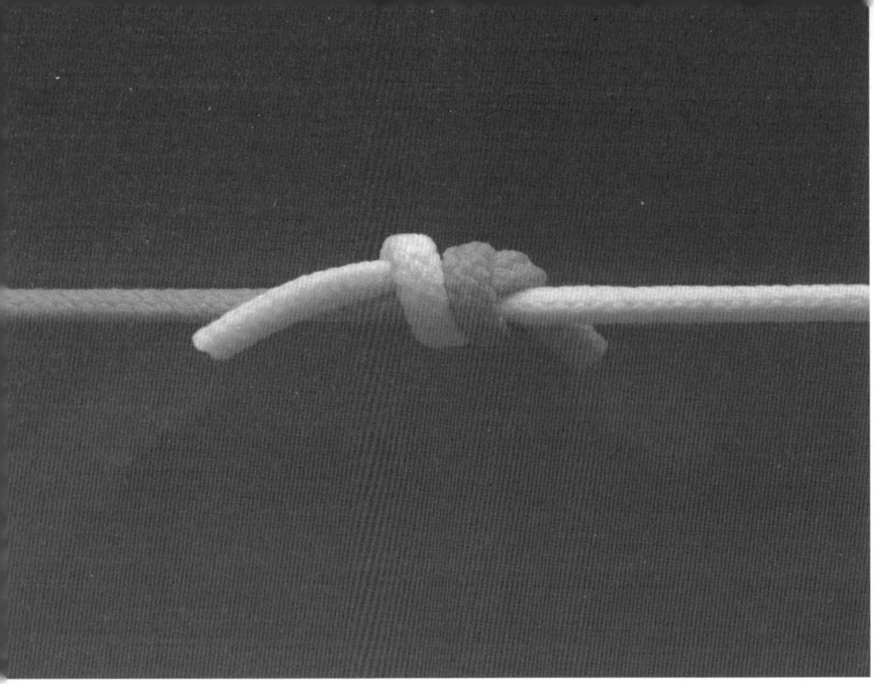

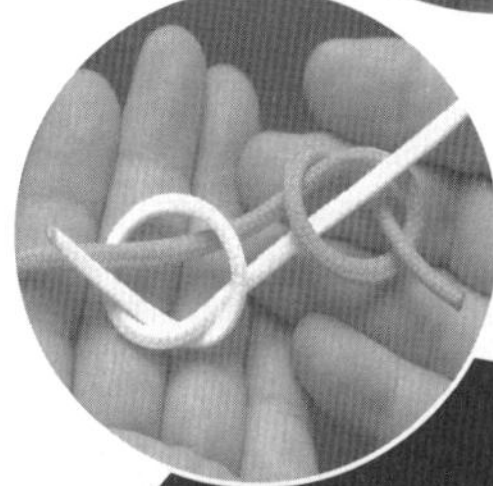

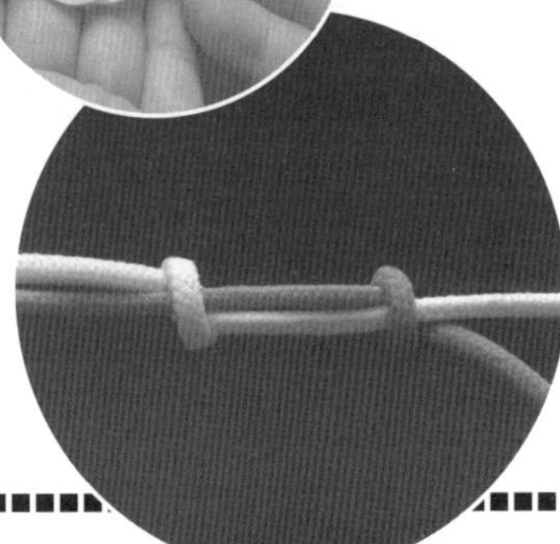

낚싯줄 연결법⑧

양끝 매듭지어 묶기

–일명 '기차 매듭' '밧줄 묶음' 'Uni Knot'

용 도 ①나일론 소재의 낚싯줄에는 맞지 않고, 굵기가 서로 다른 밧줄을 연결할 때 사용된다. 따라서 '밧줄 묶음'이라고 부른다. ②옛날 명주실에 감물을 먹여 사용하던 초창기의 낚싯줄은 대부분 이 방법으로 연결했다. ③등산에서 주로 많이 사용한다.

특 징 ①굵기나 재질이 서로 다른 줄과 줄을 간단하게 이을 수 있는 방법이다. ②미끄러운 소재의 낚싯줄 끼리 묶을 때는 풀어질 위험이 높다. ③매듭이 풀어지지 않게 하기 위해 여러 겹 보강을 해주다 보면 매듭 부위가 더욱 커져 마찰력 또한 더욱 가중되는 폐단이 따른다.

참 고 ①나일론 또는 PE 줄 끼리 이 방법으로 연결할 때는 오른쪽 〈그림②〉처럼 양쪽 끝매듭을 여러 겹 돌려야 한다. ②〈그림①〉 방법이야말로 간단하고 결절강도가 높은 매듭법인데, 자투리가 본줄 바깥으로 나와 있어 캐스팅시 마찰이 크다는 게 단점으로 지적된다.

양끝을 매듭 지어 묶는 방법에도 두 가지가 있다. 〈그림1〉의 '밧줄 묶음'은 굵기가 가는 나일론줄의 경우 저절로 풀릴 가능성이 많으며, 〈그림①〉의 '기차 매듭'은 굵기가 서로 다르거나 매우 가는 줄끼리 묶어도 안전하다.

〈그림1〉밧줄 묶음

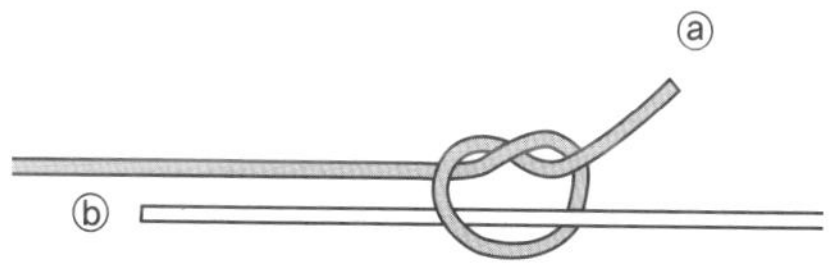

두 개의 줄을 겹쳐서 한 쪽 줄 ⓐ를 ⓑ줄에 묶는다.

〈그림2〉

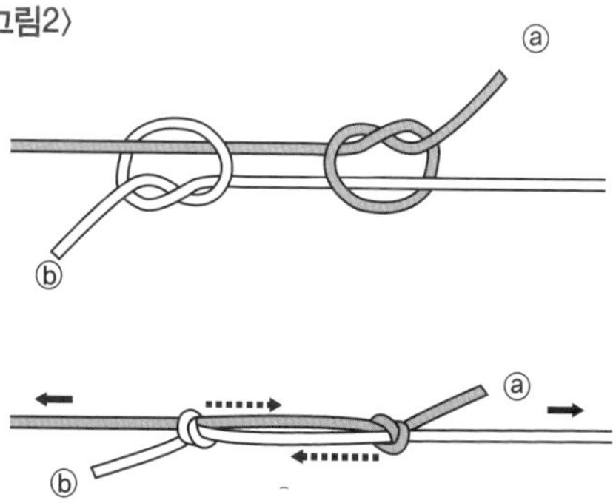

양쪽 줄을 맞잡아 당기면 두 매듭이 가운데로 모인다.

〈그림3〉

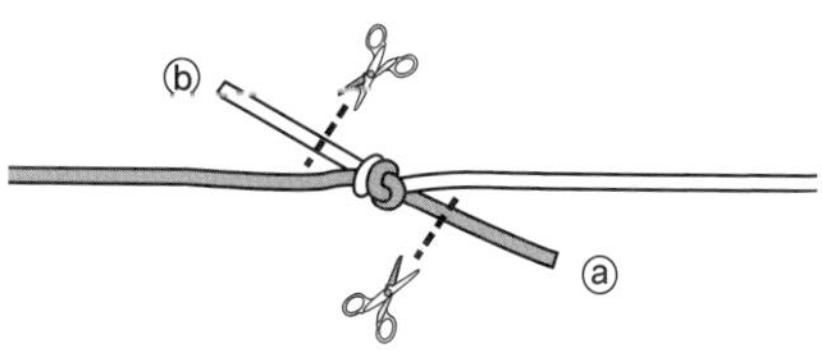

꽉 조인 후, 자투리 줄을 잘라주면 완성이 된다.

〈그림①〉기차매듭, Uni Knot

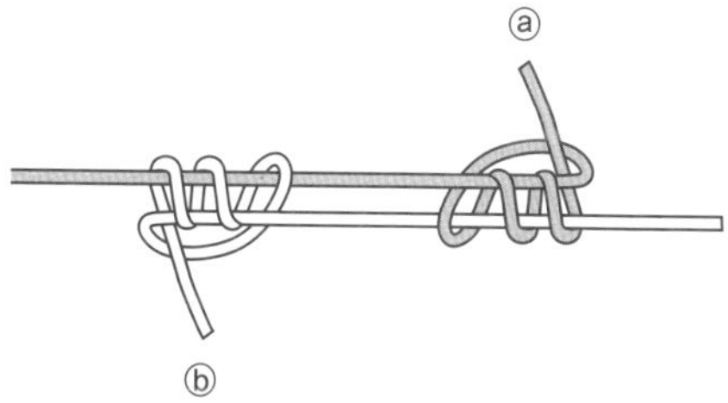

양쪽 고리를 3회 가량 '안돌리기' 로 묶는다.

〈그림②〉

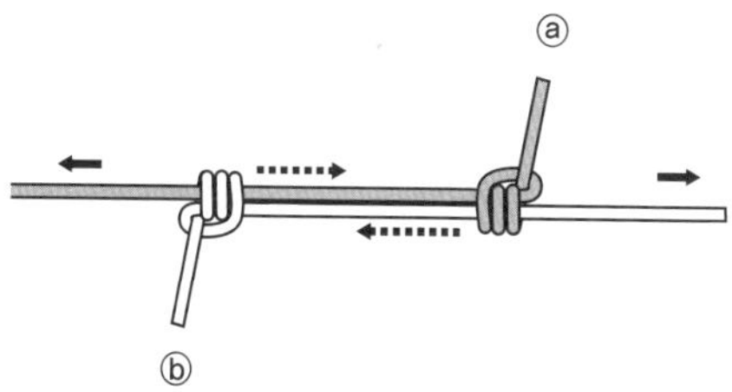

양쪽 줄을 맞당기면 두개의 매듭이 가운데로 모인다.

〈그림③〉

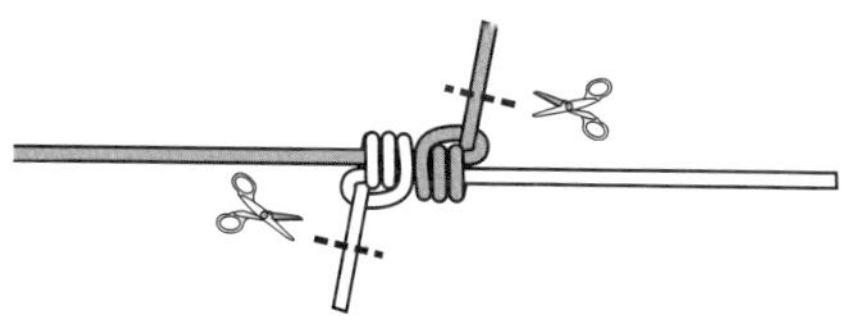

미끄러운 나일론 줄은 이렇게 묶어야 풀어지지 않는다.

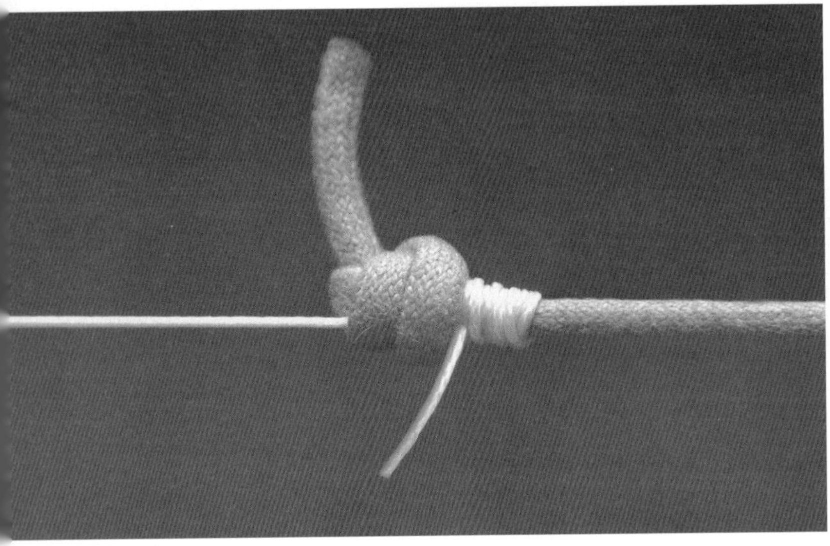

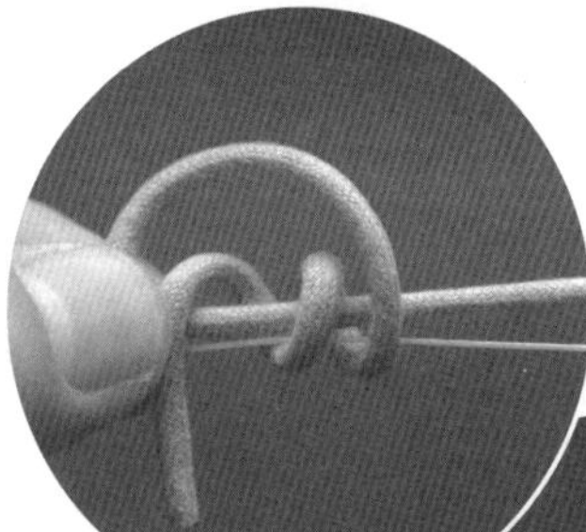

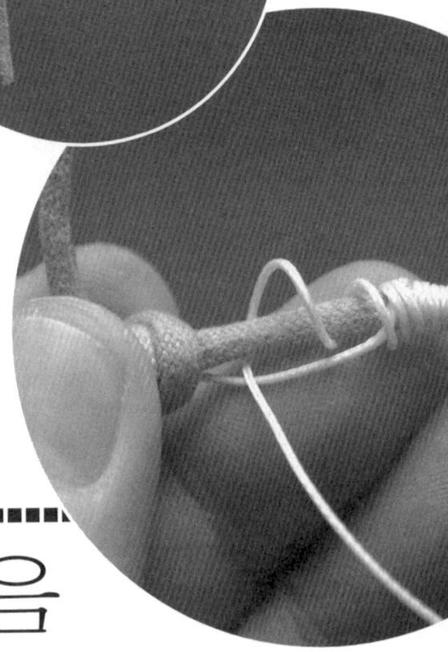

낚싯줄 연결법⑨

쇼크 리더 그네 묶음

–일명 'Fisherman's Knot'

용 도 ①무거운 봉돌을 사용하는 백사장 던질낚시나, 노래미 · 우럭 같은 소형급을 제외한 바다 루어낚시에서는 별도의 목줄(리더 라인)을 달되, 원줄보다 더 굵게 사용해야만 한다. 롱 캐스팅을 위해 가능한 원줄을 가늘게 사용하되, 캐스팅의 충격으로 가는 원줄이 터지지 않게 하는 한편, 물속에서의 여쓸림이나 대상어의 이빨에 가는 원줄이 끊어지는 것을 방지하기 위해 '쇼크 리더'(Shock leader), 즉 원줄보다 굵은 목줄을 사용하게 되는 것이다. ②완성 후 자투리가 모두 원줄 방향으로 나와 캐스팅 시 마찰이 적다는 것이 가장 큰 장점이다.

특 징 ①목줄 부분의 충격이 완화되고, ②풀릴 위험이 100% 제거된다.

참 고 쇼크 리더를 연결하는 방법은 여러 가지가 있으나 '그네 묶음'은 쇼크 리더와 원줄 매듭 사이에 그네 줄을 늘어뜨리듯 하여 그 사이에 줄을 감기 때문에 붙여진 이름이다.

가는 원줄과 굵은 목줄(쇼크 리더)을 연결할 때 사용하는 묶음법으로, 완성 후 자투리 줄 모두가 원줄 방향으로 쏠려 캐스팅 시 마찰이 적다는 것이 가장 큰 장점으로 떠오른다.

〈그림1〉

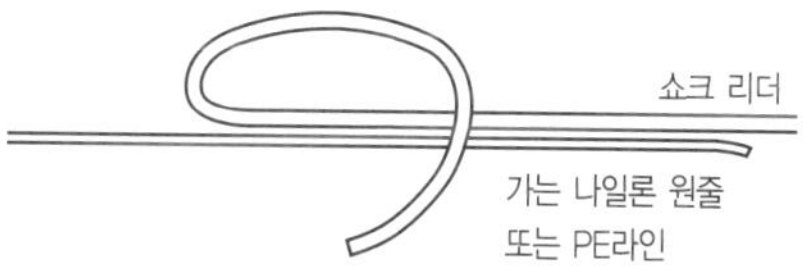

쇼크 리더와 원줄을 나란히 한 후, 쇼크 리더 끝줄로 고리를 짓는다.

〈그림2〉

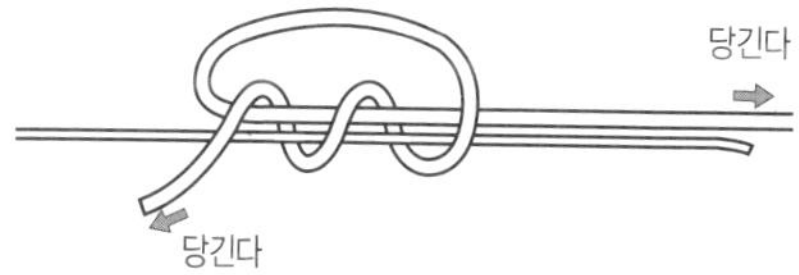

쇼크 리더로 원줄을 두 겹 돌림으로 묶는다(쇼크 리더 양쪽 끝을 함께 당기면서 조여야 한다).

〈그림3〉

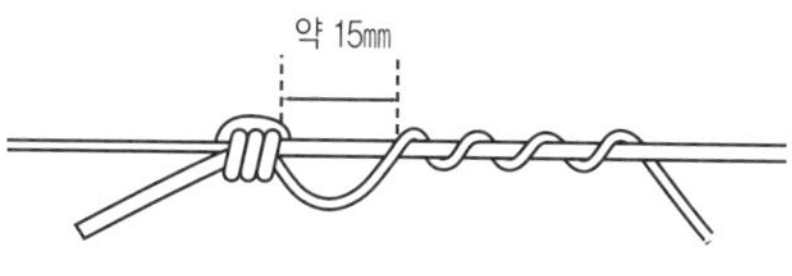

이번에는 원줄을 쇼크 리더에 감되(6~7회), 쇼크 리더 매듭과 약 1.5cm 간격을 둔다(그네 줄을 드리우듯).

〈그림4〉

원줄을 좌(左)에서 우(右)로 감은 후, 이번에는 방향을 바꿔(右 → 左) 먼저 감은 부위 사이사이를 6~7회 가량 덧감아 준다.

〈그림5〉

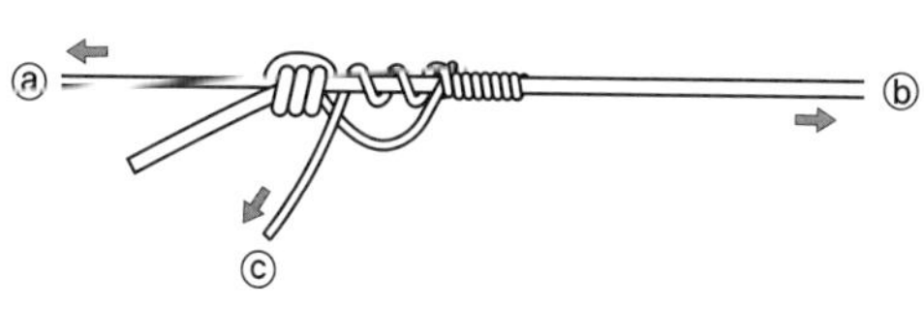

원줄 끝(ⓒ)을 쇼크 리더에 두 바퀴 돌린 후 그네 줄처럼 늘어뜨린 고리 속으로 빼내고서, ⓐⓑⓒ 세 곳을 각각의 방향으로 당기면서 조인다.

〈그림6〉

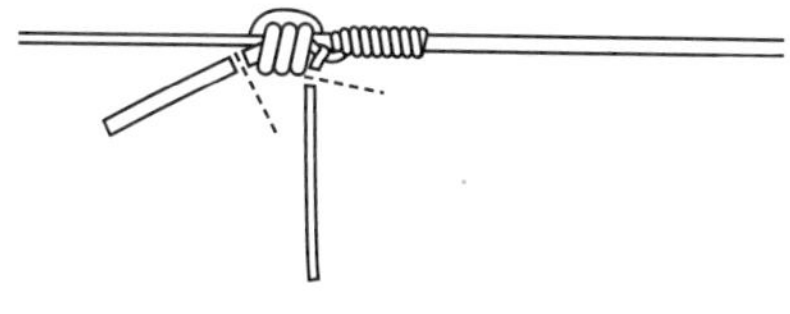

쇼크 리더와 원줄의 매듭 자투리를 잘라낸다.

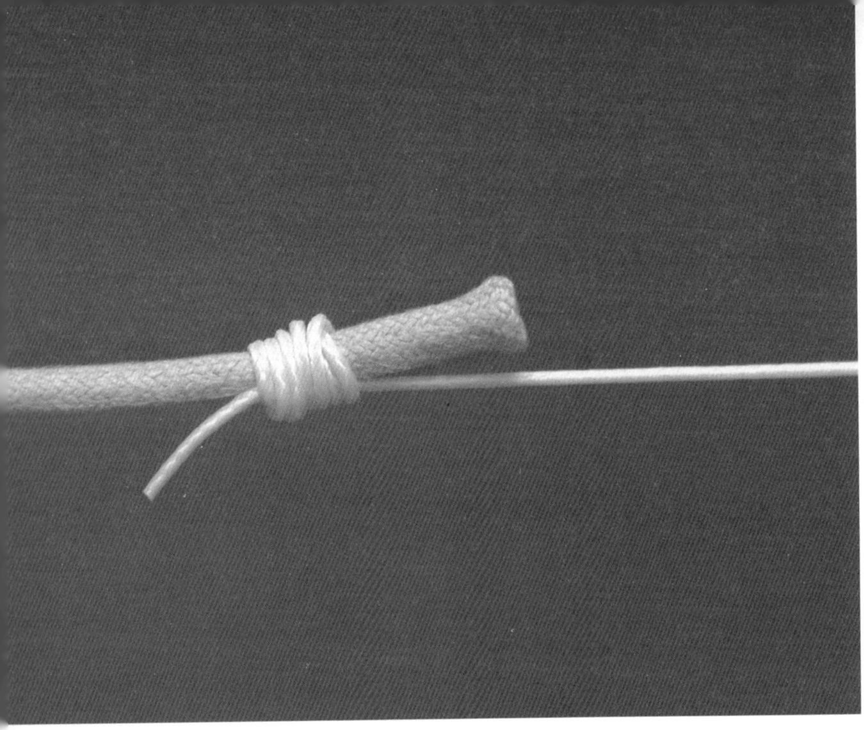

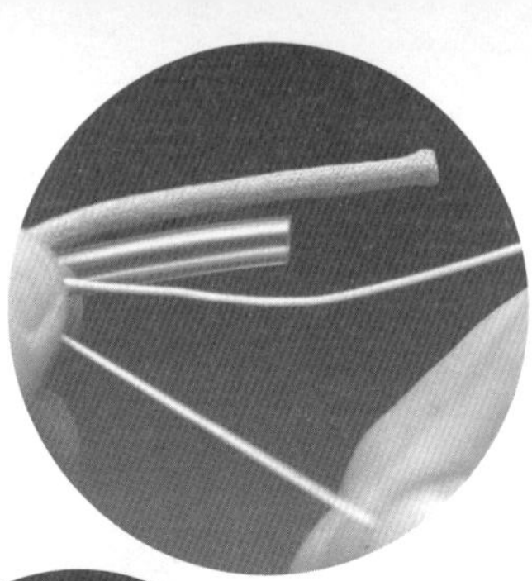

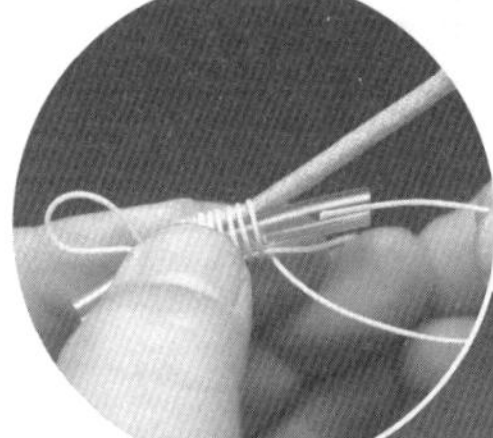

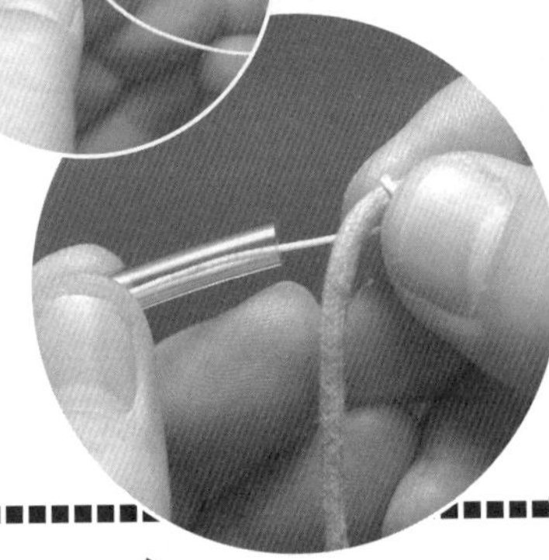

낚싯줄 연결법⑩

튜브 놋트(Tube knot)

–일명 '네일 놋트(Nail knot)'

튜브 또는 못을 사용한다고 해서 'Tube knot' 또는 'Nail knot'라고 부른다. 그러나 튜브가 없을 경우에는 볼펜 심을 꺼내 3cm 정도로 잘라 쓰면 된다. 단, 나일론 줄끼리는 적합지 못한 묶음법이다.

용도 ①플라이낚시에서 서로 재질이 다른 플라이 라인과 리더 라인, 또는 백킹 라인을 연결하는 방식이다. ②플라이 라인처럼 신축성이 있거나 울퉁불퉁한 밧줄 외, 미끄럽고 단단한 재질인 나일론 줄의 경우는 강한 부하가 걸리게 되면 쑥 빠져버린다. 이 점 유의해야 한다.

특징 ①속이 빈 튜브를 보조기구로 사용함으로써 빠르고 간편하게 묶을 수 있다. ②매듭 부위가 특히 깔끔한 장점이 있으며, 결절강도(結節強度) 또한 탁월하다.

참고 ①예전에는 못을 사용하는 묶음법이라 하여 '네일 노트'라 불렀는데, 최근엔 못 대신 튜브를 사용하게 됨으로써 '튜브 놋트'란 이름으로 바뀌고 있다. ②네일 놋트 전용의 파이프가 여러 가지 종류 시판되고 있으므로 사용하기 쉬운 것을 골라 사용하면 된다. 만약 시제품이 준비돼 있지 않은 상황에서 급하게 묶어야 할 때에는 볼펜 심을 꺼내 3cm 정도로 잘라 쓰면 된다.

〈그림1〉

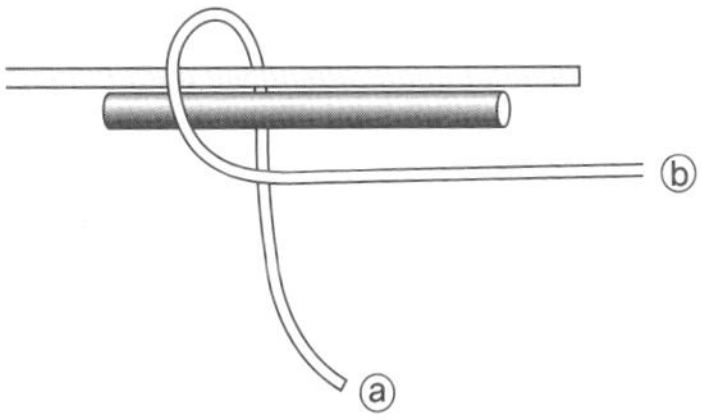

플라이 라인에 튜브를 대고 리더 라인을 돌려 감는다.

〈그림2〉

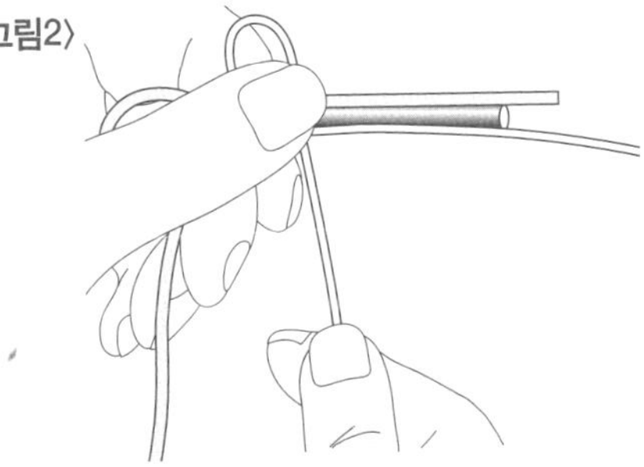

감기 시작하는 부분을 왼손 엄지와 검지로 눌러 준다.

〈그림3〉

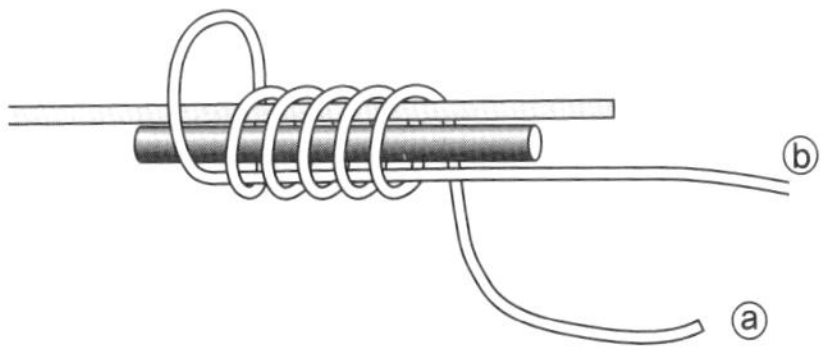

두 번째 감을 때부터는 왼손 엄지 밑으로 줄을 끼워 넣듯 하면서 감아 나간다.

〈그림4〉

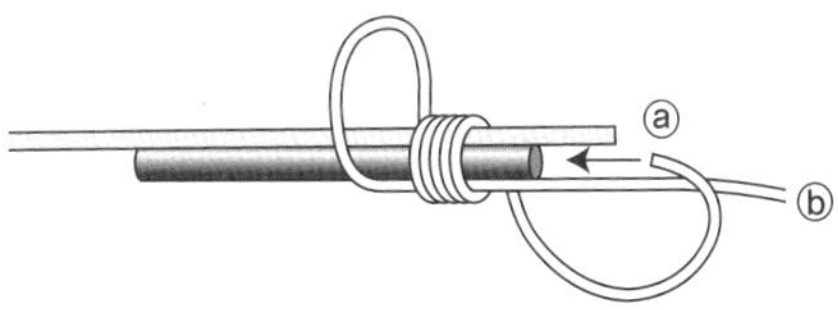

리더 라인의 끝 ⓐ를 파이프 속으로 통과 시킨다.

〈그림5〉

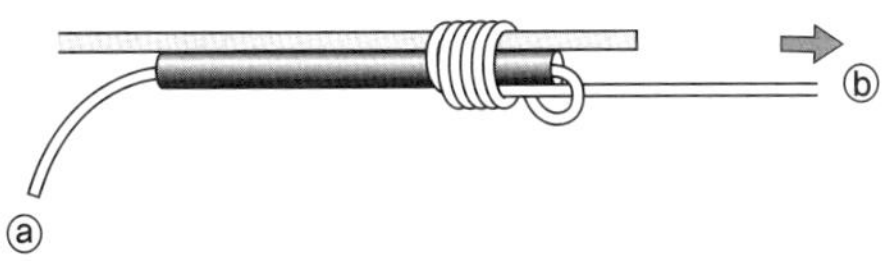

ⓐ부분이 파이프를 통과하고 나면 ⓑ부분을 잡아당긴다. 이로써 처음 감을 때 생긴 고리가 없어진다.

〈그림6〉

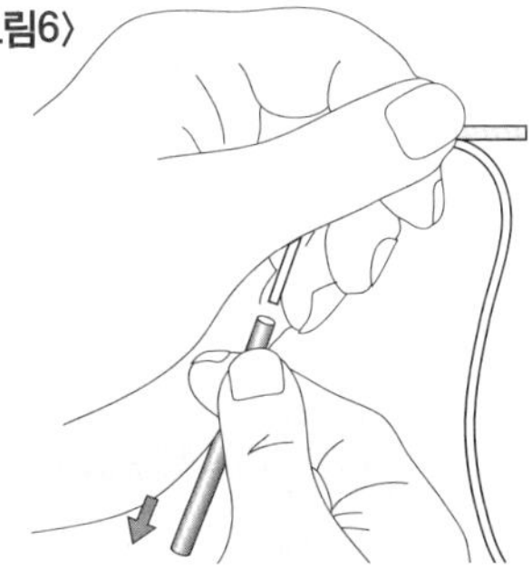

매듭을 누르면서 파이프를 살살 당겨 빼낸다.

〈그림7〉

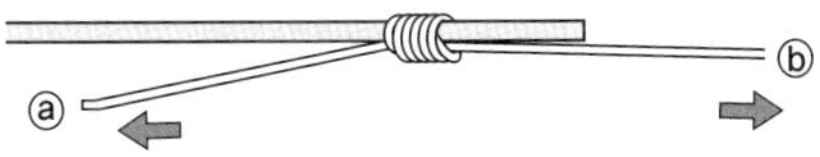

ⓐ와 ⓑ를 잡아당겨 꽉 조여 맨다.

〈그림8〉

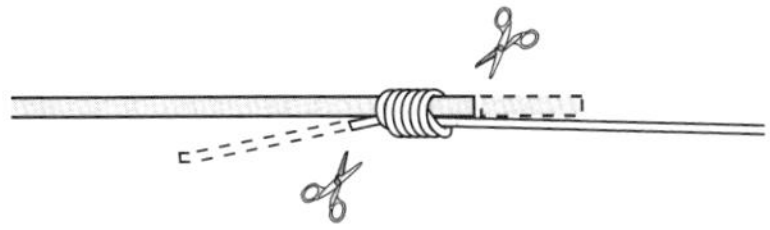

리더 라인과 플라이 라인의 자투리를 잘라주면 완성.

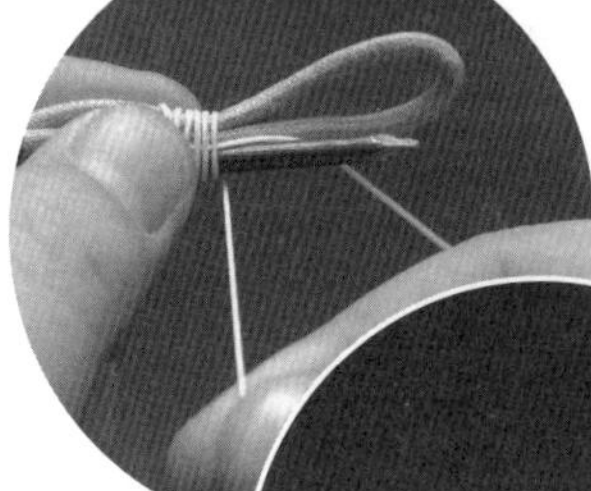

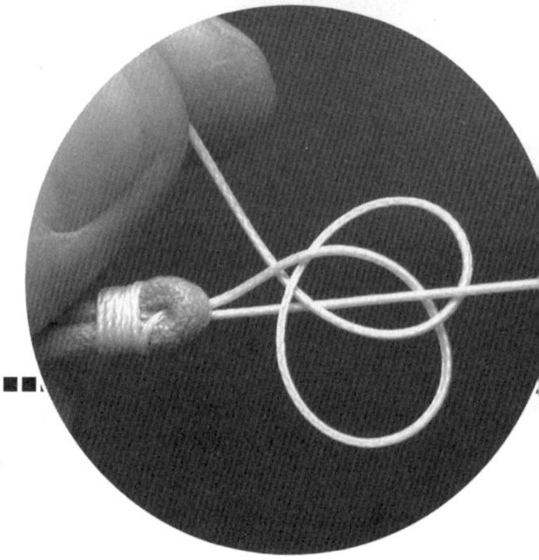

낚싯줄 연결법⑪

얼브라이트 묶음

–일명 '네일 노트(Nail knot)'

용도 ①미국 플로리다에서 탄생한 최강의 매듭으로, 얼브라이트 놋트(Albright knot)라 부른다. ②굵은 줄과 가는 줄을 연결할 때 사용되는 방법 중의 하나이다. ③플라이낚시에서 플라이 라인과 백킹 라인을 연결할 때 사용된다. ④그러나 원줄로 PE라인을 사용하는 경우는 쉽게 빠져 버리므로 사용 빈도가 줄고 있다.

특징 ①쇼크 리더에 비해 원줄이 아주 가는 경우는 두 겹으로 만들어 묶을 수도 있다. 그러나 한 겹으로 묶든, 두 겹으로 묶든 그 방법은 동일하다. ②〈그림2〉 단계에서 작업을 마무리할 수도 있지만 풀릴 위험이 있으므로, 〈그림3〉처럼 보강을 해주어야 안심할 수 있다. ③강도는 보장할 수 있으나, 낚싯줄 연결 부위가 릴대 가이드를 통과할 때 마찰이 커지는 단점이 있다.

참고 ①보조기구로 못이나 이쑤시개를 활용하면 묶기가 편리하다. ②못을 보조기구로 활용한다는 점에서 '네일 노트'(Nail knot)라 부르기도 한다.

플라이낚시에서 플라이 라인과 백킹 라인을 연결할 때, 바다낚시에서 쇼크 리더와 원줄을 연결할 때도 사용된다. 못을 보조기구로 활용한다는 점에서 '네일 노트'(Nail knot)라 부르기도 한다.

〈그림1〉

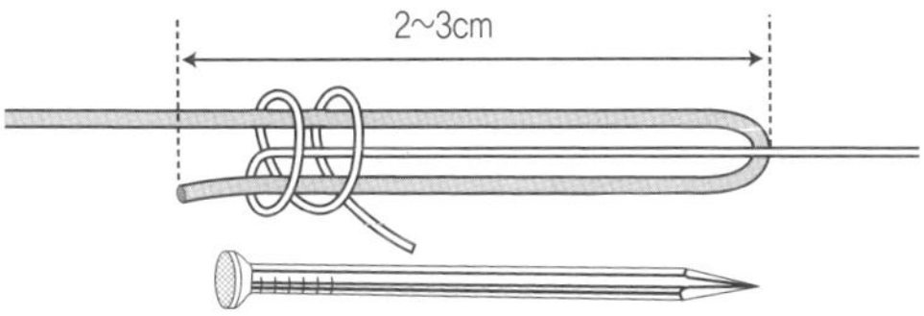

굵은 줄을 U자로 만들고 그곳에 가는 줄을 끼워 여러 겹 돌린다. 못이나 이쑤시개를 대고 감으면 편리하다.

〈그림2〉

7~8회 돌려 감은 후 U자 고리 끝 속으로 빼낸다.

〈그림3〉 보강법

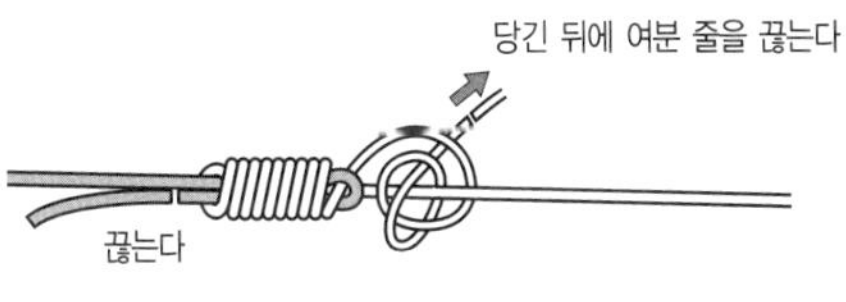

2중 고리를 만들어 그 속으로 다시 빼낸다.

〈그림①〉

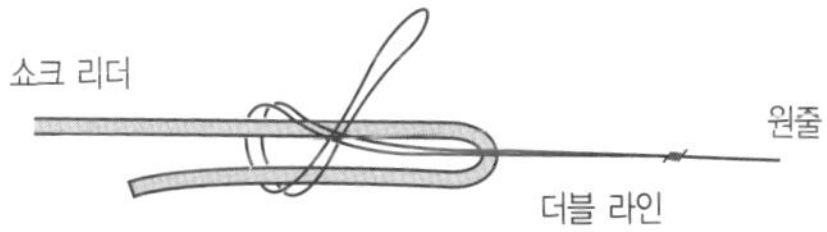

쇼크 리더에 비해 원줄이 아주 가는 경우, 두 겹이 되게 끝고리 묶음을 하여 감는다.

〈그림②〉

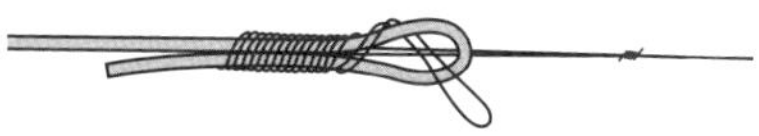

7~8회 돌려 감은 후 U자 고리 끝 속으로 빼낸다.

〈그림③〉

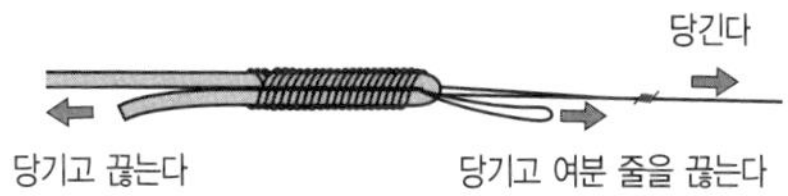

〈그림3〉처럼 보강을 하지 말고 그대로 마무리해도 된다.

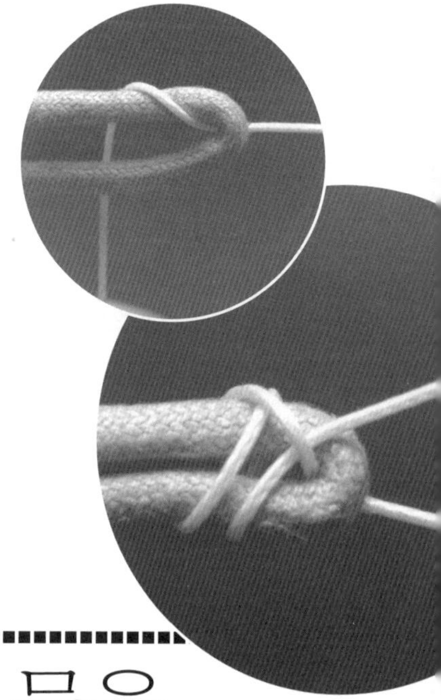

낚싯줄 연결법⑫

간이 얼브라이트 묶음

–일명 '시트 밴드', '밧줄 매듭', '깃발 매듭'

용 도 ①굵기나 재질이 다른 로프나 줄을 연결할 때 사용한다. ②어부들이 서로 다른 밧줄을 연결할 때 주로 사용하는 방식이다. ③굵기가 서로 매우 다른 낚싯줄 끼리 묶는 데도 유용하다. ④전항에서 소개한 '얼브라이트 묶음' 과 원리가 비슷하여 '간이 얼브라이트 묶음' 이라 이름 붙여 보았다.

특 징 ①어느 정도 강도가 보장될 뿐만 아니라, 양쪽에서 서로 당기는 힘이 강해질수록 두 줄이 매듭을 더욱 조이게 되므로 풀릴 염려 또한 더욱 줄어든다. ②심플하면서도 아주 빠르게 묶을 수 있다는 점도 이 매듭의 장점이다. 그렇기 때문에 예부터 배에서 밧줄이나 깃발을 묶을 시에 많이 사용돼 왔다.

참 고 ①영어로는 '시트 밴드' 라고 하며, 일본에서는 '뱃줄 매듭' 혹은 '깃발 매듭' 이라고도 한다. ②나중에 줄을 쉽게 풀기 위해 〈그림3-1〉처럼 고리를 지어 놓으면 아주 편리하다.

어부들이 서로 다른 밧줄을 연결할 때 주로 사용하는 방식이다. 양쪽에서 서로 당기는 힘이 강해질수록 두 줄이 매듭을 더욱 조이게 되므로 풀릴 염려 또한 그다지 높지 않다.

〈그림1〉

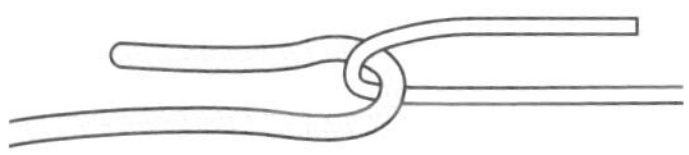

굵은 줄과 가는 줄을 각기 U자 고리로 연결한다.

〈그림2〉

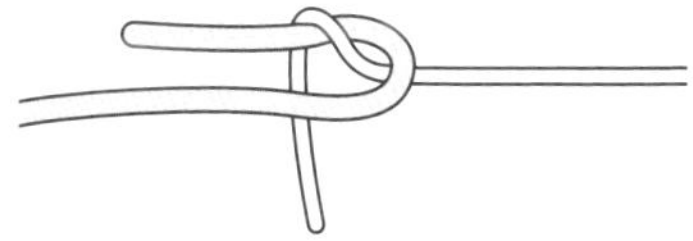

가는 줄 끝을 굵은 줄 너머로 돌린다.

〈그림3〉

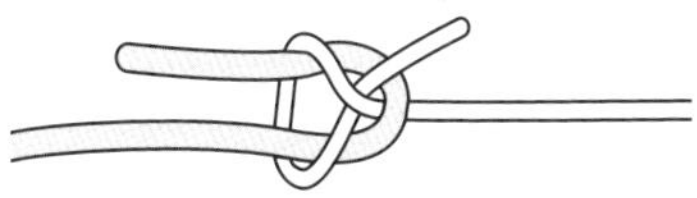

가는 줄을 한 바퀴 돌려 매듭을 짓는다.

〈그림3-1〉 보강법(완성)

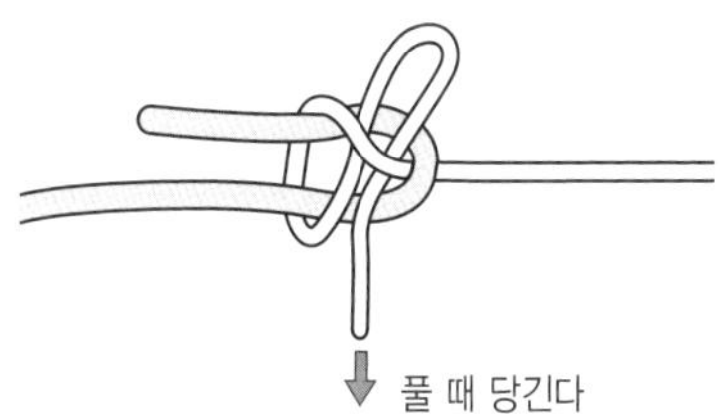

가는 줄을 한 바퀴 돌려 고리를 지어 매듭을 해 놓으면 나중에 풀기가 좋다.

〈그림4〉

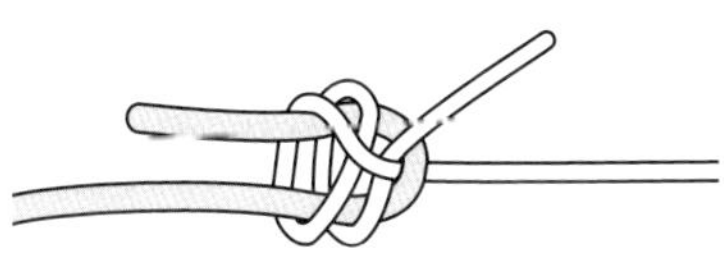

〈그림3-1〉로 끝내거나, 〈그림3〉과 같은 방법으로 한 바퀴 더 돌려 매듭을 짓는다.

〈그림5〉

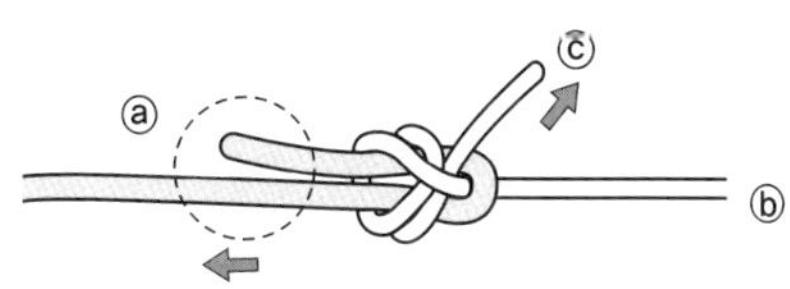

ⓐ부분을 함께 쥐고 ⓑ와 맞잡아 당긴 후, ⓒ부분을 다시 한 번 당겨 조인다.

제1부 ▌묶음법 & 연결법 100선

제3장 **도래·루어 묶음법**

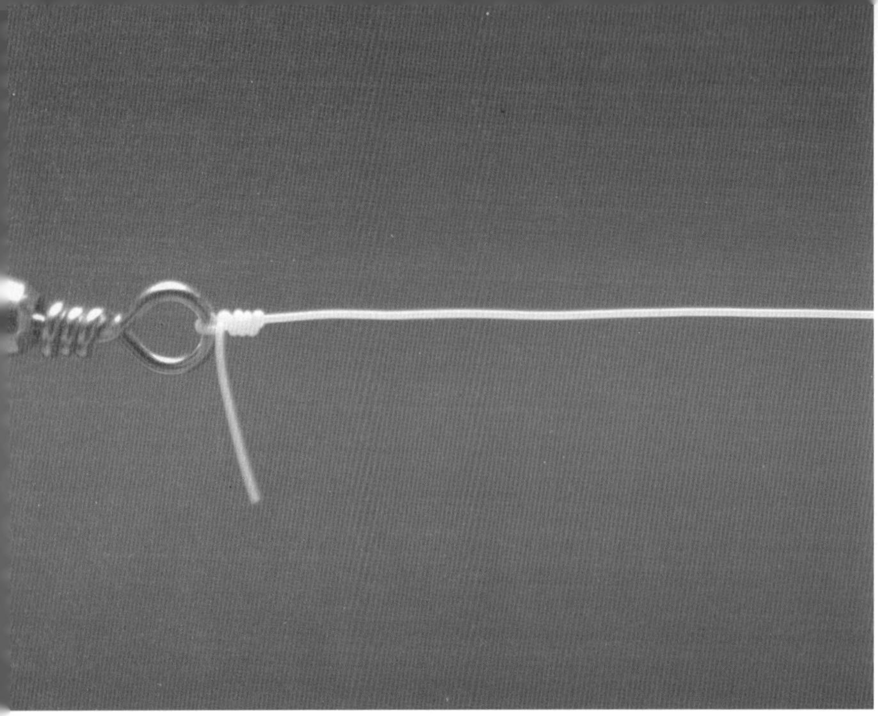

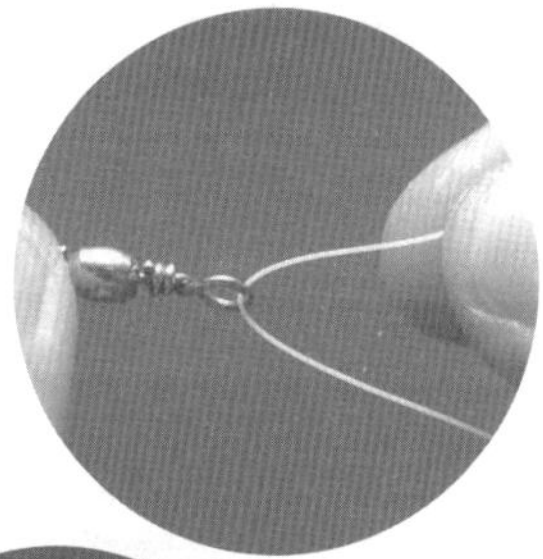

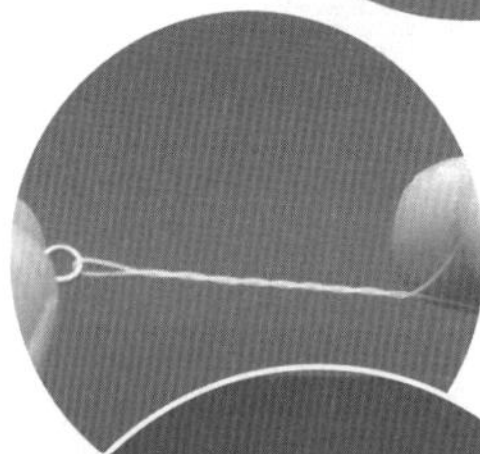

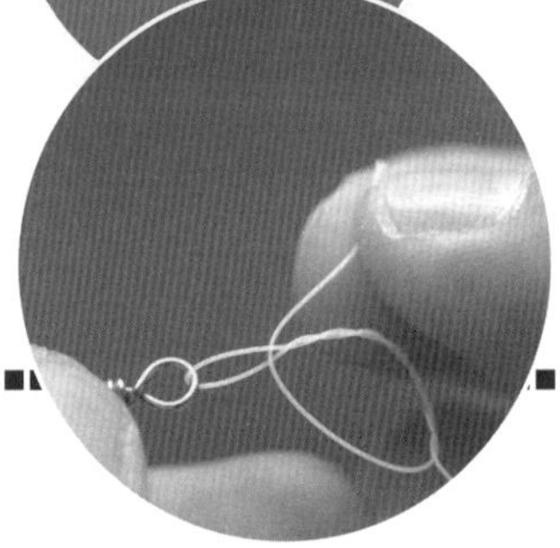

도래 · 루어 묶음법①

꽈배기 묶음

–일명 '클린치 노트' (Clinch Knot)

용 도 낚싯줄과 낚싯줄을 연결하는 방법은 두 줄을 직접 묶는 '직결법'과 도래를 매개체로 사용하는 경우로 나뉜다. ①이 꽈배기 묶음은 도래를 매개체로 사용, 굵기가 서로 다른 낚싯줄을 연결하는 방법이다. ②그러나 이 꽈배기 묶음은 원줄과 목줄을 연결하는 용도의 도래 묶음보다는 루어를 묶을 때 주로 사용되는 방식이다.

특 징 ①굵기 서로 다른 줄을 묶을 때, 즉 원줄과 목줄을 연결할 때 도래를 사용하면 채비 꼬임이 덜 생기는 장점이 있으며, 적시적소에 맞게 목줄을 교환할 수 있는 장점이 있다. ②루어를 묶는 방법으로는 가장 빠르고 손쉬울 뿐만 아니라, 저절로 풀릴 위험성이 적으면서도 결절강도(結節强度) 또한 높은 매듭법이다.

클린치 노트(Clinch Knot)라 불리우는 '꽈배기 묶음'은 루어를 묶는 가장 대표적인 방법이다. 줄이 어느 정도 굵은 경우는 〈그림3〉 단계로 충분하지만, 가는 줄인 경우는 〈그림4〉 단계에서 마무리를 해야 한다.

참 고 ①낚싯줄을 꽈배기 형태로 꼰 〈그림3〉 단계에서 끝줄(ⓐ)을 도래 고리 쪽으로 넣어 빼내는 방식은 〈그림3-1〉 또는 〈그림4〉와 같이 두 가지 방식이 있다. 서로 비슷한 것 같지만 〈그림3-1〉 방식이 더 튼튼하다.

〈그림 1〉

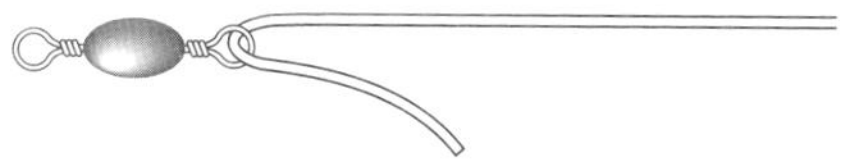

도래의 구멍에 낚싯줄 끝 부분을 넣어 빼낸다.

〈그림 2〉

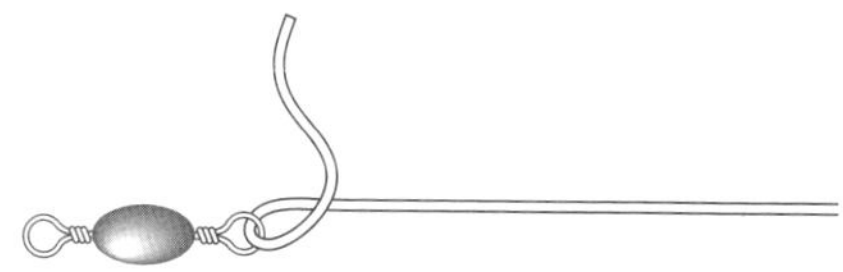

접어 돌린 고리 부분을 남겨 두면서 5~6회 정도 꼬아 준다. 이때, 도래의 고리 부분을 꽉 잡아 주지 않으면 줄의 꼬임이 원상으로 돌아가므로 주의해야 한다.

〈그림 3〉 1차 완성(Clinch Knot)

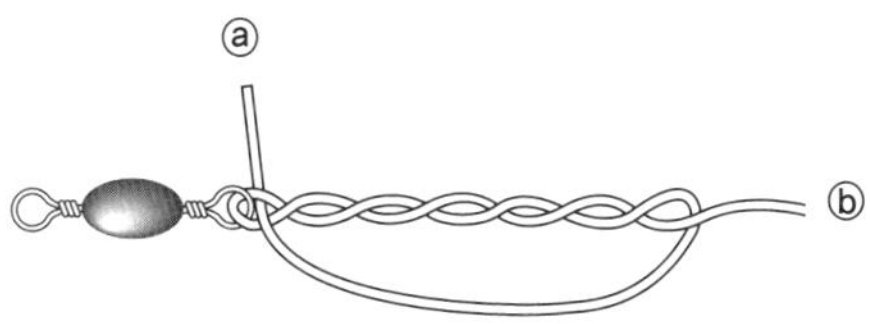

5~6회 꼰 다음에 낚싯줄 끝(ⓐ)을 도래의 고리 쪽으로 통과시키고 ⓐ와 ⓑ를 번갈아 당기면 완성이 되는데, 가는 줄은 풀어질 위험이 많다.

〈그림 3-1〉

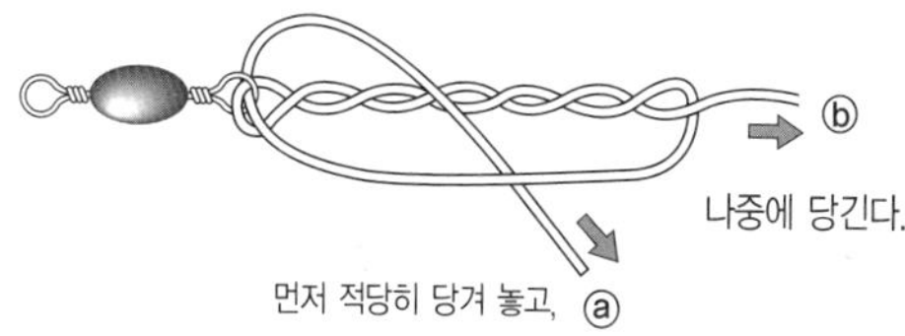

ⓐ를 최초의 낚싯줄 고리 및 도래의 고리 속으로 잇따라 통과시켜 빼내면 저절로 풀릴 위험이 거의 없어진다.

〈그림 4〉

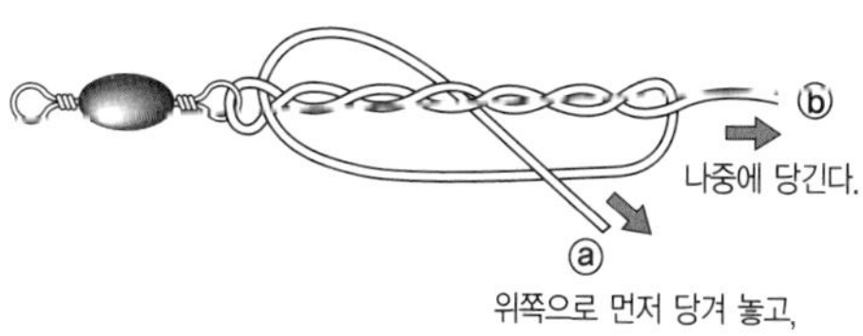

〈그림3〉에서 가는 줄의 경우는 풀어질 위험이 있으므로 큰 고리 속으로 다시 한번 빼낸다.

〈그림 5〉

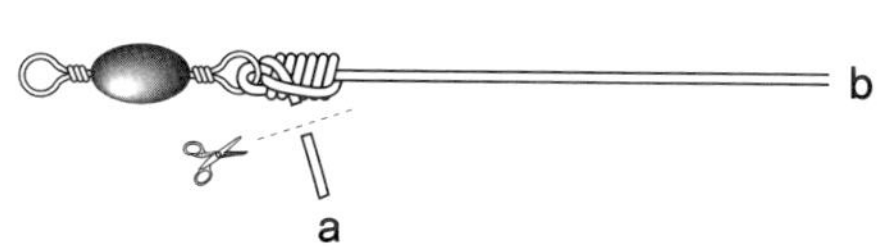

〈그림4〉의 완성 단계. 〈그림4〉에서 양쪽 줄을 번갈아 당길 때 침을 조금 발라주면 마찰에 의한 줄의 손상을 줄일 수 있다.

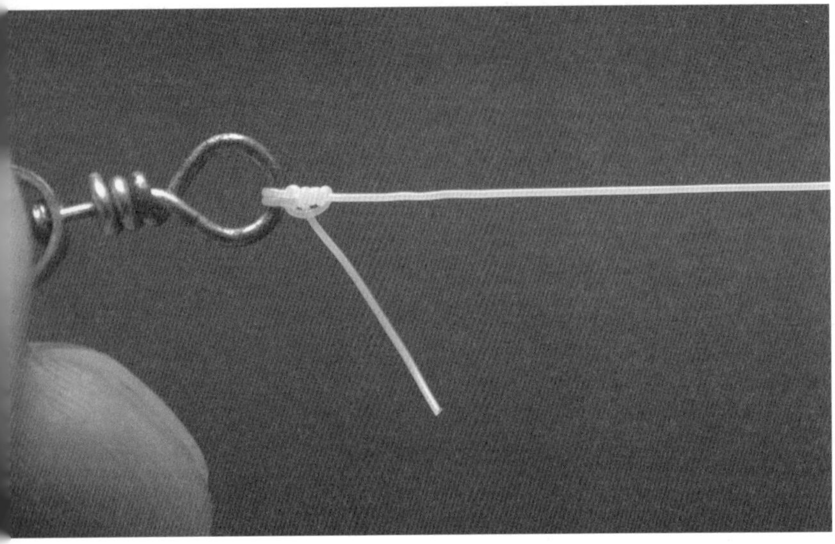

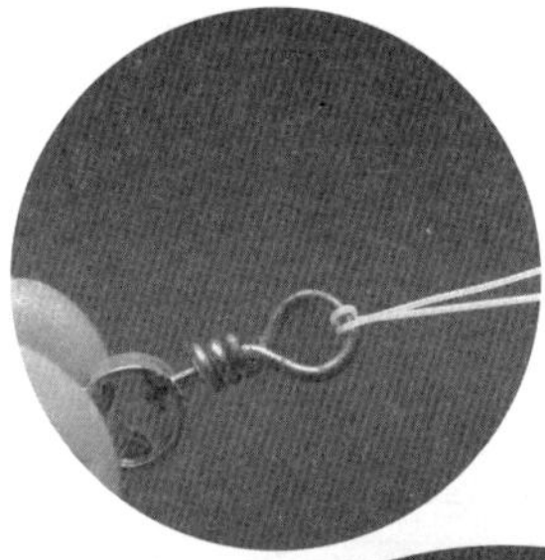

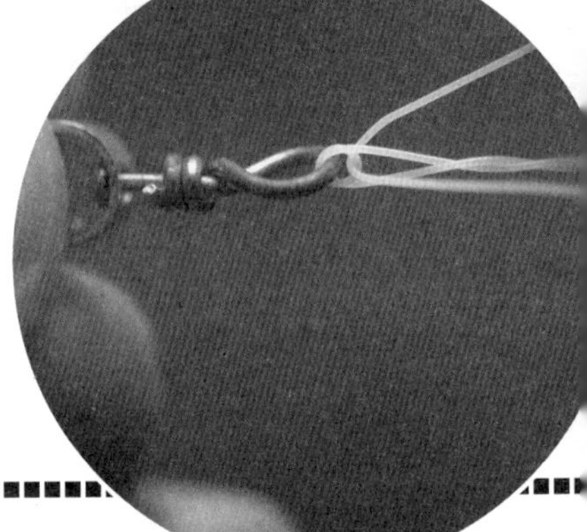

도래 · 루어 묶음법②

더블 꽈배기 묶음

용 도 ①전항의 '꽈배기 묶음'과 거의 비슷한 방식으로, 매우 가는 줄로 도래나 루어를 묶을 때 활용된다. ②특히 대형 도래나 대형 루어를 묶을 때는 일반 '꽈배기 묶음'은 풀릴 위험이 따르므로 '더블 꽈배기 묶음' 방식을 취한다.

특 징 ①일반 '꽈배기 묶음'의 보강(補强) 형태라 할 수 있다. ②낚싯줄을 도래의 고리 속으로 통과시켜 그대로 꼬아주는 전항의 일반 '꽈배기 묶음'에 비해, '더블 꽈배기 묶음'은 도래의 고리를 2중으로 훌쳐 묶은 다음에 꽈배기 형식을 취함으로써, 낚시에 걸린 대상어가 아무리 요동을 쳐도 낚싯줄이 끊기기 전에는 풀어질 염려가 거의 없다.

참 고 ①일반 '꽈배기 묶음'의 보강(補强) 형태로서, 도래의 고리를 2중으로 훌쳐 묶은 다음에 꽈배기 형식을 취하는 것이 그 특징인데, 〈그림1〉 단계에서 마지막 도래 고리 부근으로 끝줄(ⓐ)을 통과시키는 방법 또한 〈그림2-A〉 〈그림2- B〉 〈그림2-C〉 등 3가지 형태로 나뉜다. ②〈그림2-B〉가 가장 손쉽고도 튼튼한 방식이라 할 수 있다.

전항의 '꽈배기 묶음'과 똑 같은 방식이지만, 도래 고리에 줄을 한 바퀴 더 돌려주는 것에서 차이가 난다. 그러나 굵은 줄은 오히려 단점이 더 많은 매듭법이다. 반드시 가는 줄이어야 한다.

〈그림 1〉

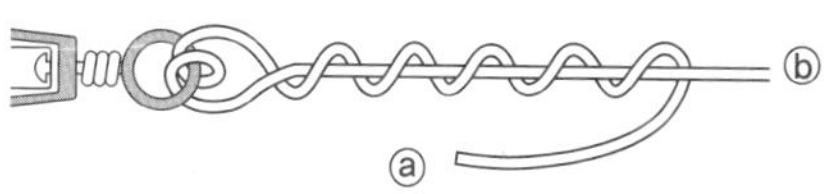

도래의 고리를 2중으로 휠쳐 묶은 후, 두 줄을 4~5회 꼬아 준다. 도래의 고리를 꽉 쥐고서 줄을 꼬아야 한다.

〈그림 2-A〉

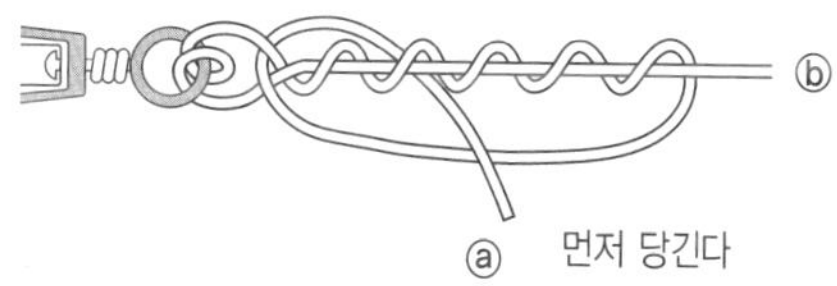

최초의 꽈배기 고리 속으로 끝줄(ⓐ)을 통과시켜 전체 낚싯줄 고리 속으로 빼낸다. 먼저 ⓐ를 당겨 조인 다음, ⓑ를 당겨 준다.

〈그림 2-B〉

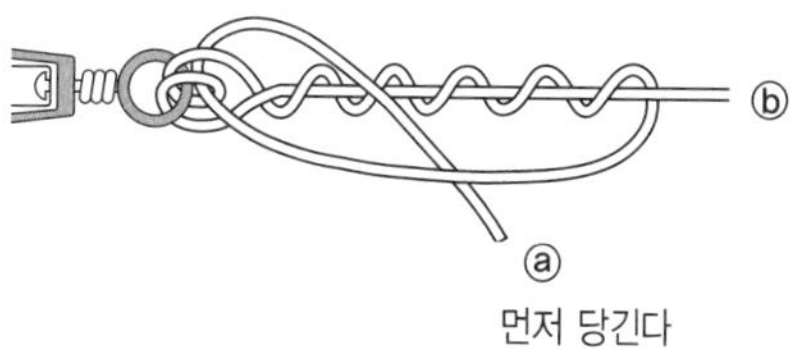

〈그림1〉에서 도래의 고리를 2중으로 휠쳐 묶은 두 개의 고리 속으로 잇따라 끝줄(ⓐ)을 통과시킨 다음, 전체 낚싯줄 고리 속으로 빼낸다.

〈그림 2-C〉

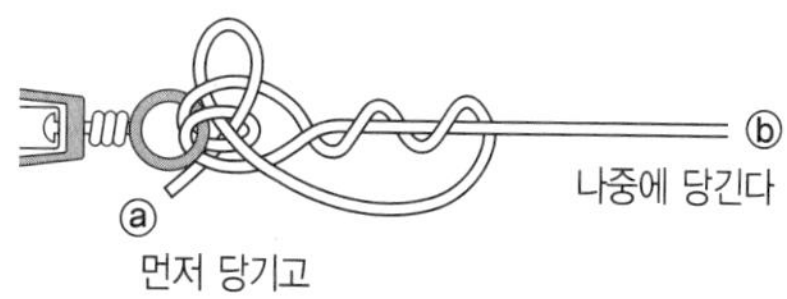

〈그림1〉에서 2~3회만 꼬아 준 다음, 〈2-B〉처럼 끝줄(ⓐ)을 2중 고리 속으로 잇따라 통과시킨 후, 다시 최초의 고리 속으로 되돌려 넣는다.

〈그림 3-B〉

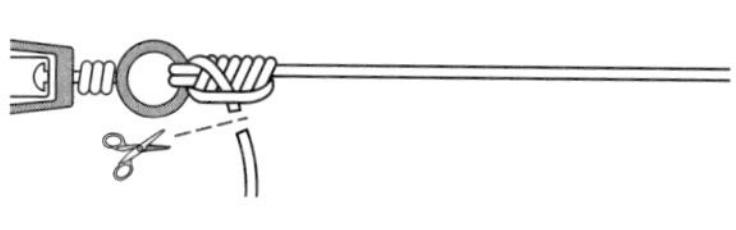

〈그림2-B〉처럼 묶었을 때의 완성품이다.

〈그림 3-C〉

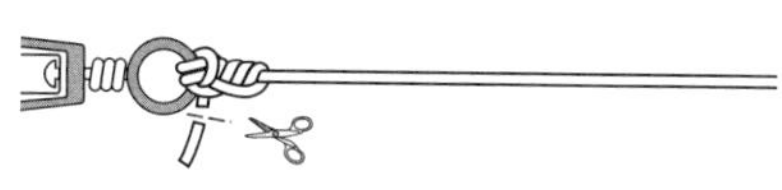

〈그림2-C〉처럼 묶었을 때의 완성품이다.

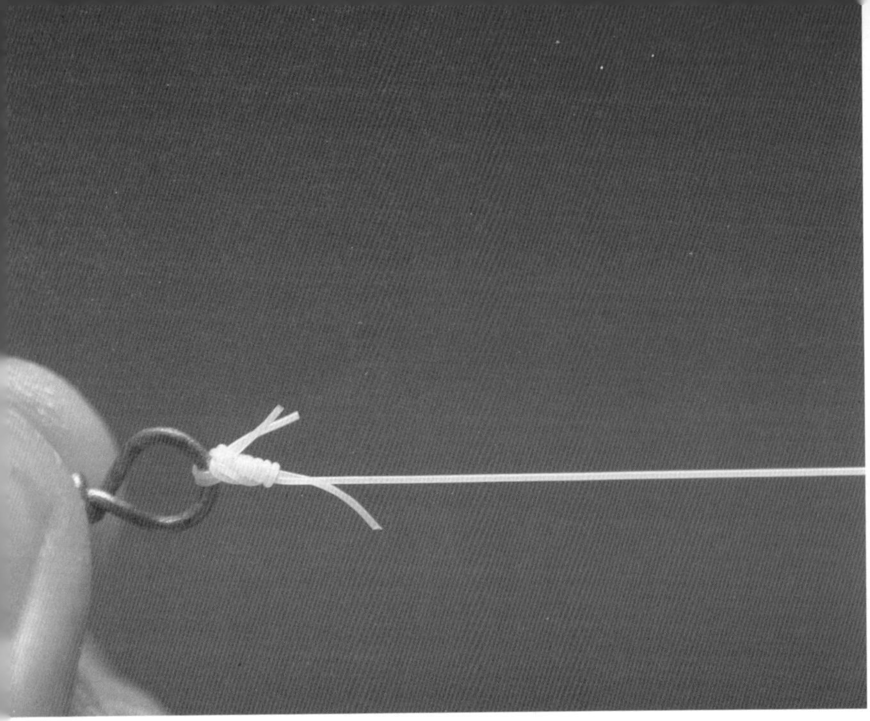

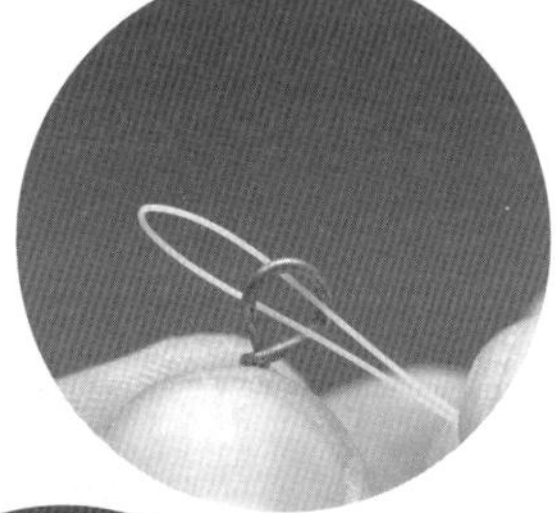

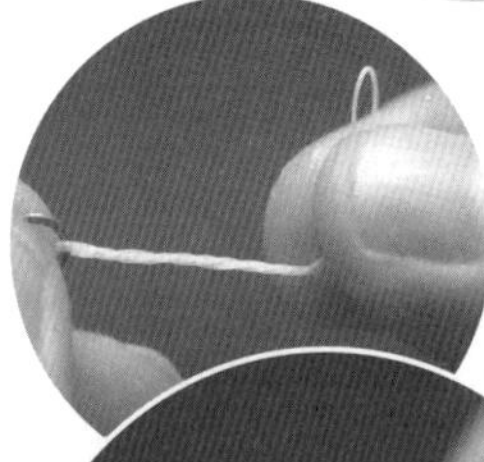

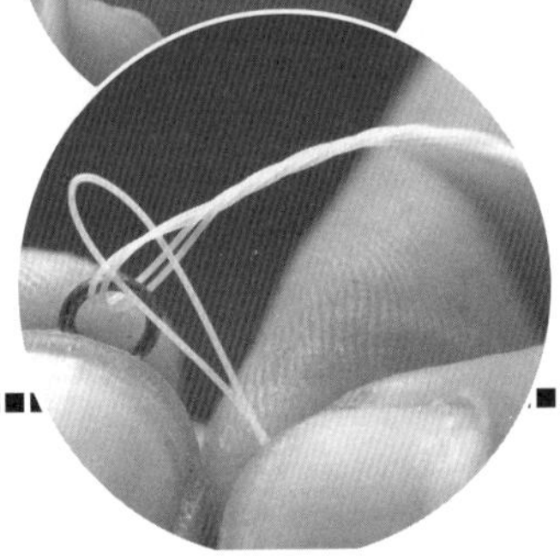

도래 · 루어 묶음법③

두겹 꽈배기 묶음

용 도 ①양어장 낚시터에서 섬세한 채비를 구사하기 위해 매우 가는(0.6호 이하) 목줄로 도래를 묶을 때 유용하다. ②루어낚시, 특히 농어 · 부시리 · 가다랭이 · 삼치 등을 노려 무거운(20g 이상) 루어를 최대한 원투해야 할 때는 가능한 원줄 굵기를 낮출 수밖에 없다. 결국 가는 원줄을 사용하되, 결절강도를 높이고자 할 때 '두겹 꽈배기 묶음'이 그 대안으로 떠오른다.

특 징 간단히 빠르게 묶을 수가 있고, 그러면서도 강하다는 것이 꽈배기 묶음의 장점인데, 특히 나일론과 같이 표면이 미끄러지기 쉬운 소재는 일반 매듭법으론 여러 가지 문제점이 발생한다. ① '두겹 꽈배기 묶음'은 나일론 줄과 금속 고리, 그리고 나일론 낚싯줄끼리의 미끄러짐을 최대한 방지하는 묶음법이다. ②풀릴 염려가 없을 뿐만 아니라, 가는 줄을 사용했을 때 결절(結節) 강도 또한 더욱 높아진다.

참 고 ①가는 줄을 두 겹으로 만들어 묶는 점 외에는, 일반 '꽈배기 묶음' 방식과 모든 과정이 동일하다.

아주 가는 줄로 도래를 묶을 때에는 전항의 '더블 꽈배기 묶음'으로도 불안하다. 이럴 땐 아주 가는 줄을 두 겹으로 만들어 묶을 수밖에 없다. '두겹 꽈배기 묶음'이 바로 그 대안이다.

〈그림 1〉

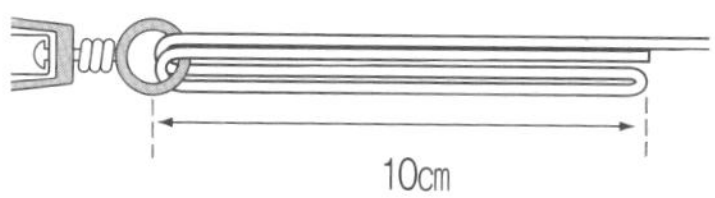

가는 줄을 두 가닥으로 겹 지어 도래의 고리 속으로 통과시켜 U자 형태로 만든다.

〈그림 2〉

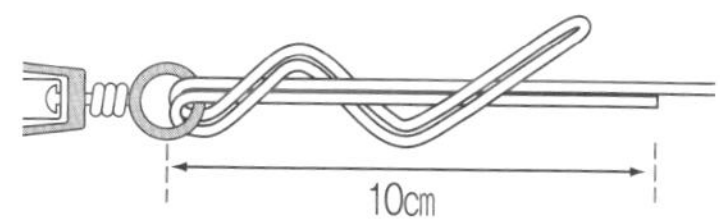

겹 지은 두 갈래의 줄을 꽈배기 형태로 꼬아 준다.

〈그림 3〉

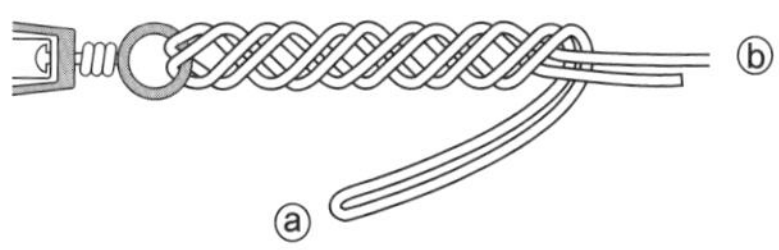

4~6회 가량 꼬아 준 다음, 끝줄(ⓐ)을 도래 쪽으로 돌려 내린다.

〈그림4〉

끝줄(ⓐ)을 최초의 꽈배기 고리 속으로 통과시켜 그대로 당겨 조여도 되지만, 〈그림4-1〉처럼 보강(補强)을 해주면 더욱 좋다.

〈그림 4-1〉보강법

〈그림4〉 단계에서 그대로 마무리해도 되지만, 끝줄(ⓐ)을 전체 고리 속으로 한 번 더 통과시키면 풀릴 위험성이 더욱 줄어든다.

〈그림 5〉

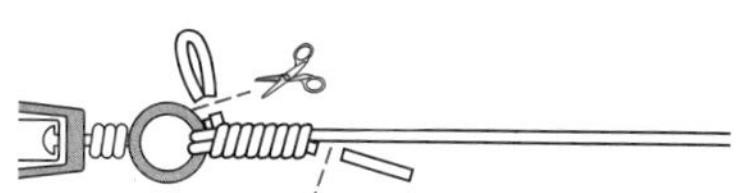

〈그림4〉 단계에서 마무리한 완성품 모양.

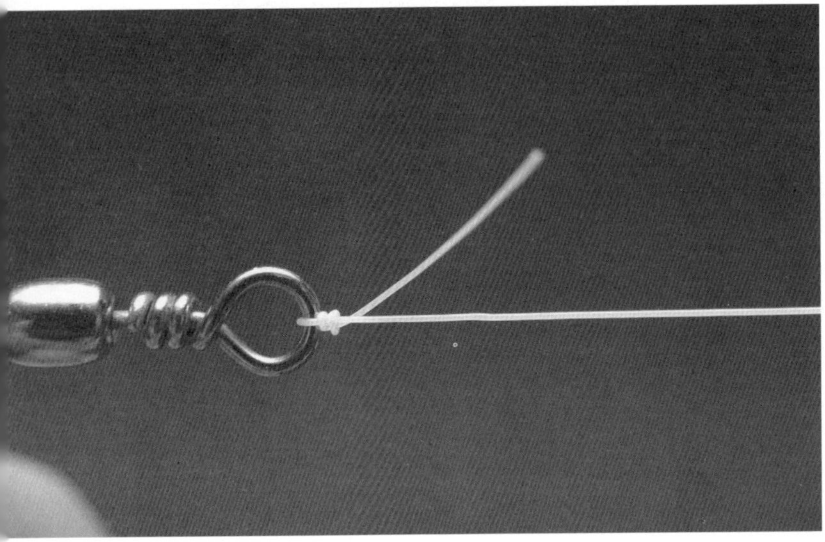

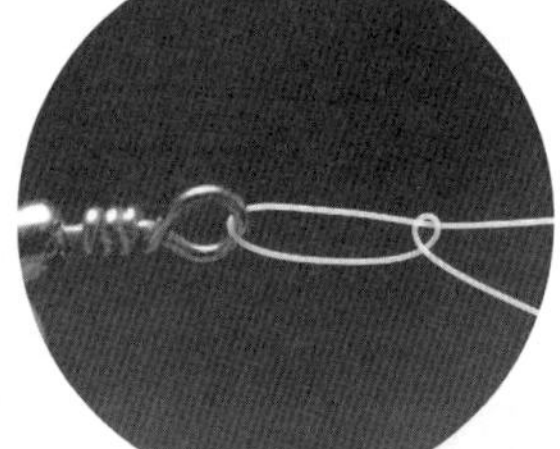

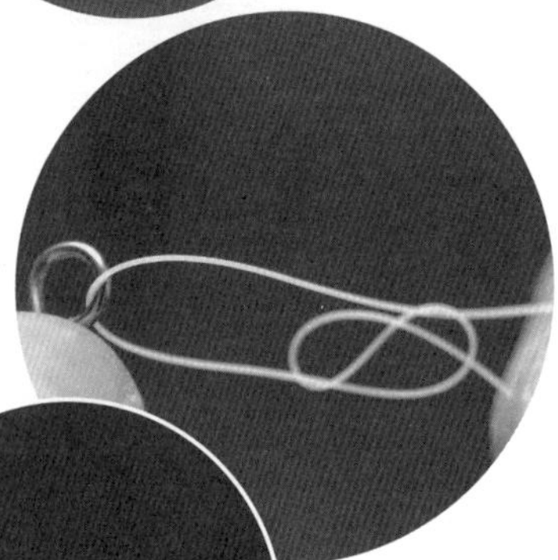

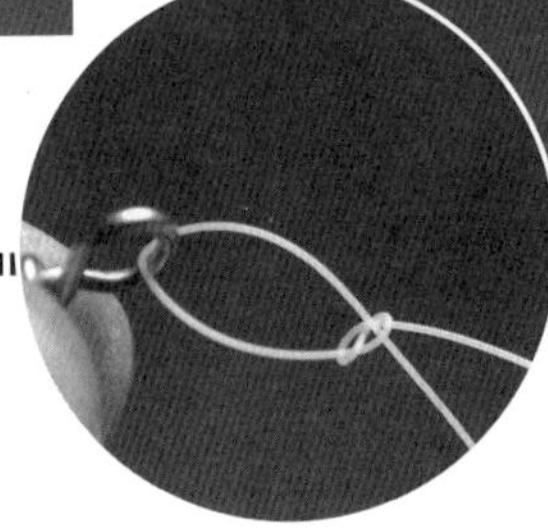

도래 · 루어 묶음법④

어부 묶음

–일명 '8자 묶음'

신속하고 간편하게 묶을 수 있는 '8자 묶음'의 기본형이다. 참돔·방어·부시리 등의 대형어를 노려 굵은 줄을 사용하는 어부들이 흔히 사용하는 매듭법으로, 가는 줄을 사용할 때는 통하지 않는다.

용도 모든 매듭법에는 장단점이 공존한다. 강도를 우선하다 보면 작업 과정이 까다롭고, 신속 · 간편을 택하다 보면 강도가 떨어지는 폐단이 따른다. 따라서 여러 가지 방법을 익혀 두었다가 낚시 상황에 맞는 방식을 택하는 것이 조과에 도움이 된다. 여기에 소개하는 '어부 묶음'은 간편 · 신속함이 그 장점이다. ①바다낚시에서 도래나 루어를 묶는 직결 방식으로, ②참돔 · 방어 · 부시리 등의 대형어를 노려 굵은 줄을 사용하는 어부들이 흔히 사용하는 매듭법이다.

특징 ①신속하고 간편하게 묶을 수 있는 것이 장점이며, ②저절로 풀릴 위험성은 적지만 결절강도는 그다지 높지 않다.

참고 ①'8자 매듭'과 같은 형태이지만 한 단계 더 보강한 묶음법이라 할 수 있다. ②그러나 가는 줄을 사용해 대형급 어종이 걸려들었을 때는 저절로 풀릴 위험성이 높다.

〈그림1〉

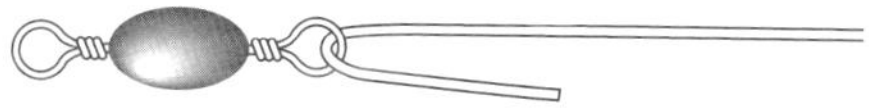

낚싯줄 한 쪽 끝을 도래의 고리 속으로 통과시켜 U자 형태로 만든다.

〈그림2〉

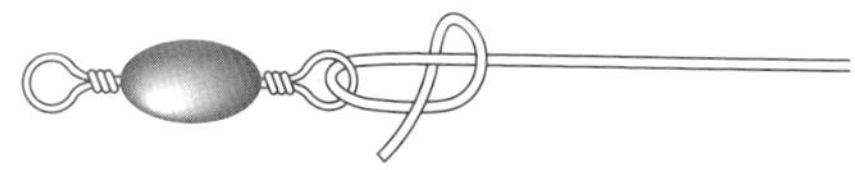

본줄 위로 돌려 고리 속으로 통과시켜 빼낸다.

〈그림3〉

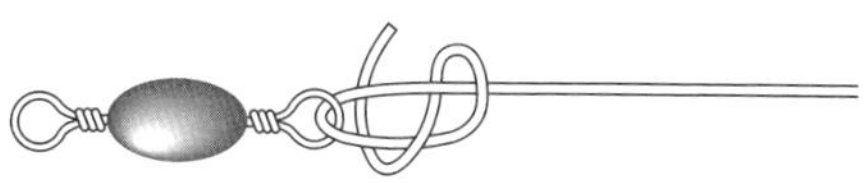

아래쪽 줄 밑으로 한 바퀴 돌린다.

〈그림4〉

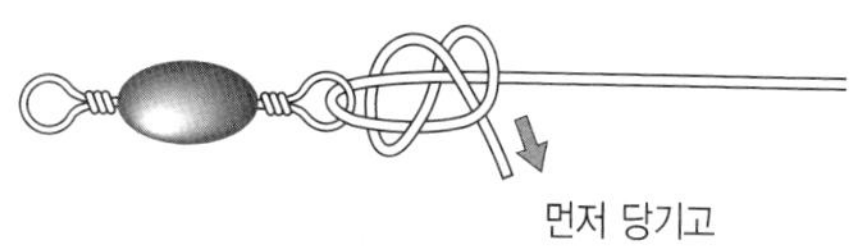

오른쪽 고리 속으로 집어넣으면 8자 고리 모양이 된다.

〈그림5〉

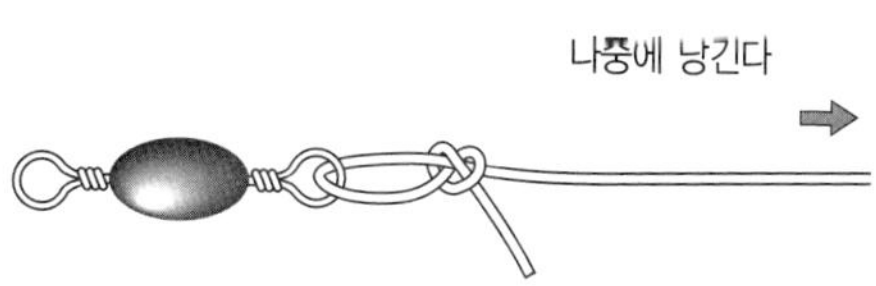

자투리 줄을 먼저 조인 후, 본줄을 잡아당긴다.

〈그림6〉

꽉 조인 후 자투리 줄을 잘라내면 완성이 된다.

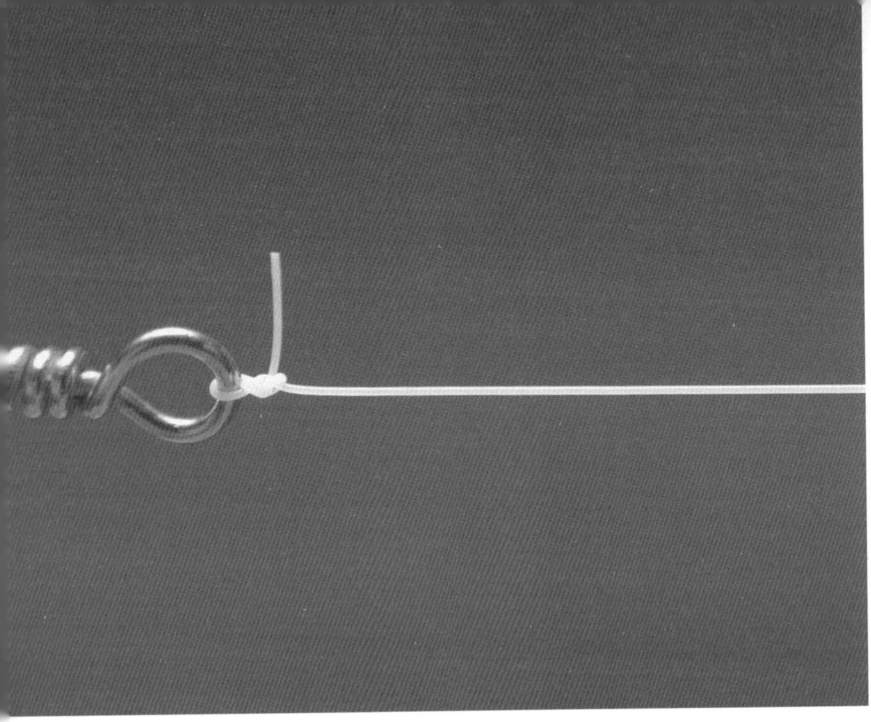

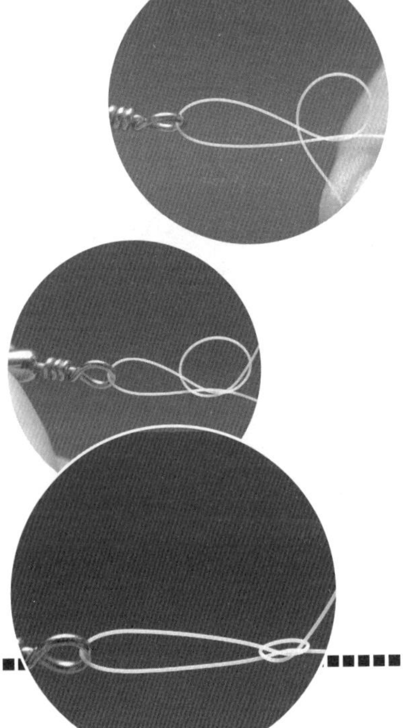

도래 · 루어 묶음법⑤

8자 겹매듭 묶음

용 도 ①루어 또는 도래를 묶는 직결법 가운데 가장 빠르고 손쉬운 방법이다. ②결절강도(結節强度)를 중요시하는 전문 낚시인들의 묶음법으로는 불안전한 방식이다. ③다만 사용하는 낚싯줄이 6~7호 이상으로 굵을 때는 어느 정도 결절강도가 보장된다.

특 징 ①일반 '8자 묶음' 형식이면서 끝줄을 8자 고리 속으로 한 번 더 통과시켜 최종 마무리를 하는 까닭에 그냥 8자묶음으로 끝내는 것보다는 결절강도가 좋아진다. 그러나 전체적인 강도 측면에선 좋은 방법이 못 된다. ②짧은 시간에 많은 작업을 해야 하는 어부들이 도래를 간편하게 묶을 때 주로 취하는 방식이다.

참 고 ①최종 마무리 작업인 〈그림4〉 단계에 이르러선 끝줄(ⓐ부분)을 먼저 당겨 조인 후, 제일 나중에 ⓑ줄을 당겨야 한다. ②전항의 '어부 묶음'과 비슷한 방법이며, 그 장단점 또한 동일하다.

'8자 묶음'의 일종으로, 전항의 '어부 묶음'(8자 묶음)에 비해 결절강도(結節强度)는 한 수 우위지만 낚시용으로는 권할 바가 못 된다. 6~7호 이상 굵은 줄의 경우는 다소 무난한 방법이다.

〈그림 1〉

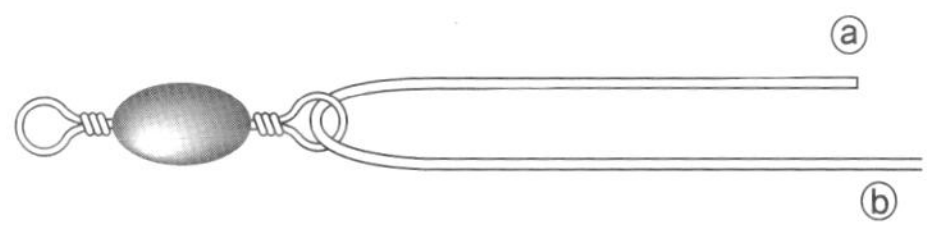

낚싯줄 끝을 도래의 고리 속으로 통과시켜 U자 형태로 만든다.

〈그림 2〉

본줄을 축으로 ⓐ부분을 한 바퀴 돌린다.

〈그림 3〉

ⓐ를 낚싯줄 고리 속으로 통과시켜 빼내면 8자 고리 모양이 된다.

〈그림 4〉

ⓐ를 다시 오른쪽 고리 속으로 되돌려 넣은 후 잡아당긴다.

〈그림 5〉

ⓐ를 먼저 당겨 조인 다음, ⓑ를 잡아당긴다.

〈그림 6〉

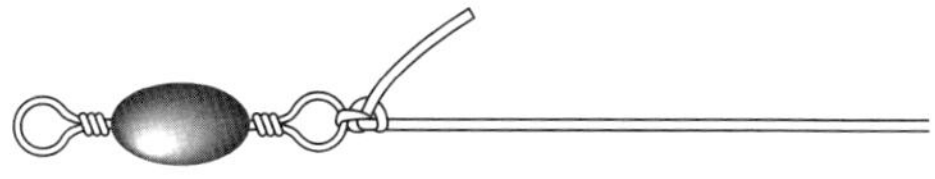

완성된 모습.

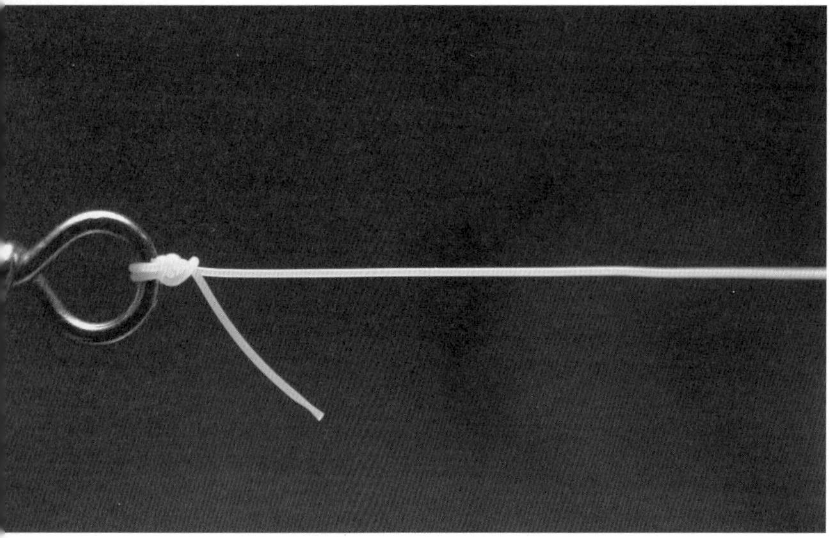

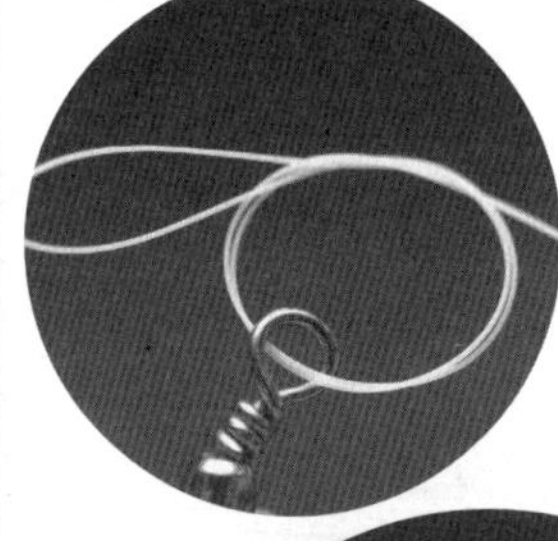

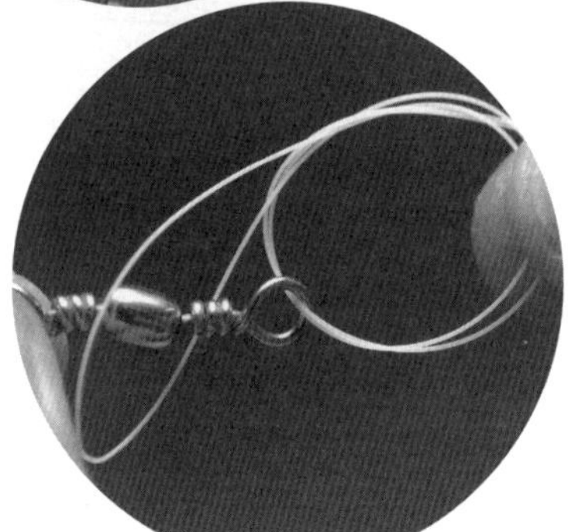

도래 · 루어 묶음법⑥

겹줄 엇돌려 묶어 씌우기

용 도 ①가는 줄을 겹 지어 도래나 고리봉돌, 그리고 루어를 묶을 수 있는 최강의 매듭법이다. ②다만 루어는 관계 없으나 도래 또는 고리봉돌을 묶을 때는 한쪽 부분만 가능할 뿐이다. 즉 원줄이 먼저 연결돼 있는 상태에서 목줄을 이 방식으로 묶을 수는 없다. 매듭 고리를 도래 너머로 씌워야 하기 때문이다.

특 징 낚시 매듭의 이상(理想)은 간단하게 묶을 수 있으면서 강도를 보장받을 수 있어야 한다. 그 점에 있어서 이 방식은 금속 도구와 줄을 묶어주는 방식으로서는 최강의 매듭법이라 할 수가 있다. 또한 재빨리 묶을 수 있을 뿐만 아니라 그 완성도에 있어서도 단순 명쾌한 것이 특징이다. 그러면서도 강도도 있어서 일석 삼조라고 할 수가 있다.

참 고 한 번 익숙해지면 그 원리가 간단하다는 것을 이해하게 되는데, 가장 유의할 점은 〈그림4〉 및 〈그림5〉 단계에서 끝고리 ⓐ를 도래에 씌워 위쪽으로 돌려 넘기는 작업이다. 〈그림〉을 주의 깊게 참고 바란다.

가는 줄을 겹 지어 도래나 루어를 묶을 수 있는 특별한 매듭법이다. 얼핏 복잡해 보이지만 한두 번만 따라 반복해 보면 그 원리가 간단하다는 것을 금방 이해하게 된다.

〈그림1〉

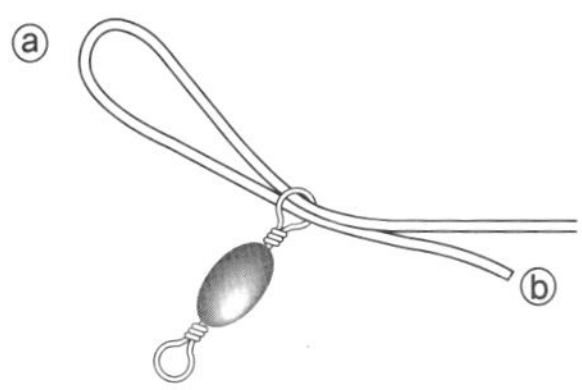

낚싯줄을 겹 지어 도래의 고리 속으로 통과 시킨다.

〈그림2〉

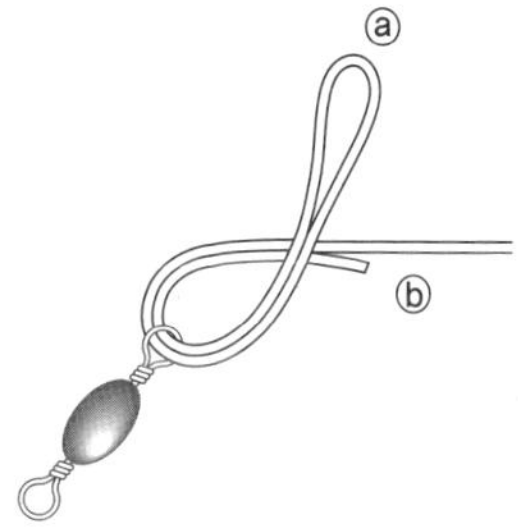

겹줄을 본줄에 교차 시킨다.

〈그림3〉

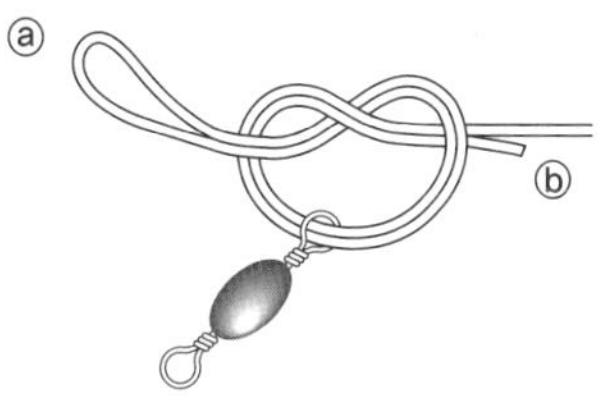

겹줄을 고리 속으로 한 바퀴 돌려 빼낸다.

〈그림4〉

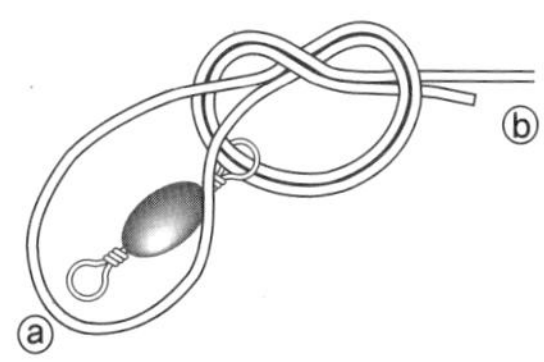

고리 ⓐ부분으로 도래를 집어넣는다.

〈그림5〉

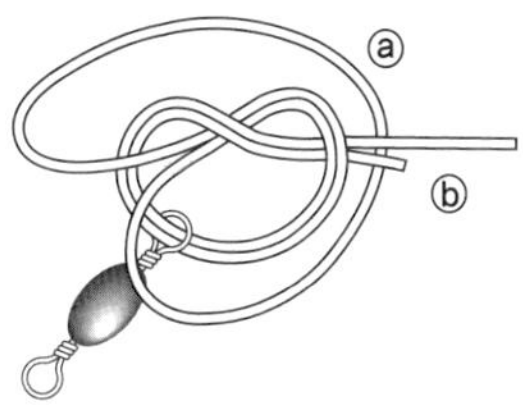

〈그림4〉 단계에서 고리 ⓐ를 ⓑ쪽 아래로 접어 붙인다.

〈그림6〉

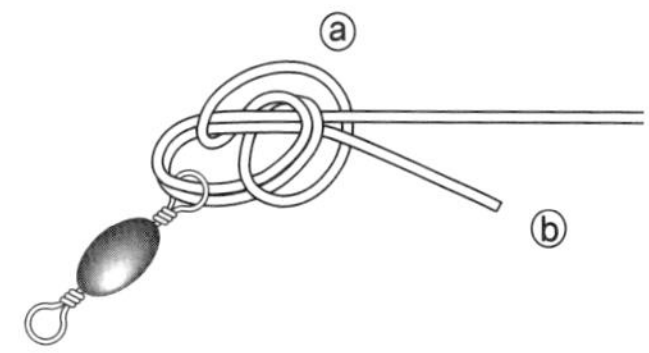

〈그림5〉 단계에서 ⓑ와 본줄을 함께 쥐고 가만히 당긴다.

〈그림7〉

강하게 당겨서 졸라맨다.

〈그림8〉

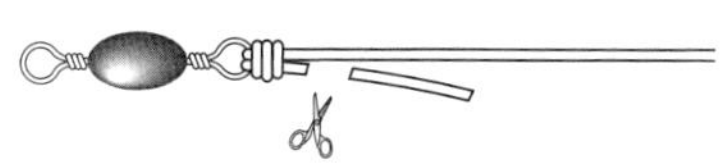

여분 줄을 잘라 주면 완성.

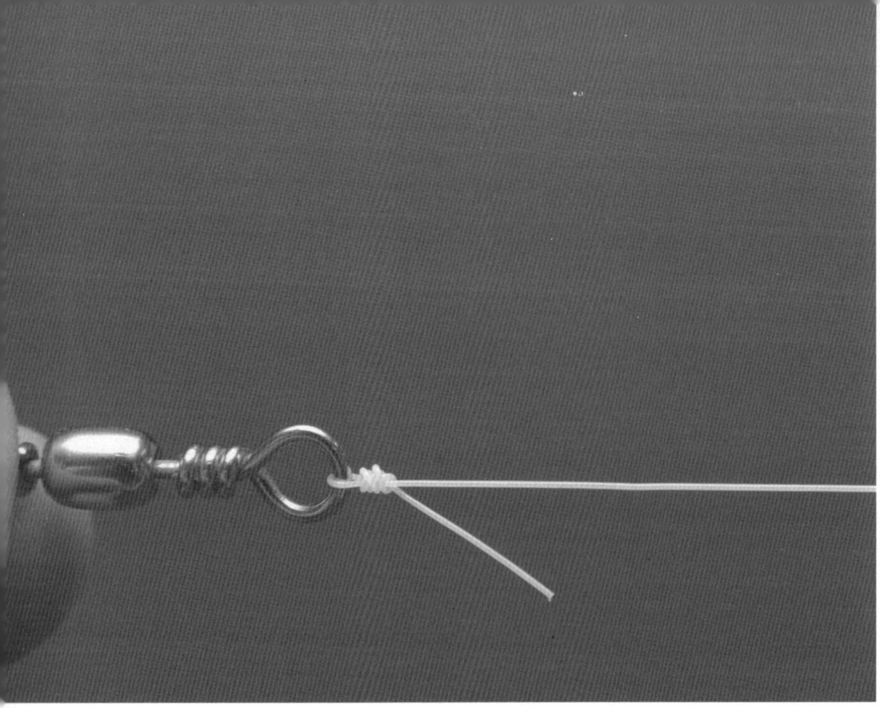

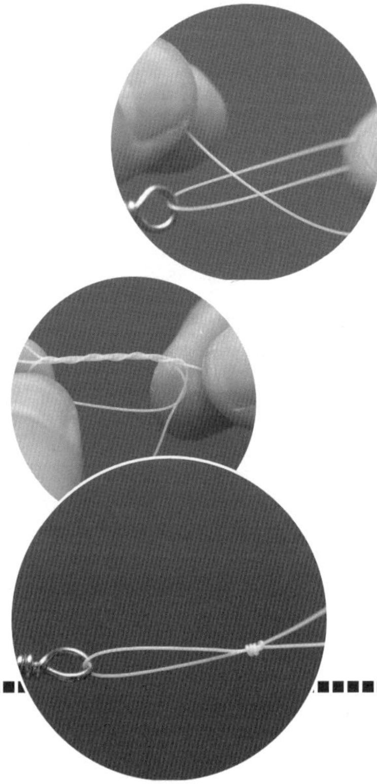

도래 · 루어 묶음법⑦

안돌려 묶기

-일명 'Uni Knot'

용 도 ①도래 또는 루어를 묶는 방법으로서 '안돌리기'는 여러 가지 낚시 매듭의 기본이라 할 수 있다. 소재나 굵기가 서로 다른 낚싯줄을 연결할 때나 바늘을 묶을 때도 이 '안돌리기' 방식이 활용되며, 릴 스풀에 낚싯줄을 맬 때도 활용되므로 반드시 익혀두어야 할 매듭법이다. ②<그림①→④>처럼 겹줄을 지어 '안돌리기'를 하는 방식은 갯바위 루어낚시에 있어 4호 이하의 줄로 쇼크리더를 달아야 할 때 특히 유용하다. 결절강도가 높아 가는 줄로도 쇼크리더의 역할을 충분히 해주기 때문이다.

도래 또는 루어를 묶는 방법으로서의 '안돌리기'는 여러 가지 낚시 매듭의 기본이라 할 수 있다. 낚싯줄을 연결하거나 바늘을 묶을 때, 그리고 릴 스풀에 낚싯줄을 맬 때도 이 방법이 활용된다.

특 징 ①어렵지 않으면서도 루어나 도래를 강하게 묶을 수 있다. ②이 '안돌리기'를 제대로 익히고 나면 여러 가지 낚시 매듭에 두루 활용할 수 있다.

참 고 ①<그림1~4>처럼 한 겹으로 안돌리기를 해도 저절로 풀릴 위험은 거의 없다. ②가는 줄을 사용할 때는 <그림①~④>처럼 두 겹으로 안돌리기를 하면 대물이 걸렸을 때 풀어지거나 매듭 부위가 터질 위험이 적다.

〈그림1〉

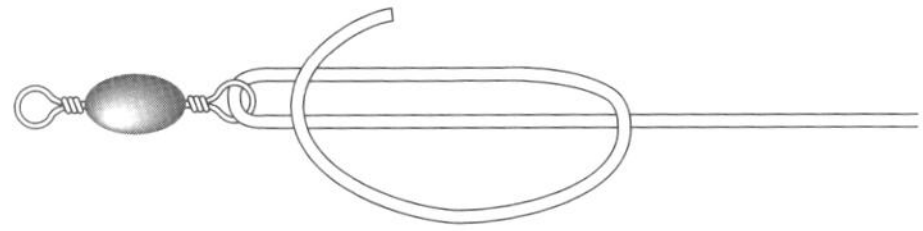

도래의 고리 속으로 줄을 한 바퀴 돌려 빼낸다.

〈그림1-1〉 보강법

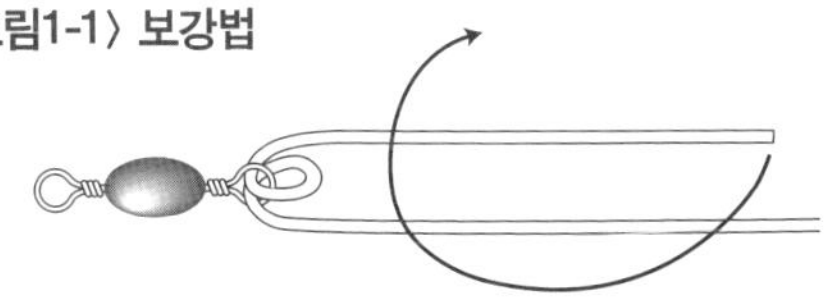

도래의 고리 속으로 줄을 두 바퀴 돌려 빼내면 그만큼 강도가 높아진다.

〈그림2〉

본줄을 축으로 5~6회 가량 안돌리기를 한다.

〈그림3〉

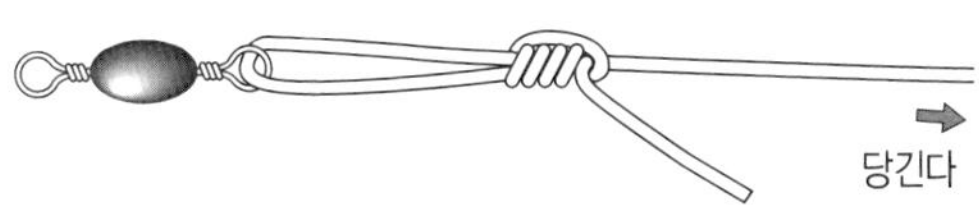

안돌리기를 한 끝줄을 먼저 잡아당겨 조인 후, 본줄을 잡아 당긴다.

〈그림4〉

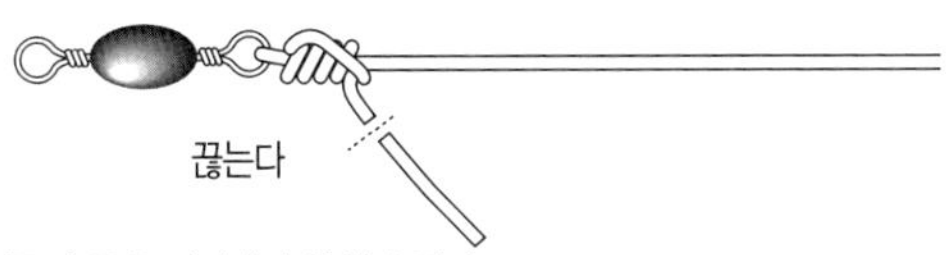

자투리 줄을 잘라내면 완성이 된다.

〈그림①〉

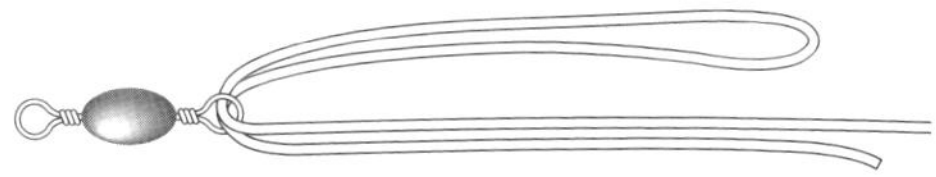

가는 줄의 경우 겹줄을 만들어 도래의 고리 속으로 통과시킨다.

〈그림②〉

한 바퀴 크게 돌려 원을 만든 다음, 고리 속으로 휘감는다.

〈그림③〉

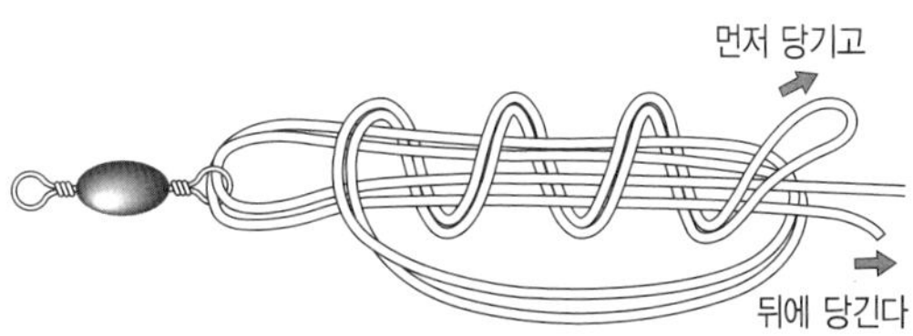

3~4회 가량 휘감은 후 끝고리 부분을 먼저 당겨 조인 후, 본줄을 잡아당긴다.

〈그림④〉

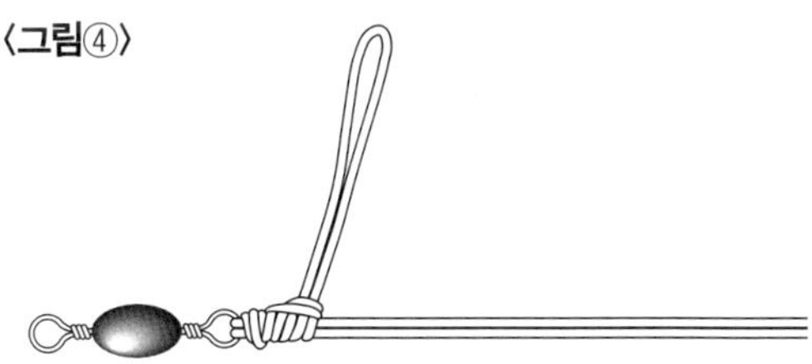

자투리 줄을 잘라내면 완성이 된다.

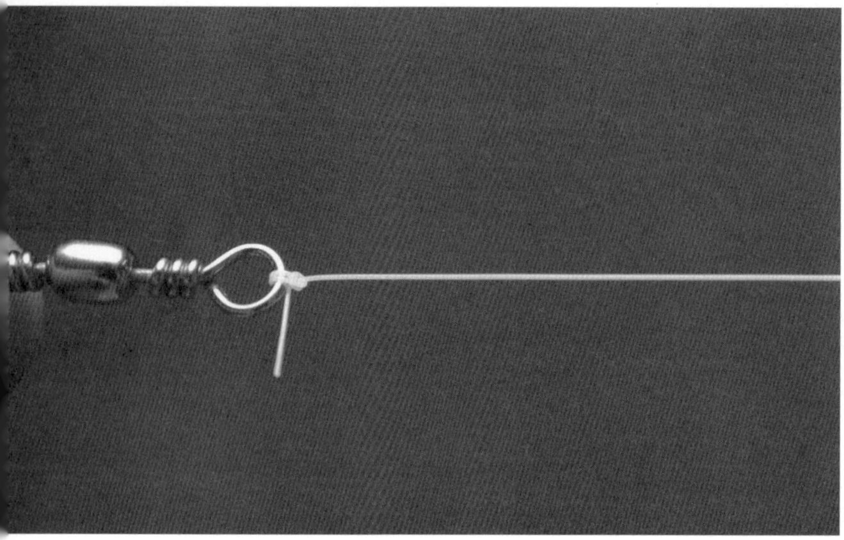
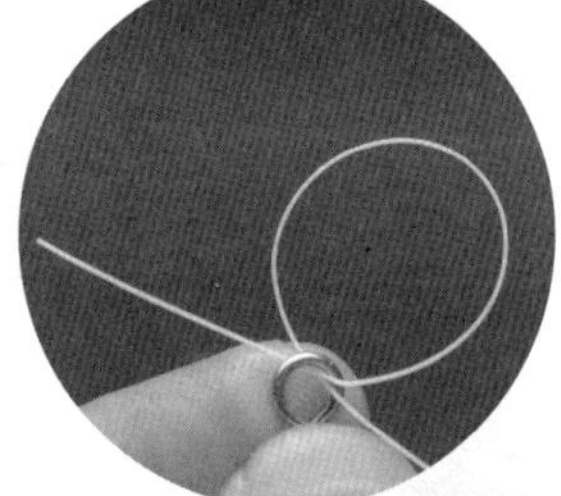

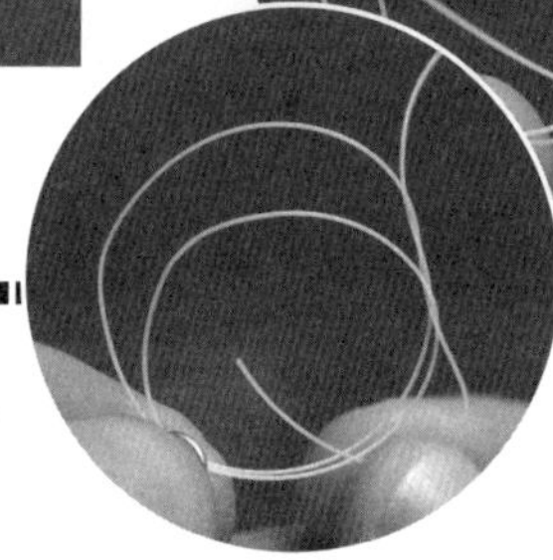

도래 · 루어 묶음법⑧

2중 회전 묶음

용 도 금속 도구, 즉 도래(고리봉돌 포함)나 루어에 낚싯줄을 묶는 방법은 여러 가지를 많이 익혀둘수록 유리하다. 다양한 대상어를 노려 낚싯줄의 여러 가지 소재나 굵기 등을 감안해 적시적소에 대응하기 위해서는 각종 묶음법의 특징을 최대한 살려야 하기 때문이다. ①여기에 소개하는 '2중 회전 묶음'은 특히 갯바위 바닥낚시 채비에 있어 도래를 묶을 때 유용하다.

특 징 ①자투리 줄을 바짝 잘라도 줄이 저절로 풀릴 위험이 적으며, ②웬만큼 큰 대상어가 걸렸을 때도 줄이 풀릴 염려가 없다. ③방법은 어렵지 않지만 다소 시간이 소요되는 것이 단점이다.

참 고 ①굵은 줄보다는 가는 줄을 사용할 때 유용하며, ②맨 처음 도래의 고리 속으로 줄을 통과시킨 다음, 다시 한 번 도래의 고리 속으로 통과시킬 때 만들어지는 낚싯줄의 고리가 너무 작으면 다음 작업이 힘들어지므로 적당한 크기로 해두는 것이 좋다.

가는 줄을 사용할 때 유용하며, 굵은 줄은 어렵다. 자투리 줄을 바짝 잘라도 줄이 저절로 풀릴 위험은 적으나 방법이 다소 까다롭다. 전체 고리가 너무 작으면 다음 작업이 힘들어지므로 적당한 크기로 해두는 것이 좋다.

〈그림1〉

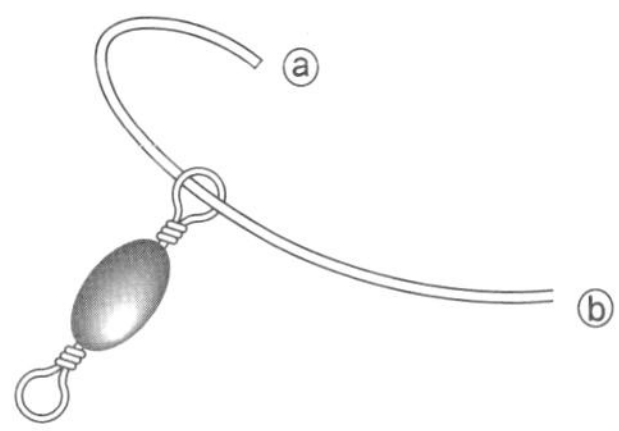

낚싯줄 끝 부분 ⓐ를 도래의 고리 속으로 통과 시킨다.

〈그림2〉

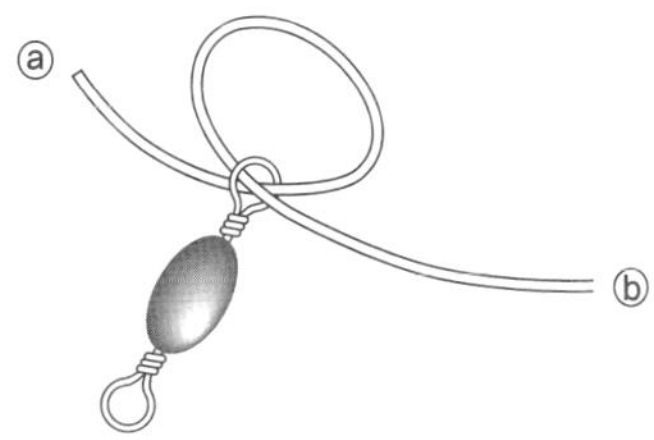

도래의 고리 속으로 한 번 더 ⓐ를 통과시킨다.

〈그림3〉

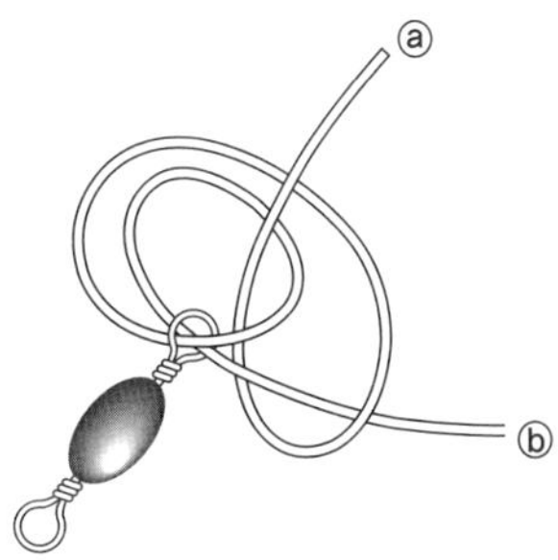

ⓐ를 본줄 위로 한 바퀴 휘감아 안쪽 고리 속으로 통과시켜 빼낸다.

〈그림4〉

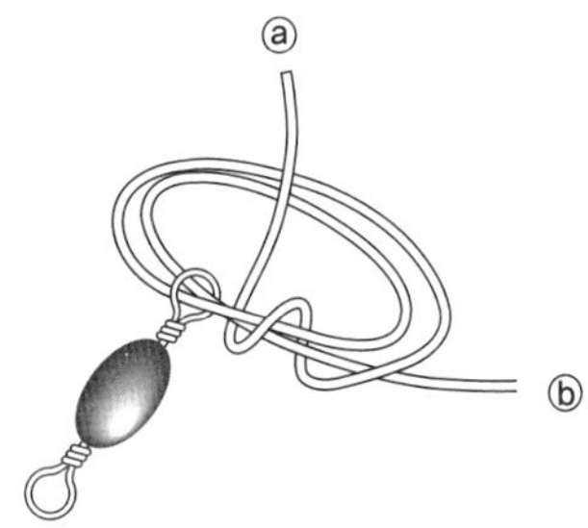

ⓐ를 한 번 더 낚싯줄 고리 속으로 휘감아 빼낸다.

〈그림5〉

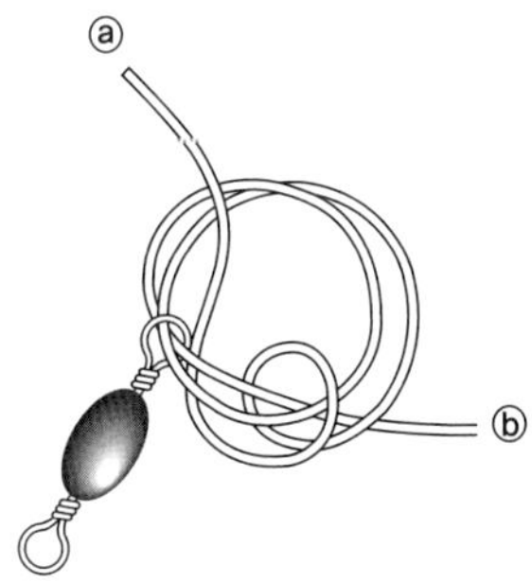

ⓐ를 ⓑ반대 방향으로 젖힌 뒤, ⓐ와 ⓑ를 잡고 서서히 맞당긴다.

〈그림6〉

강하게 조인 후 자투리 줄을 잘라 주면 완성.

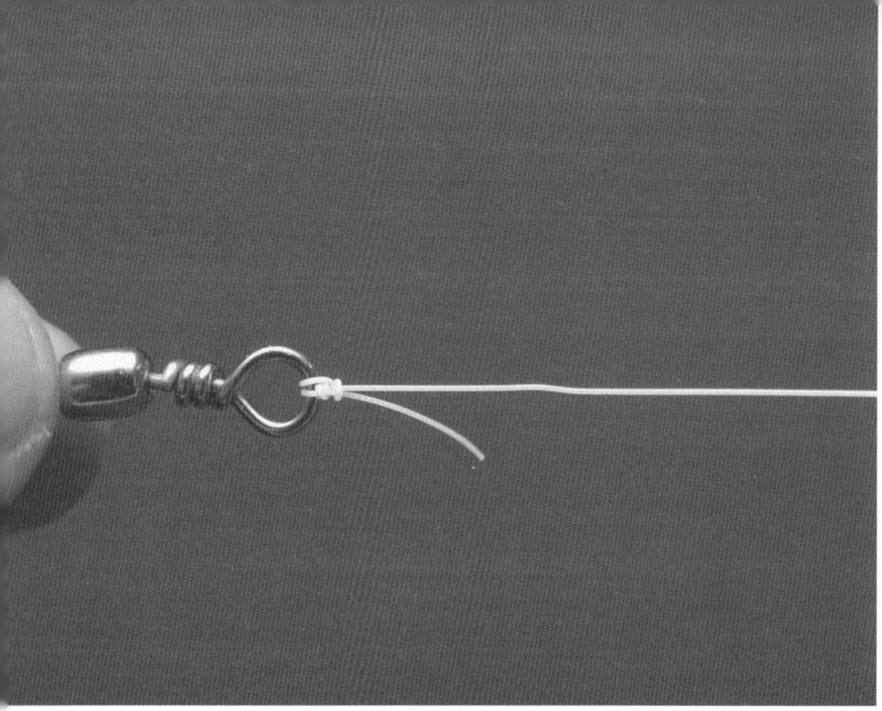

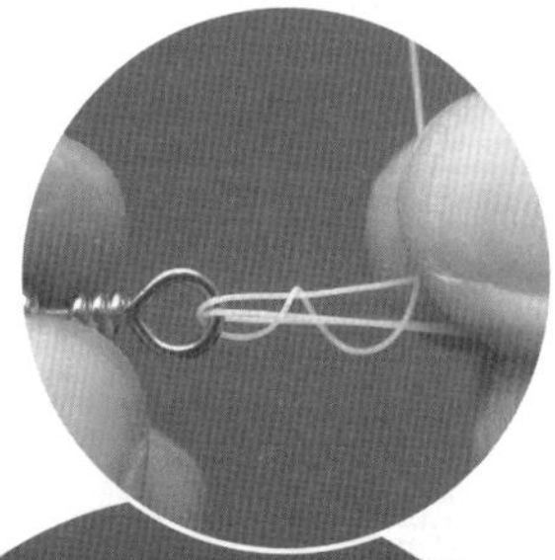

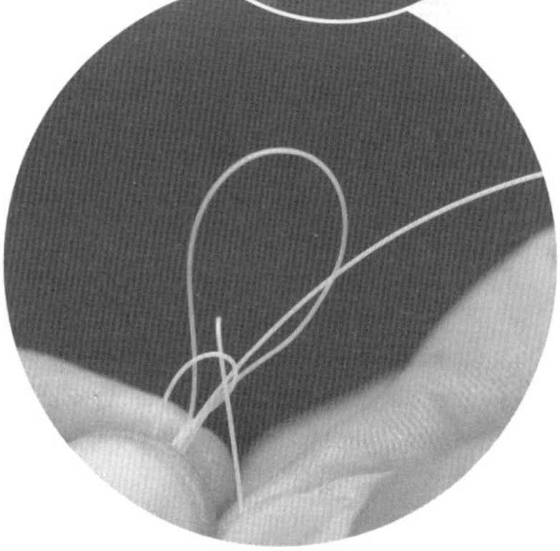

도래 · 루어 묶음법⑨

新 돌돔낚시 도래 묶음

용 도 ①돌돔낚시 때 나일론 줄로 도래를 묶을 때 사용되는 특수한 방법이다. 옛날에는 도래의 지주(支柱) 부분까지 나일론 줄이나 와이어를 감아 돌리는 돌돔 매듭법이 일반적이었으나, 최근에는 나일론 줄의 강도가 강해짐에 따라 이 매듭 방식으로 도래를 묶는 사례가 확산되고 있다. ②매듭 부위가 깔끔하면서도 강도가 아주 좋아 처넣기는 물론 찌낚시 채비에도 유용한 매듭법이다.

특 징 ①도래는 말 그대로 낚싯줄의 꼬임을 돌려주는 역할을 한다. 따라서 지주가 제대로 회전을 해주지 않으면 의미가 없다. 이전처럼 지주에 줄을 감는 방식은 도래의 회전이 부드럽지 못해 도래의 역할을 반감시키게 된다. 그런 점에 있어서 이 방식을 쓰게 되면 도래가 제대로 회전함으로써 아주 합리적이다. ②방법 또한 그다지 어렵지 않고, 완성도 역시 매우 심플한 것이 장점이다.

참 고 ①〈그림3〉 단계의 작업을 할 때, 자칫하면 고리가 엉키기 쉬우므로 잘 눌러 주어야 한다.

돌돔낚시 채비를 할 때 나일론 줄로 도래를 묶는 특수한 방법이다. 도래의 지주(支柱) 부분까지 나일론 줄이나 와이어를 감아 돌리던 방식에 비해 진일보한 매듭법이다. 완성도 역시 매우 심플한 것이 장점이다.

〈그림1〉

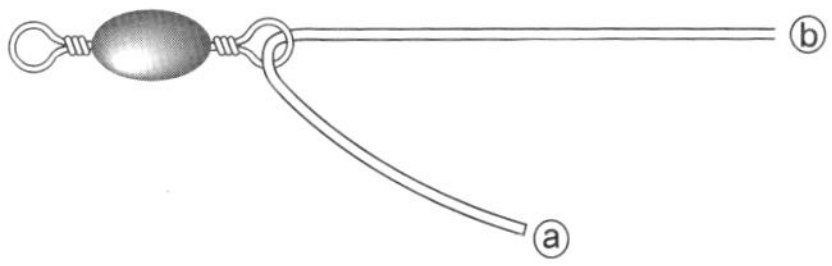

낚싯줄 한 쪽 끝(ⓐ)을 도래의 구멍 속으로 통과시킨다.

〈그림2〉

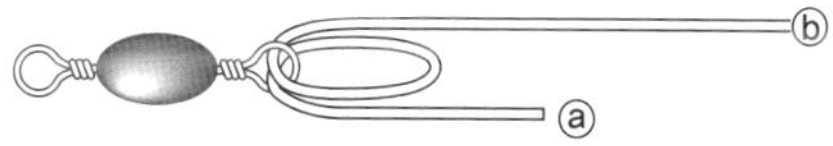

도래 구멍 속으로 한 바퀴 더 돌려 작은 매듭고리를 만든다.

〈그림3〉

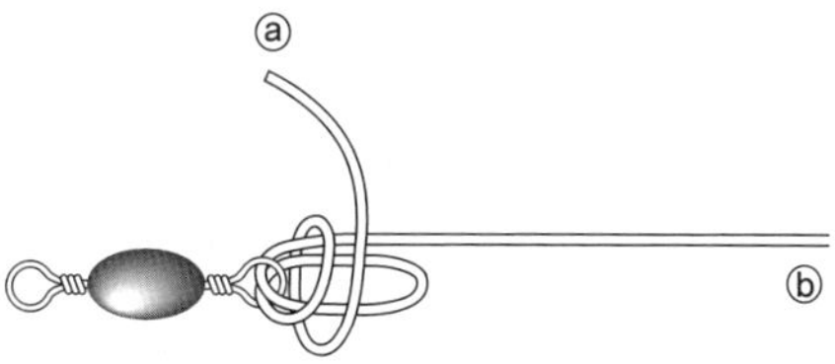

자투리 줄(ⓐ)로 매듭고리 바깥을 두 차례 감아 준다.

〈그림4〉

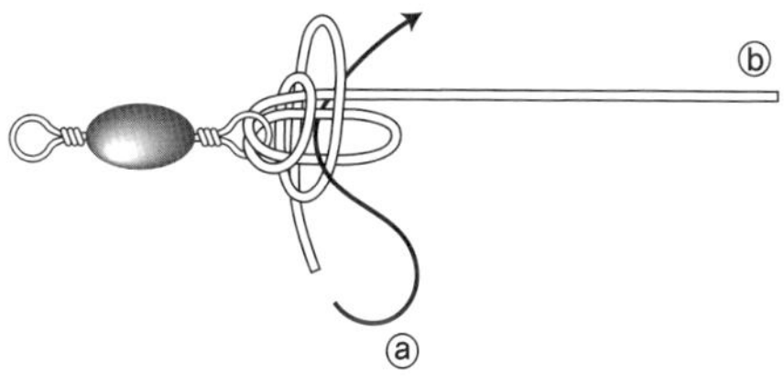

두 차례 감은 자투리 줄 끝(ⓐ)을 매듭고리 안쪽으로 통과시켜 반대 편으로 빼낸다.

〈그림5〉

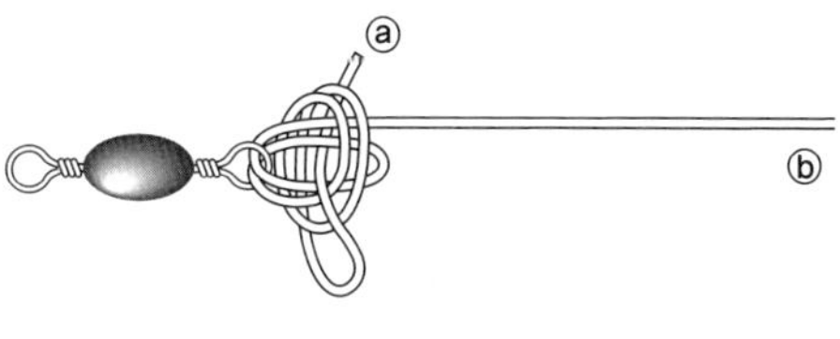

ⓐ를 당겨서 천천히 조여 준다.

〈그림6〉

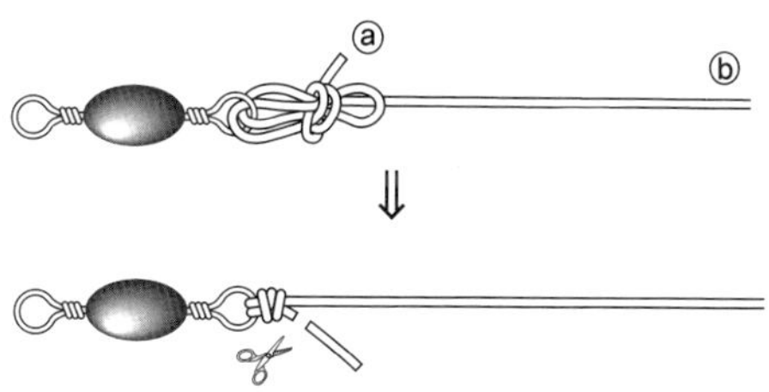

ⓐ를 강하게 당겨 조인 후, ⓑ 역시 강하게 당겨 조이고선 여분을 잘라주면 완성.

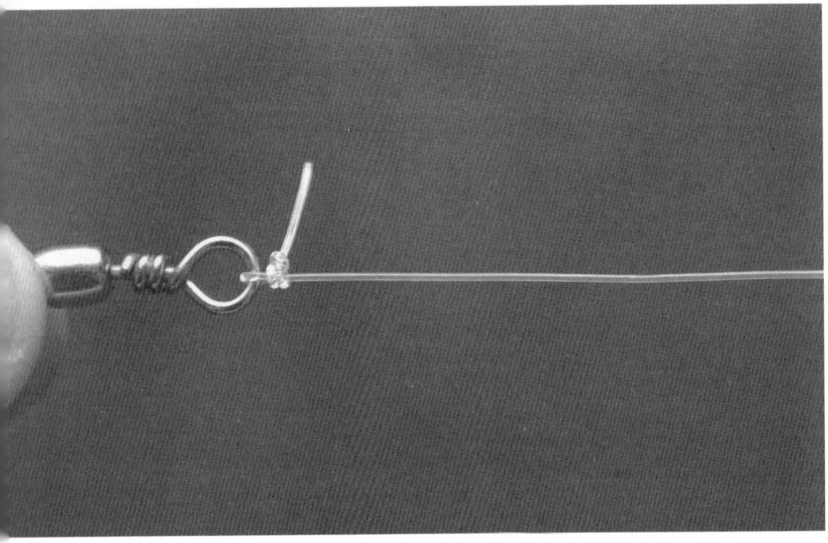

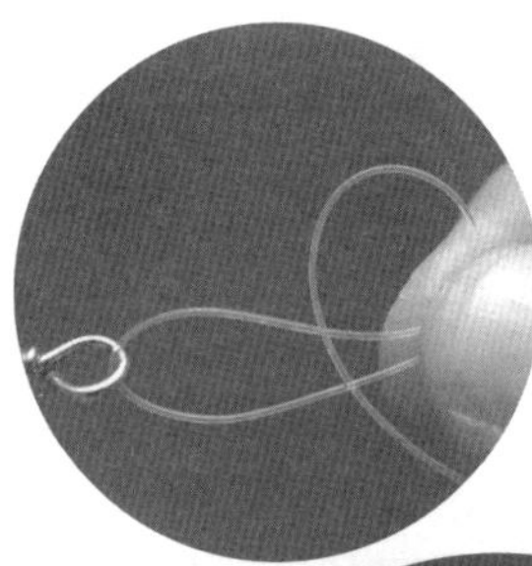

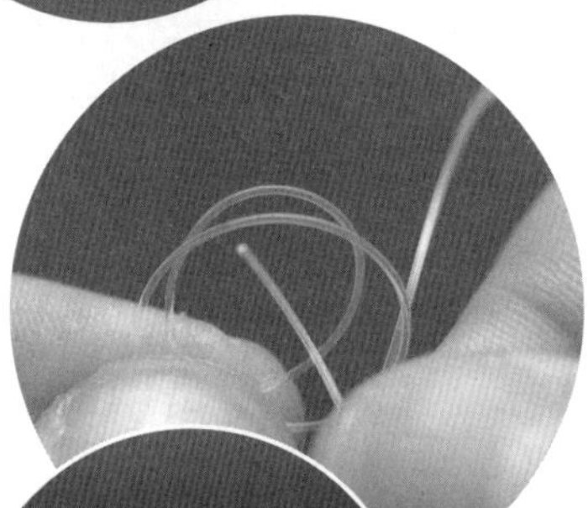

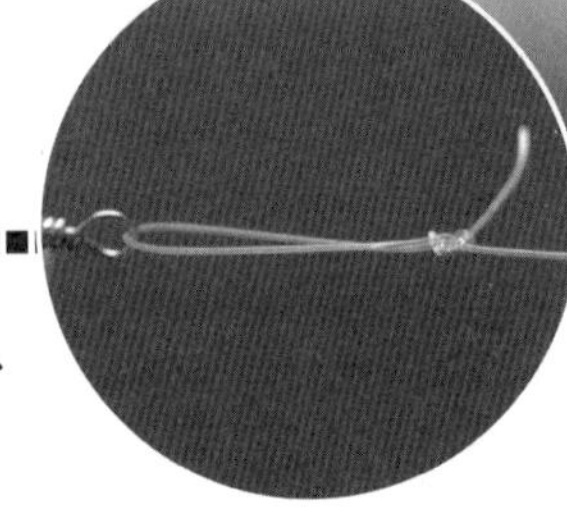

도래 · 루어 묶음법⑩

와이어 간이묶음

용 도 ①로프나 와이어 또는 10호 이상의 굵은 나일론 줄로 도래를 묶을 때 사용된다. ②일명 '와이어 현장 묶음' '어부 묶음' 으로도 불린다. 어부들이 많이 사용하는 매듭법이기 때문이다.

특 징 낚시 매듭법은 강도와 신속성이 생명이다. 두 가지 모두를 충족시켜야 하기 때문이다. 그러나 낚시 도중에는 강도 못지않게 신속성이 더 강조될 때가 있다. 고기 입질 타이밍을 놓쳐서는 안 되기 때문이다. ①이 매듭법은 손쉽고 신속하다는 점이 특징이다. ②특히 와이어를 사용할 때는 풀릴 위험도 없고 강도도 보장된다.

참 고 ①와이어 아닌, 굵은 낚싯줄을 사용할 때도 이 방식으로 묶어도 된다. 그러나 반드시 고리 2개를 만들어 훌쳐 묶어야 한다. 고리 하나로는 풀릴 위험이 따른다. ②또는 고리 하나를 만들어 두 번 훌쳐 묶어도 된다. 그러나 와이어를 사용할 때는 매듭의 눈이 너무 커지는 단점이 따른다.

로프나 와이어 또는 10호 이상의 굵은 나일론 줄로 도래를 묶을 때 사용된다. 어부들이 많이 사용하는 매듭법이다. 고리 하나로는 풀릴 위험이 크므로 반드시 두 바퀴를 돌린 다음에 매듭을 지어야 한다.

〈그림1〉

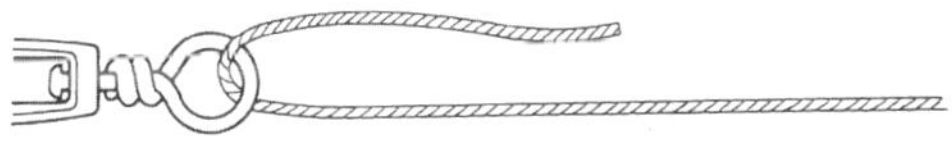

〈그림2〉

〈그림3〉

〈그림4〉

〈그림5〉

〈그림6〉

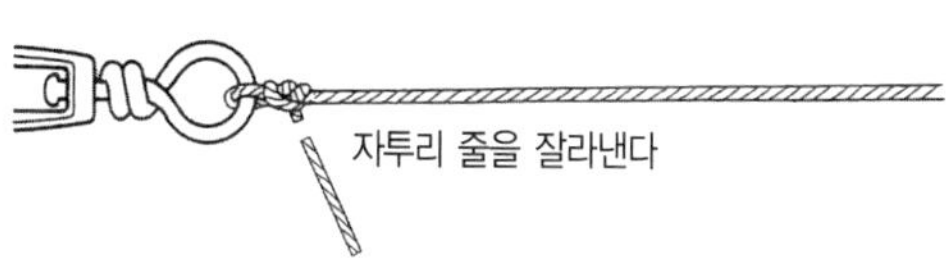

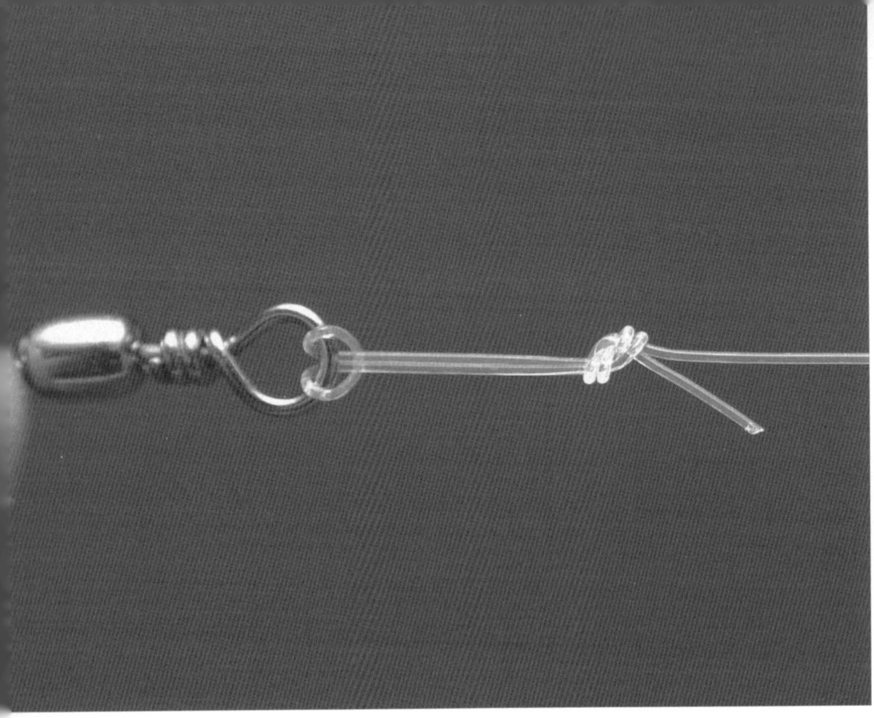

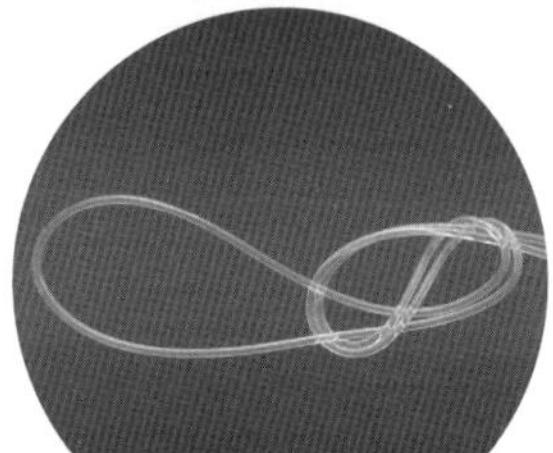

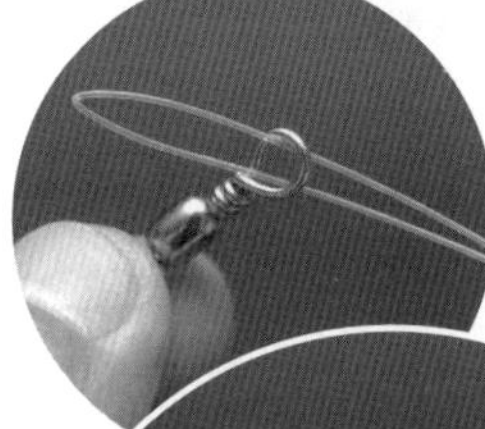

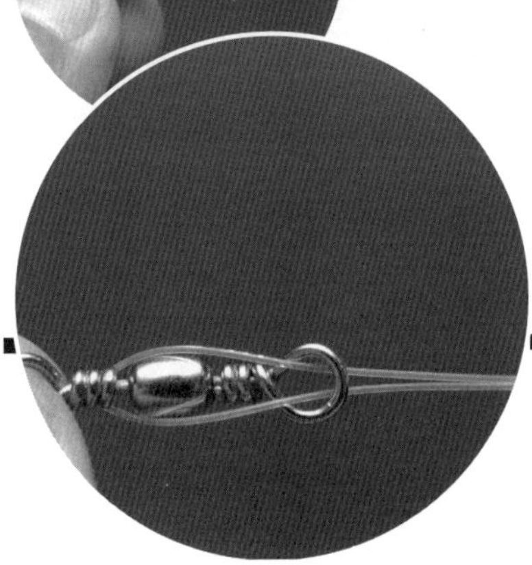

도래 · 루어 묶음법⑪

끝고리 씌우기

용 도 ①원줄 또는 목줄에 끝고리를 만들어 도래의 고리를 씌우는 방법으로, 매우 간편하면서도 폭넓게 사용되는 연결법이다. ②주로 원줄 끝에 도래를 직결한 다음, 이에 목줄 고리를 연결할 때 사용되는 방법으로, 민물낚시 및 바다낚시 모두에 기본적으로 사용된다. ③루어를 간편하게 묶을 때도 유용하다.

특 징 ①도래의 고리를 직접 묶는 직결법에 비해 탈착이 가능하다는 점, 즉 목줄 채비의 교환이 자유로운 것이 최대 장점이다. ②그러나 목줄이 너무 길면 불편이 따른다. ③소형 루어를 묶을 때는 큰 문제가 없으나 일반 루어는 매듭 고리가 커질 수밖에 없어 루어의 작동이 부자연스럽게 된다.

참 고 ①원줄이든 목줄이든 먼저 끝고리부터 만들어야 하는데, 끝고리는 '8자 묶음' 으로 하는 것이 가장 기본이다. ②낚시 여건에 따라 끝고리 만드는 법은 일반 '8자 묶음' 외, '더블 8자 고리' '겹 돌리기 묶음' 등, 여러 가지 방법이 활용될 수 있으므로, 제4장의 〈끝고리 만드는 법〉을 참고 바란다.

원줄 또는 목줄에 끝고리를 만들어 도래의 고리를 씌우는 방법으로, 매우 간편하면서도 폭넓게 사용되는 연결법이다. 직결식 비해 탈착이 가능하다는 점, 즉 목줄 채비의 교환이 자유로운 것이 최대 장점이다.

〈예비〉

줄을 두 겹으로 지어 '8자 묶음'으로 끝고리를 만든다.

〈그림 1〉

완성된 끝고리를 도래의 고리에 씌우는 방법은 〈그림2→4〉 또는 〈그림② →④〉 단계와 같이 두 가지 방식으로 나뉜다.

〈그림 2〉

끝고리를 도래의 고리 속으로 통과시킨다.

〈그림 3〉

끝고리를 도래 전체 위로 씌워 넘긴다.

〈그림 4〉

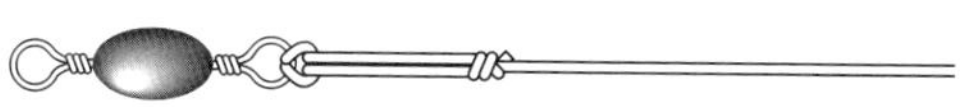

끝고리가 도래의 고리 끝으로 모이게 잡아당기면 된다.

〈그림 ②〉

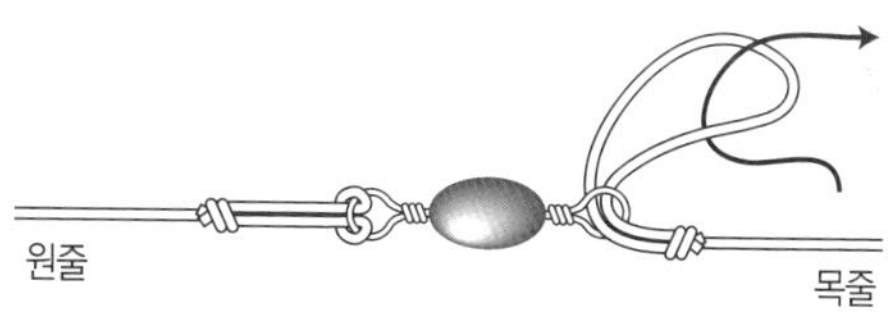

원줄이 연결돼 있는 상태의 도래 끝에 목줄 채비를 다는 방식이다.

〈그림 ③〉

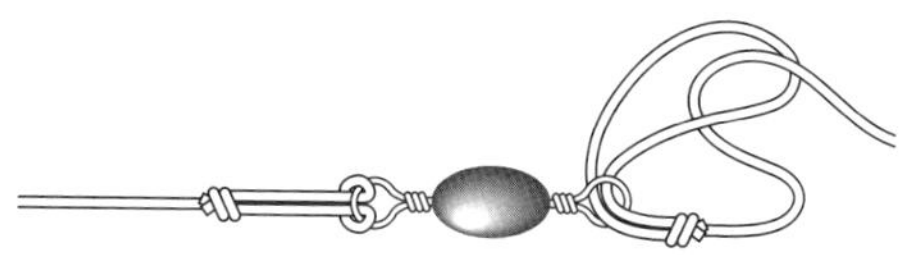

목줄 끝고리 속으로 목줄 채비(예를 들어 낚싯바늘)를 넣어 빼낸다.

〈그림 ④〉

왼쪽의 원줄은 〈그림〉과는 달리 직결법으로 매는 것이 좋다.

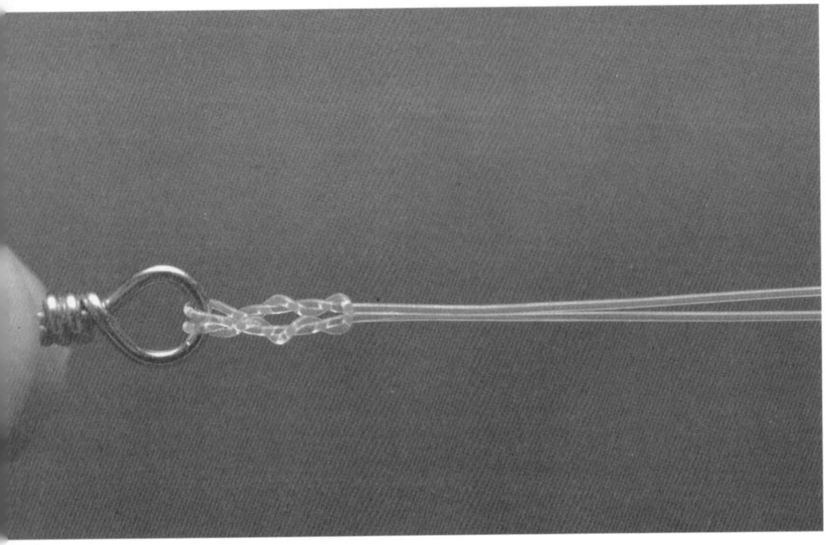

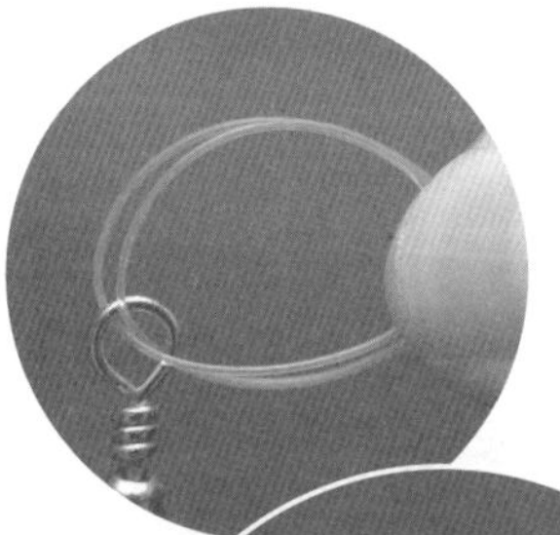

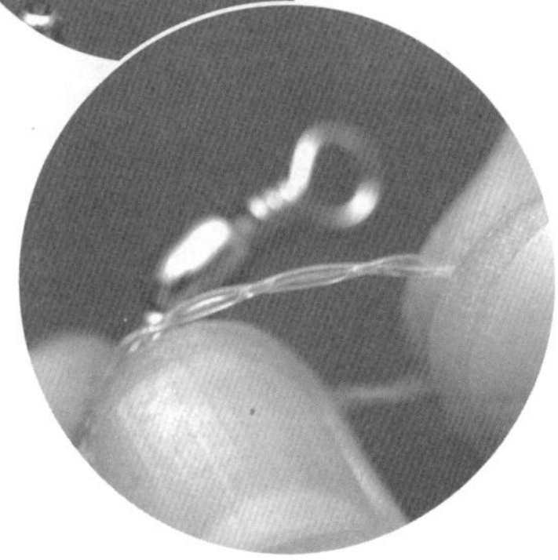

도래 · 루어 묶음법⑫

고리 씌워 도래 돌리기

–일명 'Off Shore Swivel Knot'

용도 ①돗돔과 같은 대물을 노리는 원도권 배낚시 및 지깅 또는 트롤링 낚시 채비에 활용되는 최강의 도래 묶음법이다. ②갯바위 루어낚시에 있어 가는 줄로 쇼크리더의 강도를 드높이고자 할 때도 유용한 방식이다.

특징 ①먼저 도래를 묶는 줄이 두 겹이어서 그 강도가 튼튼할 뿐만 아니라, ②매듭 부위가 양쪽으로 갈래지어 있는 데다가, 꽈배기처럼 꼬여 있는 관계로 인장 강도 또한 최대의 효과를 거둘 수 있다.

참고 ①더블 라인을 도래에 묶을 때에 아주 편리한 방법으로, 생각보다 작업 과정이 어렵지 않은 데다, 그 강도 또한 발군의 힘을 자랑한다. ②마지막 〈그림5〉 단계에서 여러 갈래의 줄이 서로 마찰을 일으켜 제대로 조여지지 않는 경우도 있다. 그럴 때는 줄에 물을 발라 천천히 당겨주는 것이 좋은데, 엄지손톱 등을 이용해서 매듭눈을 도래의 구멍 쪽으로 균형 있게 모아주는 것도 요령의 하나가 된다.

돗돔과 같은 대물을 노리는 원도권 배낚시 및 지깅 또는 트롤링 낚시 채비에 활용되는 최강의 도래 묶음법이다. 더블 라인을 도래에 묶을 때에 아주 편리한 방법으로, 생각보다 작업 과정도 어렵지 않다.

〈그림1〉

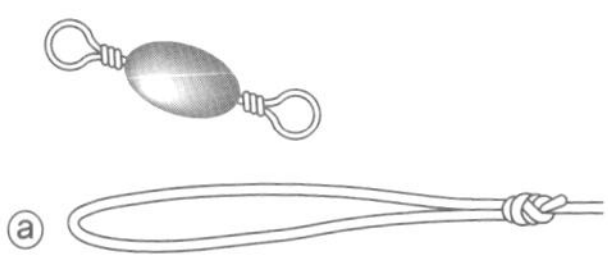

8자매듭으로 끝고리를 만든 다음에 시작해도 되며,

〈그림2〉

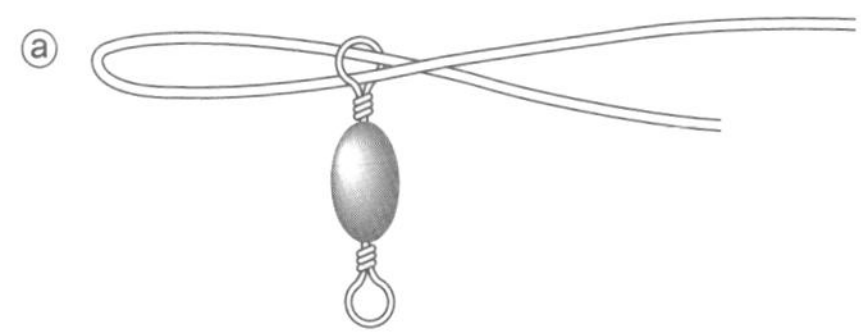

그냥 겹줄을 지어 도래의 고리 속으로 통과시켜도 된다.

〈그림3〉

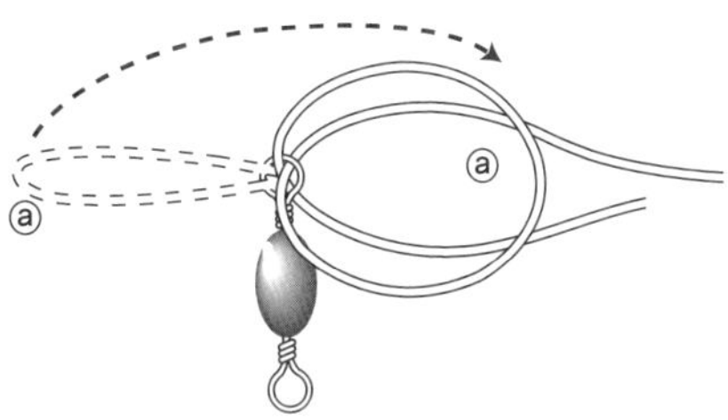

낚싯줄 고리를 한 번 비틀어 도래 구멍 속에서 서로 교차되게 한 다음, 점선의 고리 ⓐ를 오른쪽으로 뒤집어 넘긴다.

〈그림4〉

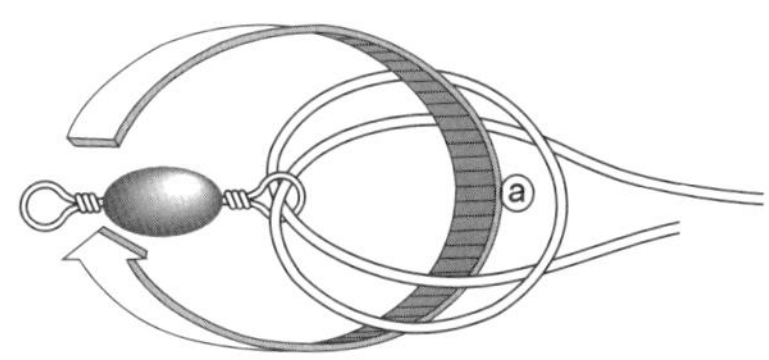

도래를 ⓐ고리 속으로 4~5회 통과시키며 계속 돌린다.

〈그림5〉

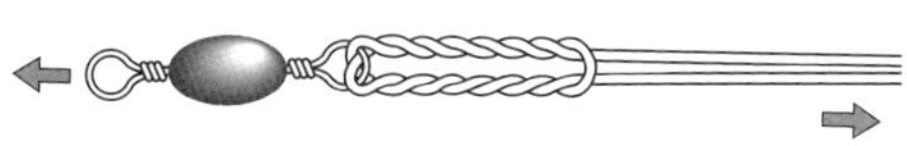

매듭 부위의 낚싯줄에 침을 바른 후, 양쪽을 힘껏 맞잡아 당기며 서서히 조인다.

〈그림6〉

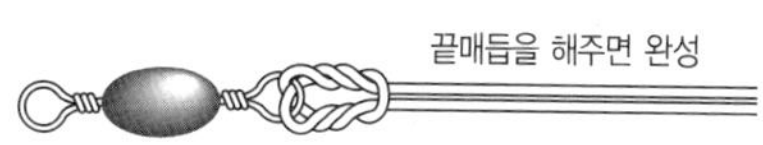

매듭이 도래의 고리 쪽으로 모두 모이면 완성품이 되는데, 미리 고리 매듭을 짓지 않고 작업을 시작했을 경우는 두 줄을 약간 꼰 뒤, 8자 묶음을 해 주면 두 줄의 길이가 일정해진다.

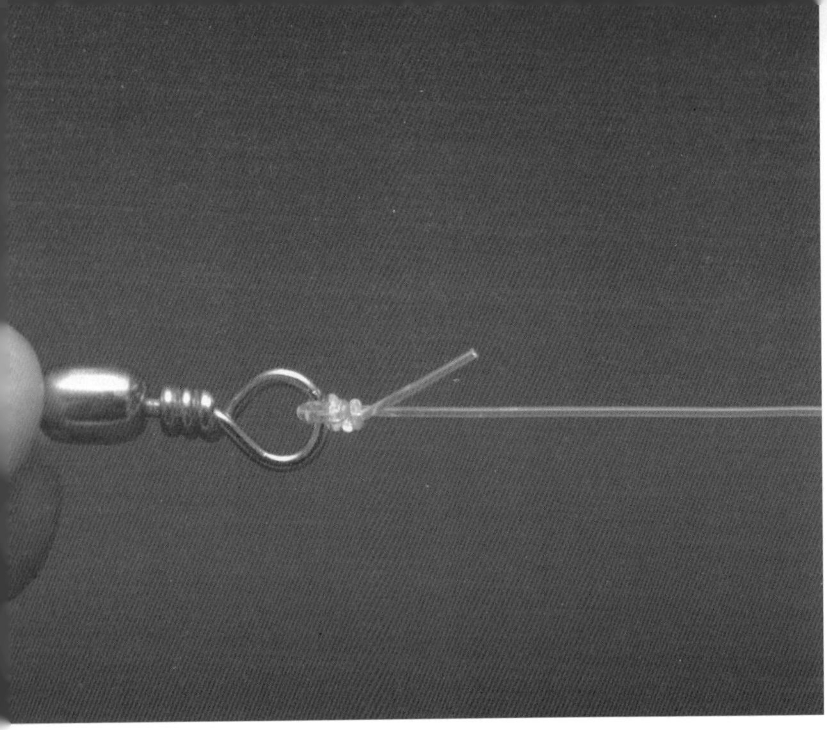

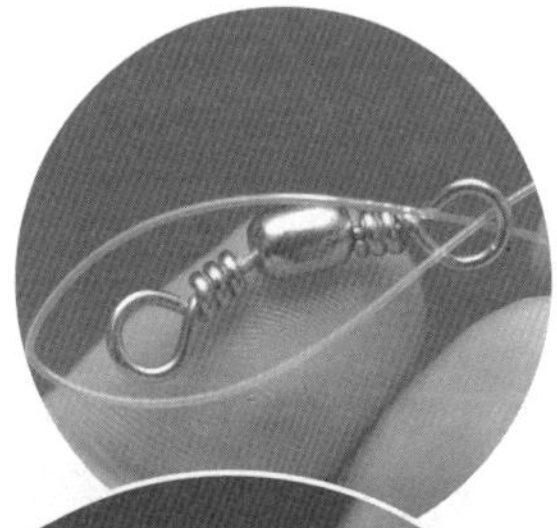

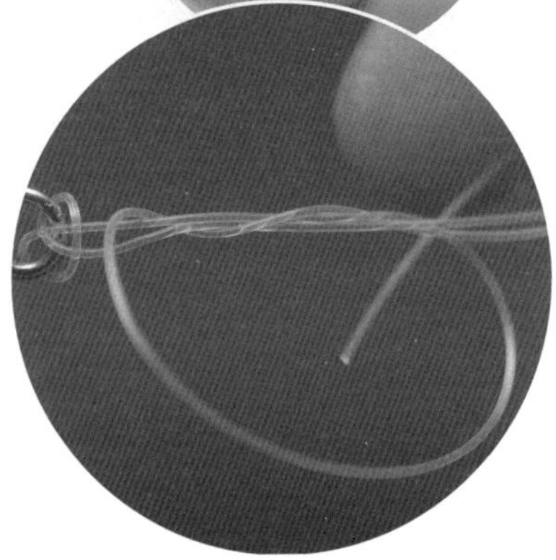

도래 · 루어 묶음법⑬

고리 씌워 안돌리기

용 도 ①도래 및 고리봉돌, 또는 루어를 묶는 데 특수하게 활용된다. ②1.5호 이하의 가는 줄을 사용할 때 유용하며, 저절로 풀릴 위험이 거의 없고, 강도 또한 매우 높은 매듭법이다.

특 징 ①'고리 씌워 안돌리기'는 '끝고리 씌우기'와 시작은 같으나, 그 결과는 엄청난 차이를 보인다. 즉 '끝고리 씌우기'와 '안돌려 묶기'를 합친 매듭법으로서 ②결절강도가 매우 높을 뿐만 아니라, '끝고리 씌우기'와 '안돌려 묶기'의 단점을 모두 해소한 매듭법이라 할 수 있다.

참 고 ①〈그림5〉 단계에서 줄을 당기다 보면 도래 구멍의 매듭 부위와 ⓐ, ⓑ 줄이 서로 복잡하게 마찰을 일으켜 잘 조여지지 않는다. ②이때는 낚싯줄 매듭 부위에 침을 발라주면 마찰력이 줄어들어 부드럽게 조여진다. 또한 〈그림4〉 단계에서 도래의 고리 부분을 너무 옥조이지 말아야 하며, 〈그림5〉 단계에서도 ⓑ를 너무 강하게 조이면 ⓐ가 잘 당겨지지 않는 점에 유의해야 한다.

'끝고리 씌우기'와 '안돌리기' 형식을 합친 루어 매듭법이다. 2호 이하의 가는 줄을 사용할 때 유용하며, 저절로 풀릴 위험이 거의 없고, 강도 또한 매우 높은 매듭법이다.

〈그림1〉

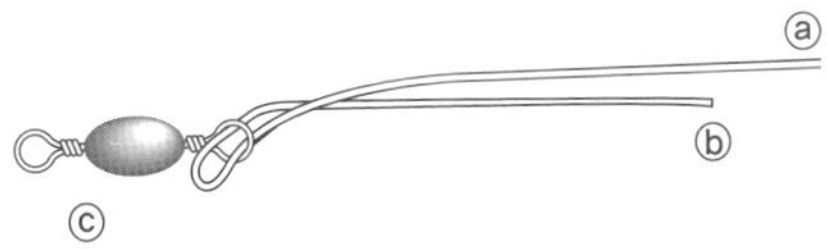

낚싯줄을 겹 지어 도래의 고리 속으로 통과시킨다.

〈그림2〉

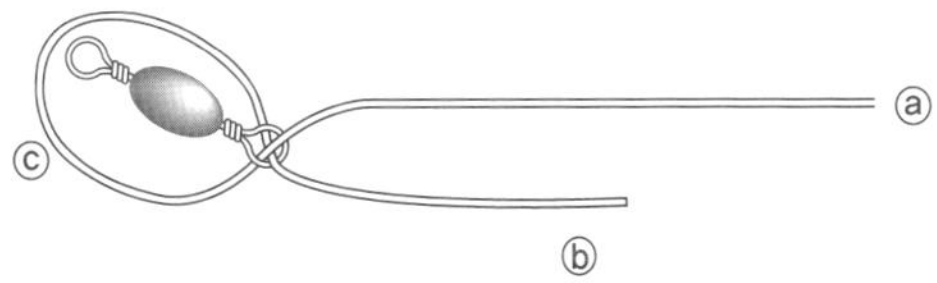

겹 지어진 ⓒ고리를 도래 너머로 씌운다.

〈그림3〉

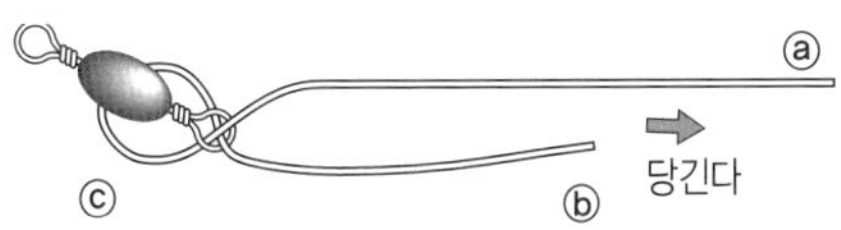

ⓐ와 ⓑ를 함께 쥐고 살며시 당긴다(너무 강하게 조이면 안 된다).

〈그림4〉

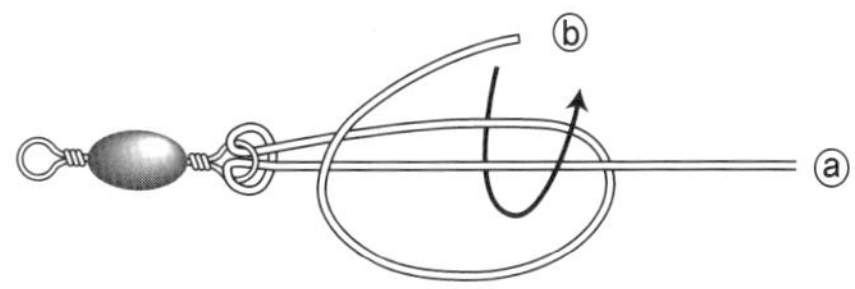

ⓑ를 ⓐ줄과 나란히 하여 원을 만든 후 안돌리기를 한다.

〈그림5〉

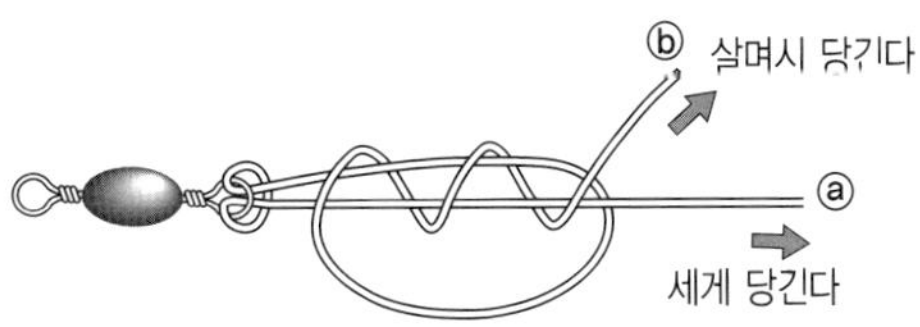

ⓑ를 고리 속으로 2~3회 돌린 다음, ⓑ줄은 살며시, ⓐ줄은 강하게 당긴다.

〈그림6〉

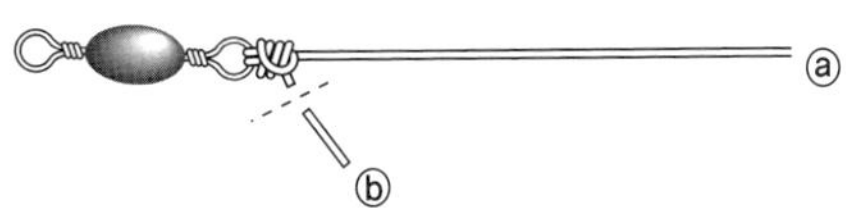

자투리 줄을 자르고 나면 완성품이 된다.

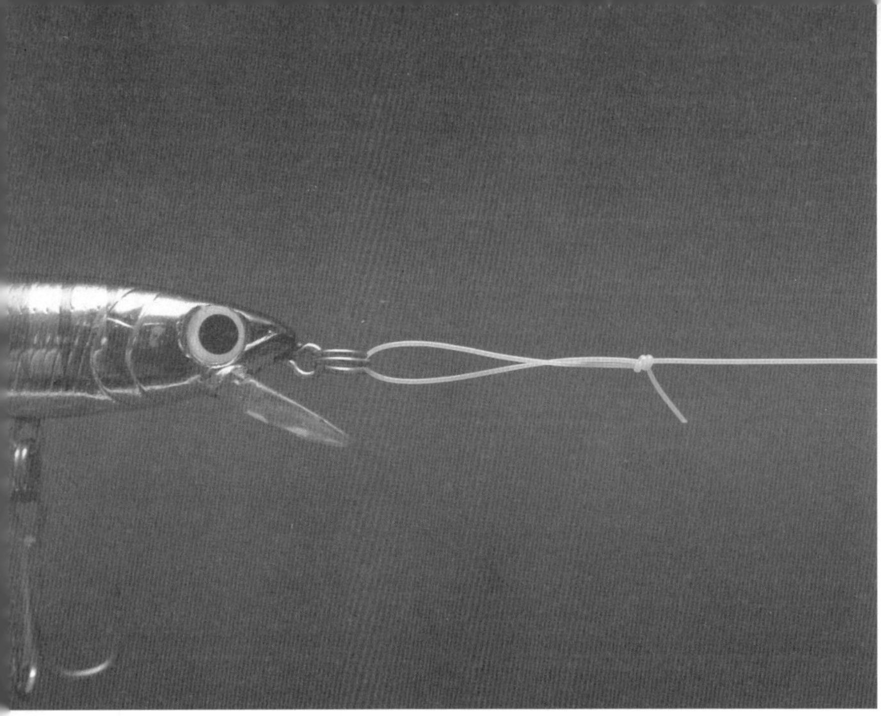

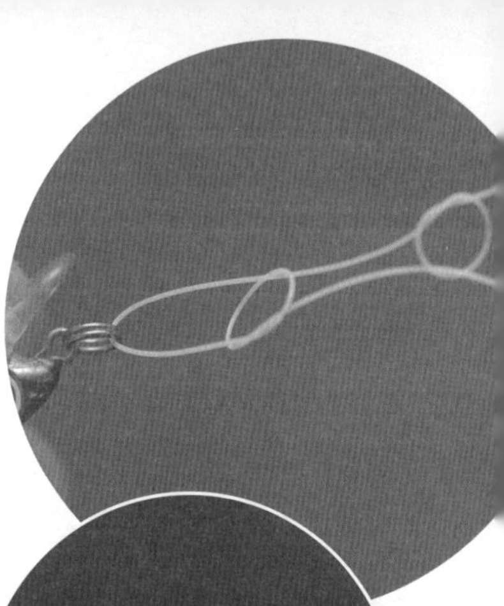

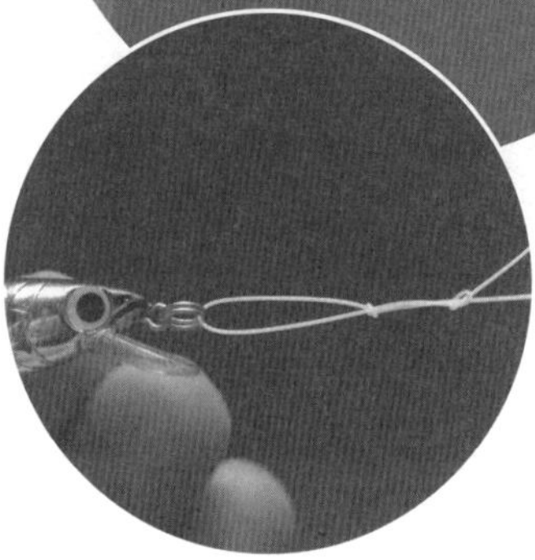

도래 · 루어 묶음법⑭

고리 흔들림 묶음(A)

용 도 ①루어를 묶는 전통적인 매듭법이다. ②루어 중에서도 특히 플러그 및 메탈지그 종류를 이 방법으로 묶으면 공 들인 만큼의 효과를 볼 수 있다.

특 징 ①루어의 고리를 직접 묶지 않고 낚싯줄 고리에 루어를 거는 형식이다. 따라서 낚싯줄 고리 범위 안에서 루어가 자연스런 움직임을 연출한다. 이것이 '목 흔들림 묶음'의 장점이다. ②그러나 익숙해 지기 전까지는 고리의 크기를 마음대로 만들 수 없다는 것이 단점이다.

참 고 ①두 개의 매듭이 합쳐질 때까지 낚싯줄 여러 부위를 힘껏 당겨야 하는 만큼 가는 줄을 사용하기 어렵다. ②목 흔들림 고리가 너무 크면 여러 가지 거추장스러운 일이 따르므로 그 크기를 잘 조절해야 한다. 첫 번째 매듭의 위치가 곧 고리의 크기를 결정짓는 시발점이 된다.

'고리 흔들림' 묶음으로, 루어 중에서도 플러그 및 메탈 지그 종류를 묶는 데 유용하다. 공 들인 만큼의 기대 효과를 누릴 수 있다. 그러나 이 방법에 익숙해지기 전까지는 고리의 크기를 원하는 대로 결정하기가 까다롭다.

〈그림1〉

느슨한 매듭을 만든 후, 낚싯줄 끝을 루어의 고리 속으로 통과시킨다.

〈그림2〉

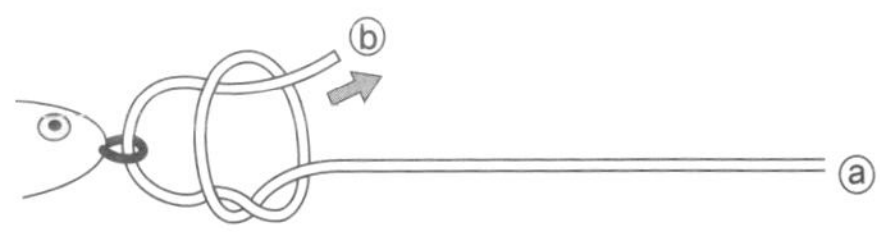

낚싯줄 끝(ⓑ)을 느슨하게 만들어 둔 매듭고리 속으로 통과시킨 후 잡아 당긴다.

〈그림3〉

〈그림2〉에서 ⓑ를 당기면 루어의 고리에서 매듭이 지어진다.

〈그림4〉

ⓑ줄로 다시 한 번 고리를 지어 3회 안돌리기를 한다.

〈그림5〉

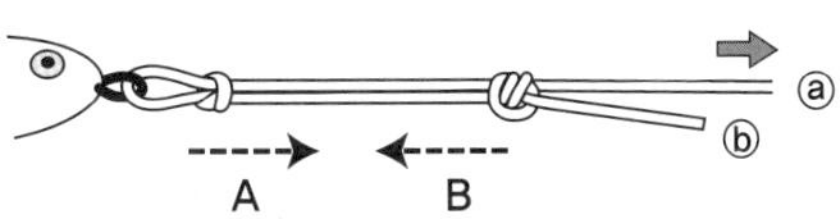

두번째 고리를 완전 매듭 지은 후 ⓐ줄을 당기면 두 개의 매듭이 함께 모이면서 고리가 생긴다.

〈그림6〉

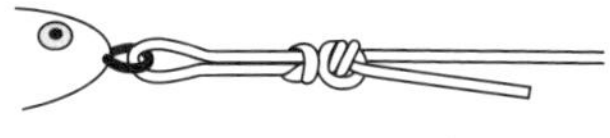

여분의 줄을 잘라주면 완성.

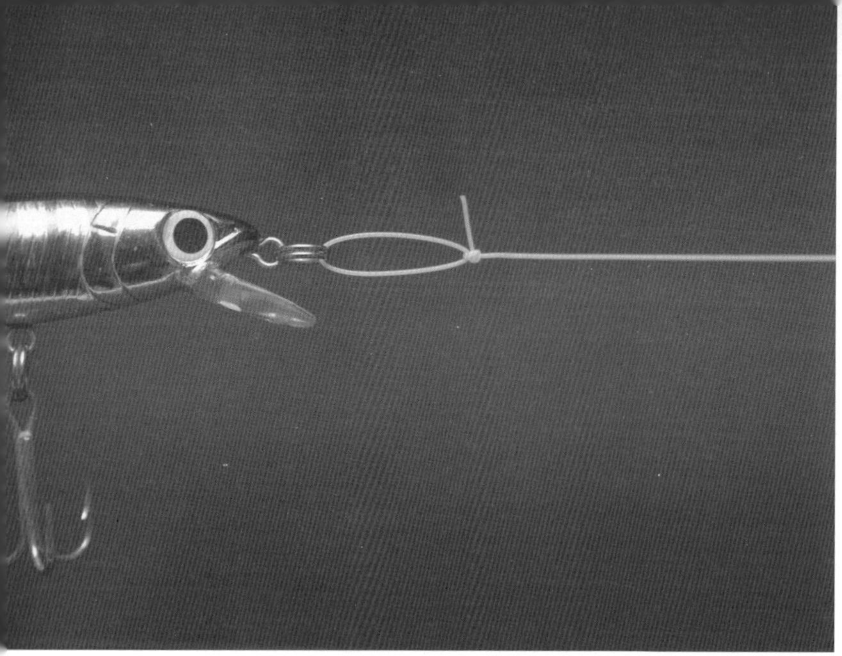

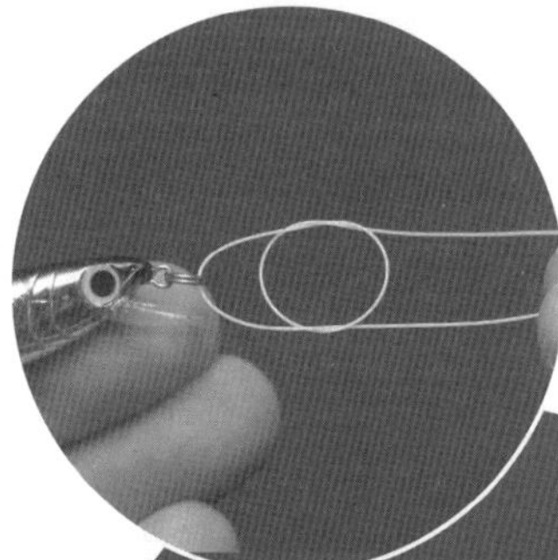

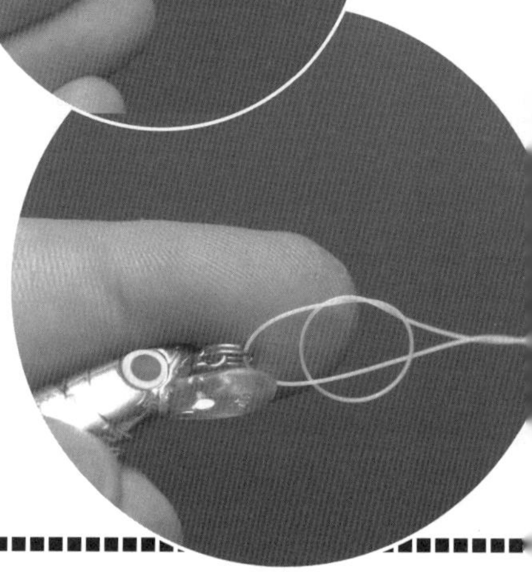

도래 · 루어 묶음법⑮

고리 흔들림 묶음(B)

–일명 '라팔라 묶음(Lapala Knot)'

용 도 ①전항의 '고리 흔들림 묶음(A)' 와 마찬가지로, 낚싯줄로 루어의 고리를 직접 묶지 않고 고리에 루어를 거는, 이른바 '목 흔들림 묶음' 이다. ②역시 루어를 묶는 매듭법이면서, 특히 플러그 종류의 루어를 묶을 때 유용한 방식이다. ③보다 가는 줄로 루어낚시를 하거나, 바다에서 플라이낚시를 즐기고자 할 때도 사용된다. ④라팔라 사(社)의 루어 묶음법에서 유래.

특 징 ①아무리 큰 고기가 걸렸다 하더라도 줄이 터지기 전에는 매듭이 풀어지거나, 매듭 부위가 미끄러져 고리가 작아지는 일은 없다. ②가는 줄을 사용한 경우에도 매듭 부위가 여러 겹으로 이루어져 결절강도 또한 매우 높은 편이다.

참 고 ①목 흔들림 고리의 크기를 감안하여 최초의 매듭고리 위치를 잘 선정해야 한다. ②작업 과정에서 ⓐ 또는 ⓑ 줄을 너무 강하게 당기다 보면 매듭고리가 없어져 버리므로 주의해야 한다. ③〈그림6〉 단계에서 매듭의 눈이 가지런히 되도록 가급적 줄을 부드럽게 당겨야 한다. 침을 발라준 후 서서히 당기면 더욱 좋다.

전항의 '고리 흔들림 묶음(A)' 와 마찬가지로 고리 안에서 루어가 자연스런 움직임을 연출해 주는 장점이 있다. 또한 전항의 방식에 비해 고리의 크기를 임의대로 결정하기도 쉽다.

〈그림1〉

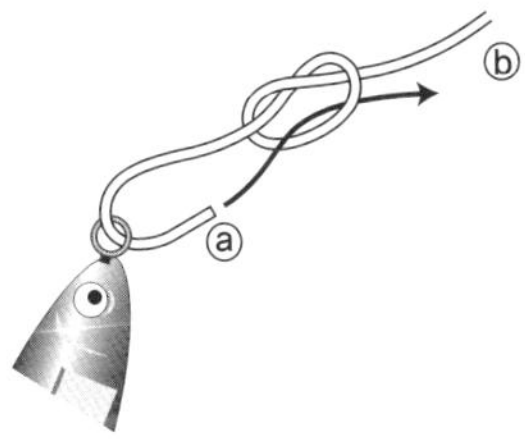

느슨한 매듭을 하나 만든 후, 낚싯줄 끝을 루어의 고리 속으로 통과시킨다.

〈그림2〉

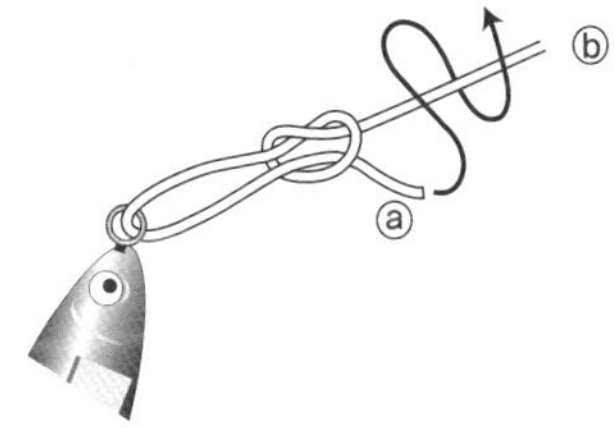

〈그림1〉에서 낚싯줄 끝(ⓐ)을 매듭고리 속으로 통과시킨다.

〈그림3〉

ⓐ부분을 조금씩 당기며 ⓑ줄을 넝쿨 감듯 감아올린다.

〈그림4〉

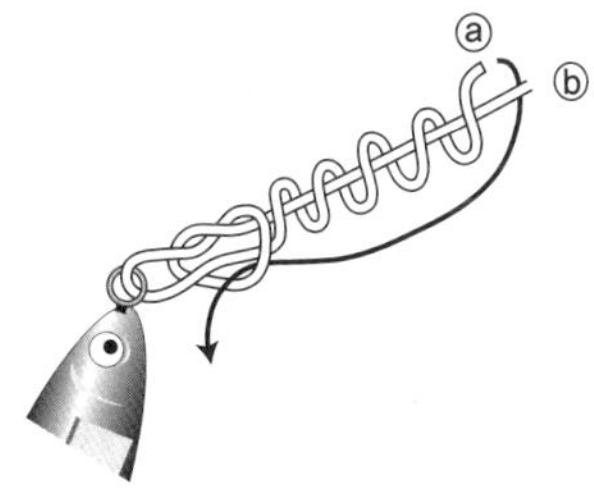

4-5회 휘감아 올린 다음, 낚싯줄 끝(ⓐ)을 아래쪽으로 되접는다.

〈그림5〉

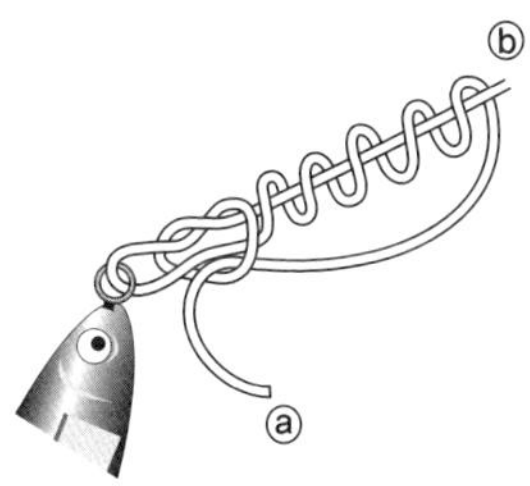

접어 내린 끝 부분(ⓐ)을 최초의 매듭고리 속으로 통과시킨다.

〈그림6〉

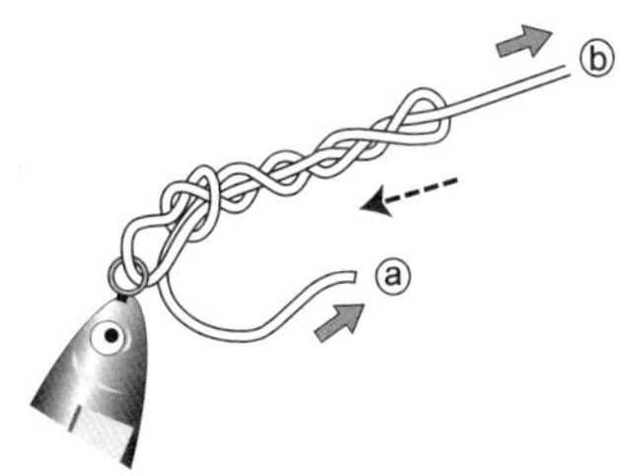

ⓐ와 ⓑ를 함께 쥐고 천천히 당긴다. 침을 발라주면 부드럽게 조여진다.

〈그림7〉

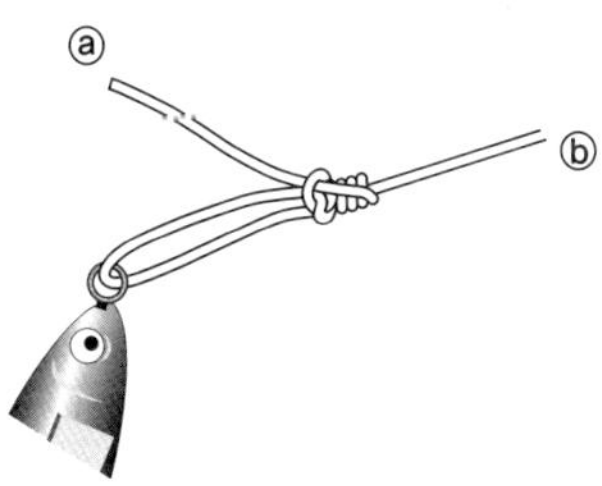

한 번 꽉 조여지면 매듭부위가 더 이상 이동되지 않는다.

〈그림8〉

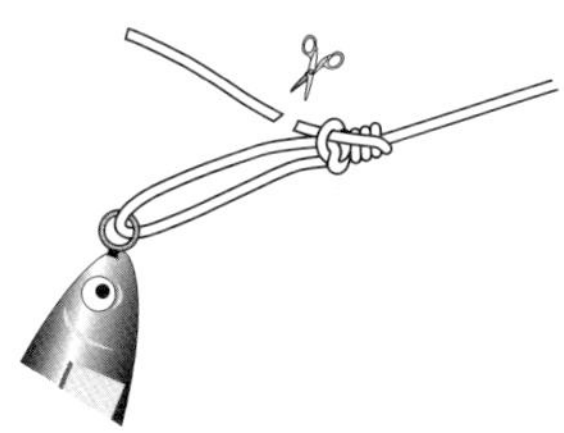

여분의 줄을 잘라주면 완성.

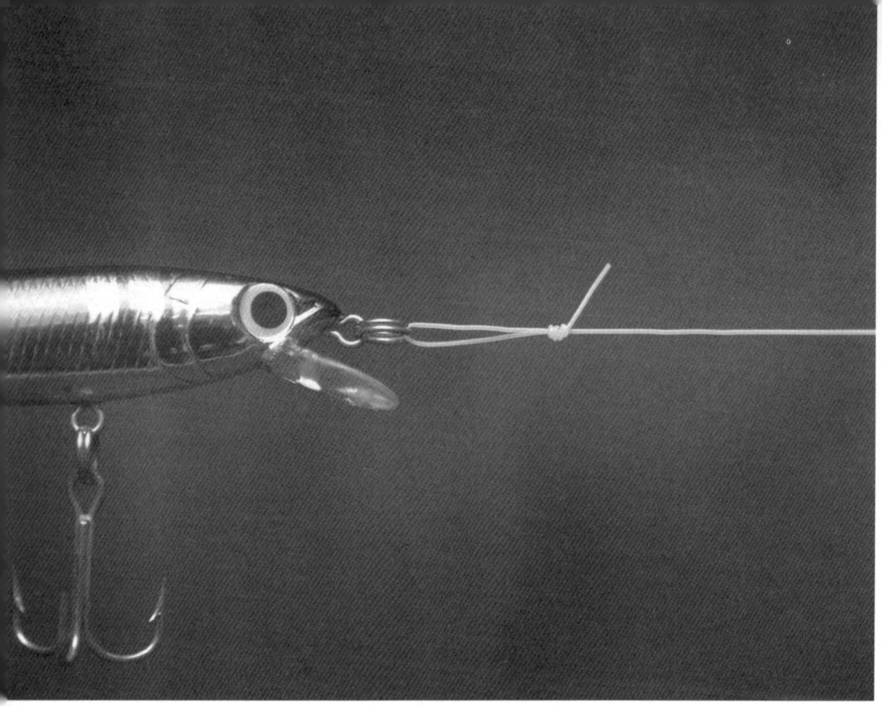

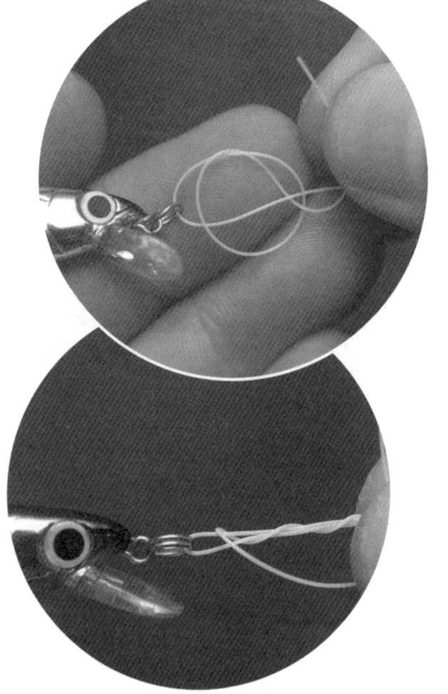

도래 · 루어 묶음법⑯

고리 흔들림 묶음(C)

용 도 ①프리 노트(Free Knot)의 일종이지만, 연결구와 낚싯줄을 직접 묶는 것은 아니고, 루어나 대형 플라이 등을 스페이스를 가지고 완만하게 묶는 방법으로, 전항에 소개한 것들과 같은 형식의 '목 흔들림 매듭' 에 속한다. ②지깅용 루어 루어 또는 플러그 종류의 루어를 사용할 때 유용한 방식이다.

특 징 ①낚싯바늘을 묶거나, 원줄 또는 목줄 고리를 만들 때 활용되는 '안돌리기' 와 같은 매듭법이다. ②이 매듭의 특징은, 매듭의 눈을 움직이게 하여 고리의 크기를 바꿀 수가 있다는 점이다. 따라서 낚시 도중 예상치 못한 대물이 걸렸을 때도 고리가 작아지면서, 매듭의 눈에 가중되는 부하를 자동적으로 흡수해 주는 장점이 있다.

참 고 〈그림6〉 및 〈그림7〉 단계에서 조심할 부분은 최종 고리의 크기를 결정짓는 일이다. 본줄과 매듭고리 줄을 함께 쥐고 강하게 당기되, 대개 90% 정도의 힘으로 조이다가 자신이 만들고자 하는 고리의 크기에 도달했을 때 마지막 힘을 가하여 졸라 매야 한다.

프리 노트(Free Knot)의 일종으로, 낚싯바늘을 묶거나, 원줄 또는 목줄 고리를 만들 때 활용되는 '안돌리기' 와 같은 형식의 매듭법이다. 지그나 플러그 종류의 루어를 사용할 때 유용한 방식이다.

〈그림1〉

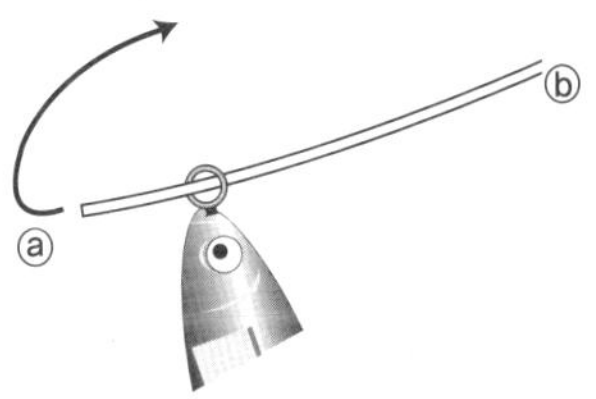

낚싯줄 한 쪽 끝(ⓐ)을 루어의 고리 속으로 통과시킨다.

〈그림2〉

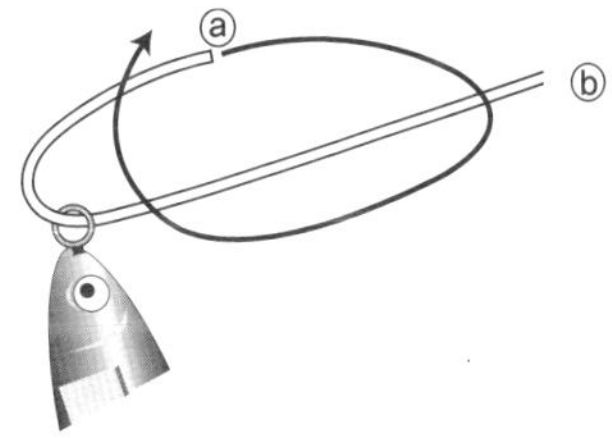

ⓐ줄을 크게 한 바퀴 돌려 매듭고리를 만든다.

〈그림3〉

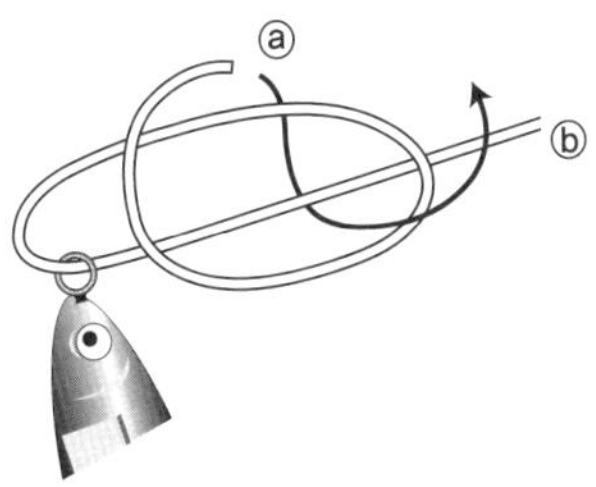

ⓐ줄을 아래쪽 고리 속으로 집어넣는다.

〈그림4〉

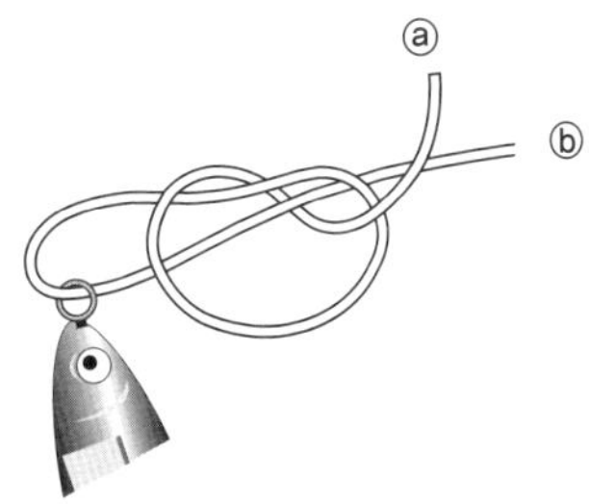

ⓑ줄을 축으로 하여 안돌리기를 한다.

〈그림5〉

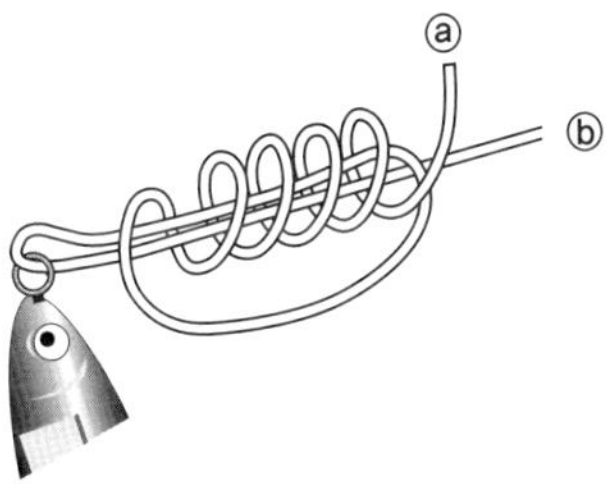

4-5회 가량 안돌리기를 계속한다.

〈그림6〉

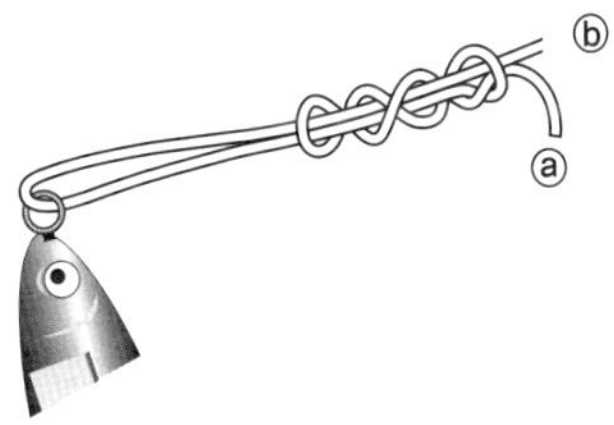

루어를 꽉 잡은 다음, ⓐ와 ⓑ를 함께 쥐고 동시에 당긴다.

〈그림7〉

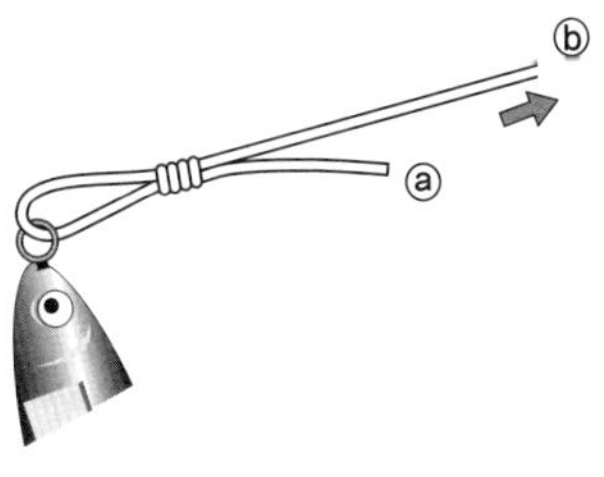

매듭 부위를 90% 정도의 힘으로 조인 다음, 한 손은 매듭 부위를 잡고 한 손은 ⓑ부분을 당기는 동작으로, 원하는 크기의 고리를 만들어 간다.

〈그림8〉

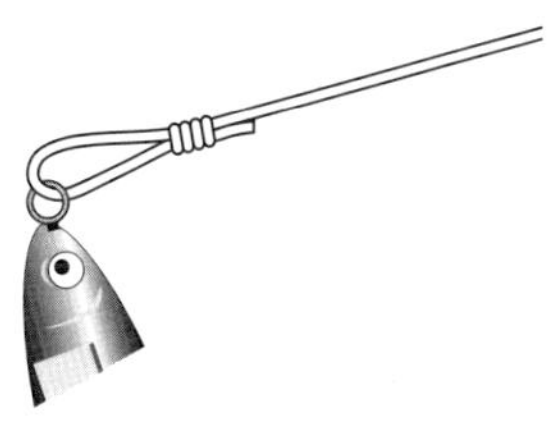

여분의 줄을 잘라주면 완성.

제1부 ▌묶음법 & 연결법 100선

제4장 끝고리 만들기

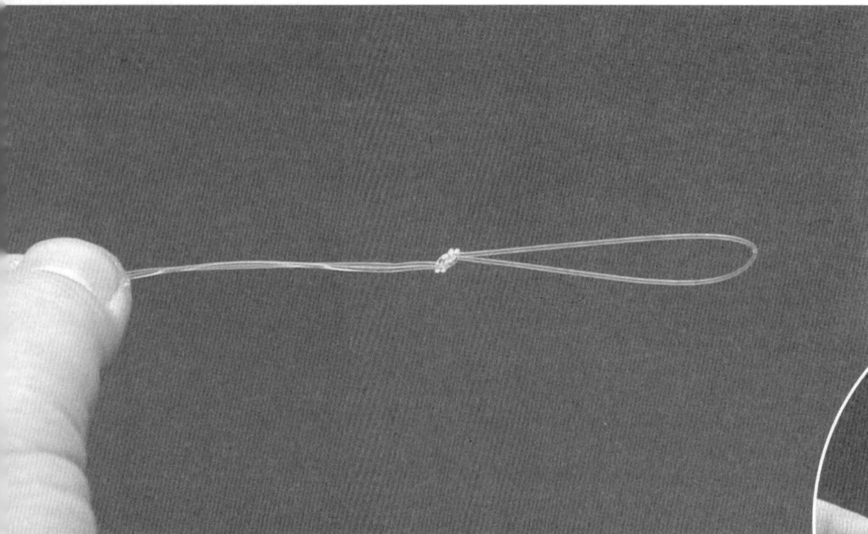

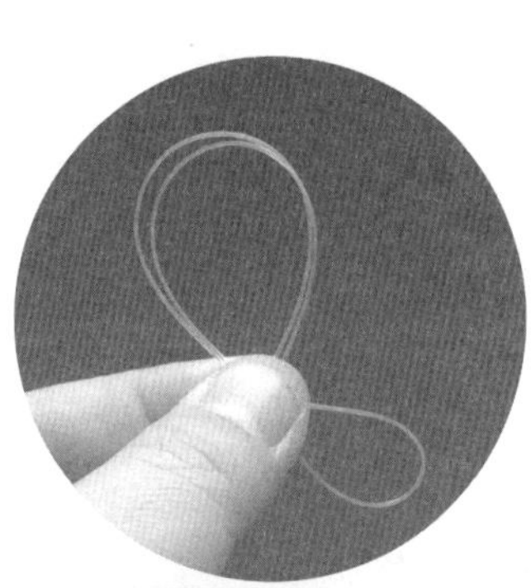

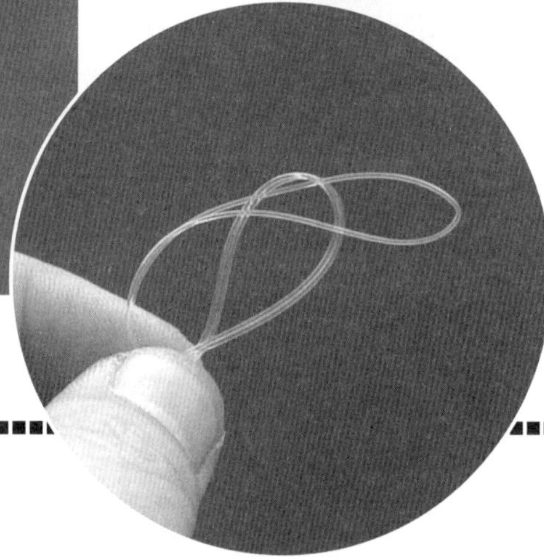

끝고리 만들기①

두겹 8자 묶음

용 도 원줄 또는 목줄 끝에 고리를 만드는 목적은 도래 또는 고리봉돌 등의 연결구를 달거나, 루어를 묶는 용도 외, 원줄과 목줄을 연결하기 위한 것이다. 이러한 끝고리 만들기는 여러 방법이 있는데, ① '8자 묶음' 은 낚싯줄 끝부분을 접어 돌려 8자 매듭을 짓는 것으로서, 낚시에 가장 많이 활용되는 끝고리 매듭이다. ②가는 줄을 사용할 때에 편리하며, ③강도가 높을 뿐만 아니라 매듭 부분이 꺾이거나 휘어지지 않기 때문에 섬세한 채비를 만들 때 애용된다.

특 징 ①낚싯줄 연결 부위의 강도가 요구될 때 특히 이 매듭법이 위력을 발휘한다. ②고리의 크기를 마음대로 조절할 수 있는 것도 큰 장점 중의 하나다.

참 고 ①〈그림②→④〉는 '8자 묶음' 의 변형으로서 '8자 고리 겹묶음' 형식이 되는데, 그냥 '8자 묶음' 을 할 때보다 강도가 좋아지는 대신, 매듭 부분이 조금 굵어지는 것이 단점이다. ②양끝을 잡아당길 때 천천히 당기지 않으면 매듭이 헝클어지거나, 오히려 강도가 떨어질 수도 있다.

원줄 또는 목줄 끝에 고리를 만드는 여러 가지 방법 가운데 가장 빈도수가 많은 매듭법이다. 목적은 도래 또는 고리봉돌 등의 연결구를 달거나, 루어를 묶는 용도 외, 원줄과 목줄 또는 목줄과 원줄을 연결하기 위한 것이다.

〈그림1〉

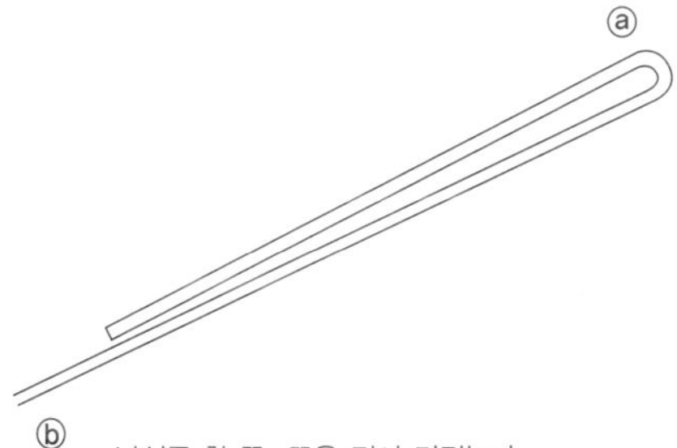

낚싯줄 한 쪽 끝을 접어 겹짓는다.

〈그림①〉

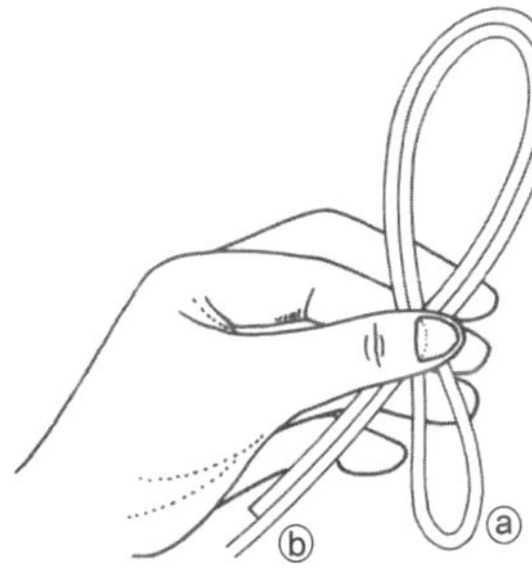

'8자 고리 돌려 묶기' 방법으로, 겹줄 고리를 만들어 엄지와 검지로 쥔다.

〈그림2〉

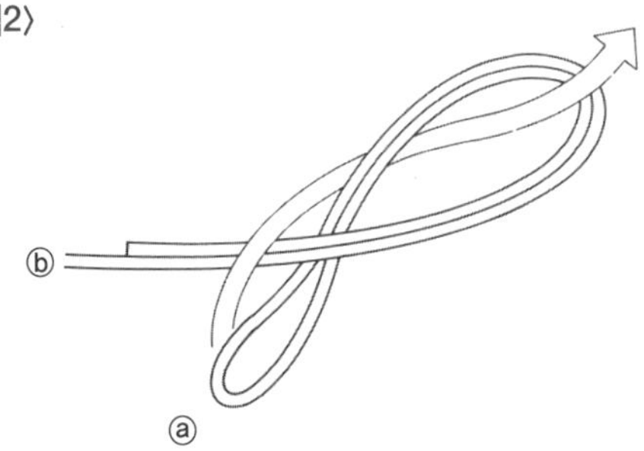

고리 끝(ⓐ)을 아래로 돌려 원을 만든다.

〈그림②〉

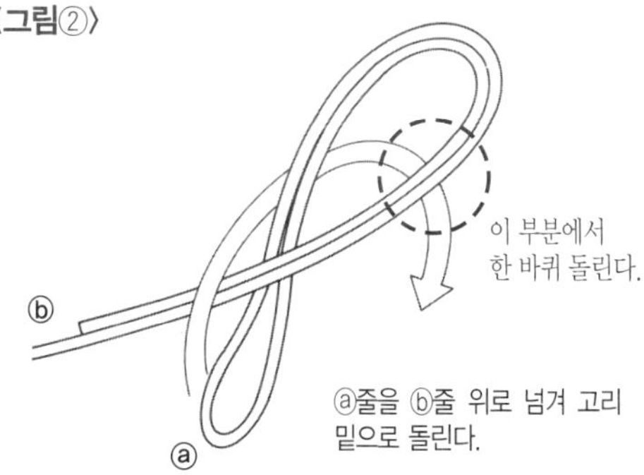

ⓐ줄을 ⓑ줄 위로 넘겨 고리 밑으로 돌린다.

〈그림3〉

ⓐ줄을 ⓑ줄 위로 넘겨 고리 속으로(밑에서부터 위로) 통과시켜 빼낸다.

〈그림③〉

ⓐ줄을 위쪽 8자 고리 축에 대고 한 바퀴 돌려 빼낸다.

〈그림4〉

양쪽을 맞잡아 당겨 조인 후, 자투리 줄을 잘라내면 완성이 된다.

〈그림④〉

양쪽을 맞잡아 당겨 조인 후, 자투리 줄을 잘라내면 완성이 된다.

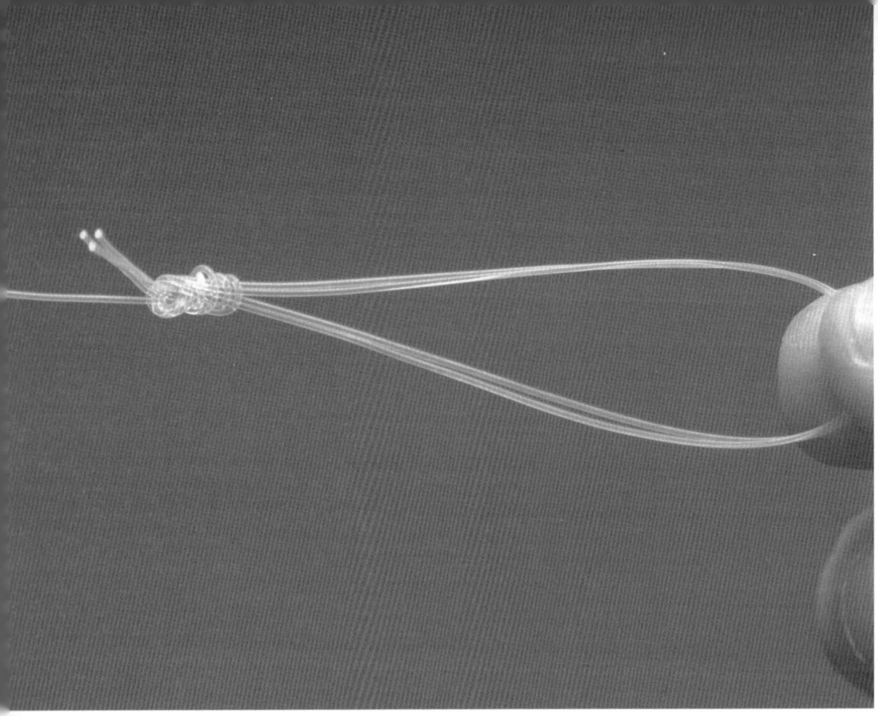

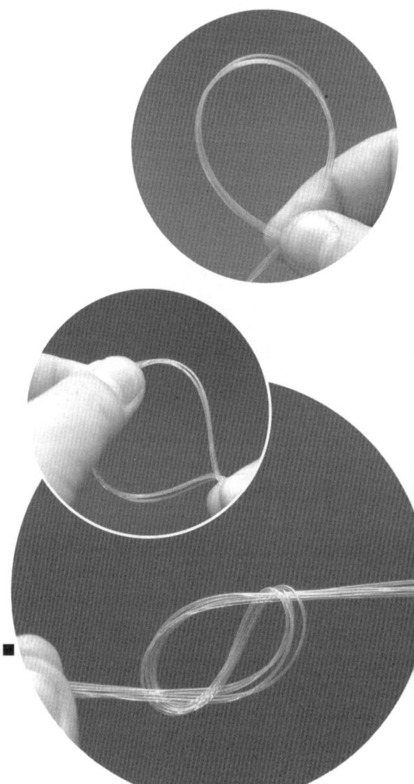

끝고리 만들기②

4겹 8자 묶음

용 도 도래나 고리봉돌 또는 루어를 달거나, 서로 다른 용도의 낚싯줄 끼리의 연결을 위한 목적으로 만드는 낚싯줄 끝고리는 연결 부위를 직접 훑쳐 묶는 직결식에 비해 탈착이 용이하다는 점을 전제로 한다. ①여기에 소개하는 '4겹 8자 묶음'은 하나의 줄을 네 겹으로 접어 묶는 까닭에 매우 가는 낚싯줄로 끝고리를 만들 때 특히 유용하다.

특 징 ①줄을 네 겹으로 지어 묶는 점 이외는 전항의 '겹줄 8자 묶음'과 모든 것이 똑 같다. ②다만 네 겹을 지어 묶는 까닭에 고리 부분의 줄이 두 겹이 됨으로써 강도가 그만큼 좋아진다. ③그 대신 매듭 부위가 너무 굵어지는 단점이 있다.

참 고 일반 '8자 묶음' 방식으로 묶다 보면 작업 도중 네 겹의 줄이 서로 나란히 따라다니지 않아 매듭이 매끄럽지 못한 경우가 생긴다. 따라서 네 겹으로 8자 매듭을 할 때는 〈그림3〉처럼 고리를 쥐고 서로 비틀어 주는 방식을 취하는 것이 좋다.

전항의 '겹8자 묶음'과 똑같은 방식의 끝고리 매듭법이다. 여기에 소개하는 '4겹 8자 묶음'은 특히 아주 가는 줄을 사용할 경우에 택하는 방식으로, 아무리 가는 줄이라 해도 4겹을 지어 8자 묶음을 하면 저절로 풀릴 가능성이 100% 배제된다.

〈그림1〉

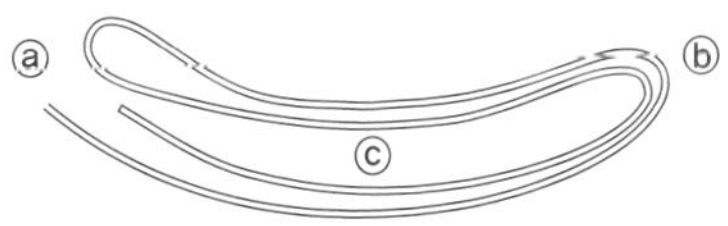

하나의 줄을 먼저 두 겹으로 접은 후, 다시 한 번 접어 네 겹이 되게 한다.

〈그림2〉

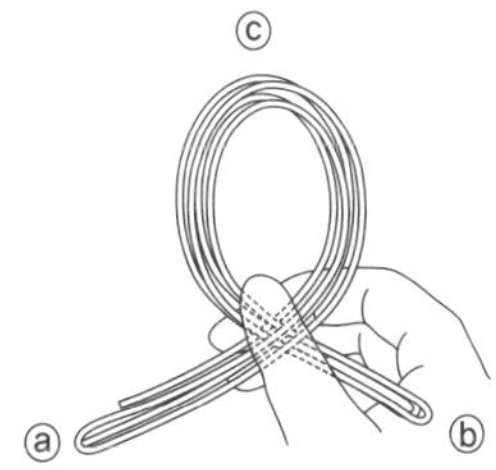

하나의 원을 만들어 교차 지점을 오른손 엄지와 검지로 쥔다.

〈그림3〉

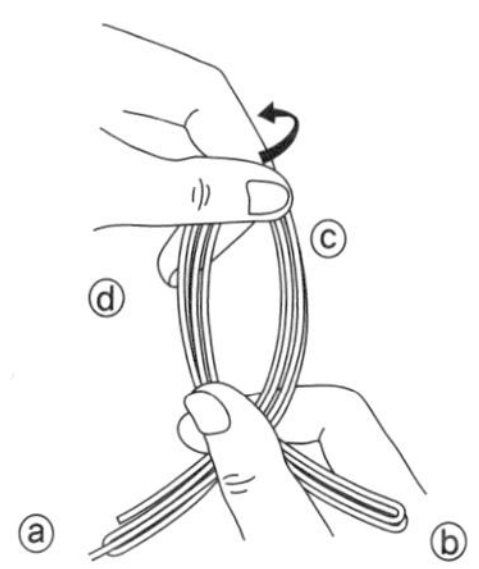

일반 '8자 묶음' 에서는 ⓑ줄을 ⓐ줄 위로 넘겨 고리 속으로 통과시키지만, 여기서는 위쪽 고리를 화살표 방향으로 180도 돌려주는 것으로 대신한다.

〈그림4〉

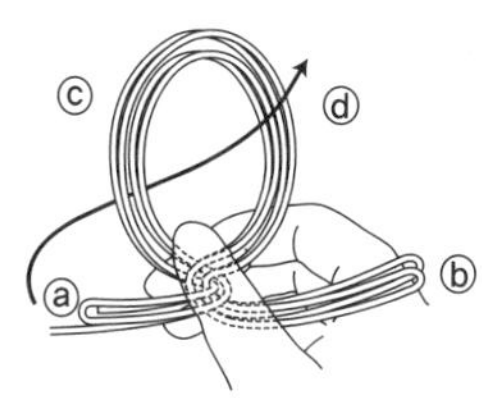

ⓐ부분을 고리 속으로(밑에서부터 위로) 통과시켜 빼낸다.

〈그림4-1〉

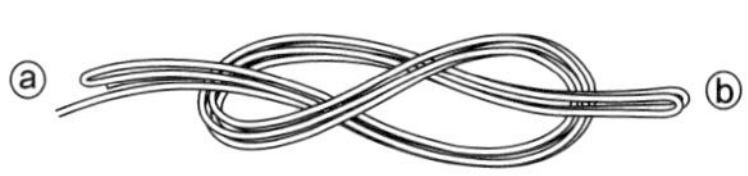

8자 고리 모양이 된다.

〈그림5〉

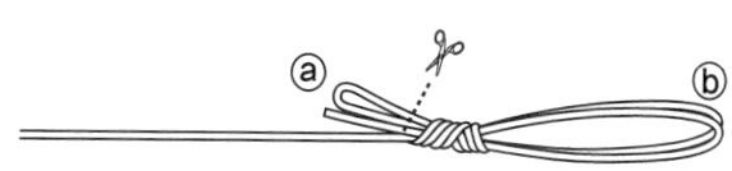

ⓐ와 ⓑ를 맞잡아 당겨 조인 후, 자투리 줄을 잘라주면 완성이다.

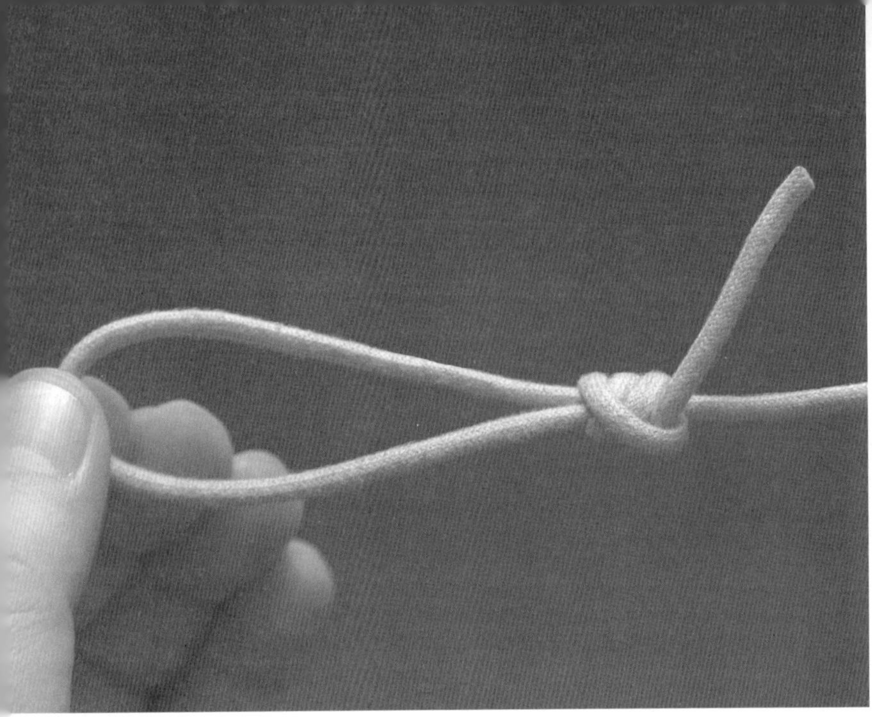

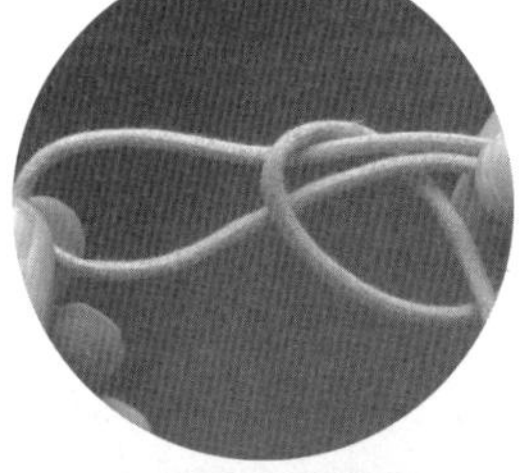

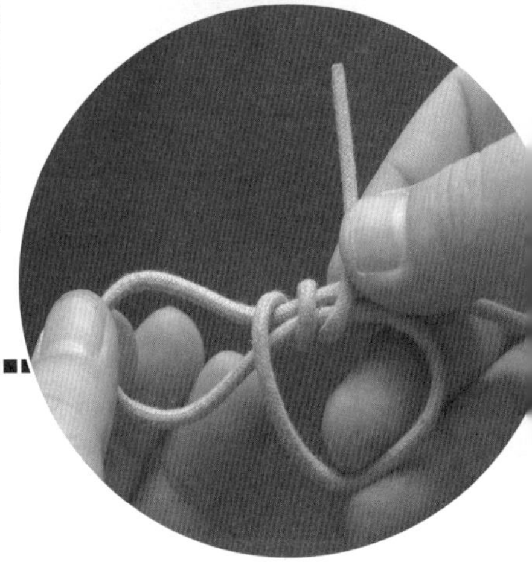

끝고리 만들기③

간편 안돌리기

–일명 '개고리 묶음'

용 도 ①도래 및 루어 또는 고리봉돌을 달거나 서로 다른 용도의 낚싯줄 끼리(원줄과 목줄, 또는 기둥줄과 가짓줄) 연결을 위한 목적으로, 그 용도는 여타 끝고리 사례와 동일하다. ②다만 너무 가는 줄을 사용하기엔 부적합한 방법이다. 낚시 도중 강한 힘이 작용하면 저절로 풀릴 위험성이 있기 때문이다. ③따라서 여기에 소개하는 '간편 안돌리기' 는 연결 고리로서의 활용 보다는 릴 스풀에 최초의 낚싯줄을 묶을 때 많이 활용되는 매듭법이다.

특 징 ①올가미 묶음의 변형으로, ②낚싯바늘을 묶을 때 활용되는 '안돌리기' 가 추가된 형식이다. ③PE 라인을 사용하기엔 특히 부적합한 방법이다.

참 고 ①저절로 풀릴 위험에 대비, 〈그림4〉 단계에서 안돌리기 횟수를 2~3회 가량 더 늘려주면 그 위험이 줄어든다. ②자투리 줄을 너무 바짝 자르면 풀릴 위험성이 따른다.

도래 및 루어를 달기 위한 끝고리 매듭법으로서, 그다지 사용 빈도수가 높지는 않다. 게다가 줄이 굵은 경우는 올가미 묶음처럼 고리가 옥조여져 풀어질 수도 있다. 릴 스풀에 원줄 다는 방법과 유사한 매듭법이다.

〈그림1〉

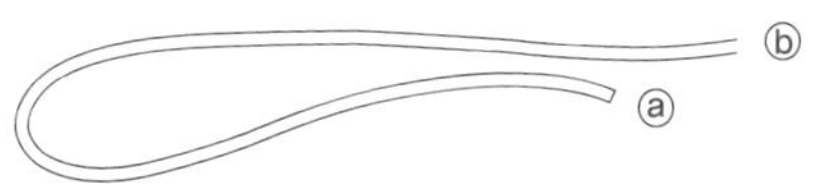

낚싯줄 한 쪽을 접어 한 개의 고리를 만든 후,

〈그림2〉

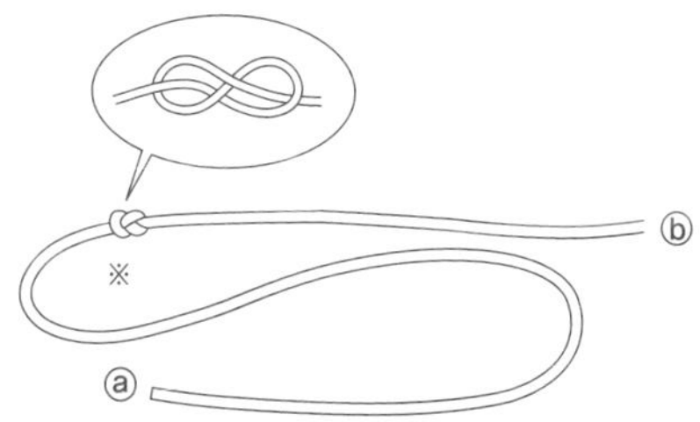

※표 지점에 8자 매듭을 하나 만든 후 ⓐ줄은 반대로 접어 두 번째 고리를 만든다.

〈그림3〉

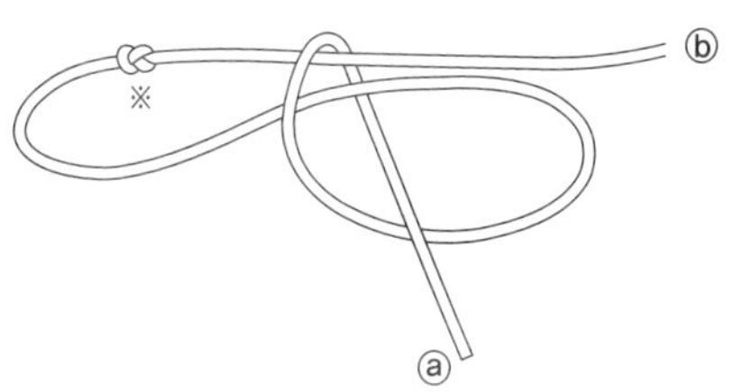

ⓐ부분을 한 바퀴 돌려 두 번째 고리 속으로 빼낸다.

〈그림4〉

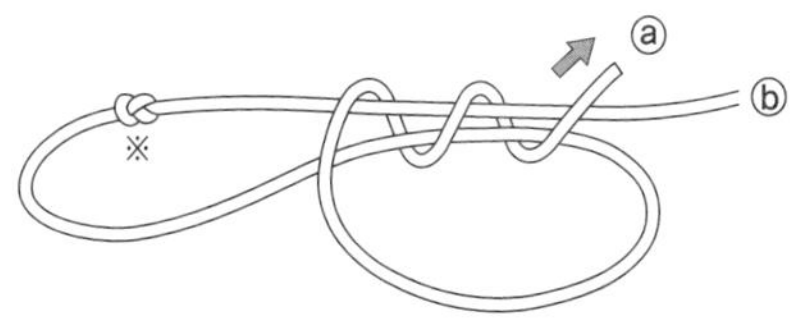

두 바퀴 안돌리기를 한 후 ⓐ부분을 천천히 당겨 조인다,

〈그림5〉

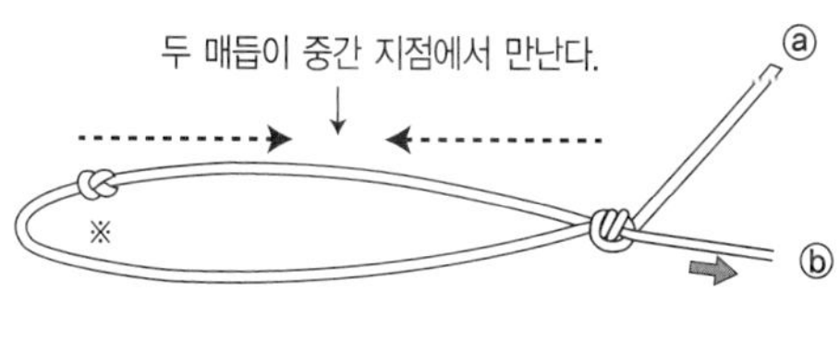

ⓐ를 완전히 조인 후 ⓑ를 당기면 ⓐ줄의 매듭이 ※표의 매듭 부분으로 옮겨져 걸린다.

〈그림6〉

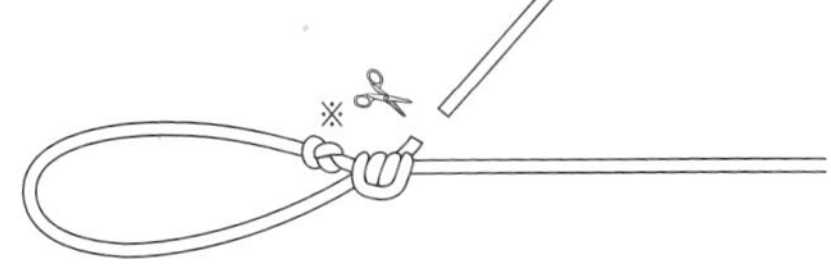

자투리 줄을 잘라내면 완성이 된다.

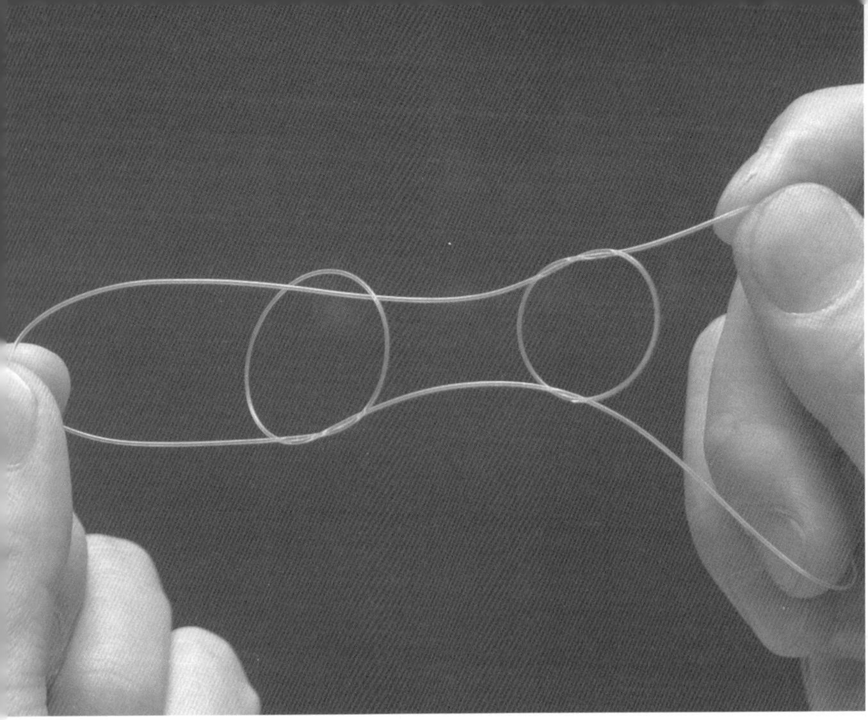

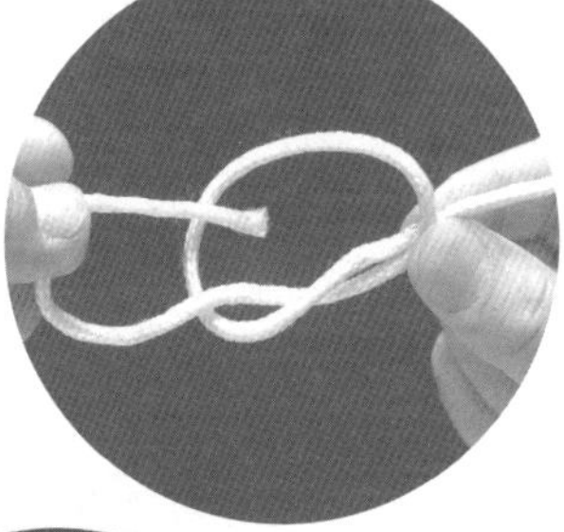

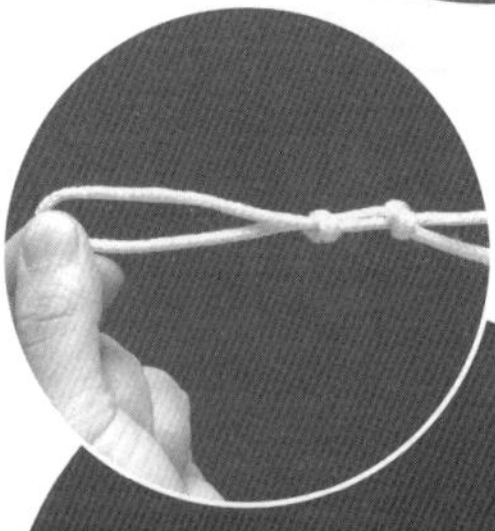

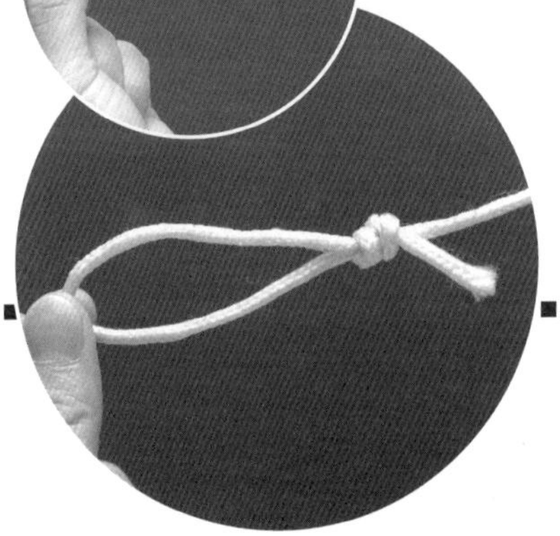

끝고리 만들기④

2중 넥타이 묶음

용 도 ①매듭 부위가 2중으로 되어 있어 그만큼 결절강도가 높다. 따라서 격렬한 바늘털이를 하는 대형어종의 루어낚시에서 루어 세팅 시 많이 쓰인다.

특 징 ①고리를 완결하는 올가미 매듭을 두 번 만드는데, 고리 끝이 힘을 받게 되면 첫째 매듭과 둘째 매듭이 합해지면서 위력을 발휘하는 신기한 매듭이다. ②이 묶음은 매듭 부분 외 본줄 어디에선가 끊어지거나 터지면 터졌지 매듭이 풀릴 염려는 없을 만치 강도가 뛰어나다.

참 고 ①이 묶음법은 처음엔 복잡해 보여도 한두 번만 따라하면 금세 손에 익게 된다. ②작업 과정에서 자칫 헷갈리기 쉬운 부분이 바로 〈그림2〉에서 ⓐ를 첫번째 고리(㉮) 안쪽을 통과해 뽑아내는 단계이다. 요령은 〈그림3〉처럼 우선 오른손으로 ⓐ와 ⓑ를 움직이지 않도록 꽉 쥔 다음, 왼손가락 한 개를 ⓒ의 안쪽에 넣고서 슬슬 끌어당기는 것이다. 나머지 부분은 〈그림〉을 보고 천천히 따라하면 익힐 수 있다.

매듭 부위가 2중으로 되어 있어 매우 결절강도가 높은 매듭법으로, 격렬한 바늘털이를 하는 대형어종을 대상으로 하는 루어낚시에서 루어 세팅 시 간혹 쓰인다. 보기보다는 작업이 번거로운 것이 단점.

〈그림1〉

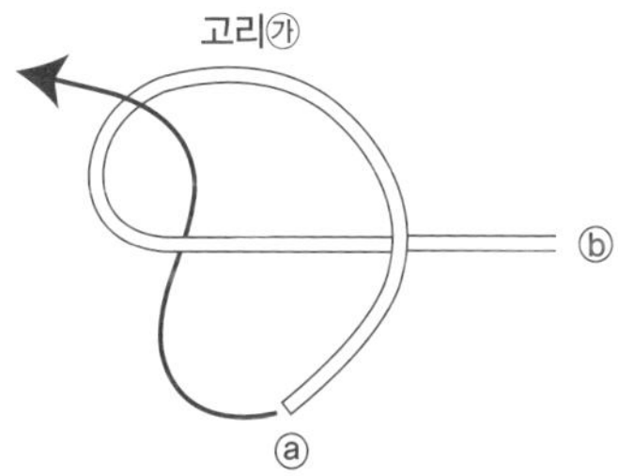

ⓐ를 고리 ㉮의 밑에서부터 위로 통과시켜 뽑아낸다.

〈그림2〉

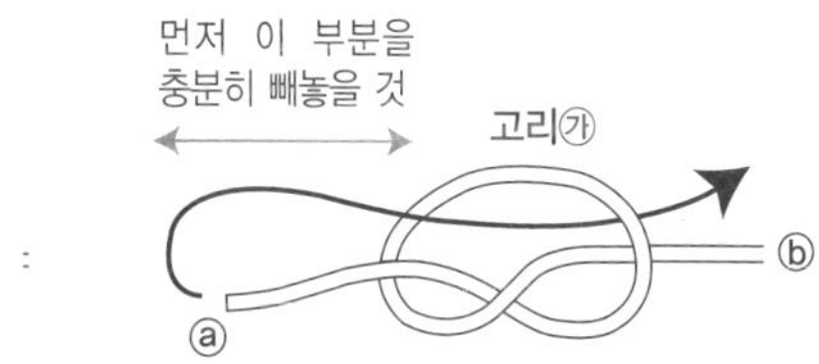

ⓐ를 고리 ㉮의 위로부터 밑으로 빼내면서 또 하나의 고리를 만들어 준다.

〈그림3〉

먼저 오른손으로 ⓐ와 ⓑ를 움직이지 않게 꽉 잡아준 후, 왼손가락 한 개를 ⓒ고리에 끼워 슬슬 끌어당긴다.

〈그림4〉

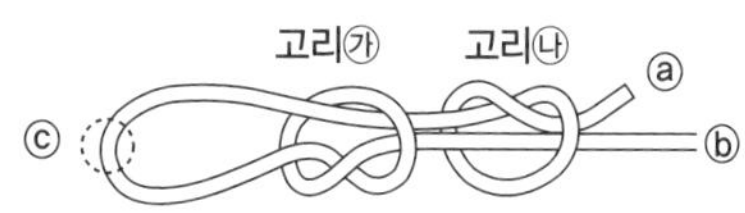

ⓐ줄로 또 하나의 올가미(㉯)를 만들어 준다.

〈그림5〉

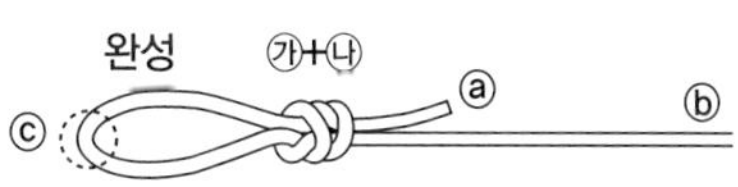

ⓐⓑ를 함께 쥔 후에 ⓒ와 서로 맞당겨 ㉮㉯의 매듭을 완전 조인 다음, ⓑ줄을 당기면 두개의 매듭이 한데 모인다.

〈그림6〉

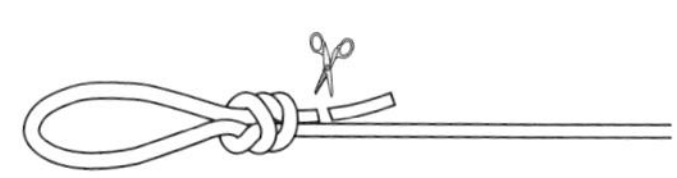

자투리 줄을 잘라주면 완성이 된다.

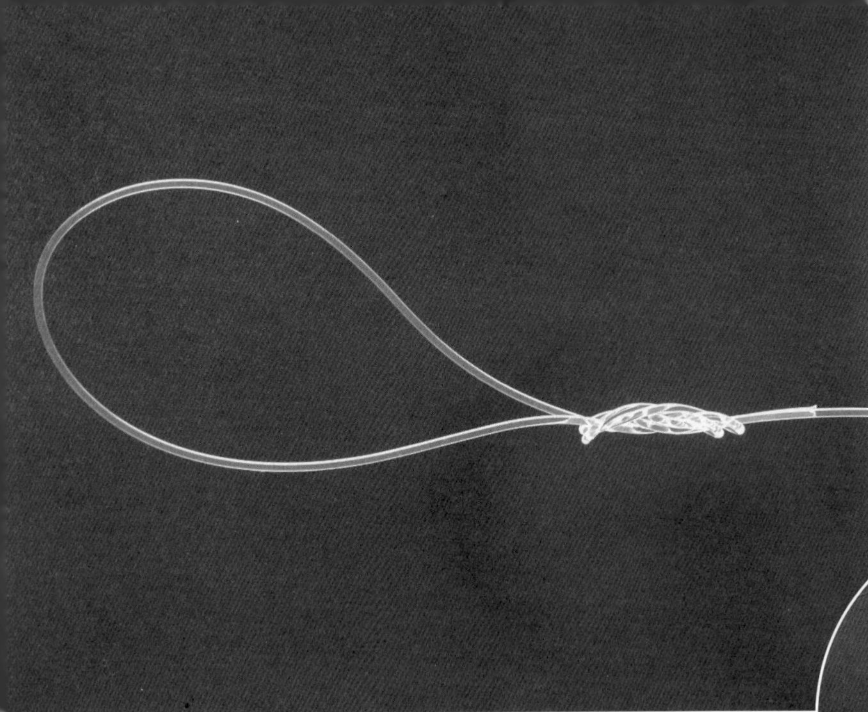

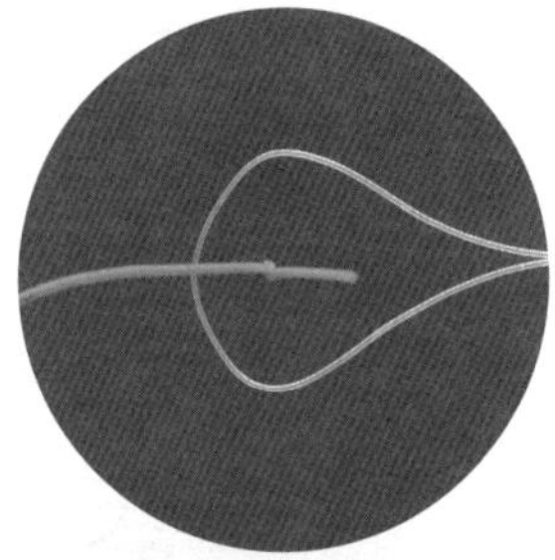

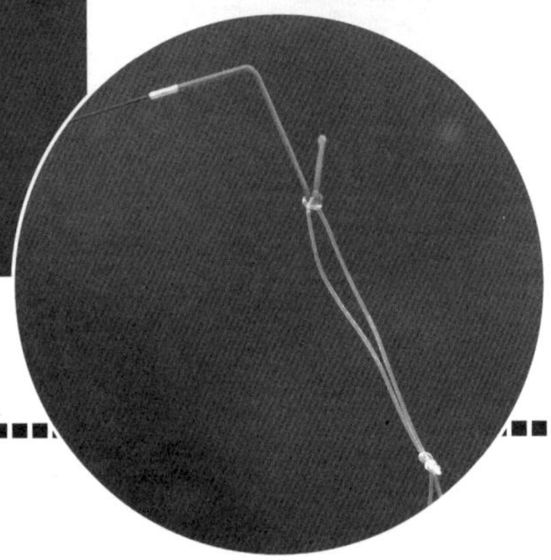

끝고리 만들기⑤

겹줄 안돌리기

–일명 '두겹 멈춤 매듭'

용 도 영어로는 루프 노트(Loop Knot)로 불린다. ①가장 간단한 끝고리 매듭법으로, 낚시를 모르는 일반인들이 캠핑장의 텐트 고정이나 가정에서 일반적으로 사용하는 간편 매듭이다. ②낚시에는 많이 활용되진 않으나, 직접 강한 힘을 받지 않을 시에는 간편한 만큼 부담 없이 사용할 수도 있다.

특 징 ①섬세하고도 강도를 요구하는 낚시채비에는 여러 가지 약점이 많다. ②그러나 단단하고 굵은 로프 매듭엔 강도 걱정을 하지 않아도 된다.

참 고 매듭 강도를 보완하기 위한 두 가지 보강법이 있다. ①〈그림3-1〉의 (가)처럼 매듭을 완성한 뒤, (나)처럼 남은 자투리 끝 ⓐ를 본줄 ⓑ에 한 바퀴 훌쳐 묶어 주고선 마무리를 한다. 이를 위해서는 (가)단계에서 미리 자투리 ⓐ를 5~6cm 가량 충분히 남겨줘야 한다. ②두번째는 〈그림4〉처럼 ⓒ를 ⓐ와 ⓑ에 두 번 감아 주는 것으로 보강을 한다. 이를 따로이 '두겹 멈춤 매듭'이라 부른다.

가장 간단한 끝고리 매듭법으로, 낚시를 모르는 일반인들이 캠핑장의 텐트 고정이나 가정에서 일반적으로 사용하는 간편 매듭이다. 두 번 묶으면 풀릴 위험은 없으나 끝고리의 각도가 좋지 못하다.

〈그림1〉

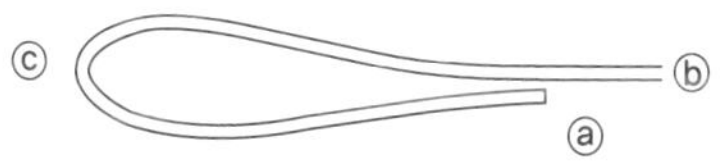

낚싯줄 한 쪽 끝을 접어 U자로 만든다.

〈그림2〉

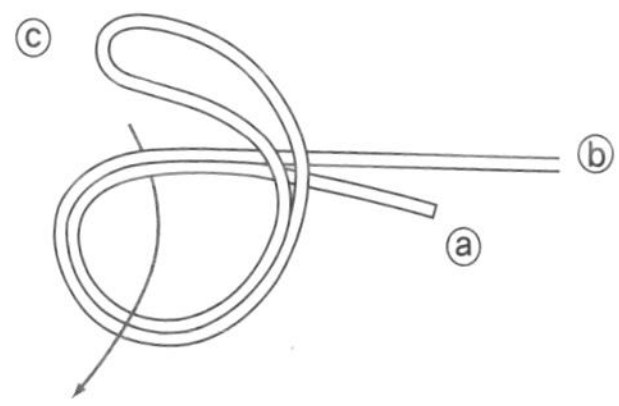

고리 끝 ⓒ를 ⓐⓑ위로 넘겨 고리 속으로 빼낸다.

〈그림3〉

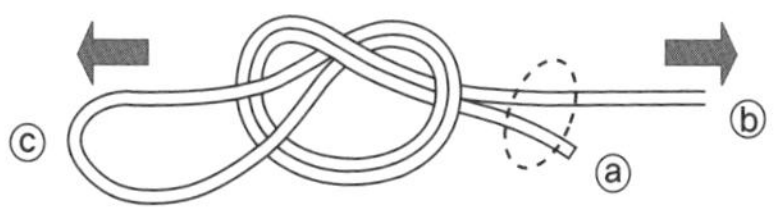

ⓐⓑ는 함께 쥐고, ⓒ와 맞잡아 당겨 조인다.

〈그림3-1〉 보강법

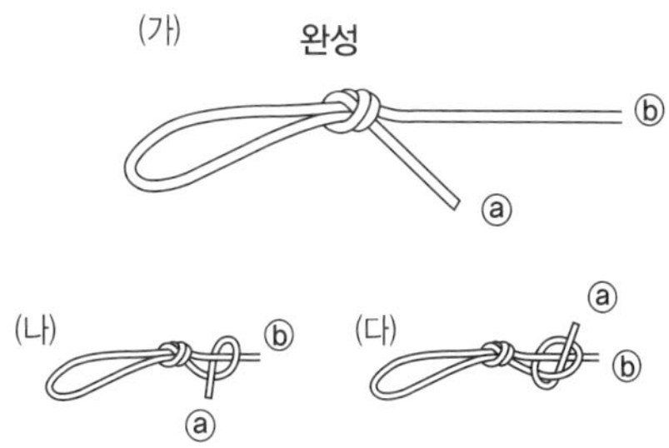

(가) 단계에서 자투리 줄을 자르고 마무리 할 수도 있지만, (나)와 (다) 단계를 거치면 저절로 풀리지 않는다.

〈그림4〉 보강법

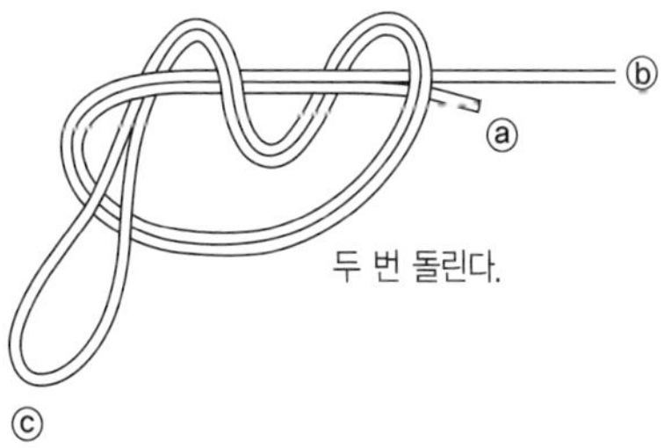

〈그림3〉 단계에서 마무리하지 말고 끝고리 ⓒ를 한 바퀴 더 돌려주면 저절로 풀릴 위험이 줄어든다.

〈그림5〉

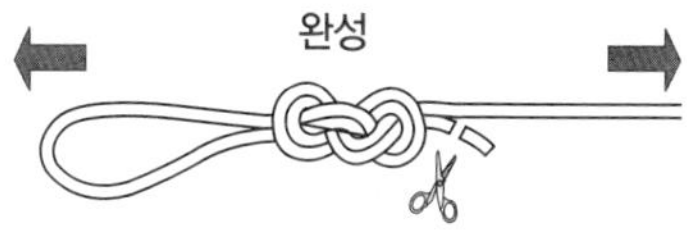

〈그림4〉의 완성단계. 자투리 줄을 바짝 잘라도 된다.

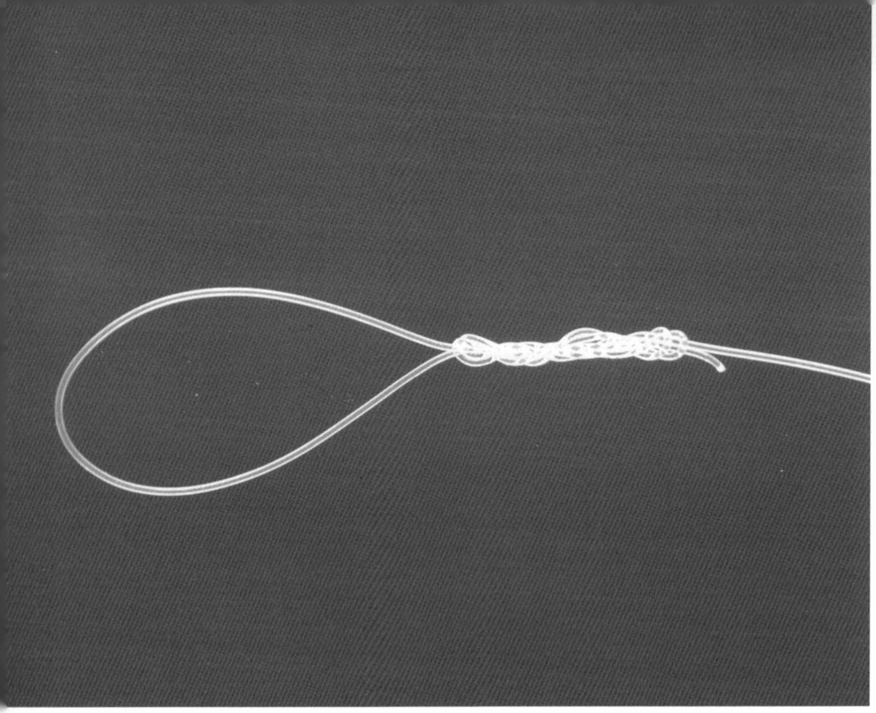

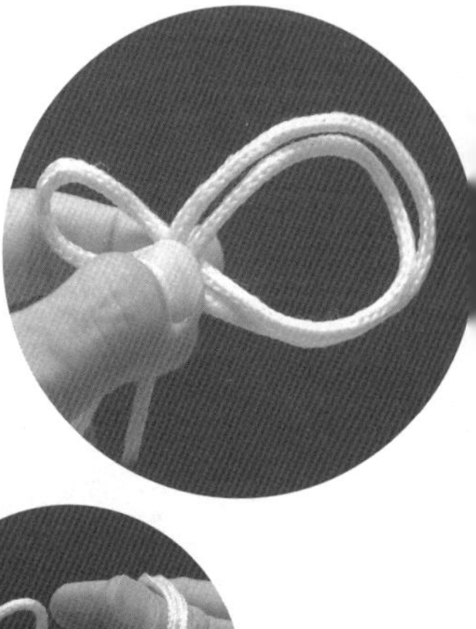

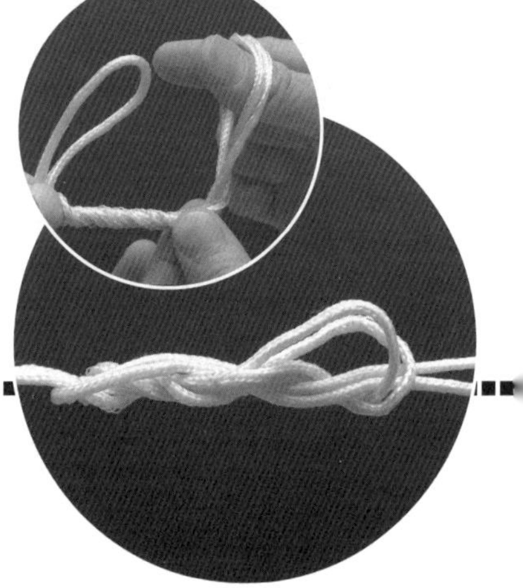

끝고리 만들기⑥

겹줄 꽈배기 묶음

용 도 ①방법이 간편해 어두운 밤이나 추위로 손이 곱은 상황에서도 용이하게 쓰이는 묶음법이다. ②줄이 너무 두껍거나 반대로 줄이 너무 가는 경우, 또는 줄이 미끄러운 경우, 이 묶음법이 널리 쓰인다.

특 징 ①매듭 부위가 '두겹 8자 묶음'이나 '겹줄 안돌리기' 등 여타의 묶음법보다 2배 가량 넓은 만큼 줄이 풀릴 확률도 적고, 강도 또한 그 어느 매듭법보다 높다. ②줄이 꺾이거나 휘어짐을 피해야 하는 경우에도 유용하다.

참 고 주의할 점 두 가지가 있다. ①줄을 꼰 뒤 마지막으로 조일 때(그림5) 매듭이 단정하게 조여지도록 서서히 잡아당겨야 한다. 급하게 잡아당기면 매듭이 엉클어지게 된다. 이럴 경우 대부분 매듭이 혹처럼 한 점으로 뭉쳐버리게 되어 보기 흉할 뿐더러 강도도 보장할 수 없다. ②또 하나는 고리의 크기를 사전에 정해둔 상태에서 줄을 꼬아야 한다는 점이다. 〈그림2〉 단계에서 좁은 고리를 원할수록 ①과 ②를 좁혀주고, 넓은 고리를 원할 경우 넓혀주도록 한다.

방법이 간편해 어두운 밤이나 추위로 손이 곱은 상황에서도 용이하게 쓰이는 묶음법으로, 굵은 줄보다는 가는 줄이 용이하다. 풀릴 위험은 전혀 없으나 꼬임 마찰이 많아 줄이 약화되기 쉽다.

〈그림1〉

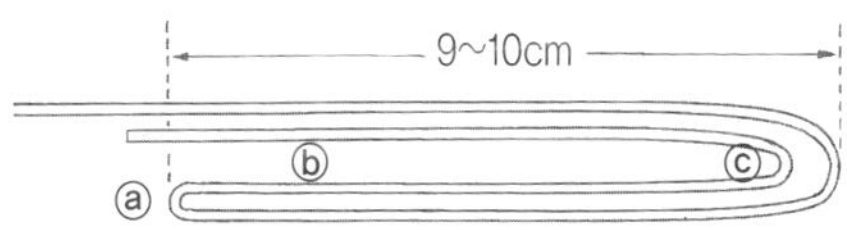

길이 20cm의 고리를 만든 후, 다시 한 번 접어 9~10cm의 겹줄 고리를 만든다.

〈그림2〉

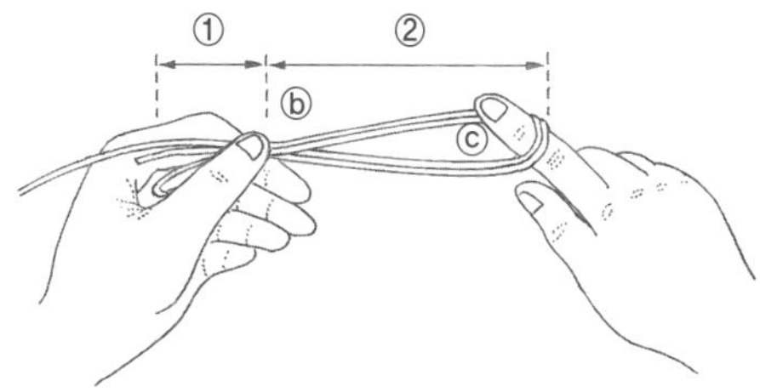

왼손으로 ⓑ지점을 쥐고 오른손 검지를 ⓒ고리에 집어넣는다.

〈그림3〉

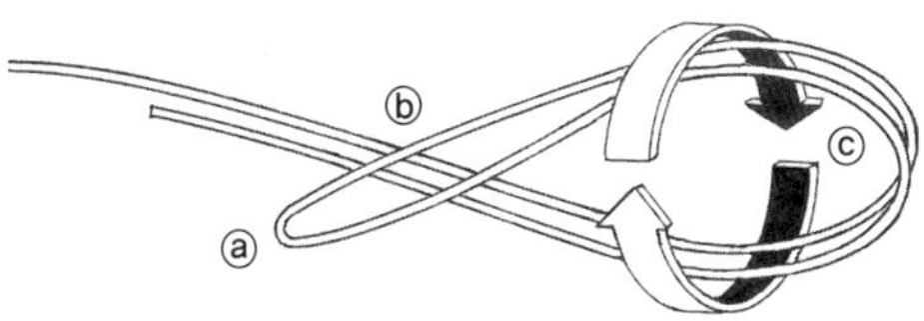

오른손 검지로 ⓒ고리를 4~5회 꽈배기 식으로 돌린다.

〈그림4〉

왼손에 쥐고 있던 ⓐ고리를 ⓒ고리에 통과시켜 빼낸다.

〈그림5〉

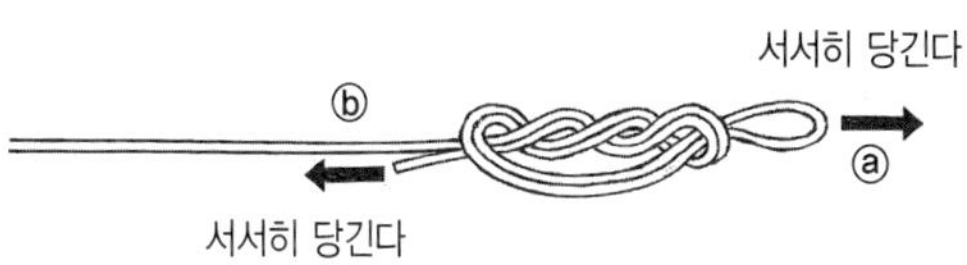

ⓑ지점은 두 가닥을 함께 쥐고, ⓐ와 서로 맞잡아 당기되, 서서히 조인다.

〈그림6〉

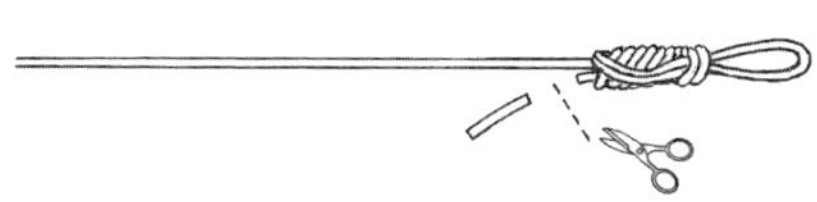

자투리 줄을 자르면 완성이 된다.

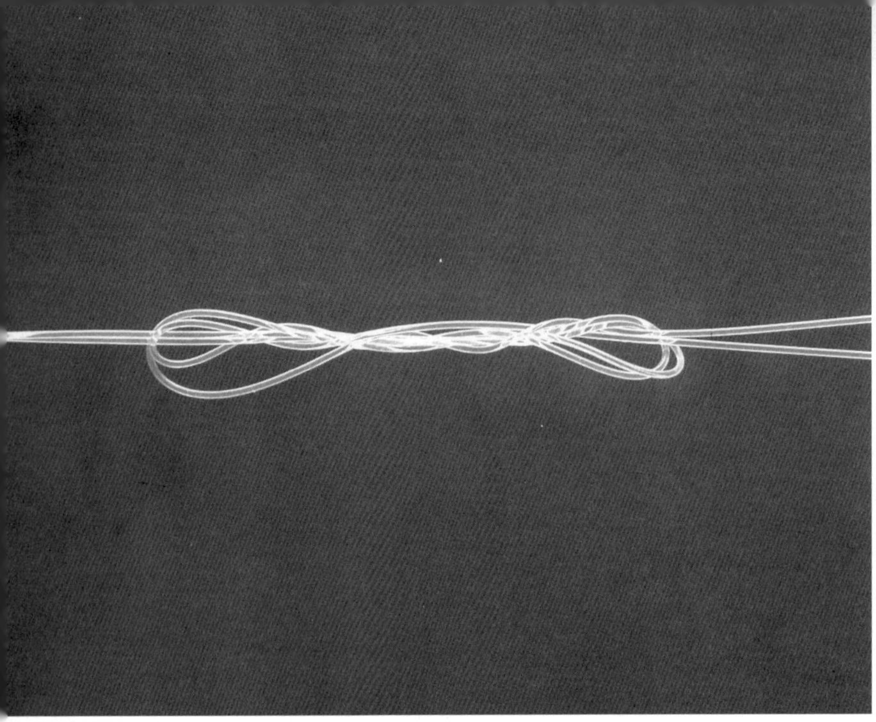

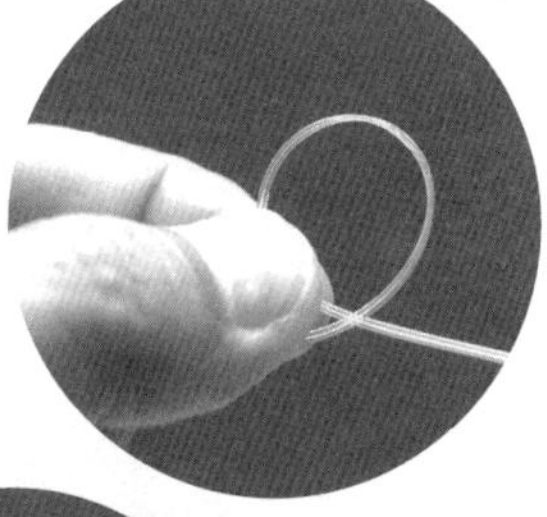

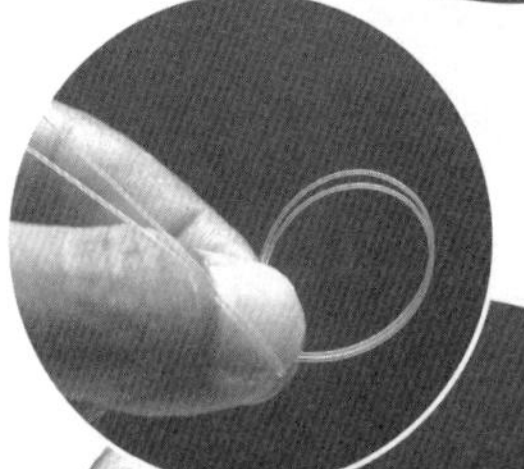

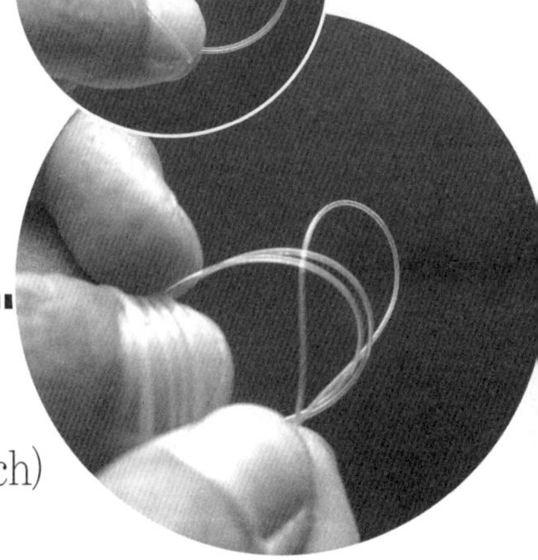

끝고리 만들기⑦

엄지 위로 돌리기

–일명 '엄지 매듭' '거미줄 매듭' (Spider hich)

용 도 엄지손가락을 이용한다고 해서 '엄지 매듭'이라 부르며, 만드는 과정에서 줄이 거미줄처럼 꼬인다고 해서 '거미줄 매듭'이라 부르기도 한다. ①끝고리 부근의 목줄을 보강하기 위한 매듭법으로, ②가는 줄을 이용한 도래 및 루어 묶음 외, 갯바위 루어낚시의 쇼킹리더 매듭법으로 유용하다.

특 징 ①지깅 또는 가물치낚시 채비에 활용되는 '비미니 트위스트' 묶음과 비교하면 그 방법이 아주 간단하지만, PE 라인 사용의 경우에는 쉽게 밀려 풀어지므로 적합치 않다.

참 고 두 가지를 조심해야 한다. ①먼저 ⓒ고리가 너무 커지면 마지막에 당겨 조이기가 까다로워지므로 직경 2~3cm 정도가 적당하다는 점을 유념해야 한다. ②엄지 위로 줄을 감을 때는 인지 밑 쪽으로 살짝 어긋나게 감는 테크닉이 필요하다. 이것이 어려우면 엄지와 인지를 동시에 감아도 큰 문제는 없다.

굵은 줄보다는 가는 줄을 사용하기에 용이한 매듭법으로, 엄지손가락을 이용한다고 해서 '엄지 매듭'이라 부르며, 만드는 과정에서 줄이 거미줄처럼 복잡하게 얽힌다고 해서 '거미줄 매듭'이라 부르기도 한다.

〈그림1〉

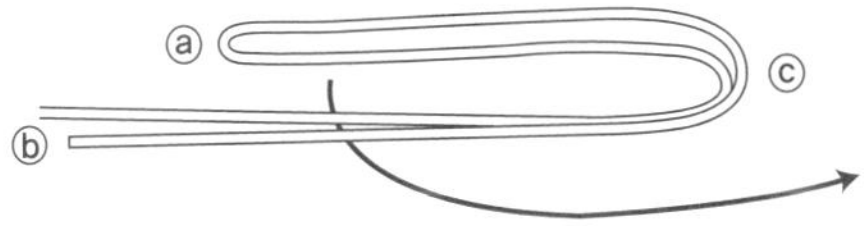

〈그림1-1〉

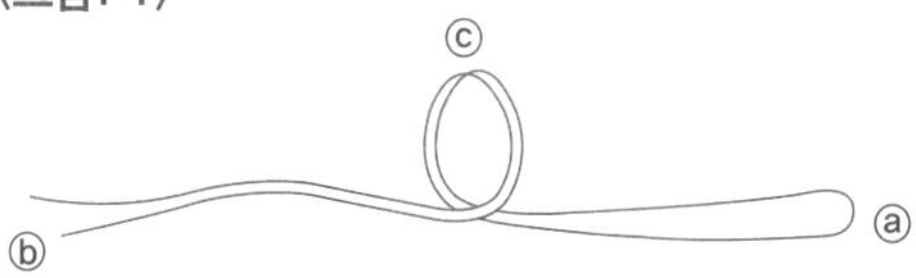

낚싯줄을 50~60cm 길이가 되게 한 번 접은 후, 중간 지점에서 고리(직경 2~3cm)를 만든다.

〈그림2〉

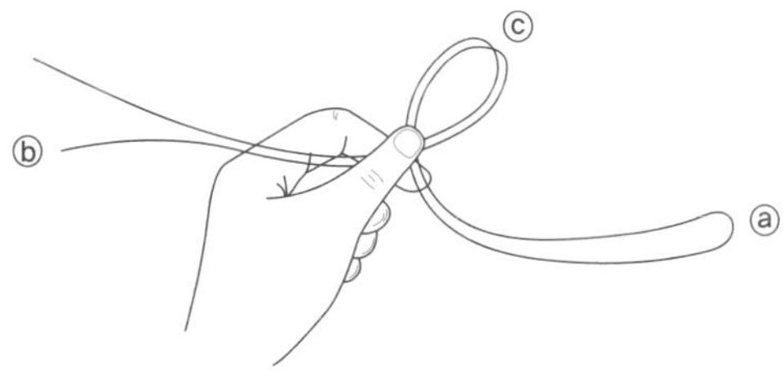

고리의 교차 지점을 왼손 엄지와 검지로 잡는다.

〈그림3〉

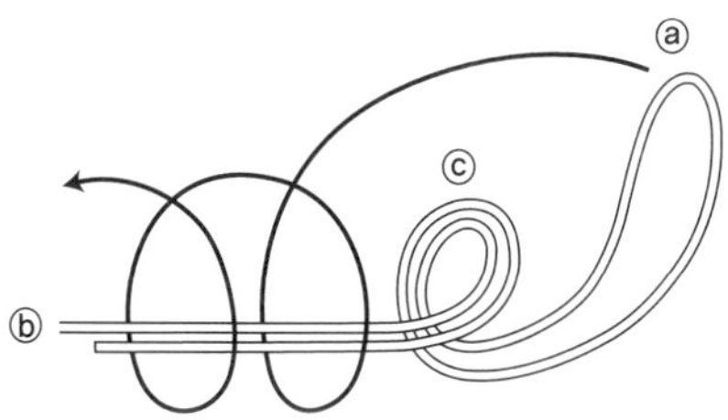

ⓐ를 왼손 엄지손톱 지점으로부터 안쪽으로 감아 내린다.

〈그림4〉

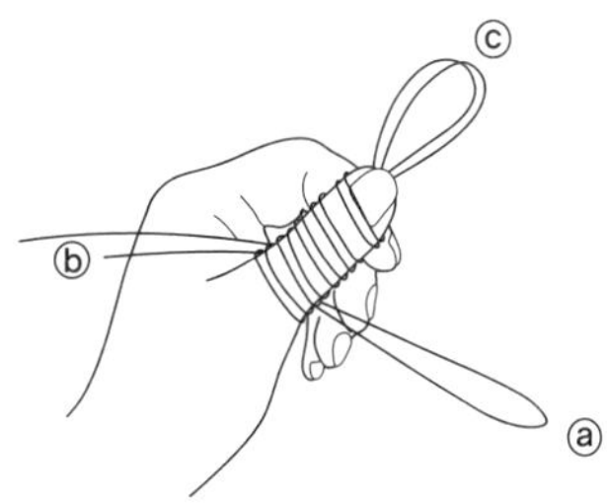

ⓐ줄을 엄지 둘레로 4~5회 감은 모습.

〈그림5〉

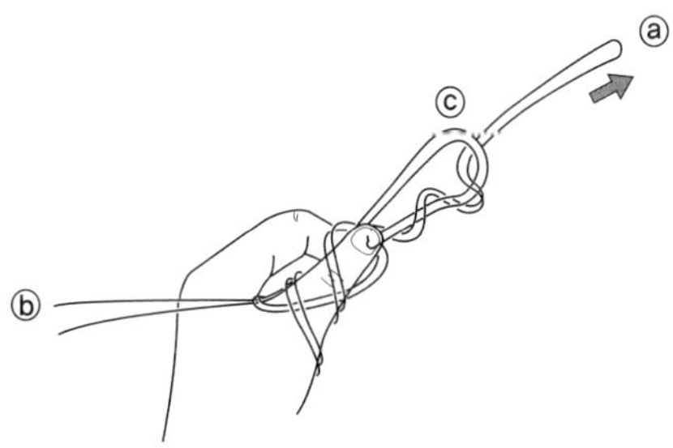

ⓐ고리 줄을 ⓒ고리 속으로 통과시켜 천천히 당기면 엄지에 감긴 줄이 미끄러지듯 한 겹, 한 겹 순서대로 풀려 나온다.

〈그림6〉

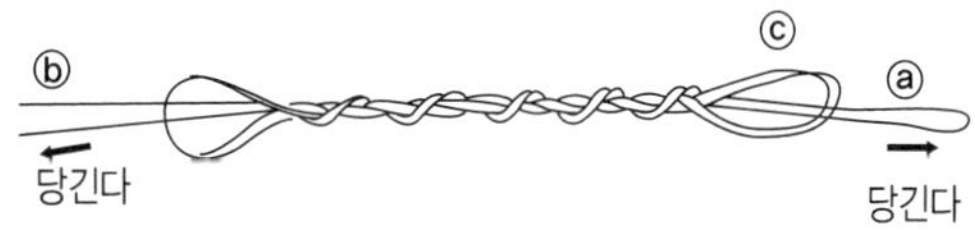

〈그림6-1〉

ⓐ와 ⓑ를 처음에는 천천히, 맨 나중에는 힘껏 당겨 조인다.

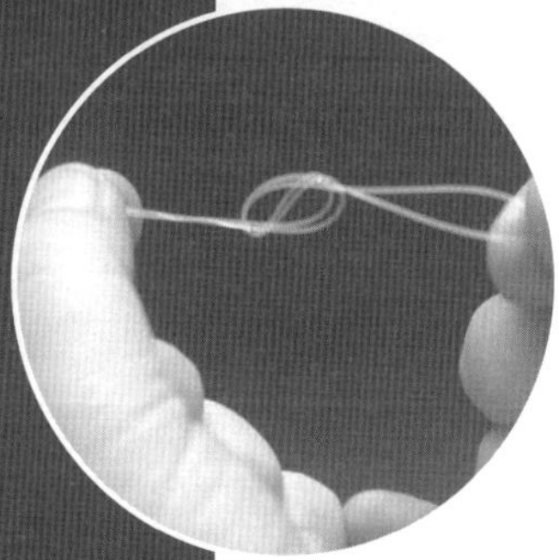

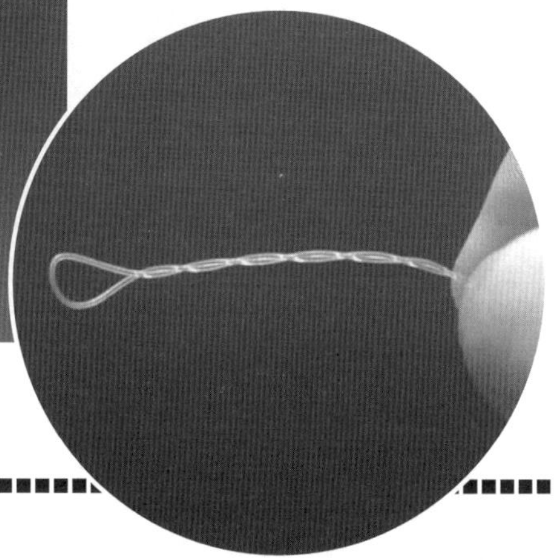

끝고리 만들기⑧

꼰줄 묶음

용 도 ①목줄 또는 원줄 끝고리 부근의 강도를 높이기 위한 매듭법이다. ②은어낚시 채비에 있어 낚싯대 초리에 천정줄을 달 때 이 '꼰줄 고리' 매듭이 활용된다. ③최근 붕어 경기낚시에 있어 0.8호 이하의 매우 가는 원줄을 사용하는 추세가 유행함에 따라, 가는 원줄이 초릿대 부근에 달라붙거나 엉키는 것을 방지하기 위해 역시 이 '꼰줄 고리' 매듭법을 많이 활용한다.

특 징 낚시 대상어 또는 기타 여건상 전체 채비를 예민하게 만들기 위해 2~3호 이하로 원줄을 매우 가늘게 사용해야 하는 경우가 생긴다. 이 때 '꼰줄 끝고리' 매듭을 활용하면 가는 원줄의 강도를 높일 수 있을 뿐만 아니라, 초릿대와의 엉킴도 방지해 준다.

참 고 ①이같은 꼰줄 매듭은 끝고리 외, 가지바늘을 달기 위한 기둥줄(또는 원줄) 중간고리를 만들 때도 활용되며, ②가지 목줄 끝고리에 이 방식을 취하기도 한다.

끝고리 부근의 강도를 높이기 위한 매듭법으로, 은어 놀림낚시의 천정줄에 활용되던 것이 최근 에는 1호 이하의 원줄을 쓰는 붕어 경기 낚시에도 차용되고 있다. 가는 원줄이 초릿대에 엉키는 것을 방지한다는 목적이다.

〈그림1〉

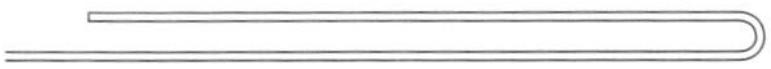

낚싯줄 끝을 접되, 접힌 부분이 20~40cm 정도 되게 한다.

〈그림2〉

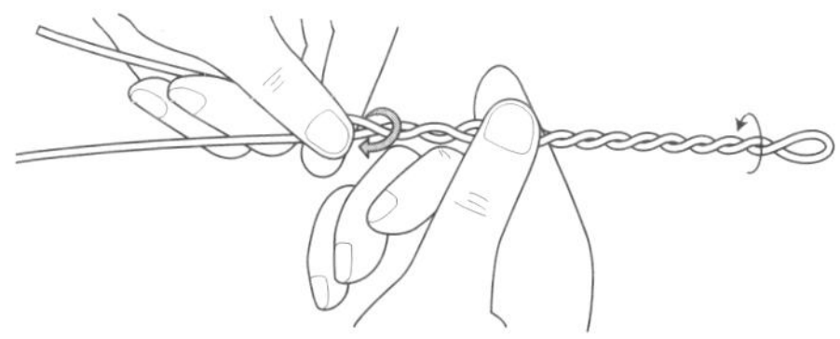

고리 끝 지점에서부터 오른손 엄지와 검지로 힘껏 누르며 비벼 꼬아 내리되, 왼손은 오른손으로 비벼 꼬는 반대 방향으로 두 줄을 밀어주는 식으로, 꼬인 줄이 풀리지 않게 해야 한다.

〈그림3〉

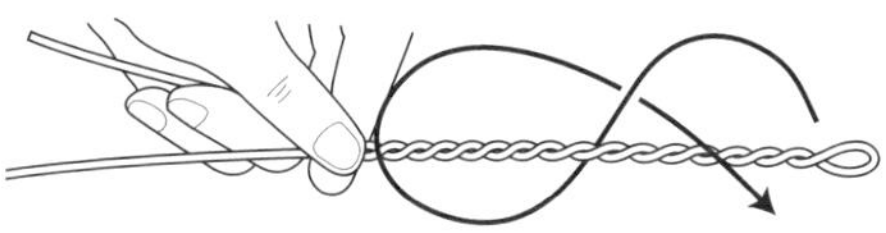

촘촘하게 다 꼰 다음, 왼손은 꼬인 줄의 최종 교차 지점을 그대로 꽉 쥐고 있어야 하며, 오른손으로 8자 매듭 작업에 들어간다.

〈그림4〉

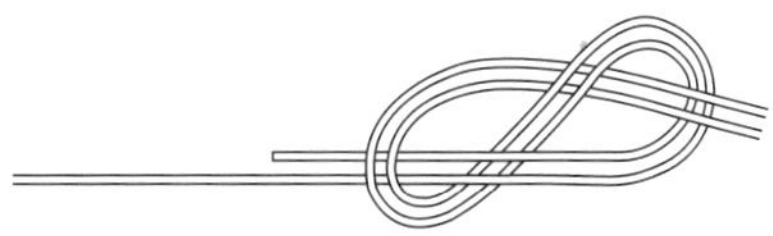

8자 매듭이 완전히 끝날 때까지 최종 꼰줄 부위를 쥔 왼손을 놓아서는 안 된다.

〈그림5〉

자투리 줄을 잘라내면 완성이 된다.

〈그림6〉활용

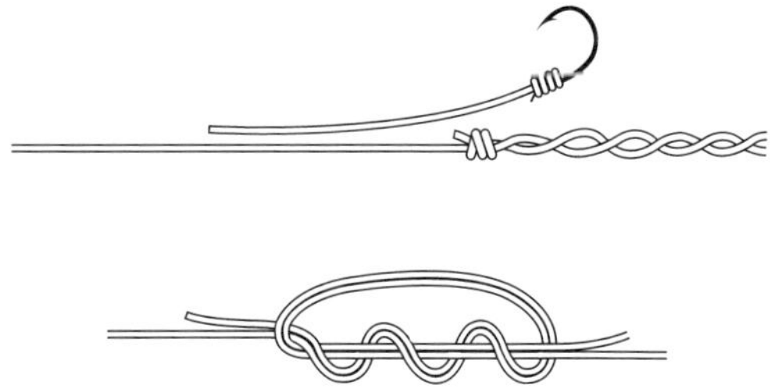

이렇게 완성된 기둥줄(목줄 또는 원줄)에 가지채비를 달 수도 있다.

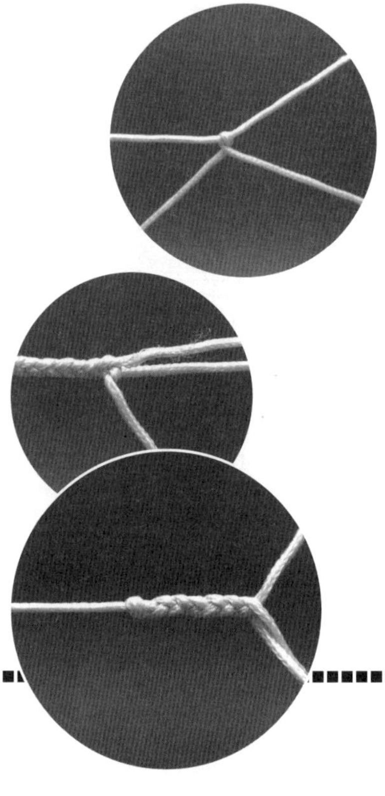

끝고리 만들기⑨

땋음줄 묶음
–일명 'Spread splice'

용 도 ①트롤링을 포함한 빅게임의 채비에 활용된다. ②비미니트위스트 매듭법과 함께 목줄 또는 원줄 끝고리의 강도를 높여주는 최강 묶음법 중의 하나이다.

특 징 서로 다른 줄을 연결(또는 직결)할 때 가장 중요한 것은 매듭 부위가 풀리거나 끊어지지 않도록 그 취약점을 보완해 주어야 한다. 여기 소개하는 '땋음줄 묶음'은 줄과 줄을 꼬아 연결을 해 줌으로써, 큰 힘이 부과되더라도 그 부하(負荷)가 한 곳으로 집중되지 않아 끊어질 위험이 최대한 줄어든다.

참 고 ①줄을 땋기에 앞서 원줄을 강하게 당긴 상태에서 시작해야 하며, 줄을 땋는 도중에도 계속 강한 장력을 유지해야 하는 등, 온통 주의를 기울여야 한다. ②PE 라인의 경우는 최소 60회 이상 땋아야 하며, 절반쯤 땋았을 무렵부터는 더욱 강하게 줄을 당기면서 꼬임이 치밀해지도록 유의해야 한다. 꼬임이 치밀하지 않으면 작은 힘에도 느슨해져버린다.

바다낚시 빅 게임에 활용되는 원줄 끝고리 매듭법으로, 연결 부위의 강도를 드높여주는 최강 묶음법 중의 하나다. 그러나 같은 목적의 '비미니트위스트 묶음'에 비해 의외로 작업이 간단치 않은 점에 유의해야 한다.

〈그림1〉

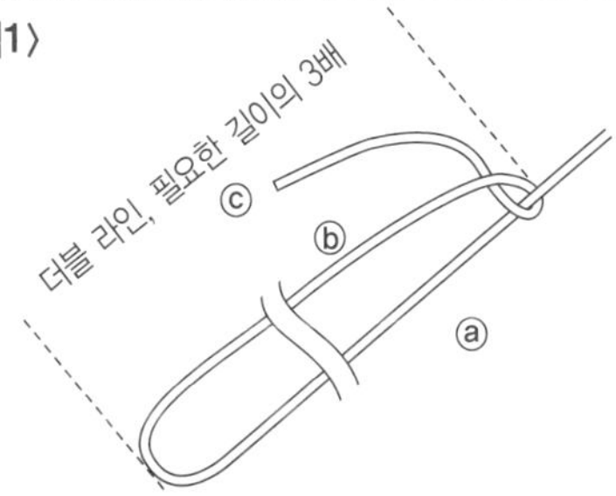

만들고자 하는 드블라인 길이보다 3배 가량 길이의 줄을 접어 끝부분(ⓒ)을 본줄(ⓐ)에 대고 한 번 휘감는다.

〈그림2〉

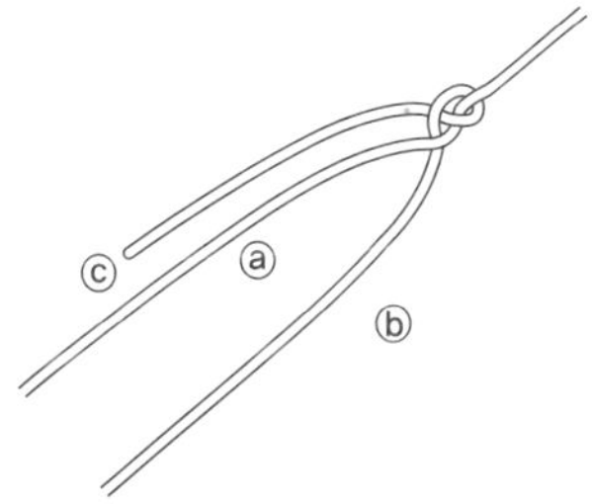

〈그림1〉에서 ⓐ를 ⓑ 위로 넘겨 교차시킨 모습으로, 이번엔 ⓒ를 ⓐ 위로 교시킨다.

〈그림3〉

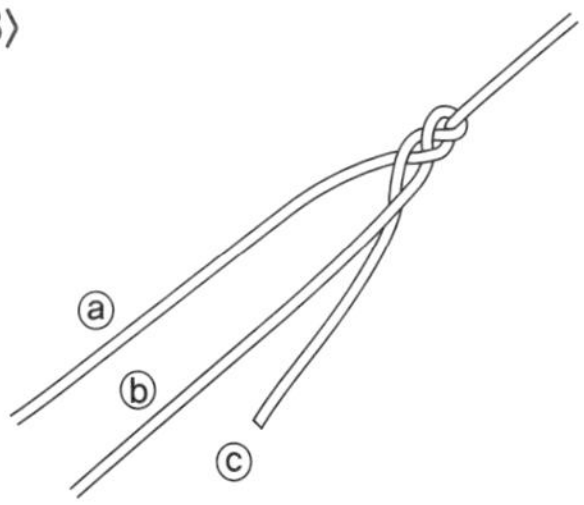

〈그림2〉에서 ⓒ를 ⓐ 위로 넘겨 ⓑ 밑으로 빼낸 모습이며, 이번엔 다시 ⓐ를 ⓑ 위로 교차시킬 차례다.

〈그림4〉

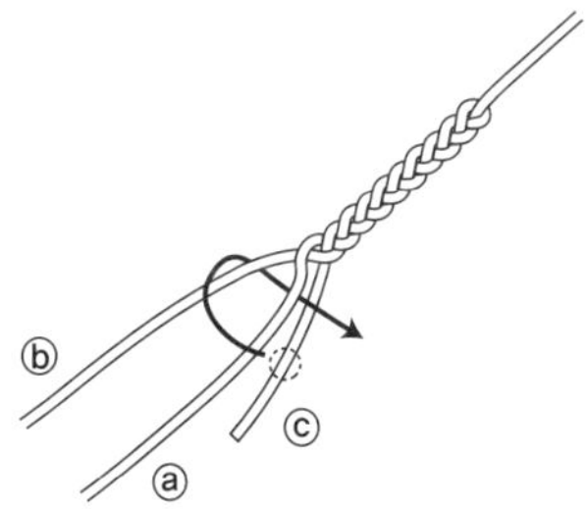

〈그림1〉~〈그림3〉과 같은 방식으로 시골 처녀 머리 땋듯 PE 라인의 경우 최소 60회 이상 계속 땋고서 ⓒ줄로 매듭을 짓는다.

〈그림5〉

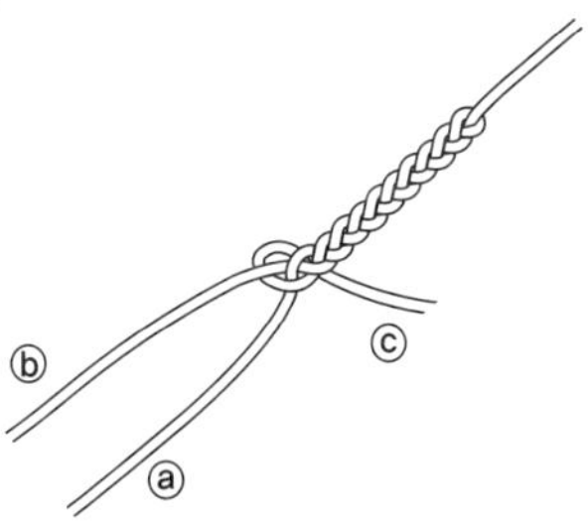

〈그림4〉에서 ⓒ줄을 화살표 방향으로 돌려 매듭을 지은 모습.

〈그림6〉

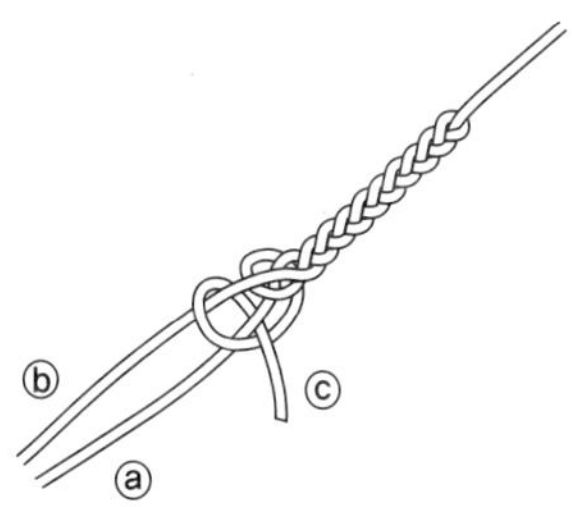

〈그림5〉와 같은 방법으로 끝줄 ⓒ를 ⓐⓑ 위로 넘겨 다시 한 바퀴 돌려 빼낸다.

〈그림7〉

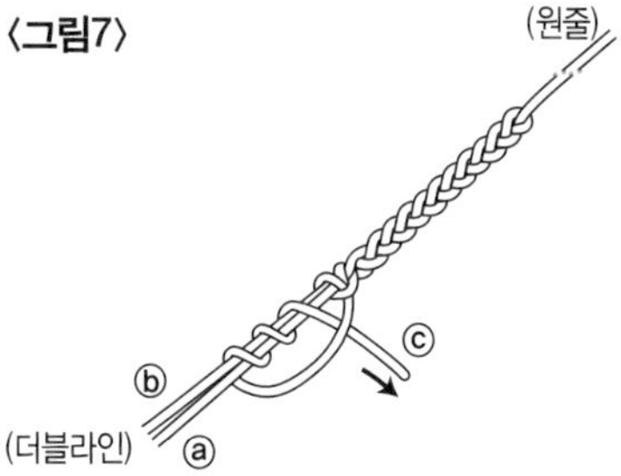

마지막으로 ⓐⓑ를 축으로 하여 3회 가량 안돌리기를 하면 마무리가 된다.

〈그림8〉

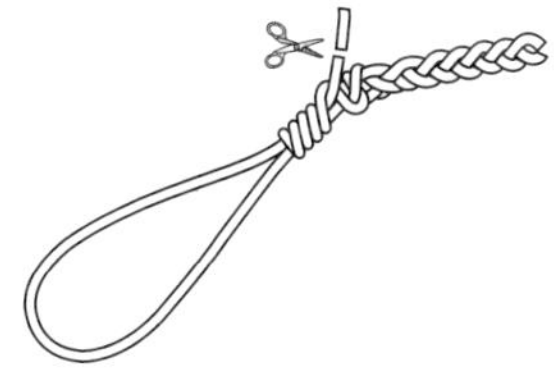

끝줄을 바짝 잡아 당겨 조인 후, 자투리를 잘라주면 완성!

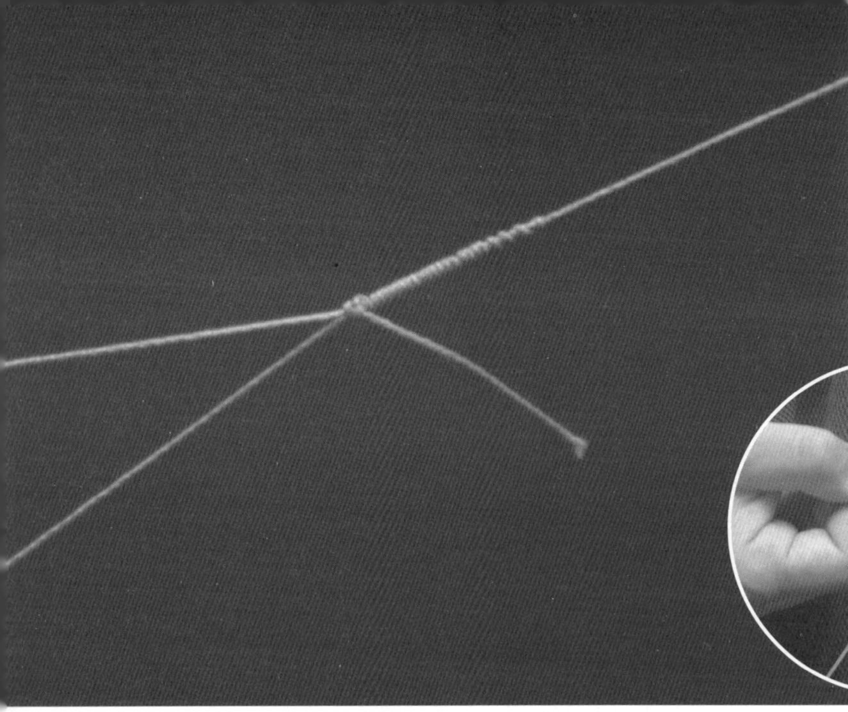

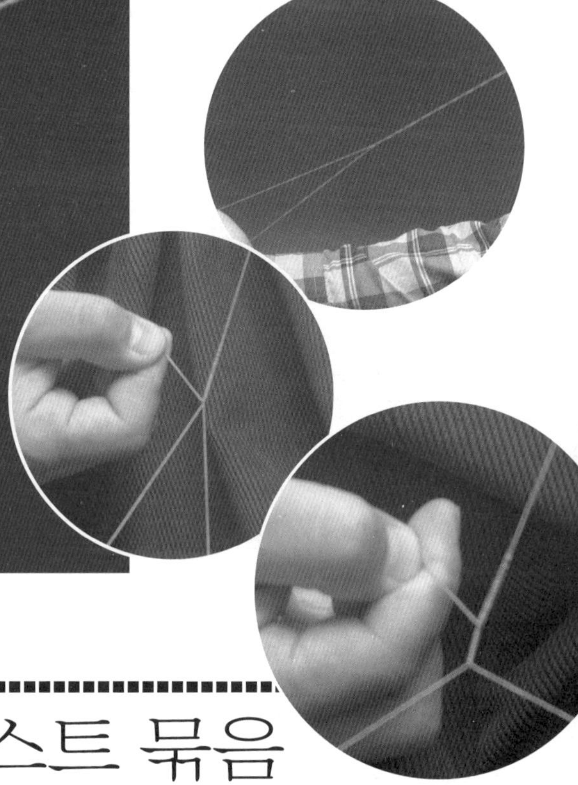

끝고리 만들기⑩

비미니트위스트 묶음

용 도 ①끝고리의 강도를 높여주는 최강의 묶음법으로, 대형급 어종이나 이빨이 날카로운 대상어가 물속에서 심하게 설쳐 목줄이 손상될 것에 대비하는 더블라인 매듭법 중의 하나이다. ②가물치 루어낚시, 바다 루어낚시 등 스포츠 피싱을 목표로 하는 동호인들은 반드시 습득하고 있거나, 습득해야 하는 매듭법이다.

특 징 ①전항의 '땋음줄 묶음'을 능가하는 최강의 매듭법으로, 얼핏 어려워 보이지만 2~3회 연습해 보면 금방 익숙해진다. ②원줄과 쇼크리더를 연결할 때 활용되는 것으로, 빅게임 채비에 있어 매우 중요한 매듭법이다.

참 고 ①양 손과 무릎을 활용하는 등, 작업 과정은 다소 복잡하지만 매듭 자체의 구조는 완벽에 가깝다고 할 만큼, 어떤 대물이 걸리더라도 연결 부위가 터지는 일은 거의 없다. ②한 번 꼰 줄 위에 다시 한 번 줄이 꼬이게 하는 작업이 매우 어려울 것 같지만, 여러 번 반복해서 연습하다 보면 그 원리가 터득됨으로써 작업 자체에 사뭇 흥미를 느끼게 된다.

쇼크리더와 연결하는 원줄 끝고리의 강도를 높여주는 최강의 묶음법으로, 대형급 어종이나 이빨이 날카로운 대상어에게 목줄이 손상될 것에 대비하는 더블라인 매듭법 중의 하나. 빅 게임을 목표로 하는 동호인들은 반드시 습득하고 있거나, 습득해야 하는 매듭법이다.

〈그림1〉

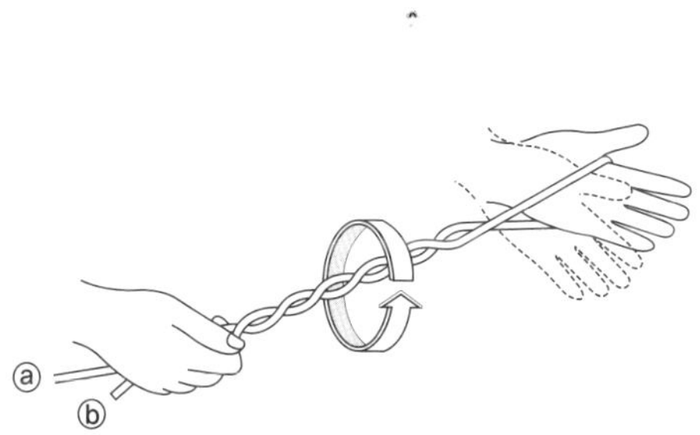

접은 길이 1~1.5m 가량의 낚싯줄 고리 안에 왼손을 집어넣고 새끼를 꼬듯 30회 (PE 라인의 경우는 50회 이상) 정도 돌린다.

〈그림2〉

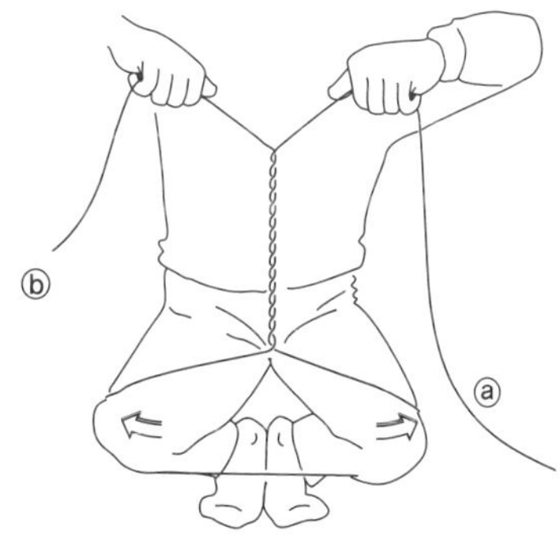

〈그림1〉에서 왼손에 끼우고 있던 고리를 양쪽 무릎(또는 양발)에 끼우고 양손으로 두 줄을 꽉 쥔다.

〈그림3〉

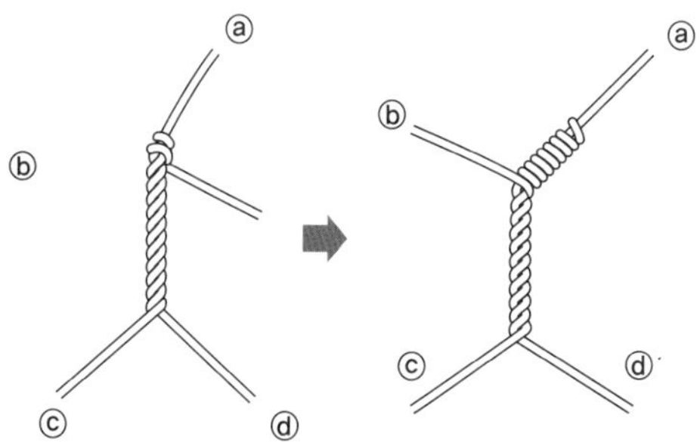

〈그림2〉에서 양발을 힘껏 벌리는 동시에 ⓐ줄을 꽉 쥔 왼손은 위로 들어올리고, ⓑ줄을 쥔 오른손을 아래로 내리면서 천천히 풀어주면, 〈그림1〉 단계에서 만들어진 꼰줄 위에 ⓑ줄이 저절로 다시 한 번 되감긴다.

〈그림4〉

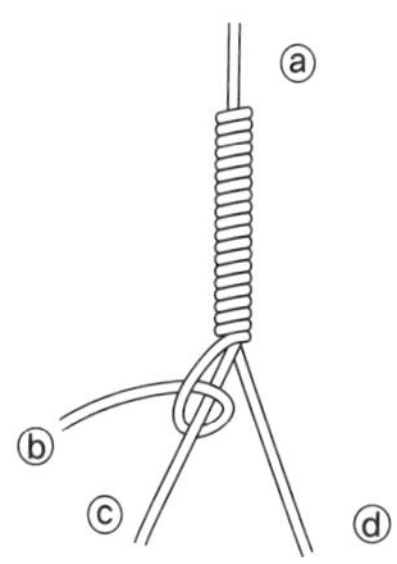

다 감겨져 내린 ⓑ줄을 ⓒ에 대고 한 바퀴 돌려 묶은 다음, PE 라인의 경우는 〈그림2~3〉 작업 과정에서 꼬여진 원줄(ⓐ부분)을 원래 상태로 풀어주어야 한다.

〈그림5〉

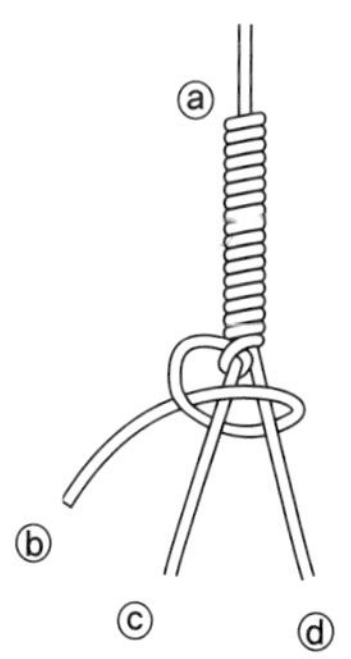

ⓑ줄을 이번엔 ⓒⓓ 밑으로 돌려 다시 한 번 매듭을 짓는다.

〈그림6〉

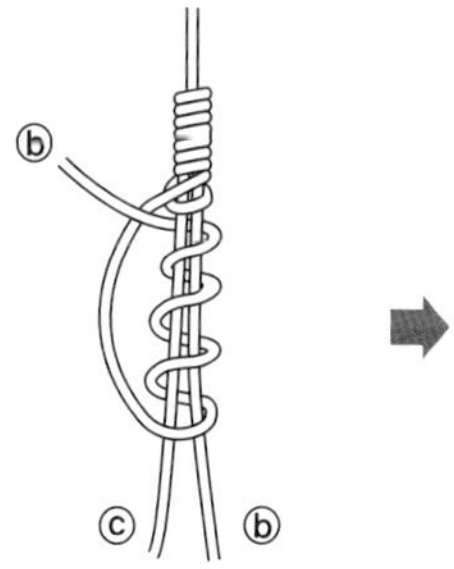

〈그림6-1〉

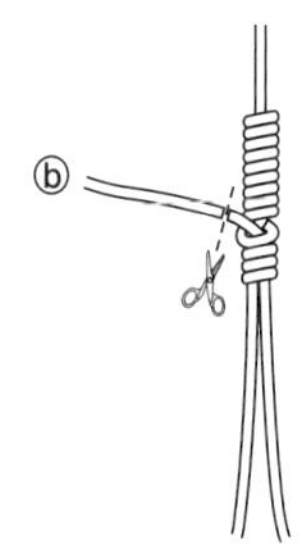

다시 한 번 ⓑ줄을 ⓒⓓ를 축으로 3~4회 안돌리기를 하고선 마무리를 해주면 된다.

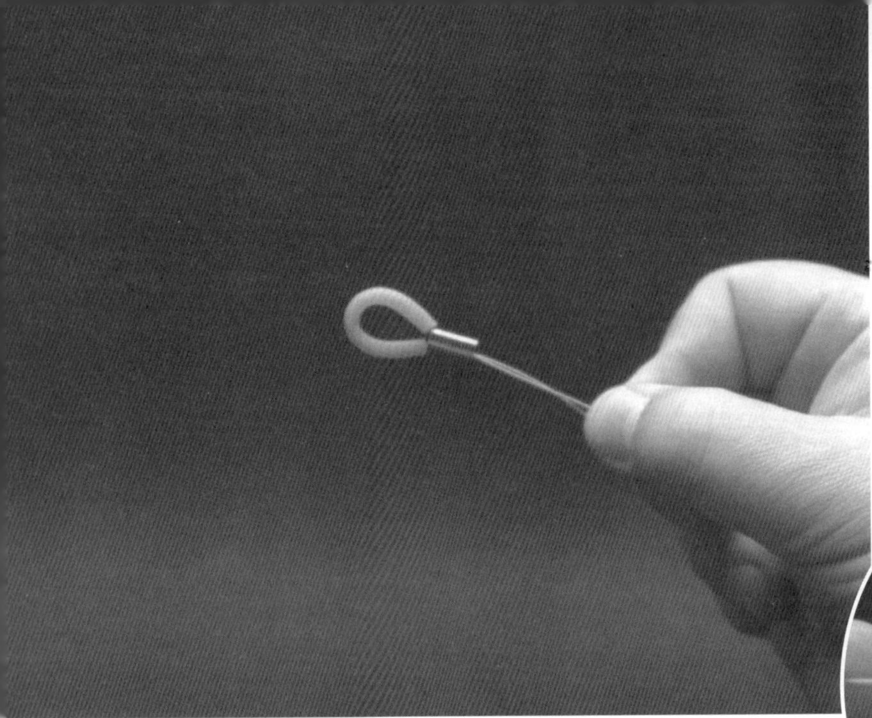

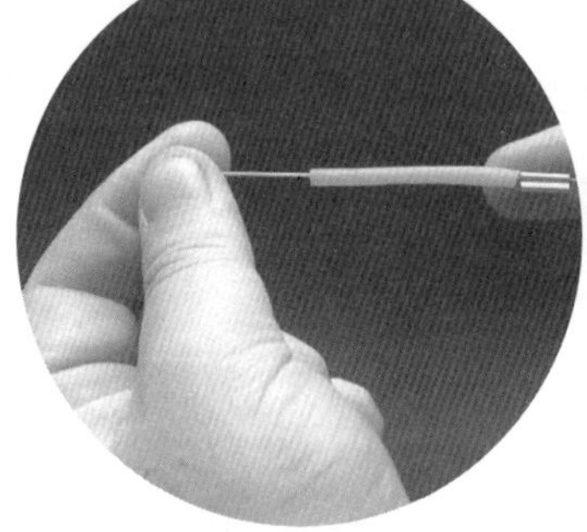

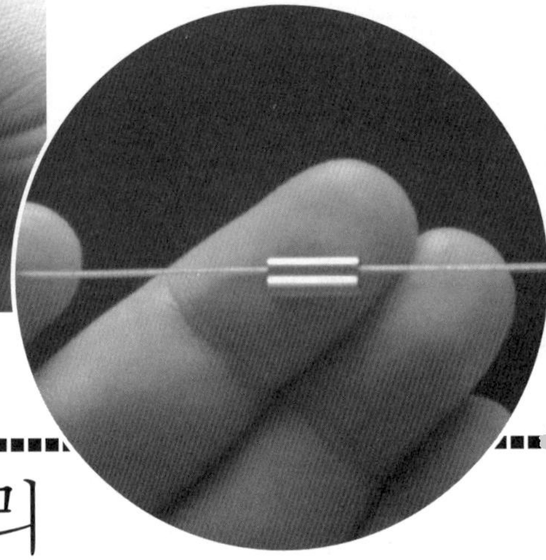

끝고리 만들기⑪

트롤링용 끝고리

용 도 ①트롤링낚시 등 대형 빅게임을 할 때 사용되는 끝고리 묶음법으로, 와이어 목줄과 다른 소재의 원줄을 연결함에 있어 와이어로 인한 매듭 부위의 원줄 손상을 방지하기 위한 용도이다. ②그러나 코팅이 돼 있는 와이어라면 굳이 이 방식을 취하지 않아도 된다.

특 징 ①원줄(또는 와이어 목줄)이 연결되는 부위의 와이어(또는 일반 원줄)에 비닐 파이프 또는 코일 스프링을 장착함으로써, 와이어와 직접 부딪쳐 발생하기 쉬운 원줄(또는 목줄) 매듭 부위의 손상을 줄일 수 있다. ②세 가지 형태가 있으나 만드는 방법은 모두 똑 같다.

참 고 ①슬리브를 압착할 때는 반드시 낚시 슬리브 전용 플라이어를 사용해야 한다. ②또한 플라이어로 슬리브를 압착할 때도 반드시 가로가 아닌 세로 방향으로 압착해야 한다.

초대형급 또는 이빨이 날카로운 대상어를 겨냥한 갯바위낚시 및 트롤링낚시의 와이어 목줄 끝고리 묶음법이다. 슬리브를 이용하는 만큼 낚시전용 플라이어를 준비해야 한다.

〈그림A〉

〈그림B〉

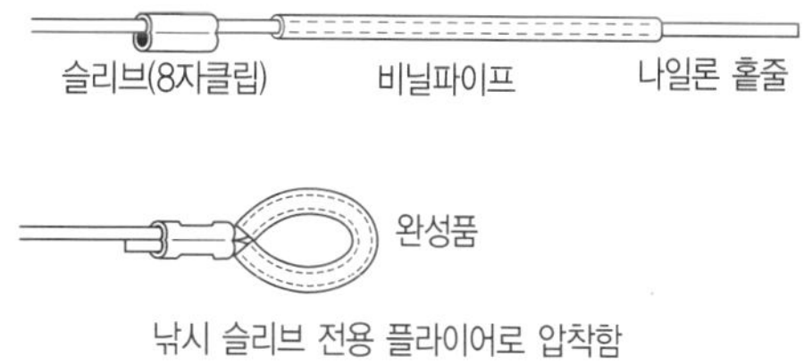

〈그림A-1〉

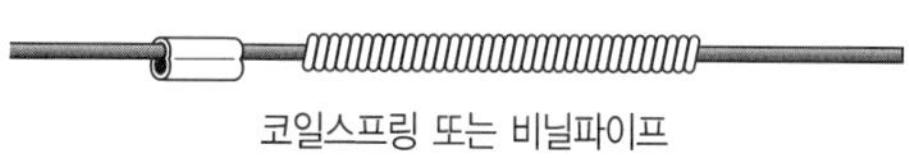

〈그림C〉

〈그림A-2〉

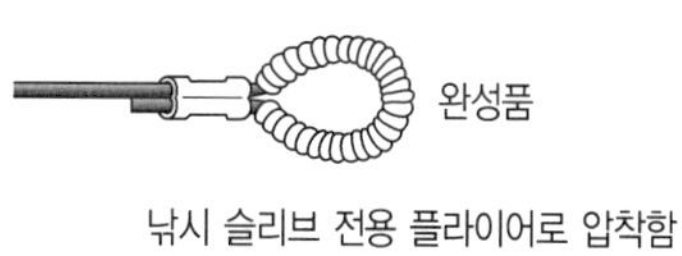

〈그림C-1〉

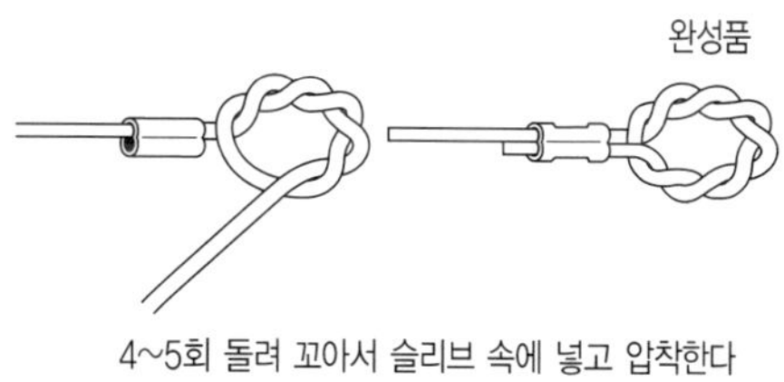

제1부 | 묶음법 & 연결법 100선

제5장 **중간고리 만들기**

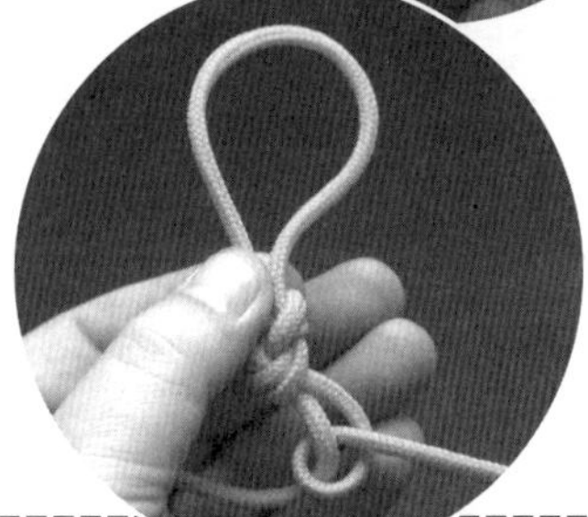

중간고리 만들기①

8자 묶음 & 어부 묶음

용 도 앞서 소개한 여러 방식의 '낚싯줄 끝고리'는 주로 원줄과 목줄을 연결하기 위한 목적이었다. 이와는 달리 '낚싯줄 중간고리'는 대개 가짓줄을 연결하기 위한 목적이다. 물론 가짓줄을 다는 방법은 원줄(기둥줄)과 직결하는 방식도 있으나, 고리 연결식에 비해 여러 가지 단점이 많다. 즉, 원줄(기둥줄)에 중간고리를 만든 다음, 여기에 목줄고리를 연결하면, 직결식에 비해 가지목줄의 균형이 잘 잡히는 한편, 물속에서의 유동이 자연스럽고, 낚시 도중 가짓줄이 끊어지거나 가지바늘이 떨어져 나갔을 때도 교체가 편리해진다. ①여기에 소개하는 중간고리 또한 원줄(기둥줄)에 가짓줄을 연결하기 위한 목적이다. ②구체적으로 가자미 · 보리멸 던질낚시 및 외줄낚시 외, 빙어 · 피라미낚시를 위한 가지채비를 할 때도 활용된다.

특 징 ①두 가지 방법은 거의 차이가 없어 보이지만, 8자묶음(좌측 그림)에 비해 어부묶음(우측 그림)은 방법이 손쉬운 반면, 고리의 각도가 90도를 잘 유지하지 못하는 단점이 있다.

원줄(기둥줄)에 가짓줄을 직결하는 방식이 아니라, 탈착이 가능하도록 고리를 만들어 연결해 주는 방식이다. 이 같은 목적의 기둥줄 고리를 만드는 방법 가운데 가장 기본적이고도 손쉬운 매듭법이다.

〈그림1〉 8자 묶음

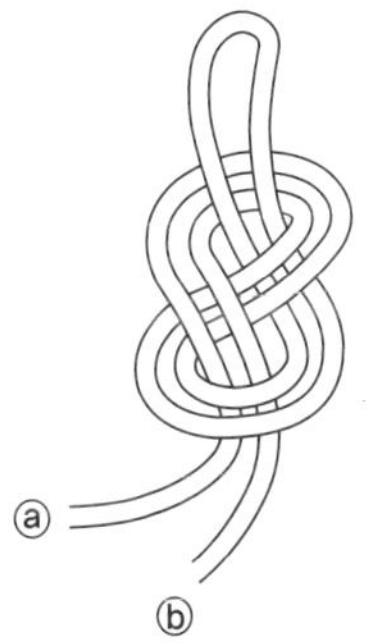

원줄을 두 겹으로 쥐고 먼저 8자매듭을 한다.

〈그림2〉

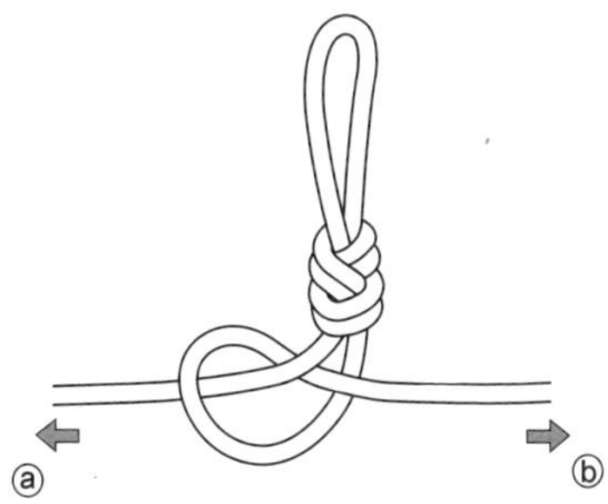

고리의 크기를 염두에 두고 우선 8자매듭을 조인 후, 중간고리 아래를 한 번 더 훑쳐 묶는다.

〈그림3〉

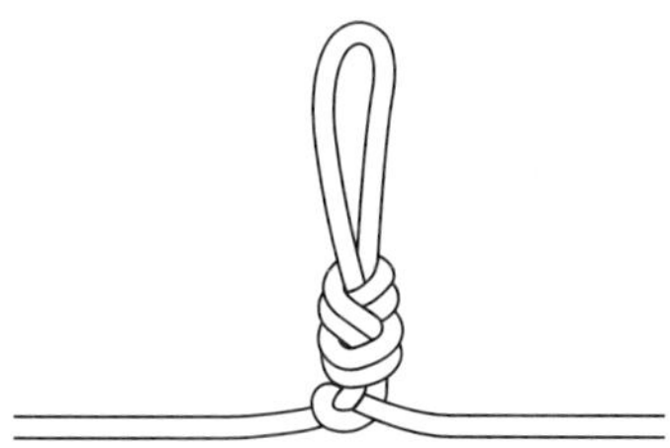

완성된 모습.

〈그림①〉 어부묶음

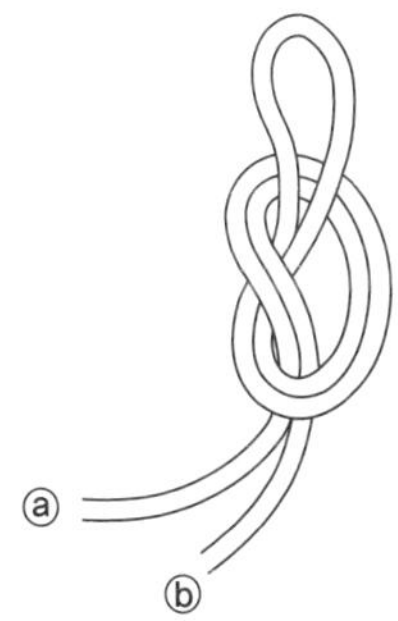

원줄을 두 겹으로 쥐고 일반 매듭을 한다.

〈그림②〉

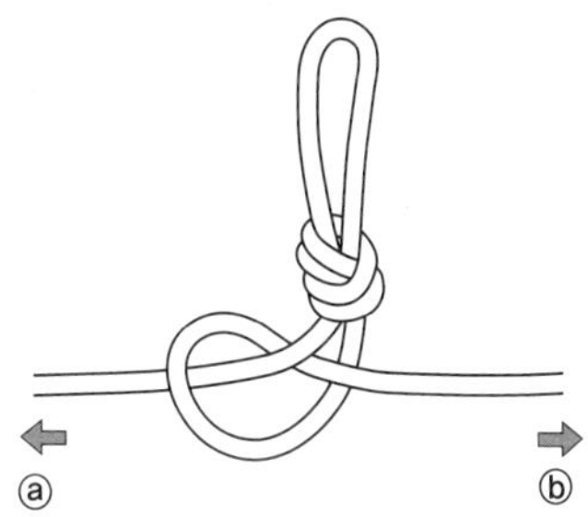

고리의 크기를 염두에 두고 매듭을 완전히 조인 후, 중간고리 아래를 한 번 더 훑쳐 묶는다.

〈그림③〉

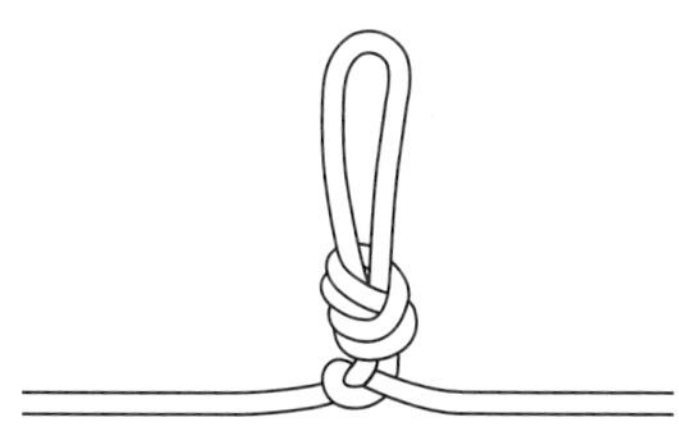

완성된 모습. 어부들이 주로 사용하는 묶음법이다.

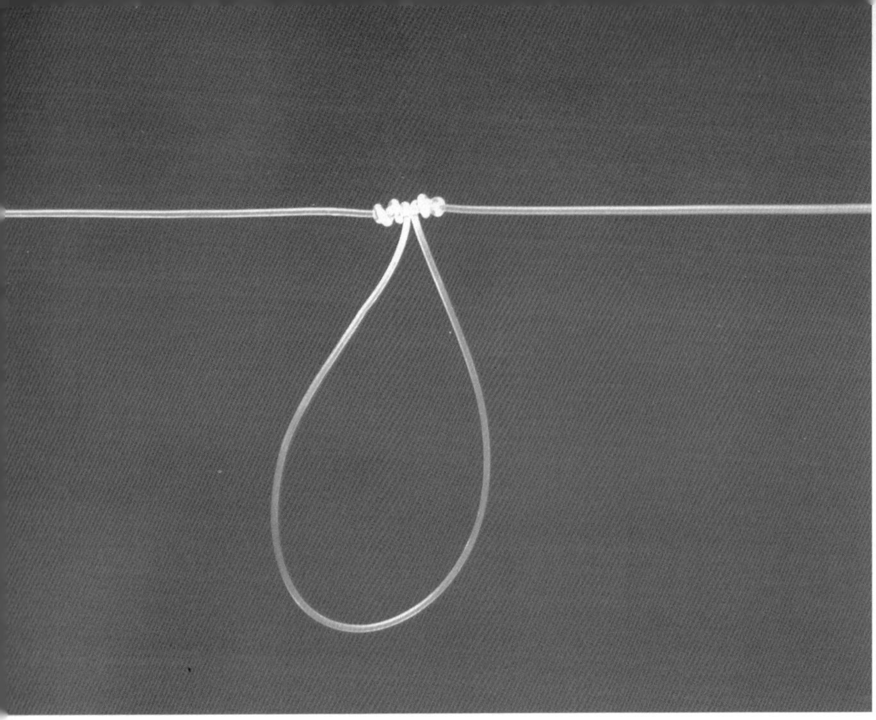

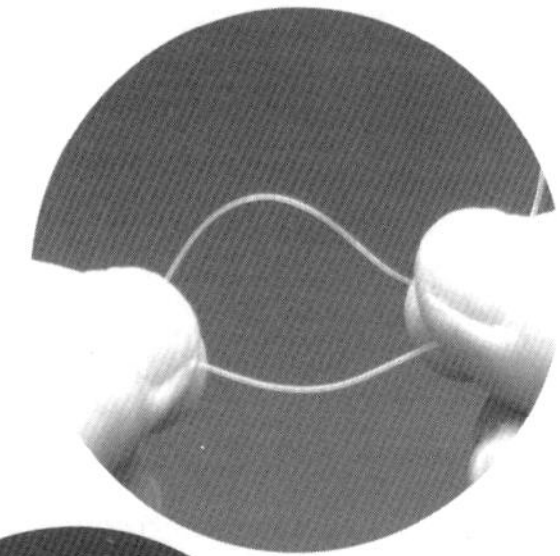

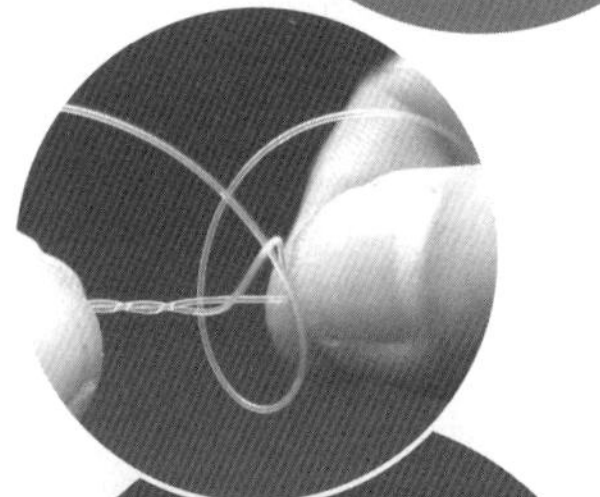

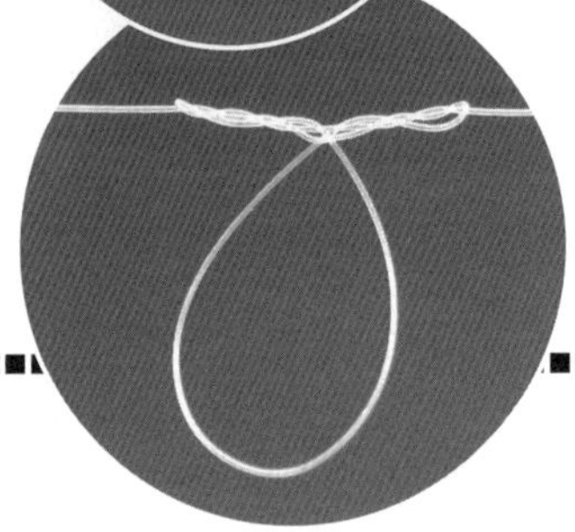

중간고리 만들기②

Q자 고리 묶음

용 도 ①민물 피라미 · 빙어낚시 또는 바다 던질낚시 채비 등에서 가지바늘을 달기 위한 기둥줄(또는 원줄) 고리를 만들 때 활용될 수 있는 묶음법이다. ②낚시용보다는 오히려 어업용 또는 등산용 로프에 중간 고리를 만들어 무언가 매달고자 할 때 많이 사용된다. ③다만 〈그림〉 마지막 사례처럼 '보강법' 을 따르면 배낚시 또는 던질낚시 채비용 중간고리로 믿음직한 묶음법이 된다.

특 징 ①방법은 간단하지만 상하로 강한 힘이 가해질 때 매듭 눈이 뭉그러지면서 고리가 자칫 풀릴 위험이 있다. ②따라서 줄이 가늘거나 미끄러운 소재인 경우는 이 매듭법을 피해야 하며, 합사인 경우는 크게 염려할 필요가 없다.

참 고 ①미끄러운 소재의 나일론줄인 경우는 아래 〈보강법〉에서처럼 줄과 줄을 감는 횟수를 늘려주면 아래위로 강한 힘이 가해질 지라도 고리가 줄어들어 풀어질 염려는 없어진다. ②그러나 〈보강법〉의 사례는 미끄러운 일반 낚싯줄인 경우에 해당되며, 합사 또는 로프의 경우는 매듭이 잘 조여지지 않는다는 점 참고 바란다.

중간고리 만드는 방법 가운데 가는 줄을 사용하기엔 곤란한 매듭법이다. 그러나 별도의 〈보강〉 작업을 해주면 풀릴 위험성은 줄어든다. 〈그림3〉에서 보듯 고리의 크기를 임의로 결정하기 쉬운 것이 장점이다.

〈그림1〉

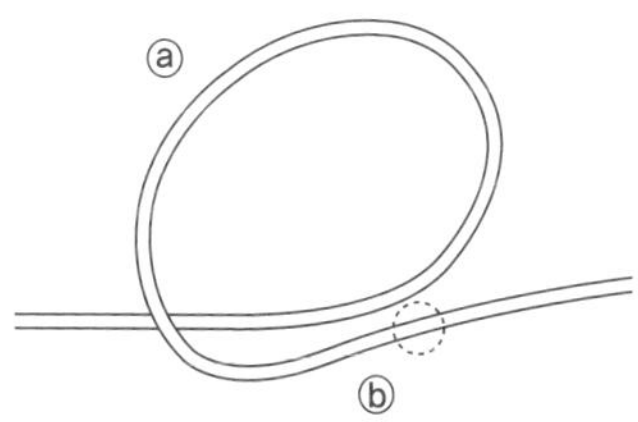

낚싯줄 중간 지점을 접어 고리를 만든 후, 아래쪽 ⓑ지점을 고리 뒤쪽으로 집어 올린다.

〈그림2〉

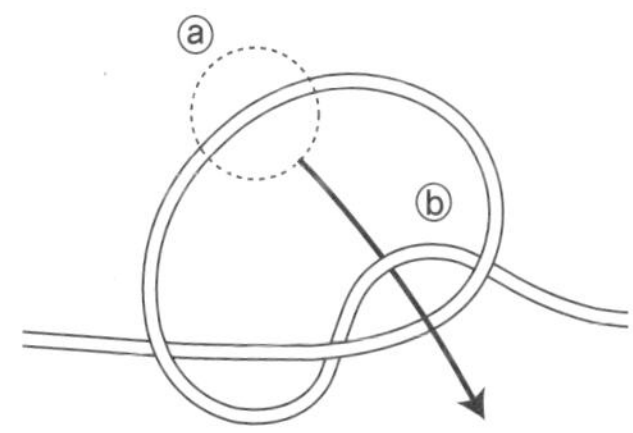

ⓑ로 작은 고리를 하나 만든 다음에는 위쪽 라인 ⓐ지점을 ⓑ고리 속으로 통과시킨다.

〈그림3〉

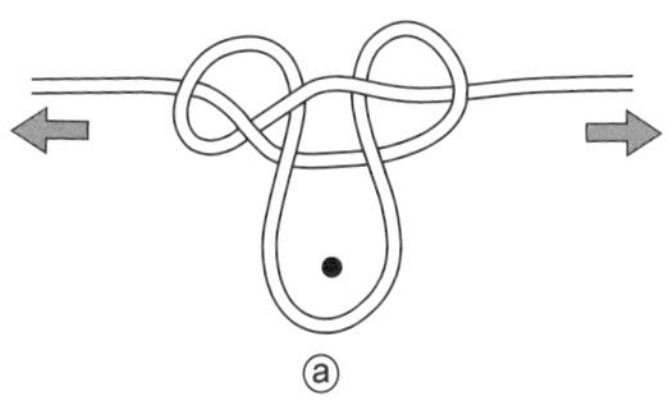

고리 속에 손가락이나 볼펜을 넣어서 고리의 크기를 정한 후, 본줄을 좌우로 당겨 조인다.

〈그림4〉

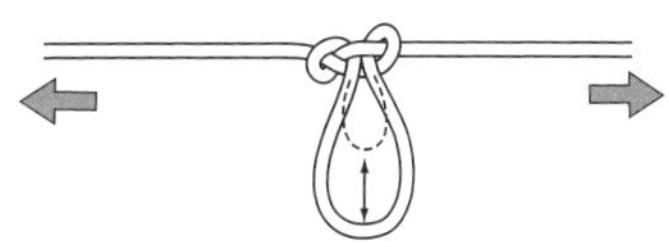

미끄러지기 쉬운 줄의 경우, 좌우로 강한 힘이 실리게 되면 고리가 오그라들면서 매듭 눈이 풀리기 쉽다.

〈보강①〉

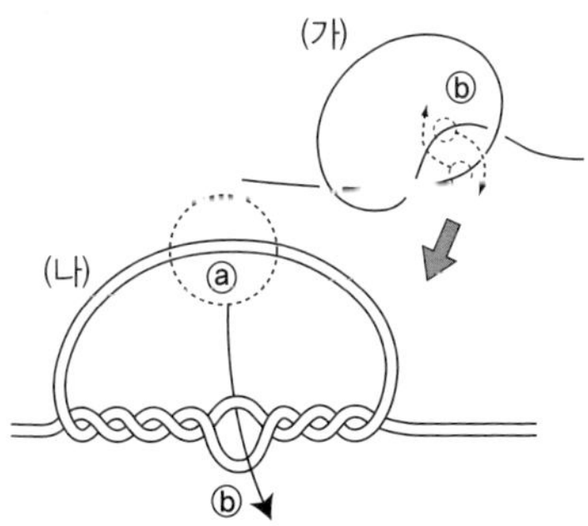

〈그림2〉 단계에서 ⓑ지점을 화살표 방향으로 4~5회 돌린 후, ⓐ지점을 ⓑ고리 속으로 통과시킨다.

〈보강②〉

〈그림3〉 및 〈그림4〉와 같은 방식으로 조인다. 이렇게 하면 아무리 강한 힘이 가해져도 고리가 풀리지 않는다.

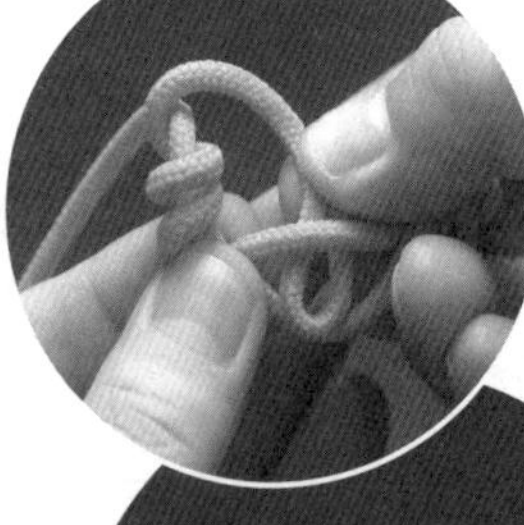

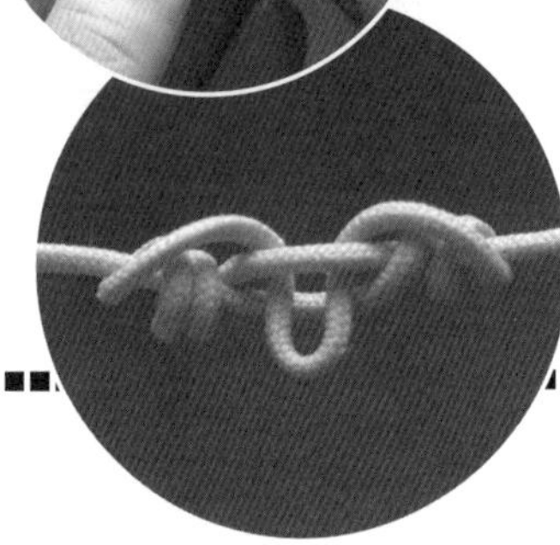

중간고리 만들기③

돌려빼기식

용 도 ①볼락 · 망상어 등 갯바위낚시 채비의 원줄에 가지바늘을 하나 더 달고자 할 때 사용되는 매듭법이다. ②볼락 · 보리멸 · 가자미 등의 배낚시 채비에도 활용할 수 있다. 기둥줄에 여러 개의 가지바늘을 달고자 하는 경우이다.

특 징 ①대형급이 걸렸을 때도 매듭 부위가 미끄러져 저절로 풀어질 염려는 없다. ②이 방식으로 만든 기둥줄 고리에 가지바늘을 달 경우, 수심이 깊거나 조류가 세찬 곳에서는 가지목줄이 기둥줄에 꼬이는 폐단이 따른다.

참 고 ①전항의 'Q자 고리 묶음'에 비해선 진일보한 매듭법이다. 그러나 'Q자 고리 묶음'의 〈보강법〉 사례와는 동일한 방법이다. ②가지목줄이 원줄에 꼬이는 폐단을 없애려면 〈그림1〉의 작업에 앞서 미리 ⓒ부분을 꼰줄로 만들어 두고 시작하면 된다. 다음 항목의 '꽈배기 돌려빼기식'이 바로 그 방법이다.

전항의 'Q자 고리 묶음'에 비해선 진일보한 매듭법이다. 그러나 'Q자 고리 묶음'의 〈보강법〉 사례와는 동일한 방법이다. 볼락 · 망상어 등 갯바위낚시 채비의 원줄에 가지바늘을 하나 더 달고자 할 때 사용되는 매듭법이다.

〈그림1〉

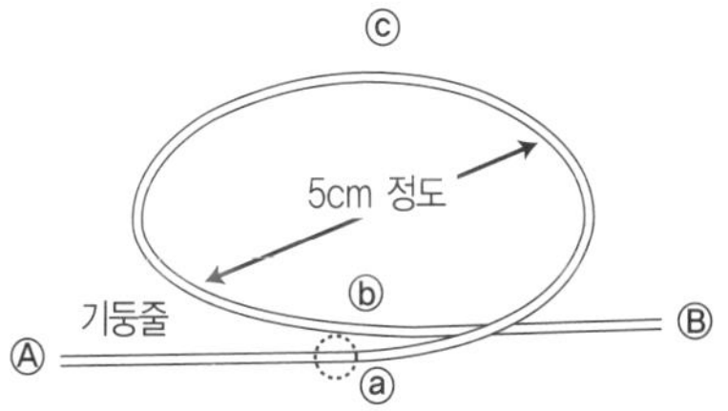

원줄(또는 기둥줄) 부분을 접어 직경 5cm 정도의 고리를 만든다.

〈그림2〉

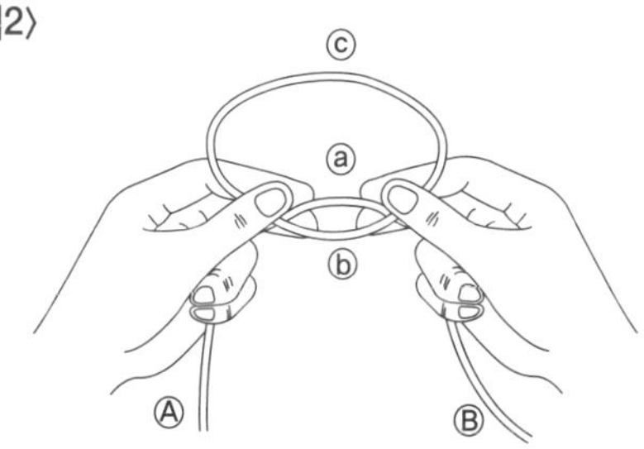

양손 엄지와 검지, 중지로 양쪽을 쥐고 〈그림1〉의 ⓐ를 ⓑ부분 밑으로 해서 고리 안으로 걸어 올린다.

〈그림3〉

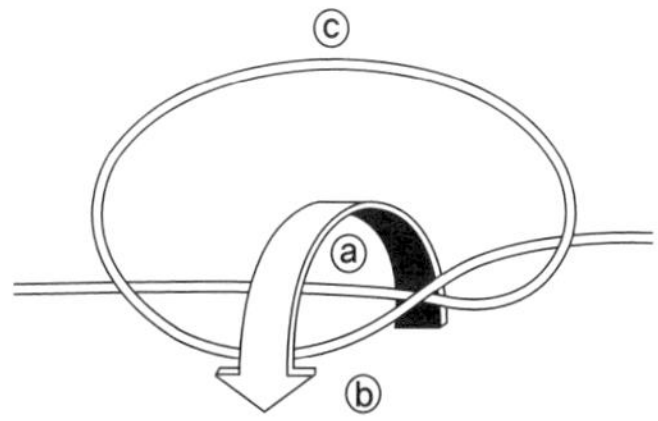

〈그림2〉를 투시한 모양으로, 다시 ⓐ를 ⓑ부분 너머로 돌린다.

〈그림4〉

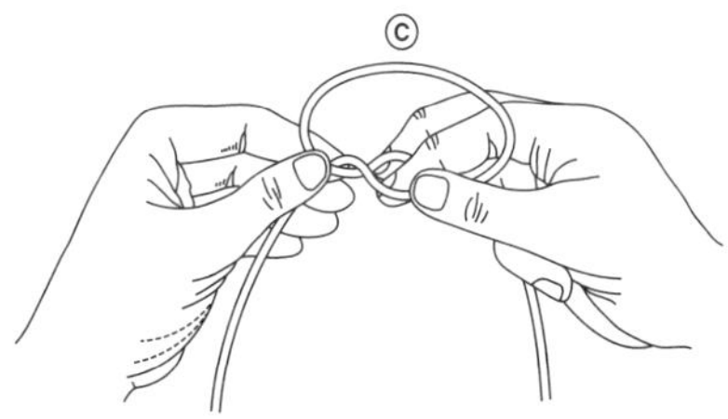

〈그림3〉의 작업 모양을 투시한 그림으로, ⓑ를 ⓐ부분 너머로 돌린다.

〈그림5〉

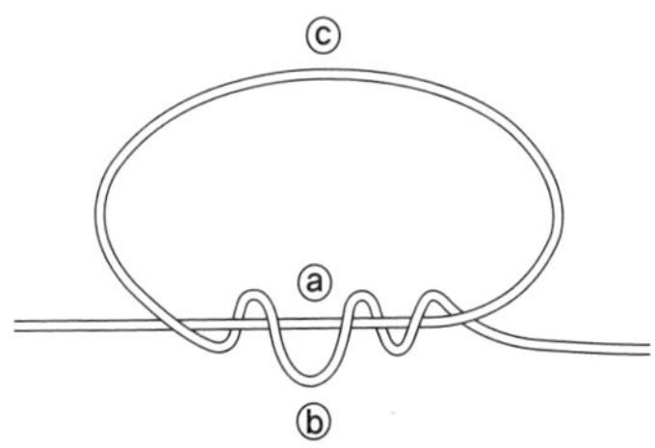

ⓑ와 ⓐ를 2회 교차시킨 모습이다.

〈그림6〉

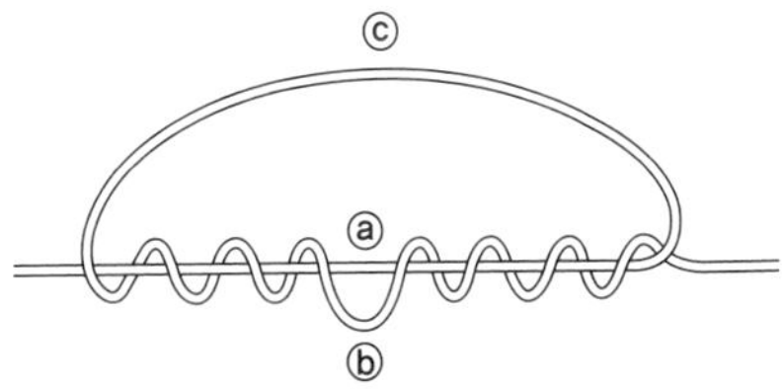

ⓐ를 축으로 ⓑ를 3~4회 꽈배기 꼬듯 돌린 모습.

〈그림7〉

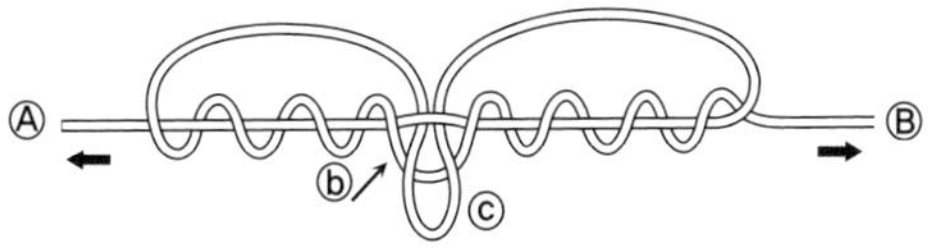

ⓒ를 ⓑ고리 속으로 통과시켜 빼낸다.

〈그림8〉

A와 B를 양쪽으로 당기면 매듭 고리가 완성된다.

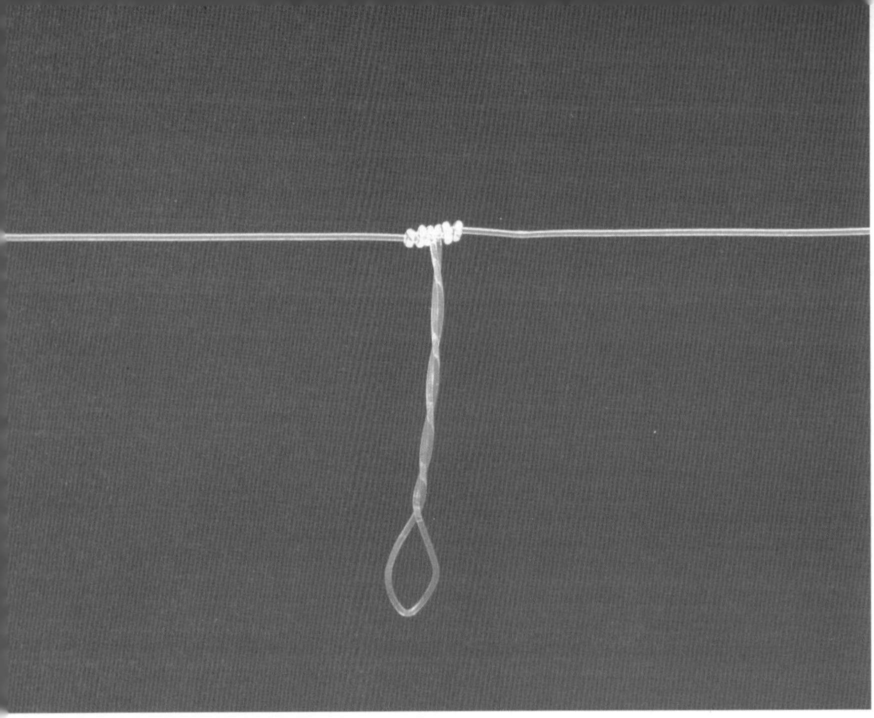

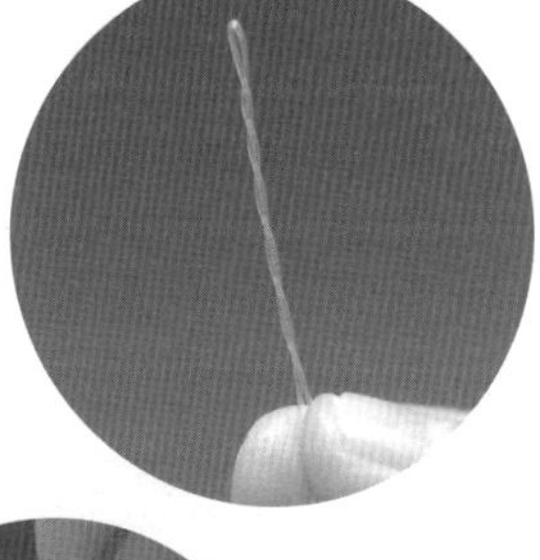

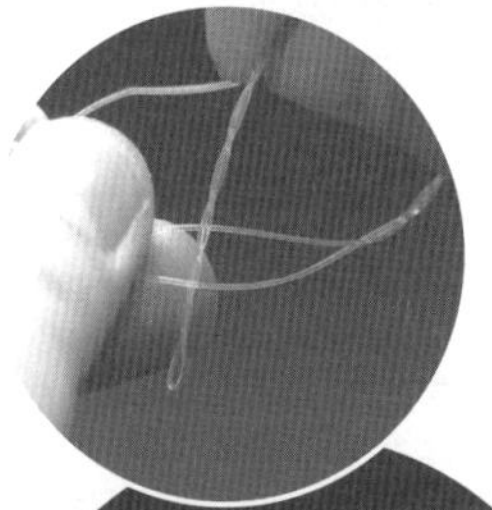

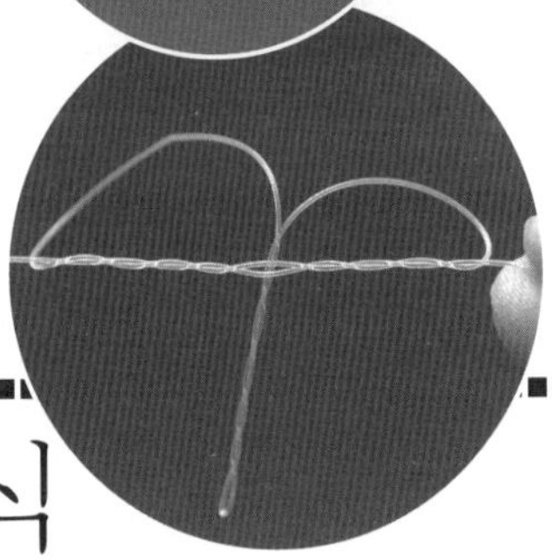

중간고리 만들기④

꽈배기 돌려빼기식

용 도 ①전항의 '돌려빼기식'을 보강한 방식으로서 갯바위보다는 배낚시에 주로 활용되는 매듭법이다. ②배낚시를 하면서도 다소 원투를 하게 되는 보리멸 채비에 가지바늘을 달 때 유용하다. ③T자형 철사편대가 준비되지 않은 상태에서 가지바늘을 벌려주고자 할 때, 이 방식을 취하면 소기의 목적을 달성할 수 있다.

특 징 ①가지바늘을 벌려주기 위해 T자형 철사편대를 사용하면 아무래도 입질이 둔감해진다. 대신 '꽈배기 돌려빼기식'으로 기둥줄 고리를 만든 후, 이에 가지바늘을 연결하면 매우 연약한 입질을 감지할 수 있다. ②따라서 수심이 매우 깊거나 물살이 거세지 않은 곳에서 소형급을 노리는 가지바늘 채비를 만들 때 아주 훌륭한 매듭법이다.

참 고 ①편대 채비의 효과를 나타낸다고 볼 수 있다. ②그러나 수심이 깊고, 조류가 세찬 곳에서 낚시를 하게 되는 우럭낚시의 경우, 아무래도 이 방식으론 T자 철사편대의 효과를 능가할 수는 없다.

전항의 '돌려빼기식'을 보강한 방식으로서 갯바위보다는 배낚시 가지채비에 주로 활용되는 매듭법이다. 가짓줄이 원줄에 엉키지 않게 간격을 벌려주는 T자형 철사편대 역할을 발휘한다.

〈그림1〉

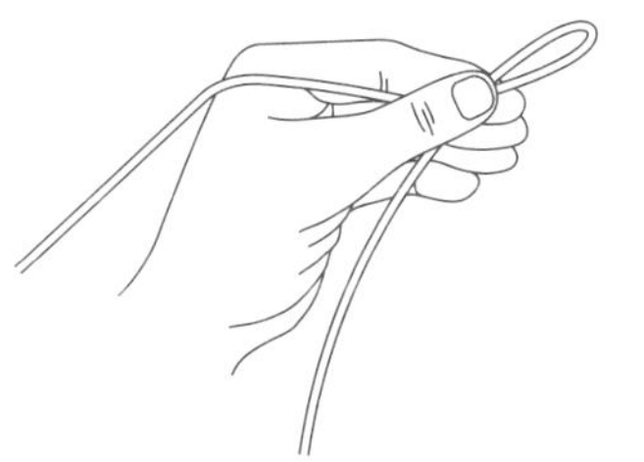

가지채비를 달 기둥줄(또는 원줄) 부위를 겹쳐 쥔다.

〈그림2〉

〈그림〉과 같이 양손으로 원하는 길이만큼의 줄을 비벼 꼰다.

〈그림3〉

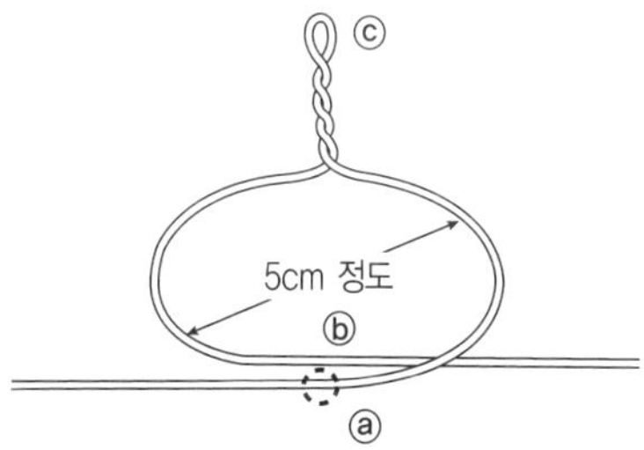

꼰줄이 풀리지 않게 하면서 직경 5cm 정도의 고리를 만든다.

〈그림4〉

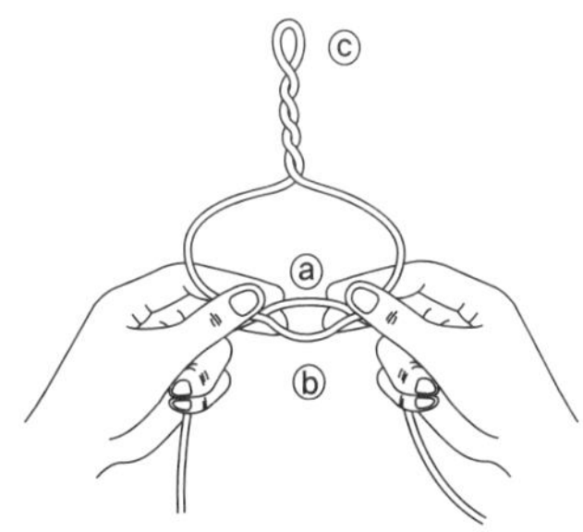

〈그림3〉 단계에서 ⓐ를 ⓑ부분 밑으로 해서 고리 안으로 걸어 올린다.

〈그림5〉

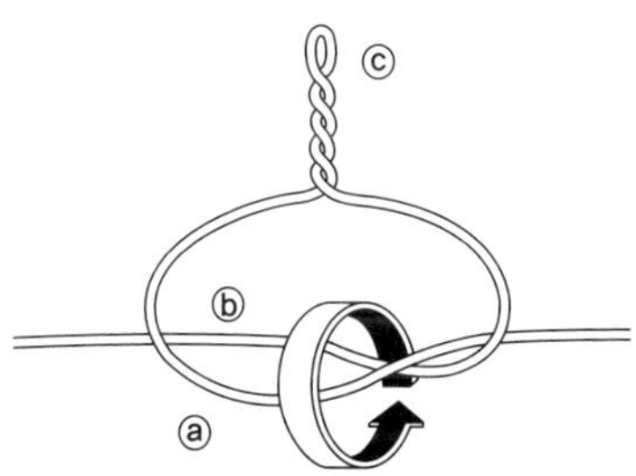

〈그림4〉 단계에서 ⓐ를 ⓑ부분 너머로 돌린 모습.

〈그림6〉

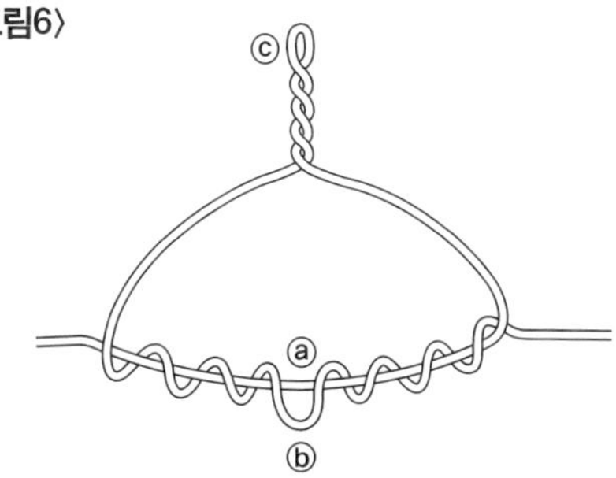

ⓐ를 축으로 ⓑ를 3~4회 꽈배기 꼬듯 돌린 모습.

〈그림7〉

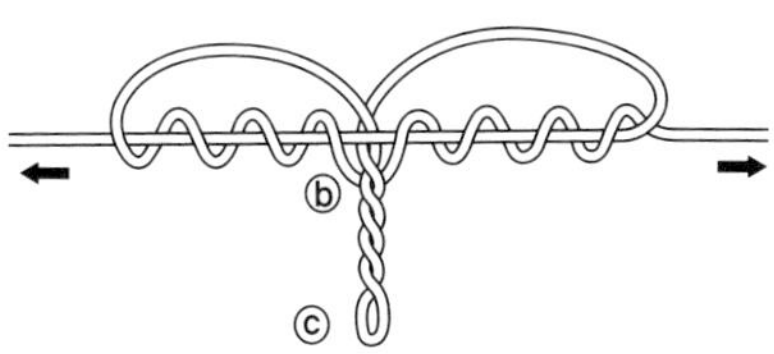

〈그림6〉에서 ⓒ를 ⓑ고리 속으로 통과시킨 모습.

〈그림8〉

양쪽을 당겨 조이면 꼰줄 고리가 완성된다.

제1부 ▌묶음법 & 연결법 100선

제6장 찌멈춤 & 눈표 매듭법

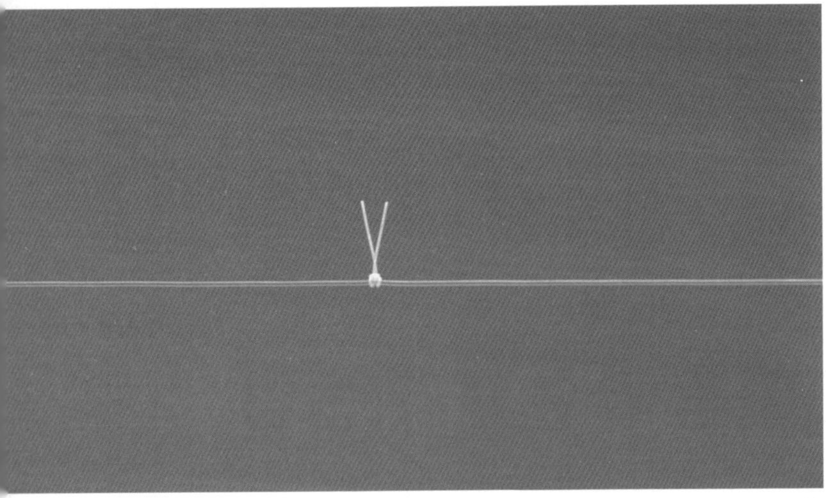

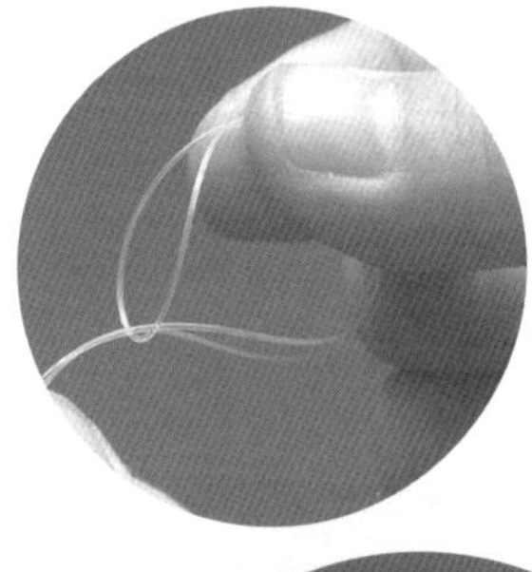

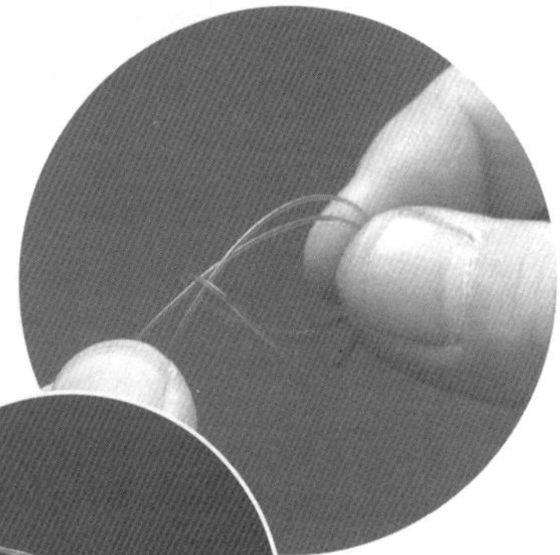

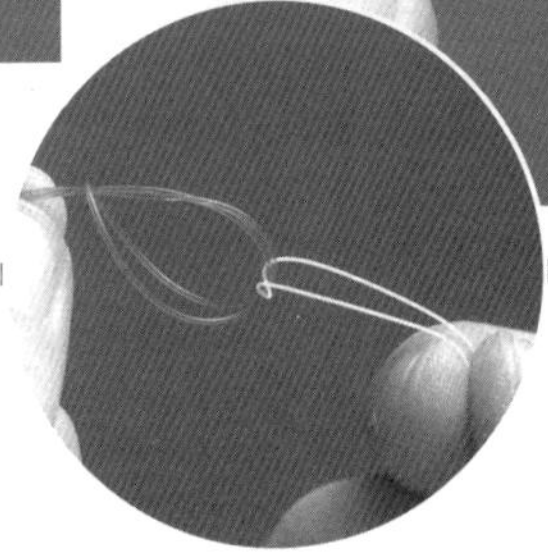

찌멈춤 & 눈표 매듭법①

나비 매듭

–일명 '나루호도 매듭법'

용 도 ①갯바위 감성돔 · 벵에돔 등의 찌낚시 채비에 활용된다. ②제로찌를 비롯한 3B 이하의 저부력찌 사용 시 기존의 '찌구슬+면사매듭' 구조에서 과감히 구슬찌를 생략하고 '매듭'만으로 찌를 원하는 위치에서 스톱시키기 위한 방법이다. 특히 찌멈춤 매듭을 나일론 줄로 하게 되면 고기의 입질이 강할 경우 찌매듭이 찌 구멍을 통과할 수도 있다. ③은어낚시 또는 여울 피라미낚시에 있어 낚싯줄의 이동과 입질을 감지하는 '눈표(目印)' 묶음에도 사용된다.

특 징 ①방법이 매우 간단한 것이 특징이다. ②고기가 입질을 했을 때 여차하면 찌매듭이 찌 구멍을 통과함으로써 고기가 이물감을 느끼지 않게 된다. ③낚시 도중 찌매듭을 상하로 자유로이 이동시킬 수 있어 채비 수심 조절은 물론, 반유동↔전유동낚시로의 변환이 손쉽다는 것도 큰 장점이다.

참 고 ①일본의 찌낚시 명인 야마모토 하치로(山原八朗)가 은어낚시 눈표(目印) 매듭법에서 힌트를 얻어 고안했다고 한다.

갯바위 감성돔 · 벵에돔 등의 찌낚시 채비에 활용되는 '찌멈춤 매듭법'으로, 가는 나일론 줄을 사용하게 되면 고기의 입질이 강할 경우 찌매듭이 찌 구멍을 통과할 수도 있어 고기가 이물감을 느끼지 않게 된다.

〈그림1〉

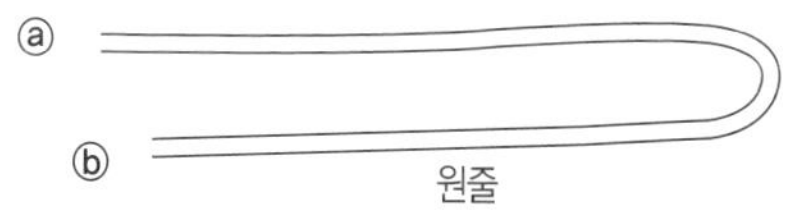

적당의 위치의 원줄을 접는다.

〈그림2〉

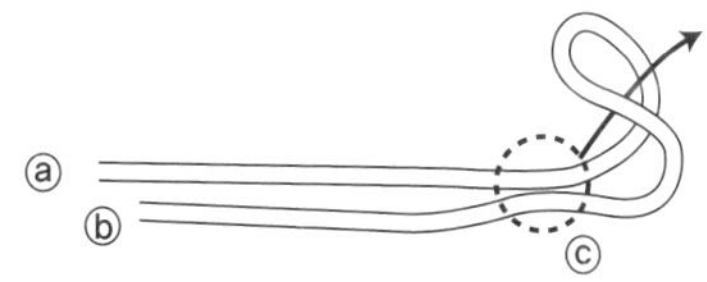

오른손 엄지와 검지를 고리 속으로 넣어 점선 부분을 함께 잡는다.

〈그림3〉

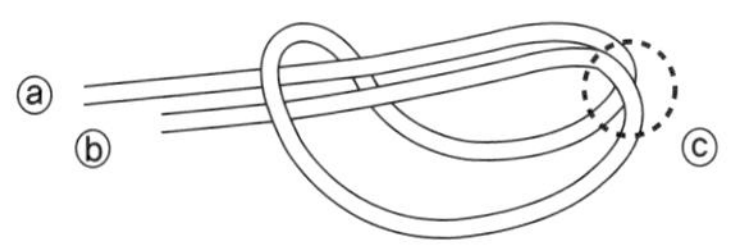

〈그림2〉에서 점선 부분의 줄을 뒤로 빼낸 모습이다.

〈그림4〉

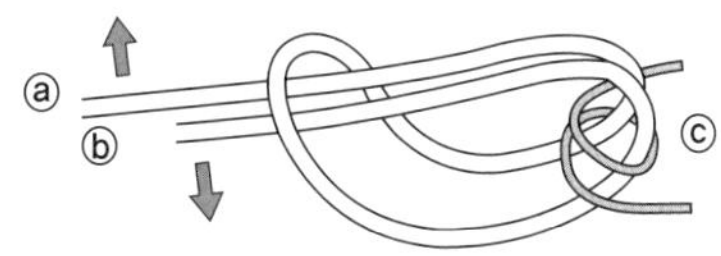

찌매듭을 할 줄을 ⓒ지점에 2회 감아준 후, 본줄 ⓐ와 ⓑ를 양쪽으로 맞당긴다.

〈그림5〉

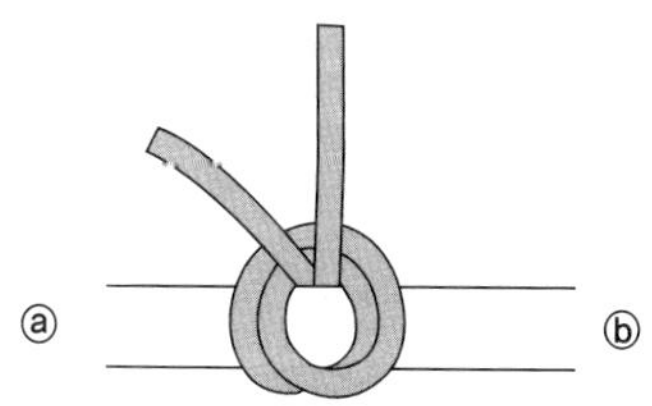

〈그림4〉에서 본줄 ⓐ와 ⓑ를 맞당기면 이런 모양이 된다.

〈그림6〉

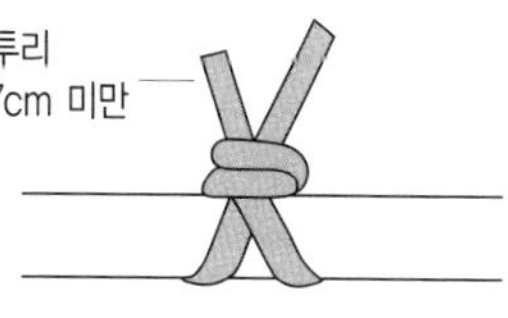

〈그림5〉에서 찌매듭 줄 두 가닥을 잡아당기면 이렇게 완성이 된다.

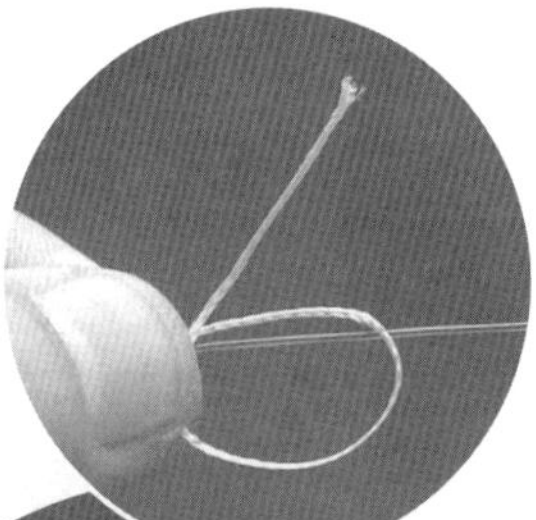

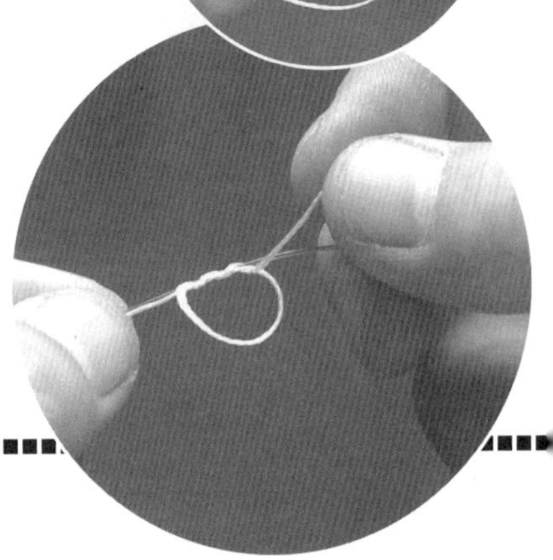

찌멈춤 & 눈표 매듭법②

안돌리기

–일명 '기차매듭' 'Uni Knot'

용도 ①갯바위 찌낚시 채비에 활용되는 찌멈춤 매듭법이다. 채비를 바닥에 내려놓고 입질을 기다리는 맥낚시와는 달리, 밑밥과 채비를 함께 조류에 흘리는 '흘림낚시' 가 최근 널리 유행하면서 가장 대중적으로 사용되는 찌멈춤 면사매듭이다. ②이 매듭은 인위적으로 이동시키지 않는 이상 저절로 풀리거나 미끄러지지 않아 수시로 채비수심 조절을 해야 하는 흘림낚시에 안성맞춤이다.

특징 ①낚싯바늘을 묶거나, 줄과 줄을 묶을 때 사용되는 '안돌리기' 가 그대로 활용되는 매듭법으로 누구나 손쉽게 따라 할 수 있다.

참고 ①매듭의 눈이 기차처럼 연결된다 해서 '기차매듭' 이라고도 부른다. ②좋은 매듭은 원줄을 상하게 하지 않으면서도 낚시 도중 풀리거나 쉽게 마모되어 끊어지지 않아야 한다. 따라서 질이 좋은 면사를 사용해야 하며, 시인성 확보도 중요하므로 밝은 형광색 계통의 노랑색이나 빨간색 면사를 사용하는 것이 좋다.

갯바위 찌낚시 채비에 활용되는 찌멈춤 매듭법으로, 인위적으로 이동시키지 않는 이상 저절로 풀리거나 미끄러지지 않아 수시로 채비수심 조절을 해야 하는 흘림낚시에 안성맞춤이다.

〈그림1〉

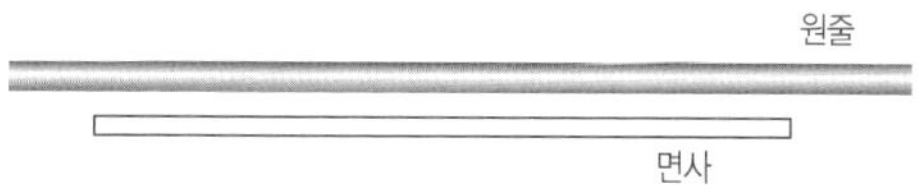

원줄에 적당한 길이의 면사를 댄다.

〈그림2〉

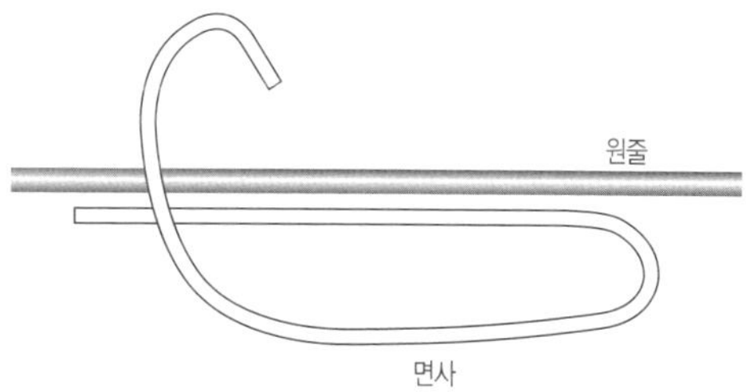

원줄을 축으로 면사를 한 바퀴 돌린다.

〈그림3〉

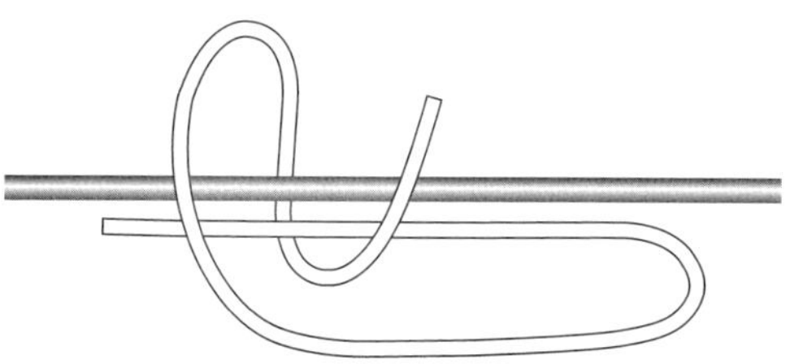

원줄을 축으로 안돌리기를 한다.

〈그림4〉

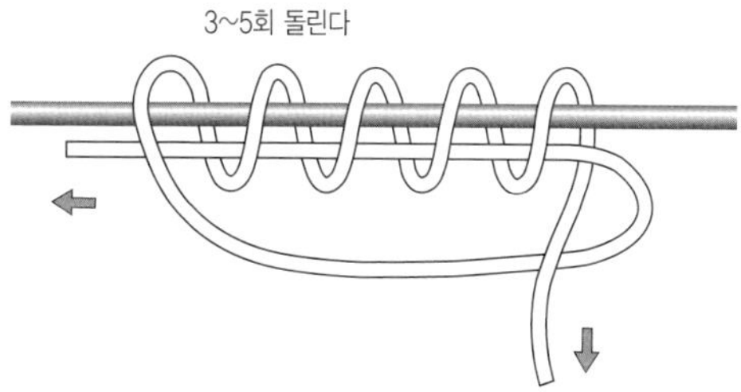

3~5회 안돌리기를 한 후 끝을 당겨 조인다.

〈그림5〉

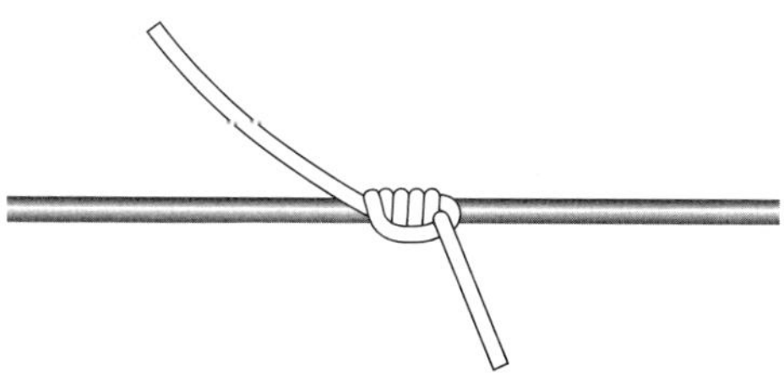

자투리 줄을 자르면 완성이 된다.

〈그림5-1〉 보강법

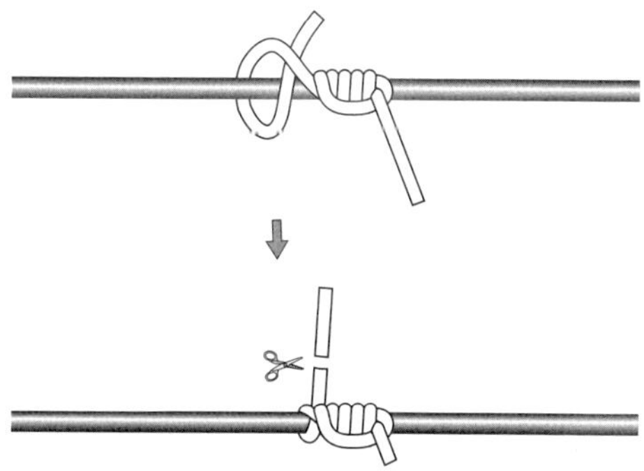

〈그림5〉의 보강법으로, 왼쪽 자투리 줄을 한 바퀴 더 엇돌려 주고 마무리를 한다.

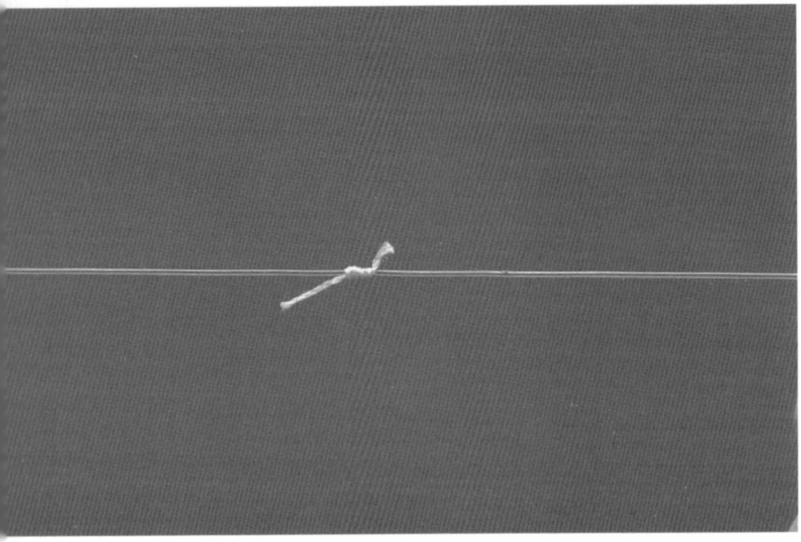

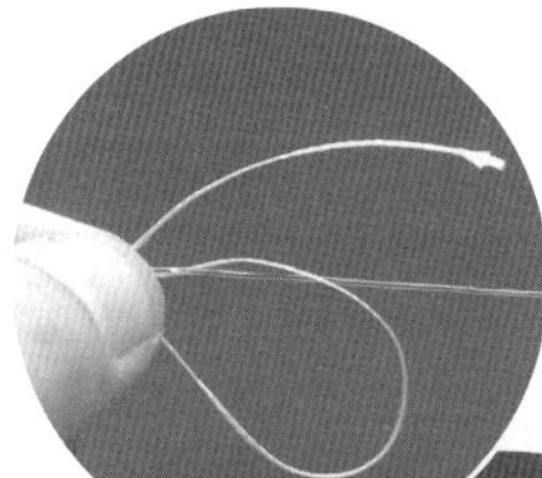

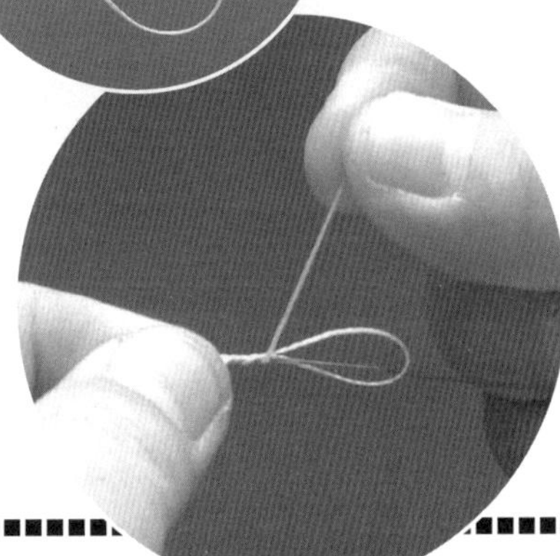

찌멈춤 & 눈표 매듭법③

바깥돌리기

용 도 ①전항의 '안돌리기'와 유사한 방식으로, 역시 갯바위 찌낚시 채비에 활용되는 찌멈춤 매듭법이다. 흔히 면사매듭이라 부르는 방법 중의 하나다. ②감성돔 · 벵에돔 · 참돔 등의 갯바위 찌낚시 외, 붕어 등 민물 띄울낚시 채비에도 활용할 수 있다.

특 징 ①낚싯바늘을 묶거나, 줄과 줄을 묶을 때 사용되는 '바깥돌리기'가 그대로 활용되는 매듭법으로, 한 번 보기만 해도 누구나 쉽게 이해할 할 수 있다. ②이 매듭의 성공을 위해서는 깔끔한 작업도 중요하지만 방법이 쉬운 만큼, 좋은 제품의 면사를 고르는 것이 관건이라는 점에 포인트를 두어야 한다.

낚싯바늘을 묶거나, 줄과 줄을 묶을 때 사용되는 '바깥돌리기'가 그대로 활용되는 매듭법인데, 라일론 줄이 아닌 PE 라인을 사용할 경우에는 〈그림3-1〉처럼 '안돌리기' 방식을 택하는 것이 좋다

참 고 ①완성 단계에서 양쪽 자투리 줄을 자를 때, 찌가 걸리게 되는 쪽은 약간 길게 자르고, 그 반대 쪽은 바짝 자르도록 한다. ②일반 나일론 원줄을 사용하지 않고 PE라인에 나일론줄로 찌매듭을 할 경우는 '바깥돌리기'보다는 전항의 '안돌리기' 방식을 택하는 것이 좋다. 〈그림3-1〉 참조.

〈그림1〉

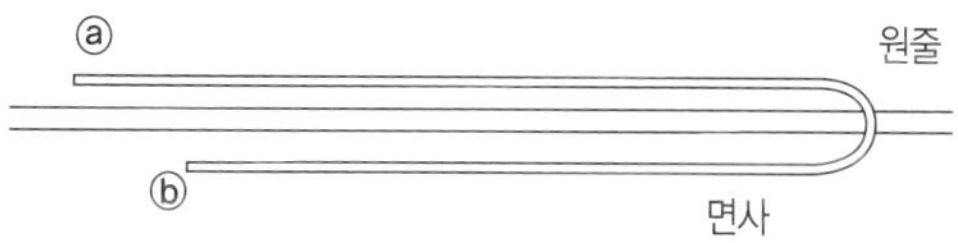

필요한 길이만큼의 면사를 잘라 원줄에 U자 형태로 걸친다

〈그림2〉

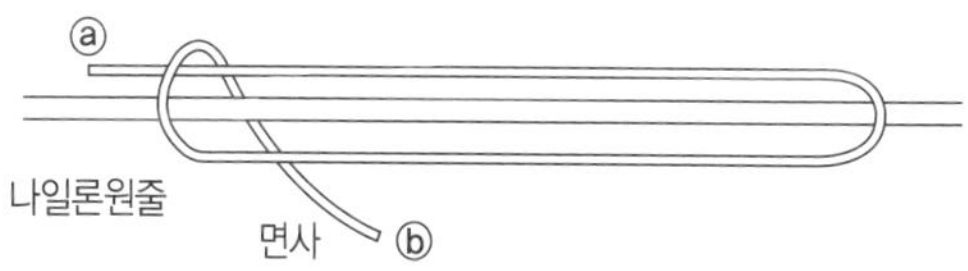

면사 끝 ⓑ를 원줄 및 반대편 면사 위로 한 바퀴 돌린다.

〈그림3〉

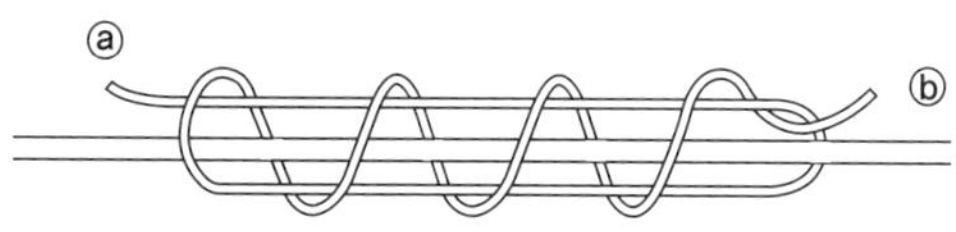

'바깥돌리기' 형식으로 3~4회 돌려 빼낸다.

〈그림3-1〉PE라인의 경우

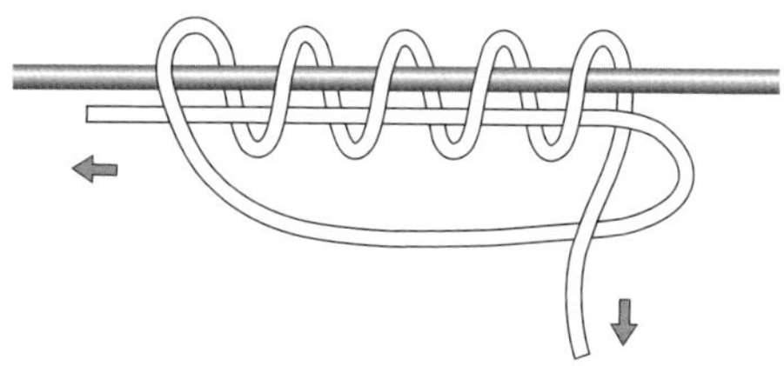

PE라인에 나일론줄로 찌멈춤 매듭을 할 때는 '안돌리기' 방식을 취하는 것이 좋다.

〈그림4〉

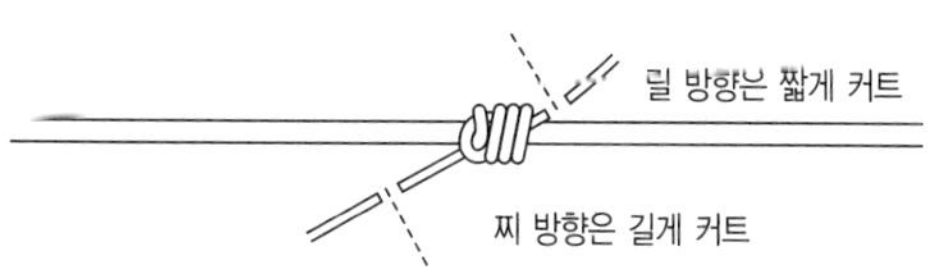

〈그림3〉에서 ⓐ와 ⓑ를 당겨 조인 후, 자투리 줄을 잘라내면 완성이 된다.

〈그림5〉

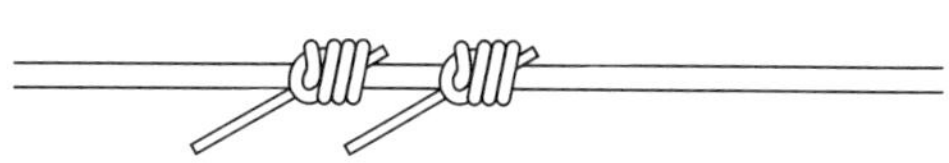

필요한 경우는 이상과 같은 방법으로 매듭을 하나 더 만들어 줄 수도 있다.

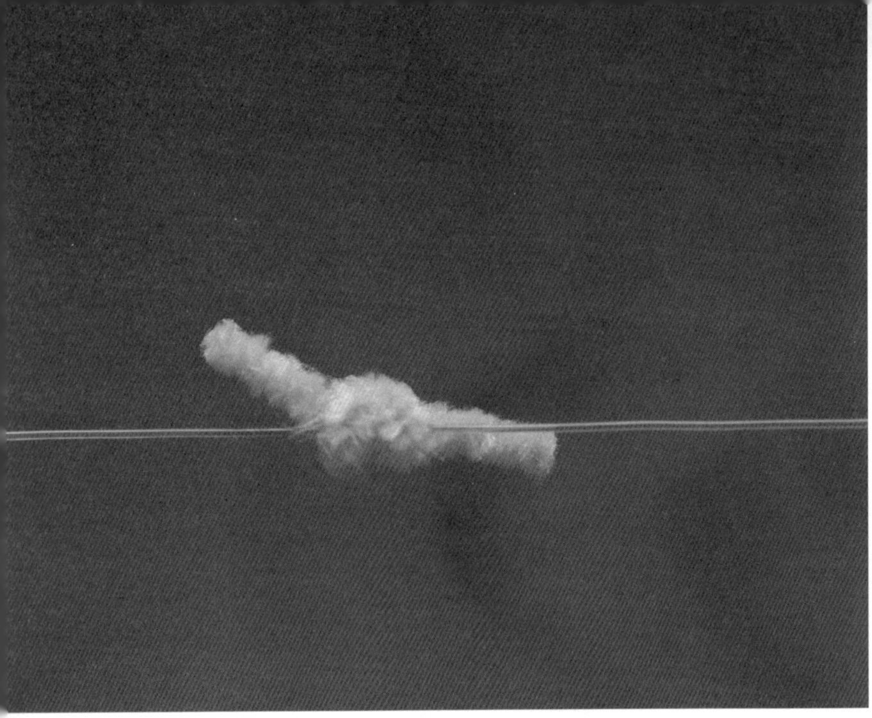

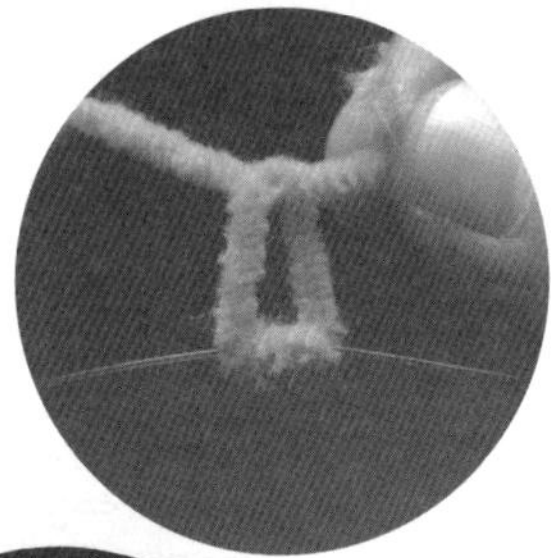

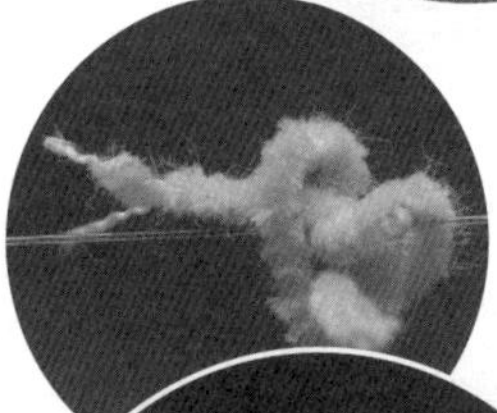

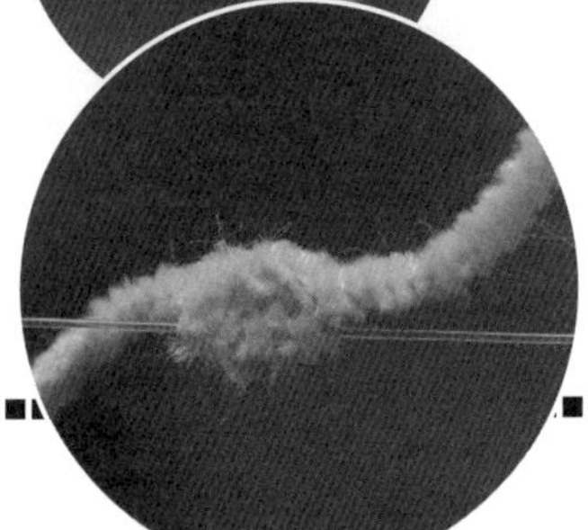

찌멈춤 & 눈표 매듭법④

잠자리 매듭

–일명 '눈표 매듭'

용 도 ①앞에 소개한 '나비 매듭'과 함께 은어 놀림낚시 채비의 '눈표'(目印)를 만들 때 활용되는 대표적인 매듭법이다. ②강 피라미 · 갈겨니 여울낚시 또는 계곡 송어 · 산천어 대낚시를 할 때도 원줄에 눈표를 달면 여러모로 편리한 점이 많다.

특 징 ①눈표를 다는 목적은 물살이 흐르는 곳에서 원줄의 움직임을 감지하고, 채비의 위치를 가늠하는 외, 고기의 입질도 확인할 수 있다. ②이런 점에서 눈표는 주변 배경과 보색이 되는 색깔을 택하되, 경계심이 강한 고기를 너무 자극하지 않아야 되는 점도 고려해야 한다. ③또한 눈표는 아주 작은 움직임에도 반응해야 하지만, 물이나 공기의 저항에 너무 좌우되어서도 안 된다.

참 고 ①간단하게 묶을 수 있고, 이동도 간단한 것이 바로 이 묶음이다. ②여러 개의 눈표를 매단 모습이 잠자리들이 앉아 있는 모습처럼 보인다고 해서 '잠자리 매듭'이라 부른다.

은어 놀림낚시 채비에 다는 '눈표'(目印) 매듭법의 일종으로, 피라미 · 갈겨니 여울낚시 또는 계곡 송어 · 산천어 대낚시를 할 때도 이 같은 방식으로 원줄에 눈표를 달아주면 여러모로 편리한 점이 많다.

〈그림1〉

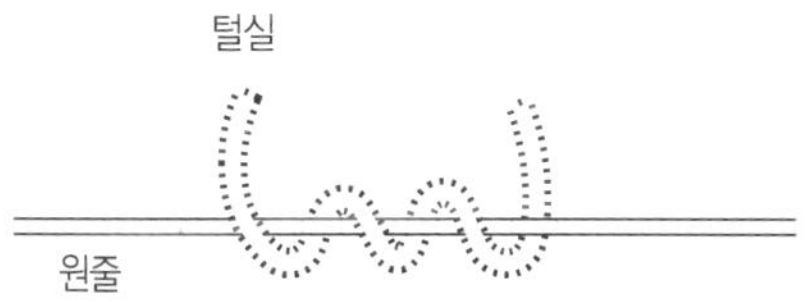

눈표로 사용할 털실을 원줄에 2~3회 휘감는다.

〈그림2〉

털실을 한 겹으로 매듭을 짓는다.

〈그림3〉

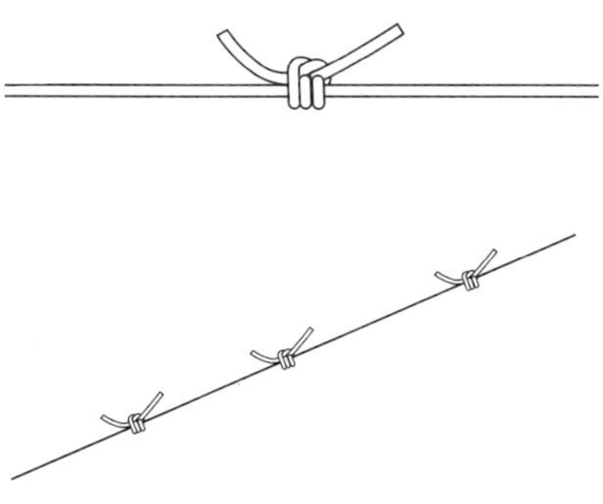

당겨 조이고 적당한 길이로 자른다.

〈그림①〉

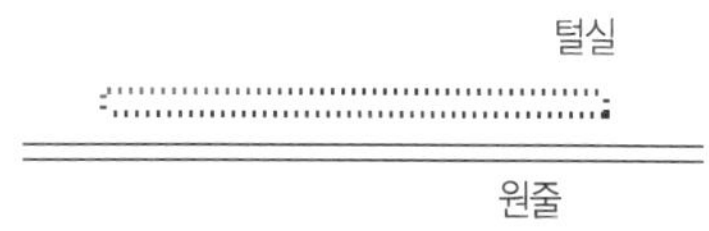

눈표로 사용할 털실을 원줄 위에 댄다.

〈그림②〉

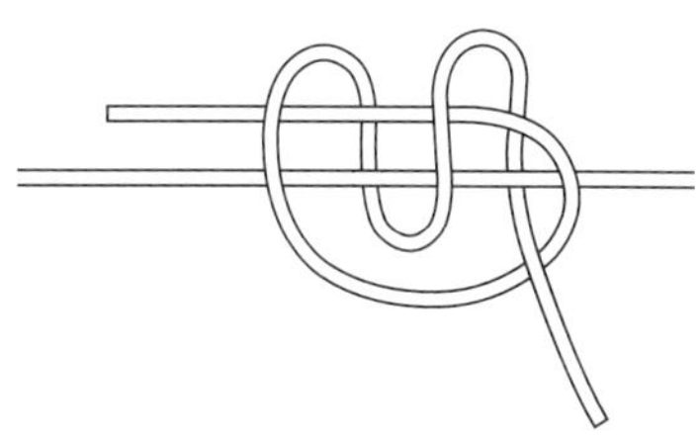

2회 '안돌리기'를 한다.

〈그림③〉

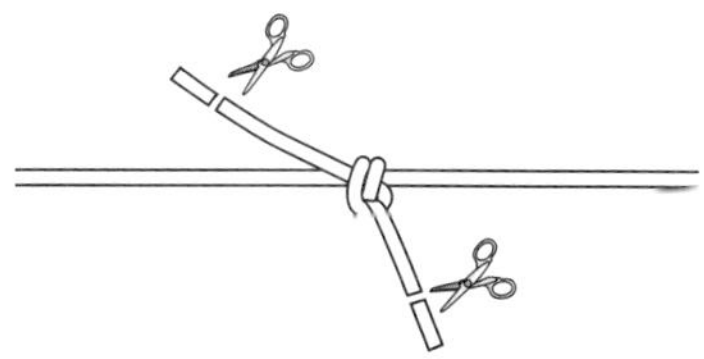

털실을 당겨 조인 후 적당한 길이로 자른다.

제1부 ▌묶음법 & 연결법 100선

제7장 **채비 연결법**

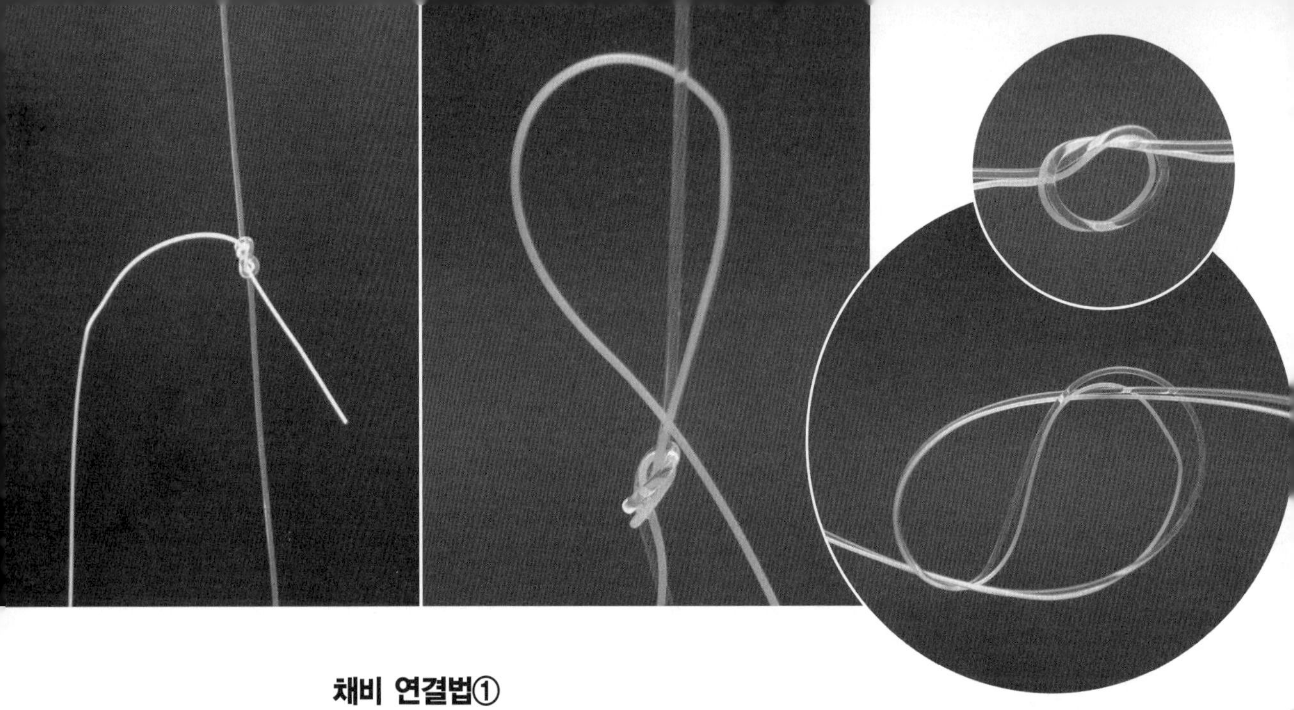

채비 연결법①

8자 묶음 & 어부식 직결법

용 도 도래와 편대와 같은 별도의 연결구를 사용하는 방법 외, 목줄 또는 가짓줄을 원줄 또는 기둥줄과 연결하는 방식은 양쪽 줄을 직접 묶거나(직결법), 양쪽에 고리를 만들어 고리와 고리를 연결하는(연결법) 두 가지 방식으로 나눌 수 있다. 직결법은 간편한 대신에 목줄 교환이 불가능하며, 고리와 고리를 연결하는 방식은 작업이 다소 성가신 반면에 새로운 목줄로 교체할 수 있는 장점이 있다. ①여기에 소개하는 '8자 묶음' 및 '어부식' 직결법은 원줄(또는 기둥줄)과 가짓줄을 직접 묶는 방식으로, ②민물에 있어 붕어 · 피라미 · 빙어 · 블루길 등을 노려 띄울낚시를 하거나, ③바다 배낚시는 물론 방파제 · 갯바위 등지에서 어종에 관계없이 다수확을 노려 가지채비를 할 때 두루 사용된다.

기둥줄(또는 원줄)에 가짓줄을 직결하는 간단하고도 손쉬운 방법이다. 두 가지 방식 가운데 낚시인들은 거의 '8자 묶음'을 활용하지만, 어부식 직결법을 택하더라도 〈그림③〉의 과정을 거치면 그 성능은 비슷해진다.

특 징 ① '8자 묶음' 및 '어부식' 모두 직결법으로 간편하게 묶을 수 있는 것이 장점이지만, 필요 시 가짓줄을 교체할 수 없다는 것이 단점이다. ②도래와 같은 연결구를 이용하거나 '고리 연결식'에 비해 목줄이 원줄(기둥줄)에 붙어 꼬이는 단점이 자주 발생한다.

참 고 ① '어부식'에 비해 '8자 묶음' 방식이 결절강도(結節强度)가 높다.

〈그림1〉8자 묶음

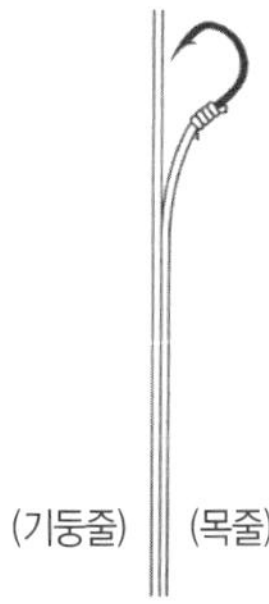

가지바늘의 위치가 채비의 위쪽 방향이 되도록 기둥줄에 댄다.

〈그림2〉

가짓줄 끝부분을 기둥줄과 함께 쥐고 '8자 매듭'을 짓는다.

〈그림3〉

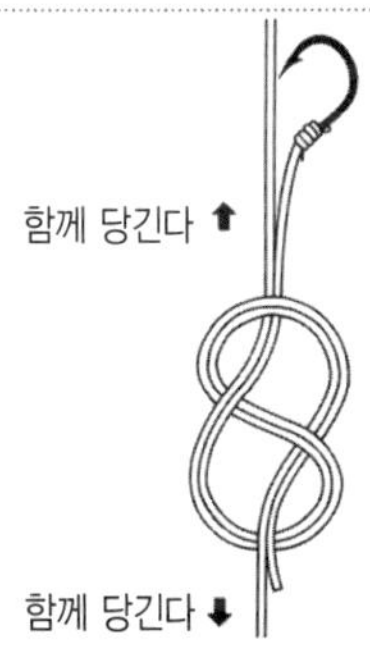

8자 매듭 양쪽 줄을 함께 쥐고 맞당겨 조인다.

〈그림4〉

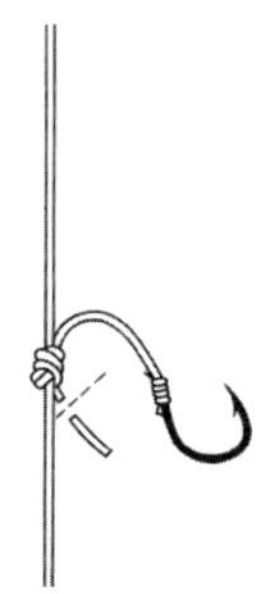

가짓줄 자투리 잘라내면 완성이 된다.

〈그림①〉어부식 직결법

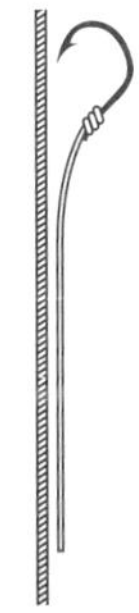

역시 가지바늘의 위치가 채비의 위쪽 방향이 되도록 기둥줄에 댄다.

〈그림②〉

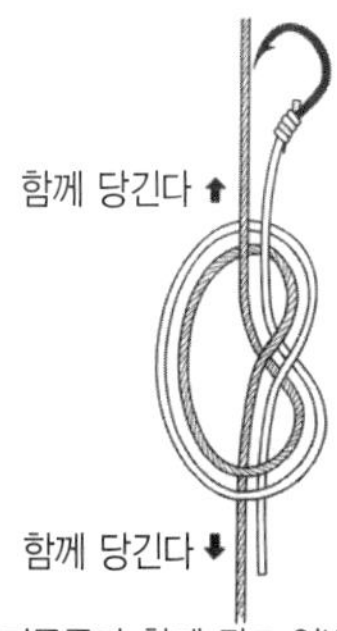

가짓줄 끝부분을 기둥줄과 함께 쥐고 일반 매듭으로 묶는다.

〈그림③〉

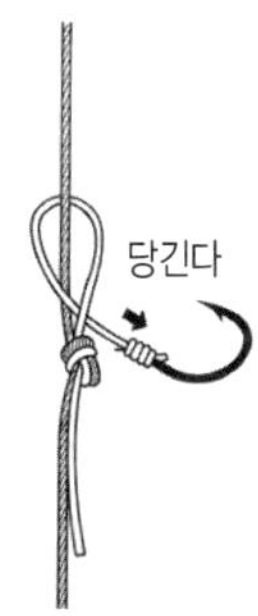

가짓줄을 기둥줄에 대고 한 바퀴 엇돌려 빼낸다.

〈그림④〉

가짓줄 자투리를 잘라내면 완성이 된다.

채비 연결법②

안돌리기 직결법

용 도 ①기둥줄에 가지목줄을 직결하는 매듭법으로, 낚싯바늘을 묶을 때나 낚싯줄과 낚싯줄을 연결할 때 활용되는 '안돌리기'와 같은 방식이다. ②붕어 · 빙어 · 피라미 · 블루길 등을 대상으로 띄울낚시를 하거나, 바다낚시에 있어 다수확을 노려 가지채비를 할 때 사용되는 묶음법이다.

특 징 ①전항의 '8자 묶음'이나 '어부식' 직결법에 비해 매듭이 풀어질 염려가 적은 데 비해, ②매듭 주변에 꼬임이 생겨 줄이 약화되는 경우가 많다. ③여기에 소개하는 '안돌리기' 뿐만 아니라 모든 직결식은 도래와 같은 연결구를 이용하거나 고리 끼리 연결하는 방식에 비해, 목줄이 기둥줄에 붙어 꼬이는 일이 자주 발생한다.

참 고 ①여섯 단계의 작업 과정 가운데 〈그림5〉에서 최종 마무리를 할 수도 있다. 그러나 〈그림5-1〉의 과정을 한 번 더 거치면 가짓줄이 보다 똑바로 서고, 강도도 한층 높아진다. ②낚시를 하는 도중 기둥줄에 목줄이 붙어 꼬임이 한 번 발생하면 목줄이 약화될 뿐만 아니라, 자꾸만 힘을 잃고 축축 늘어져 가짓줄의 기능을 발휘하지 못하게 된다. 역시 이런 때도 〈그림5-1〉과 같은 방식으로 보강을 해주면 된다.

간단하고도 손쉽게 기둥줄에 가짓줄을 직결하는 방법으로, 전항의 '8자 묶음'과 함께 그 사용빈도가 가장 높은 매듭법이다. 그러나 '8자 묶음'보다 뛰어난 매듭법으로, 낚싯바늘을 묶거나 낚싯줄을 연결할 때 활용되는 '안돌리기'와 같은 방식이다.

〈그림1〉

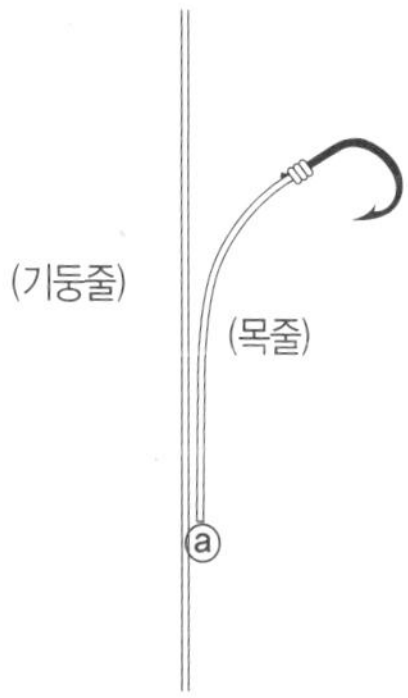

기둥줄과 가지목줄을 겹쳐 잡되, 바늘이 채비의 위쪽(낚싯대 끝 쪽) 방향으로 놓이게 한다.

〈그림2〉

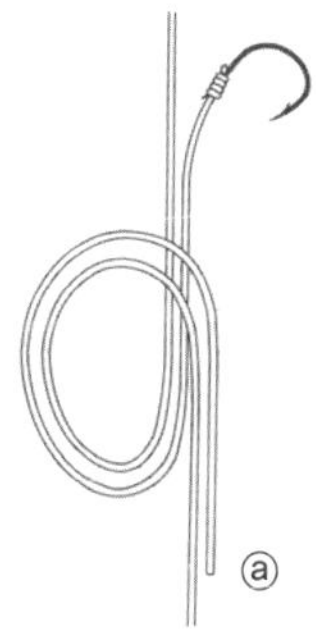

가짓줄 끝부분과 기둥줄을 함께 쥐고 한 바퀴 원을 만든다.

〈그림3〉

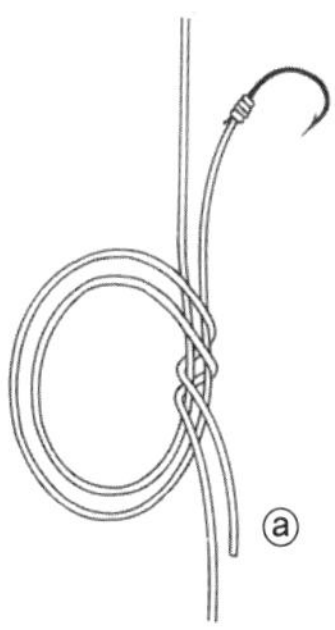

ⓐ부분을 함께 쥐고 원 안으로 넣었다가 빼내는 작업을 반복한다.

〈그림4〉

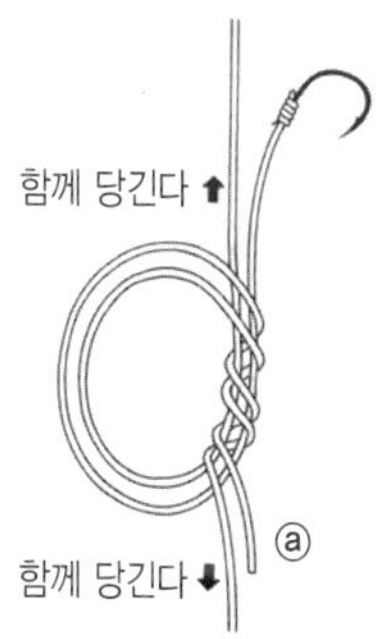

2~3회 가량 '안돌리기'를 한 후, 고리 아래위 두 줄을 함께 쥐고 맞당겨 조인다.

〈그림5〉

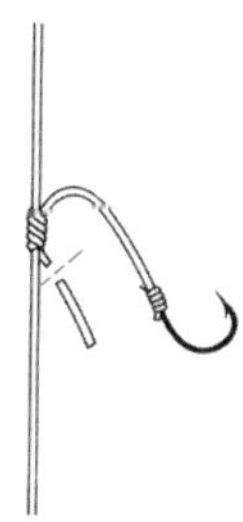

자투리 줄을 잘라내면 완성이 된다.

〈그림5-1〉

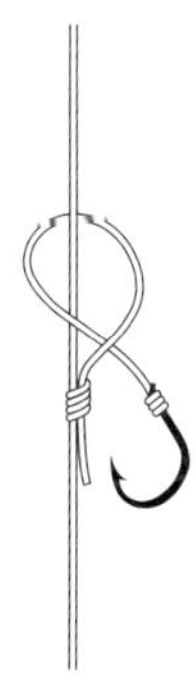

가짓줄을 기둥줄에 대고 한 바퀴 감아주면 가짓줄이 보다 똑바로 서고, 강도도 높아진다.

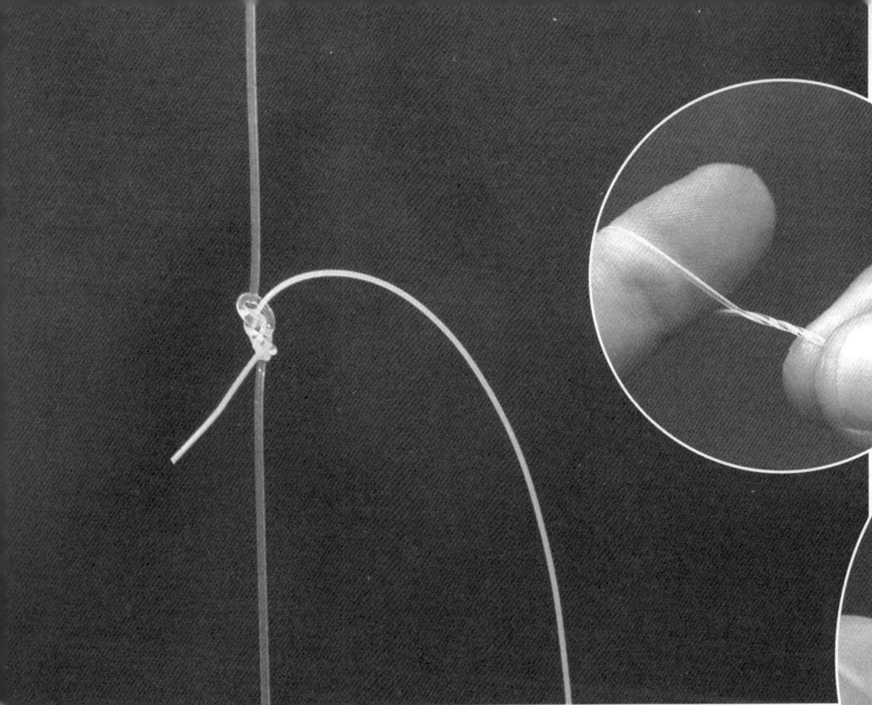

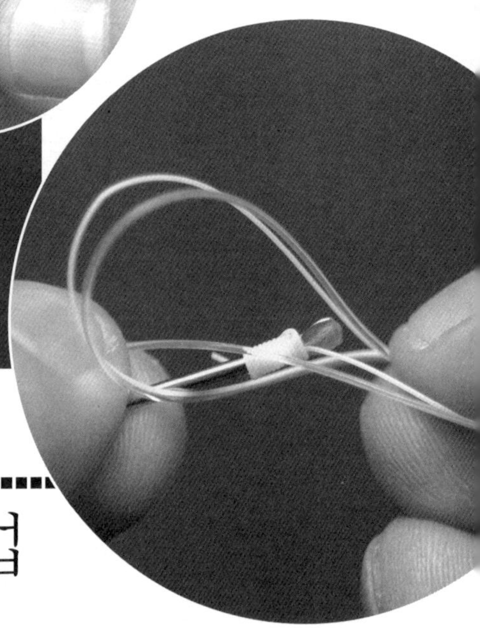

채비 연결법③

꽈배기식 직결법

용 도 ①원줄(또는 기둥줄)과 가짓줄의 굵기가 심하게 차이 날 경우의 직결법에 유리하다. ②다른 직결법과 마찬가지로 붕어 · 빙어 · 피라미 · 블루길 등을 대상으로 띄울낚시를 하거나, 바다낚시에 있어 다수확을 노려 가지채비를 할 때 사용되는 묶음법이다.

특 징 ①가짓줄을 직결할 때 가장 빠르게 할 수 있는 방법이 바로 이 '꽈배기식 직결법' 이다. ②다만, 두 줄을 여러 번 꼬아 매듭을 짓는 관계로, 매듭 주변의 꼬임으로 인해 가짓줄의 강도가 약해지는 경우가 발생한다.

참 고 ①〈그림2〉 단계에서 최초의 고리 크기를 정할 때, 맨 나중에 바늘을 통과시켜야 할 것을 염두에 두고 다소 여유 있게 잡아주는 것이 좋다. ②많은 꼬임으로 인해 가짓줄이 약화되는 것을 방지하기 위해선 〈그림5〉 단계에서 매듭 부위에 침을 바른 후, 천천히 조이는 것이 좋다. ③고리 속으로 통과시킬 줄이 너무 긴 경우는 불편이 많이 따르는 매듭법이다.

줄의 굵기가 심하게 차이 날 경우에 사용되는 직결법 중의 하나다. 그러나 두 줄을 여러 번 꼬아 매듭을 짓는 관계로, 매듭 주변의 꼬임으로 인해 가짓줄의 강도가 약해지는 사례가 발생한다.

〈그림1〉

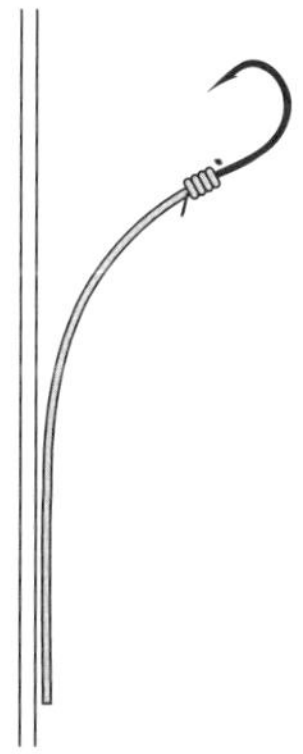

바늘이 채비 위쪽(낚싯대 끝 쪽)으로 향하게 두 줄을 겹쳐 잡는다.

〈그림2〉

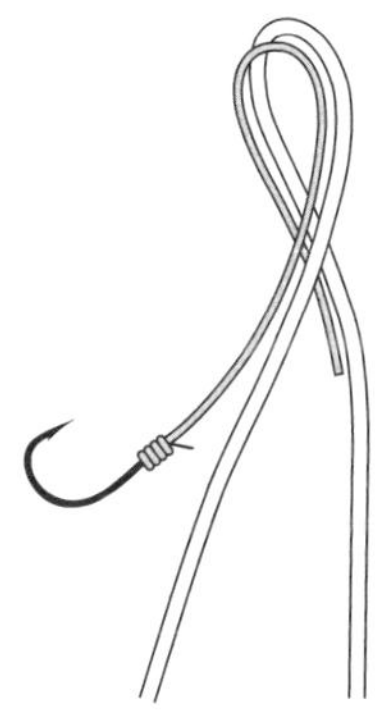

두 줄을 함께 쥐고 고리 하나를 만든다.

〈그림3〉

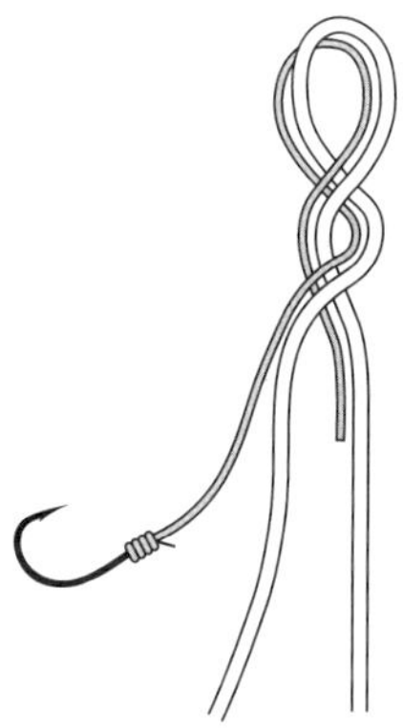

고리 속에 손가락을 넣어 돌리는 방식으로 두 줄을 꼬아준다.

〈그림4〉

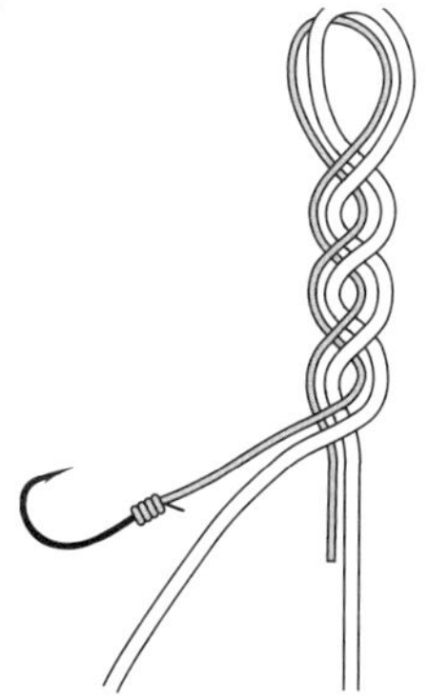

같은 방식으로 3~4회 돌린다.

〈그림5〉

바늘 부위와 기둥줄을 함께 쥐고 고리 속으로 통과시킨다.

〈그림6〉

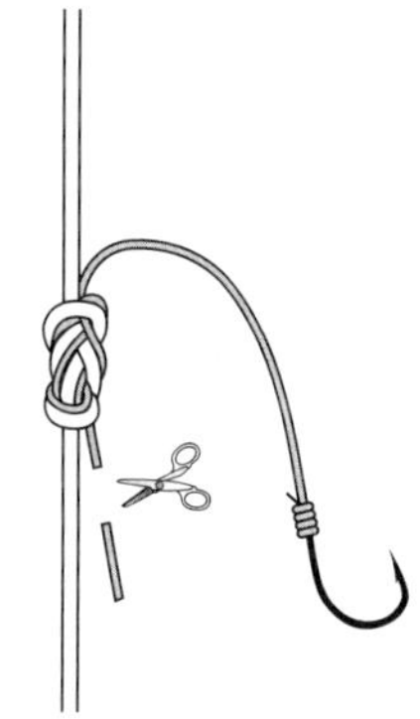

자투리 부분을 잘라내면 완성! 그러나 가짓줄을 기둥줄에 한 번 더 감아주면 가짓줄이 보다 힘차게 선다.

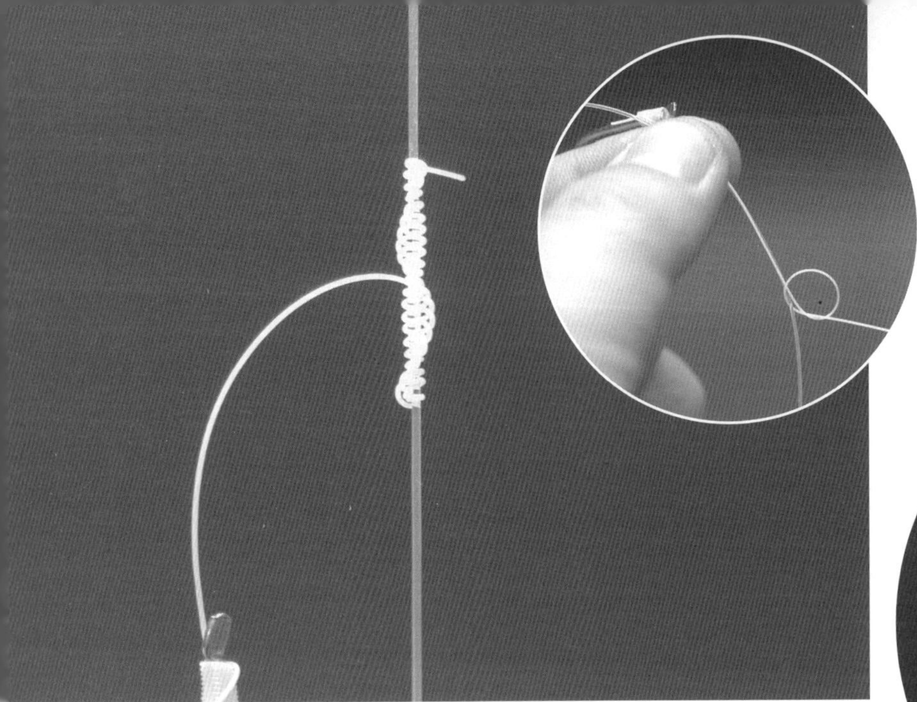

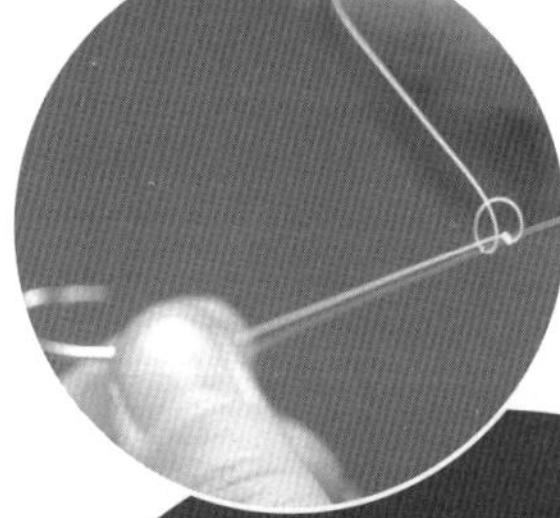

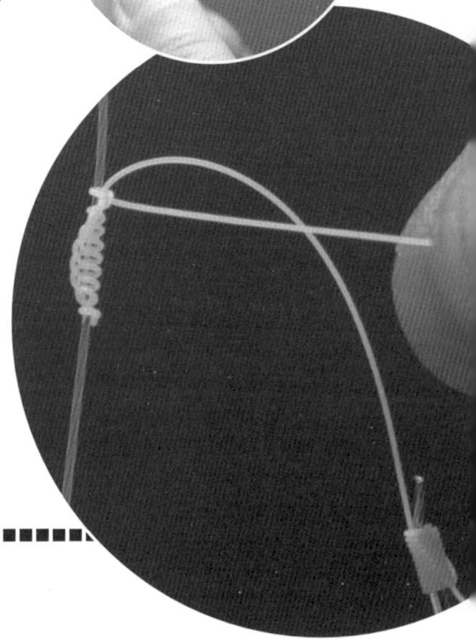

채비 연결법④

스프링식 직결법

-일명 '가짓줄 짜붙이기'

용 도 ①별도의 연결구를 사용하지 않고 원줄과 가지목줄을 직접 묶는 '직결법' 은 목줄 부분에 커다란 부하(負荷)가 생기거나, 바닷물 속에 오래 사용하다 보면 매듭 부위가 차츰 약해지거나 풀어지기 쉽다. 이런 폐단을 방지하는 것이 '짜붙이기' 방식이다. ②특히 난바다에서 참돔을 비롯한 방어 · 부시리 등의 대물을 노릴 때에는 절대 끊어지지 않는 채비가 필요하다. 자주 사용되는 묶음법은 아니지만, 언젠가 대물낚시의 기회가 오면 요긴하게 활용할 수 있도록 익혀두는 것이 좋다.

방법은 그다지 어렵지 않지만 시간과 노력을 많이 기울여야 한다. 아무리 강한 부하가 생겨도 가지목줄이 끊어지기 전에는 매듭 부위가 끊어지거나 풀어지지 않는 최강의 직결법이기에 그만한 노력을 기울일 가치가 있다.

특 징 ①방법은 그다지 어렵지 않지만 시간과 노력을 많이 들여야 한다. ②아무리 강한 부하가 생겨도 가지목줄이 끊어지기 전에는 매듭 부위가 끊어지거나 풀어지지 않는 최강의 직결법이라 할 수 있다.

참 고 ①가짓줄을 원줄(기둥줄)에 대고 짜 감는 모양이 노트의 스프링처럼 보여 '스프링식 직결법' 이라고도 한다.

〈그림1〉

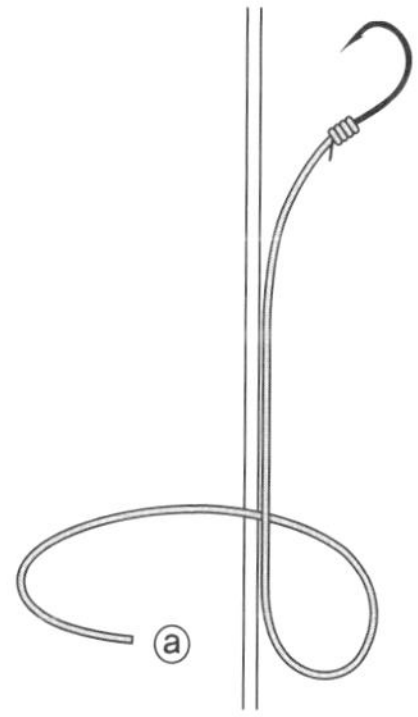

바늘이 낚싯대 끝 쪽으로 향하게 가지목줄을 원줄에 댄 후, 고리를 만든다.

〈그림2〉

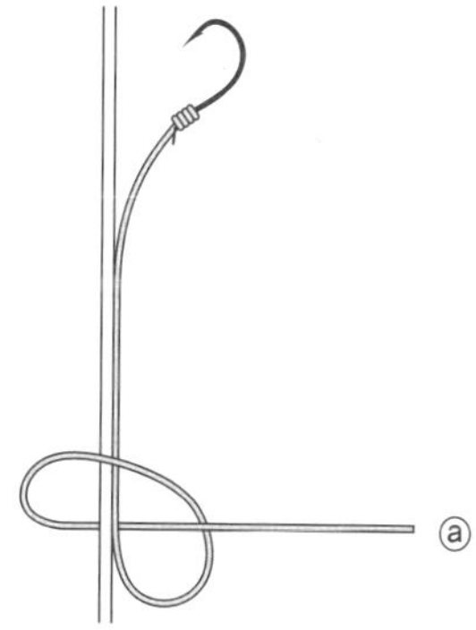

ⓐ를 고리 속으로 넣어 빼낸 다음, 꽉 잡아당겨 조인다.

〈그림3〉

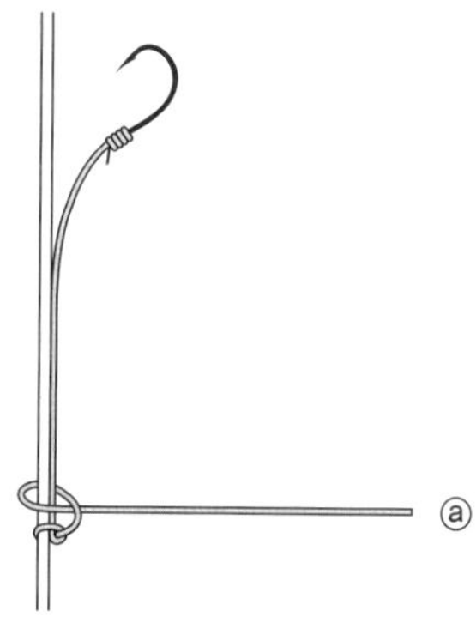

다시 한번 고리를 만들어 ⓐ를 그 속을 통과시킨 다음, 역시 꽉 잡아당겨 조인다.

〈그림4〉

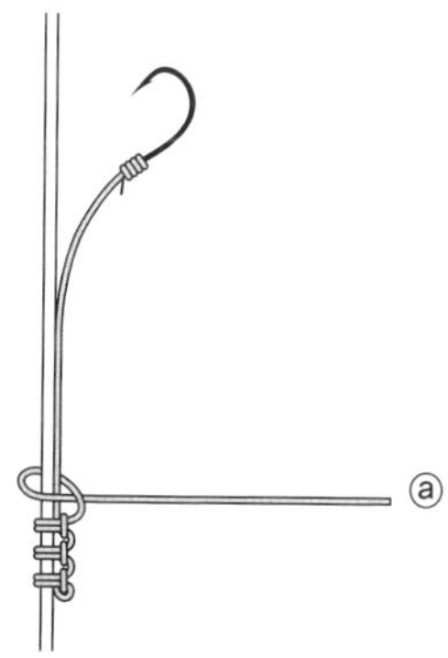

〈그림3〉의 작업을 10회 정도 반복한다.

〈그림5〉

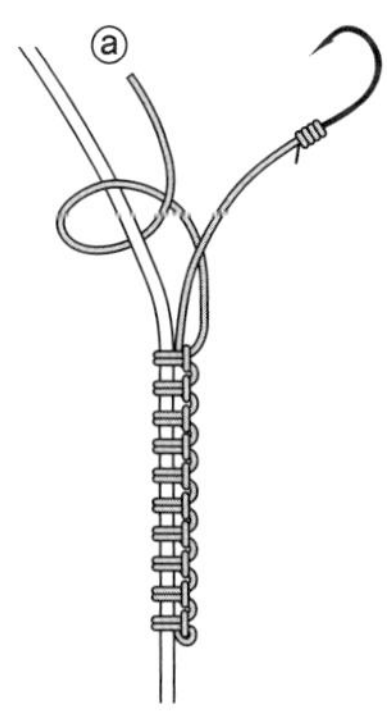

이번에는 원줄(기둥줄)에만 ⓐ를 감아 붙인다.

〈그림6〉

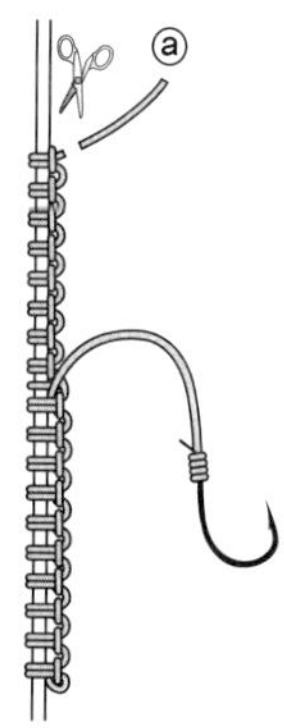

〈그림5〉와 같은 작업을 10회 정도 반복한 후, 여분을 잘라준다.

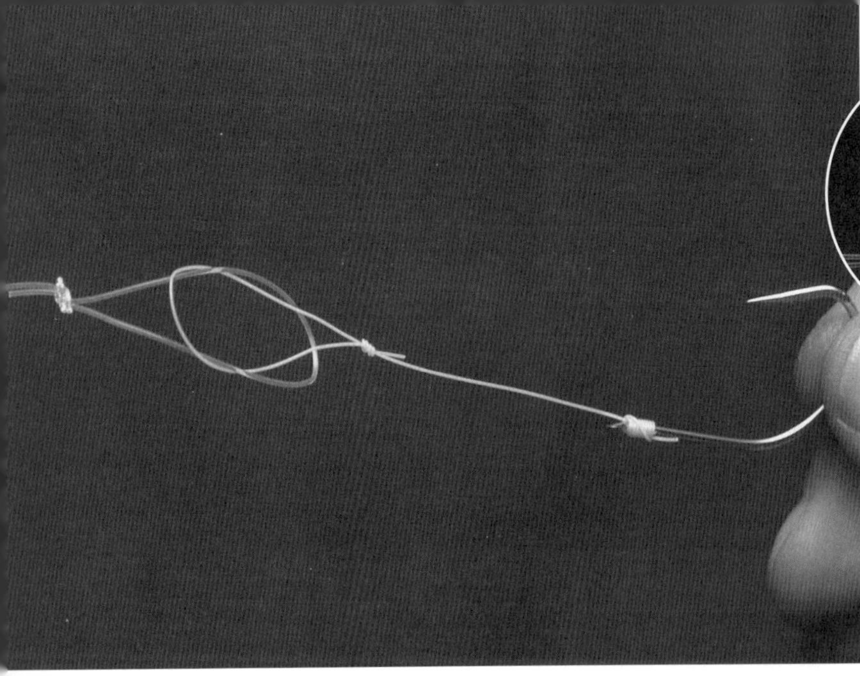
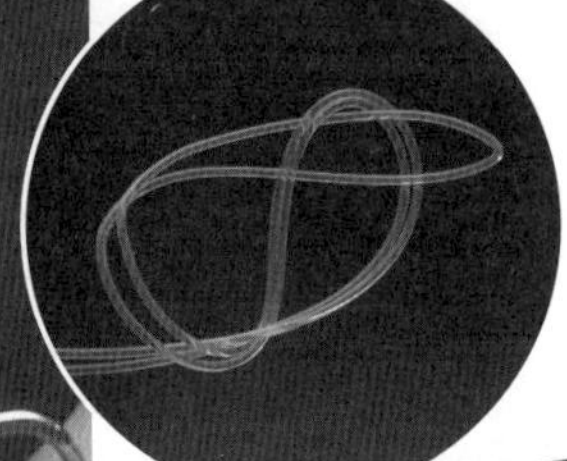
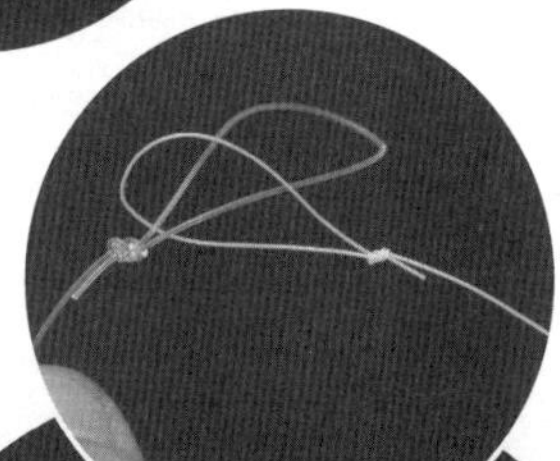
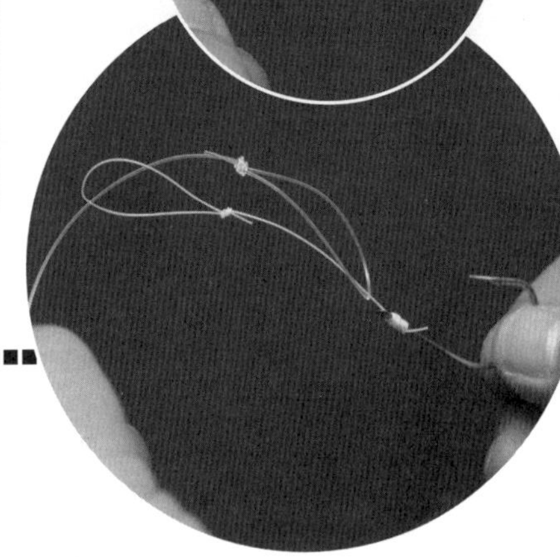

채비 연결법⑤

끝고리 연결법

–일명 'Loop to Loop'

용 도 ①도래 없이 원줄과 목줄을 연결하는 방식으로, 가장 폭넓게 활용되는 채비 연결법이다. ②민물, 바다 할 것 없이 거의 모든 채비에 활용되는 연결법으로, 원줄에 끝고리를 만들지 않고 도래를 사용해 목줄을 연결하는 일반적인 경우에도 그 방식은 동일하다.

특 징 ①원줄과 목줄의 연결은 도래를 사용하거나 양쪽 끝고리를 서로 연결하는 방식 외, 두 줄을 직접 묶는 직결식은 낚시 채비에 있어 바람직하지 않은 방법이다. ②따라서 여기에 소개하는 '끝고리 연결'은 직결식에 비해 강도가 뛰어나고 목줄 교체가 자유로우며, ③도래를 매개체로 하는 경우보다 채비가 예민해진다.

참 고 ①원줄 및 목줄 끝고리 만드는 방식은 '8자 매듭'이 가장 많이 활용되지만, 자신의 취향에 맞는 매듭법을 택하면 된다. 제4장 '끝고리 만들기' 참조. ②그림으로 소개하는 두 가지 방식 모두 원리는 똑 같다. 그러나 〈그림1~3〉 방식은 목줄의 길이가 짧을 때 유용하며, 〈그림①~③〉은 목줄 길이가 길 때 유용한 방식이다.

고리와 고리를 이용해 원줄과 목줄, 또는 기둥줄과 가짓줄을 연결하는 방식으로, 여타 직결법에 비해 상황에 따라 목줄 교환이 자유롭다는 것이 장점이다. 낚시 채비의 기본에 해당하는 연결법이다.

〈예비A〉

원줄 및 목줄 끝고리 묶음은 '8자 매듭'이 가장 이상적이다.

〈예비B〉

〈그림1〉목줄이 짧을 때

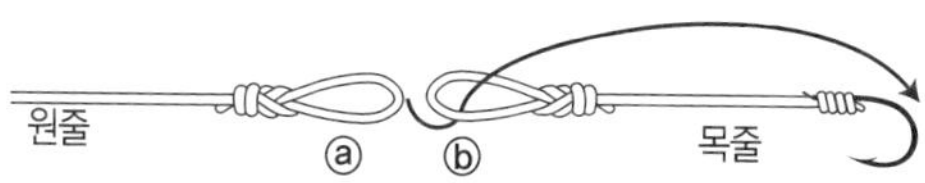

원줄 고리 ⓐ를 목줄 고리 ⓑ 속으로 집어넣는다.

〈그림①〉 목줄이 길 때

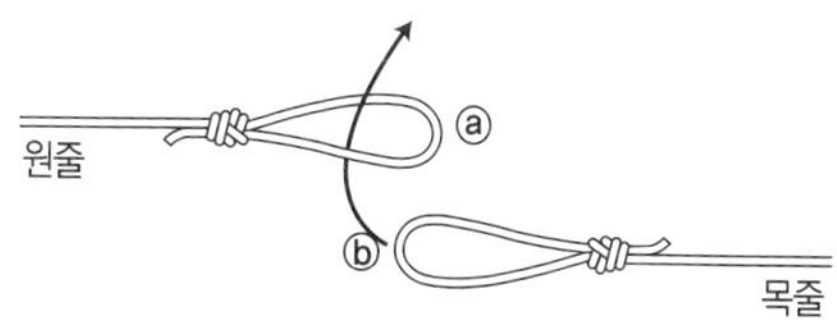

목줄이 길 때는 목줄 고리(ⓑ)를 원줄 고리(ⓐ) 속으로 집어넣는다.

〈그림2〉

원줄 고리 ⓐ를 목줄 끝의 바늘까지 씌운 후, 앞으로 빼낸다.

〈그림②〉

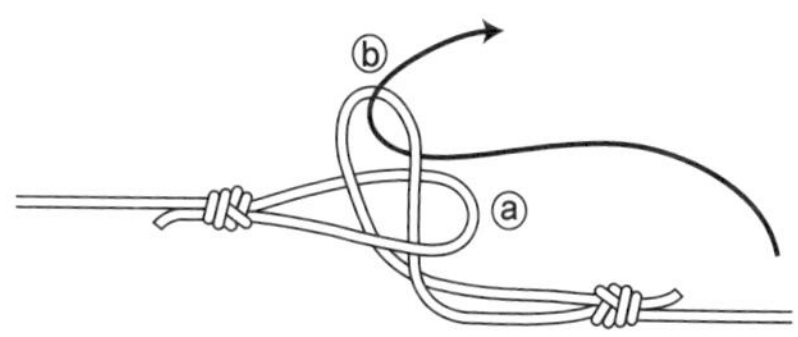

목줄 끝을 목줄 고리 ⓑ 속으로 넣고 빼낸다.

〈그림3〉

원줄과 목줄을 맞당겨 고리를 조인다.

〈그림③〉

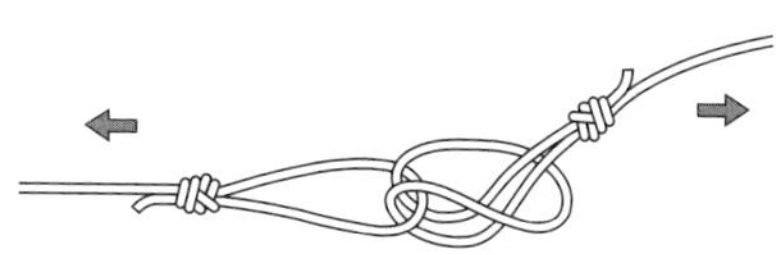

원줄과 목줄을 맞당겨 고리를 조인다.

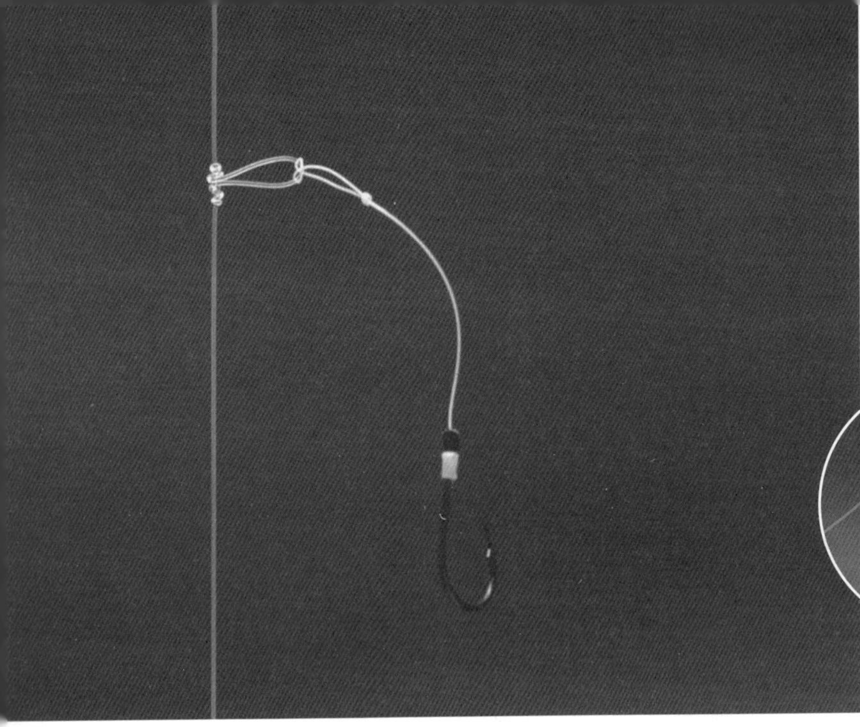

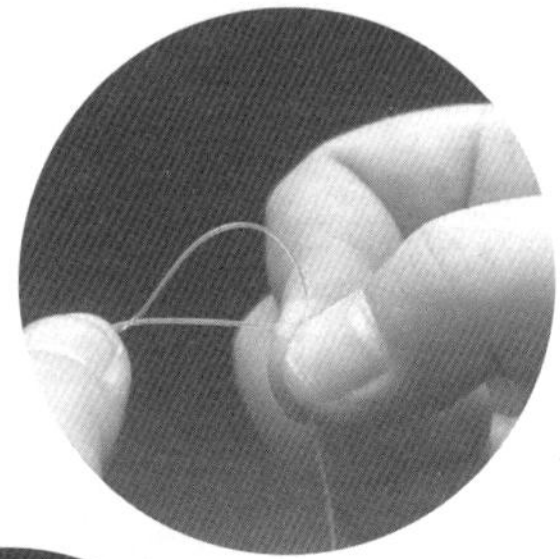

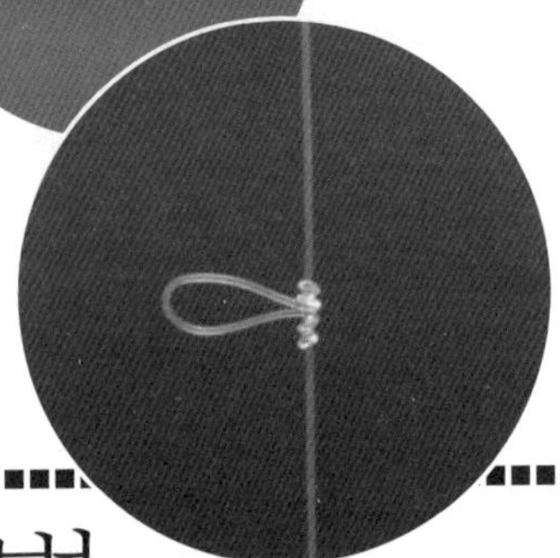

채비 연결법⑥

기둥줄 고리 연결법

용 도 ①기둥줄에 고리를 만든 다음, 이에 가짓줄을 연결하는 경우이다. ②배낚시에서 여러 개의 가지채비를 달 때 활용되는 방식으로, 특히 오징어낚시 채비를 할 때에 많은 도움이 된다.

특 징 ①폴리에스탈(PE) 외의 줄이라면 어떤 소재도 가능하며, 매듭이 풀리는 일은 거의 없다. ②하나의 기둥줄에 여러 개의 고리를 만들 때 특히 유용하다.

참 고 ①처음부터 기둥줄에 필요한 만큼의 고리를 만들어 두었다가 낚시를 시작할 때 가짓줄을 연결하는 것이 좋다. ②가장 중요한 것은 기둥줄 고리의 크기인데, 아무렇게 하다 보면 고리의 모양이 일그러지거나 크기가 일정치 않아 가짓줄을 달기가 어려워지는 경우도 생기고, 조과에도 도움이 되지 못한다. 따라서 〈그림4〉 단계에서 ⓑ고리 속에 손가락을 넣거나 볼펜과 같은 둥근 도구를 끼운 후, 기둥줄을 당겨 조이면 고리의 크기와 모양이 일정해진다. 특히 기둥줄 고리를 아주 작게 만들 필요가 있을 경우는 볼펜의 심을 이용하면 아주 쉽게 해결이 된다.

'Ω자 고리 묶음'으로 기둥줄에 중간고리를 만든 다음, 전항의 '끝고리 연결법'에 따라 기둥줄 고리에 가지목줄 고리를 연결하는 형태이다. 하나의 기둥줄에 여러 개의 고리를 만들 때 특히 유용하다.

〈그림1〉

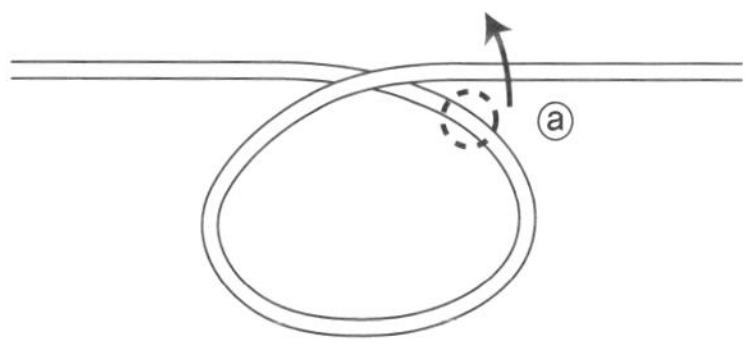

필요한 위치의 기둥줄에 고리를 만든 후, ⓐ지점을 본줄 위로 넘겨 또 하나의 작은 고리를 만든다.

〈그림2〉

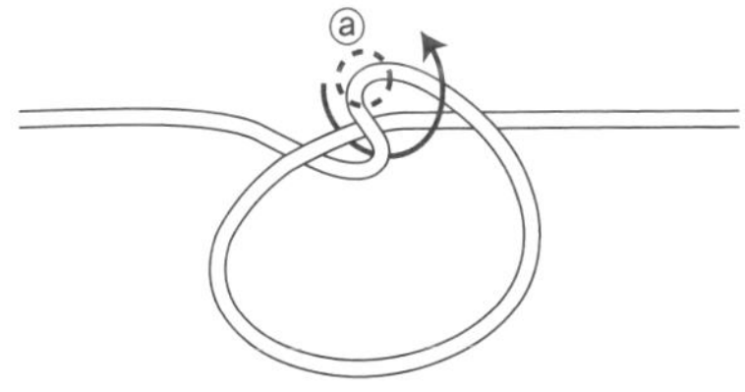

두 번째 만들어진 ⓐ고리를 본줄에 대고 휘감되, ⓐ고리의 크기가 계속 유지되도록 손가락이나 손톱을 이용한다.

〈그림3〉

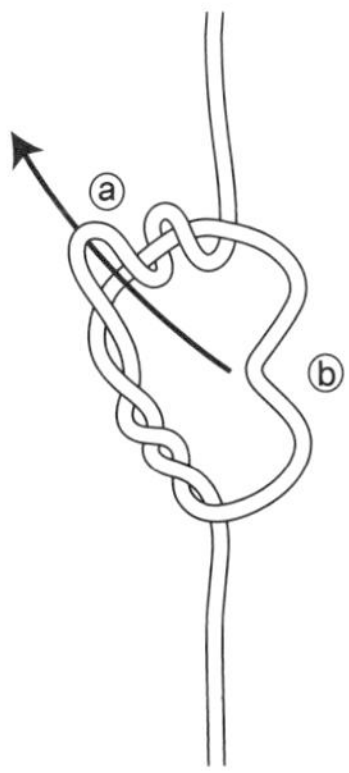

ⓐ를 3회 정도 휘감은 다음, ⓑ지점을 ⓐ고리 속으로 집어 넣는다.

〈그림4〉

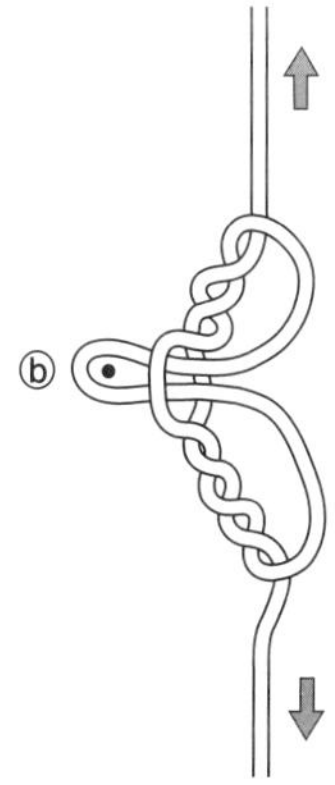

최종적으로 만들어진 ⓑ고리의 모양새와 크기가 일정해지도록 손가락이나 볼펜 등의 둥근 기구를 끼운 다음, 기둥줄을 맞당겨 조인다.

〈그림5〉

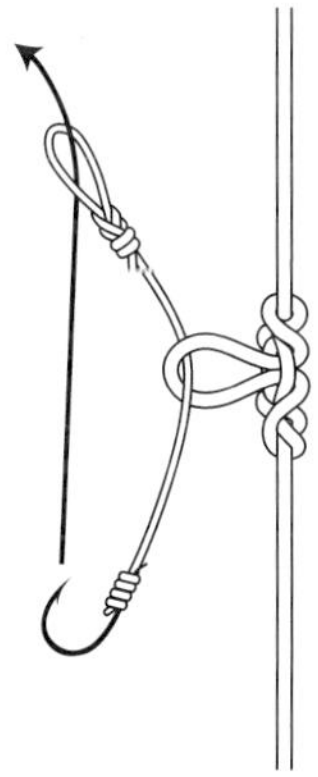

기둥줄 고리에 가지목줄 끝고리를 끼운 후, 바늘을 끝고리 속으로 통과시킨다.

〈그림6〉

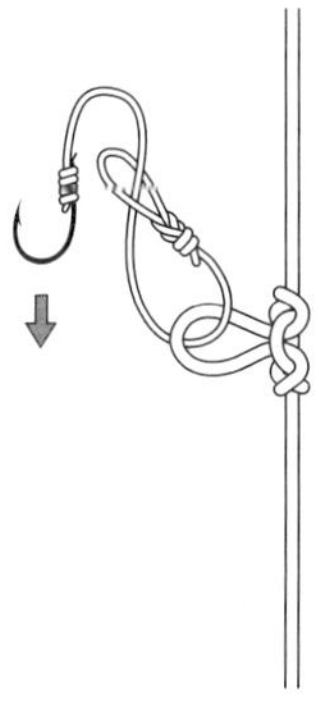

가지목줄을 당겨 주면 완성이 된다.

제1부 ▮ 묶음법 & 연결법 100선

제8장 기타 연결법 & 묶음법

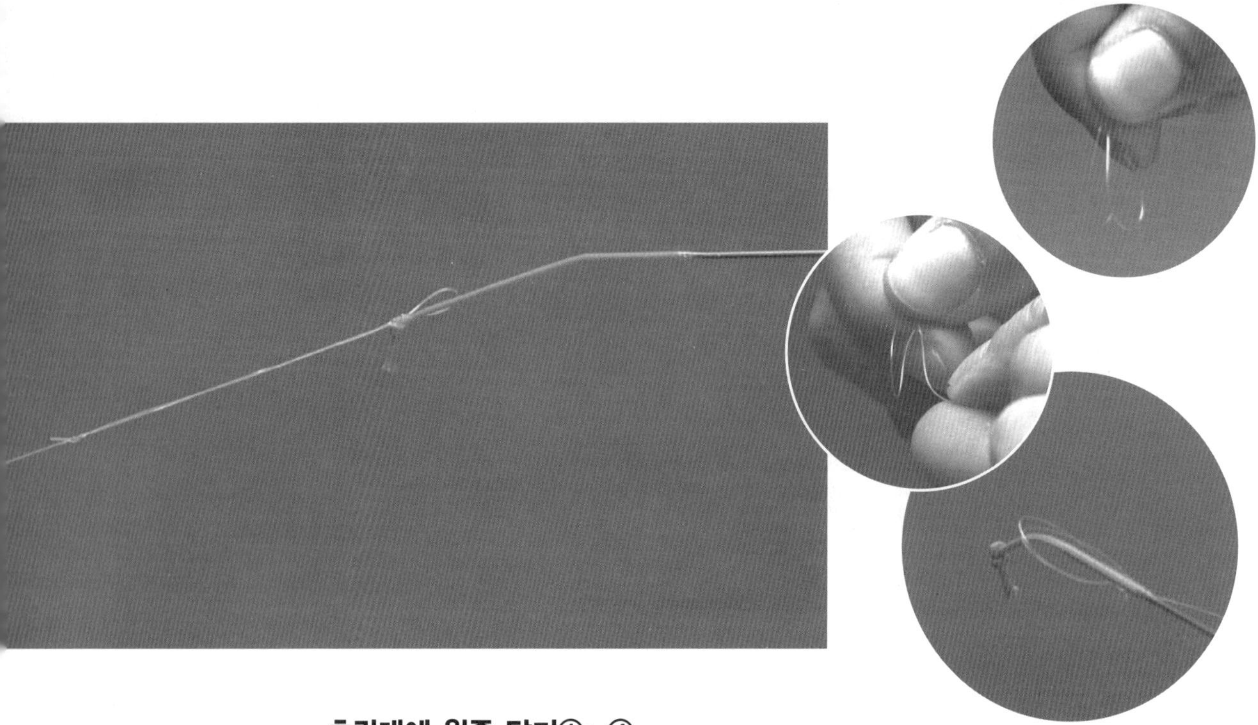

초릿대에 원줄 달기①~④

나비 고리·나비 고리 비틀기·초릿줄 돌리기·회전 초리 묶음

용 도 초릿대 끝에 원줄을 다는 부위는 고리와 초릿줄, 회전 초리 등 3가지 형태로 나누어진다. 이 가운데 고리 형태는 지금은 거의 없어졌고, 초릿줄 형태가 주류를 이루는 가운데 회전 초리 형태의 낚싯대도 최근 출시되고 있다. ①여기에 소개하는 것들은 초릿줄에 원줄을 연결하는 3가지 방법 외, ②은어낚시 및 붕어 중층 낚시용으로 출시되고 있는 '회전 초리' 형식의 낚싯대에 원줄을 다는 방법이다.

특 징 ①첫 번째 '나비 고리' 묶음법은 가장 대중적으로 활용되는 것이지만, 저절로 풀리는 폐단이 간혹 발생한다. ② '나비 고리' 한 쪽을 비틀어 주는 '나비 고리 비틀기' 는 저절로 풀릴 위험성이 거의 없다. ③세 번째 방식의 '초릿줄 돌리기' 는 작업이 훨씬 손쉬울 뿐만 아니라, 풀릴 위험성도 없다는 점이 특징이다.

참 고 초릿대에 원줄을 다는 방식은 무엇보다 저절로 풀리지 않아야 하고, 필요할 때 쉽게 풀 수 있는 매듭법이어야 한다. 4가지 방식 가운데 최소한 두 가지만 숙지하길 바란다.

초릿대 끝에 원줄을 다는 방법은 어떤 경우에도 저절로 풀리지 않아야 하고, 필요한 경우에는 쉽게 풀 수 있어야 한다. 3가지 방식 가운데 '나비 고리 비틀기'와 '초릿줄 돌리기'를 권한다. 또 한 가지 '회전 초리 묶음'도 익혀 두는 것이 좋다.

초릿대에 원줄 달기① - 나비 고리 묶음

〈그림1〉

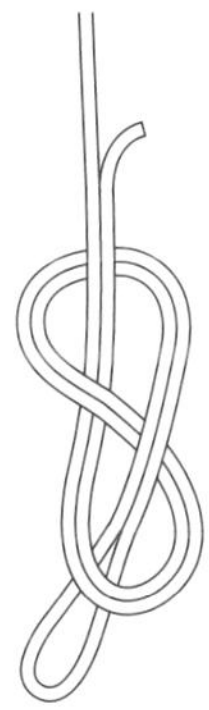

원줄 끝을 접어 고리 길이가 4~5cm 되게 '8자 매듭'으로 묶는다.

〈그림2〉

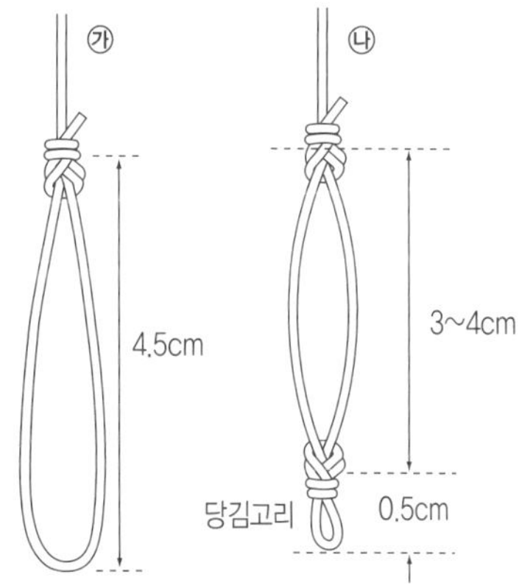

〈그림1〉과 같은 방식으로 작은 고리(당김고리) 하나를 더 만든다.

〈그림3〉

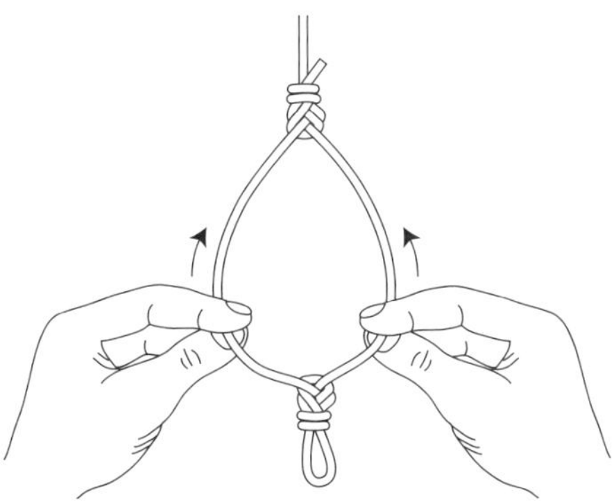

큰 고리 중간 지점을 두 손으로 접어 올린다.

〈그림4〉

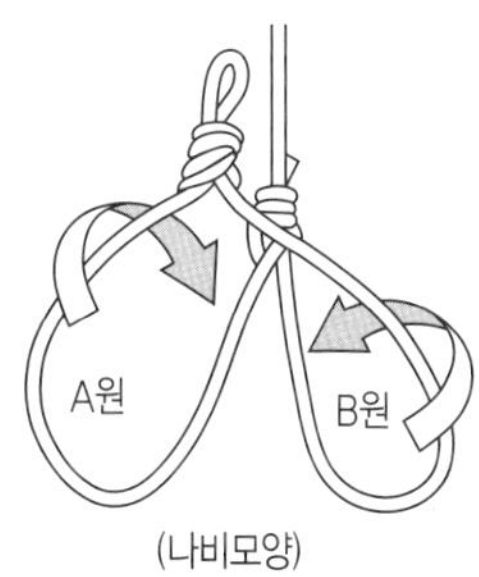

나비 날개처럼 된 두 개의 고리를 한데 겹쳐 모은다.

〈그림5〉

〈가〉 〈나〉

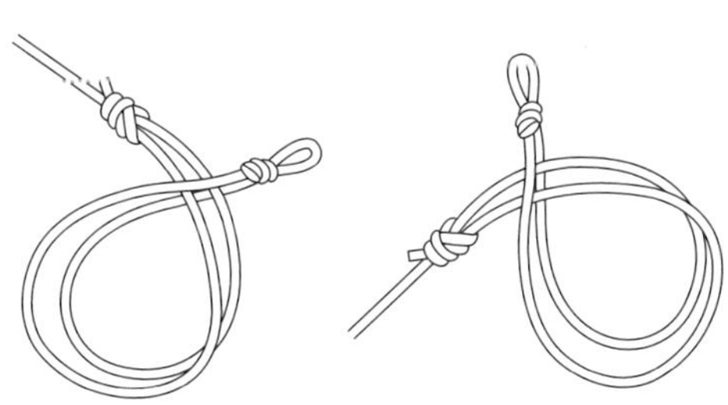

두 개의 고리가 겹쳐진 모양을 측면에서 본 모습.

〈그림6〉

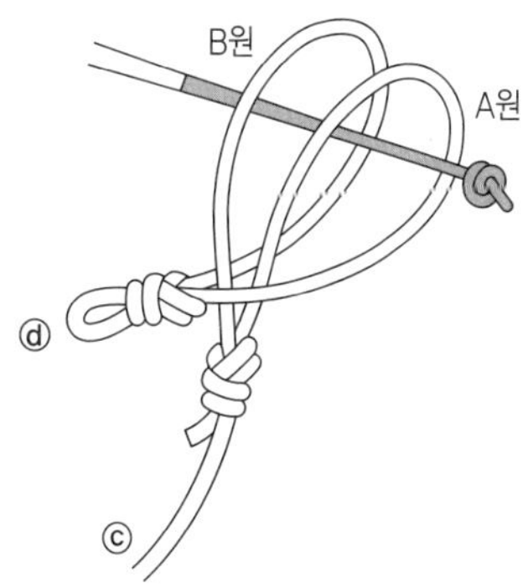

ⓒ지점의 원줄을 잡고 당기면 완성품이 되는데, 이 경우는 낚시 도중 자칫 고리가 풀릴 위험이 있다.

초릿대에 원줄 달기② - 나비 고리 비틀기

〈그림1〉

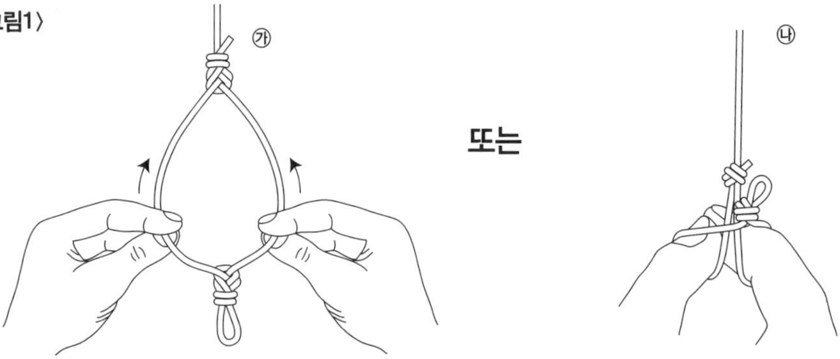

전항의 '나비 고리 묶음법'과 같은 방식으로 두 개의 고리를 묶은 다음, 큰 고리를 두 손으로 접어 올리거나, 오른 손 엄지와 검지를 밑으로 집어넣어 두 개의 고리를 만든다.

〈그림2〉

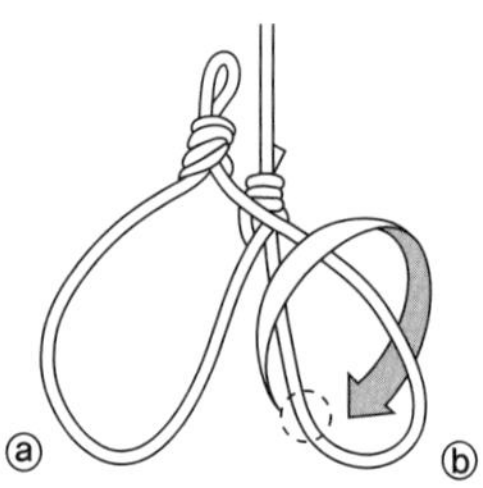

두 개의 고리 가운데 하나를 다시 한 번 비틀어 준다.

〈그림3〉

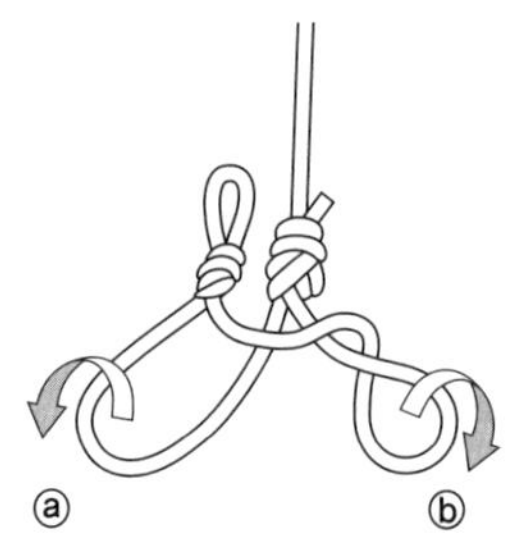

ⓐ고리와 뒤틀린 ⓑ고리를 화살표 방향으로 한데 겹쳐 모은다.

〈그림4〉

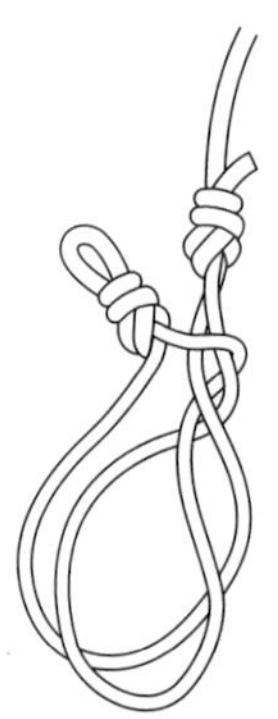

겹쳐 모은 두 개의 고리를 측면에서 본 모습.

〈그림5〉

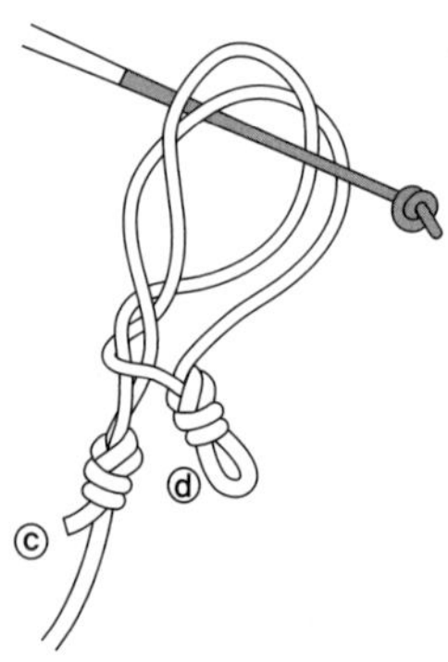

ⓒ지점의 원줄을 당기면 완성이 되는데, 전항의 '나비 고리 묶음'에 비해 저절로 풀릴 위험이 거의 없다. 임의로 풀고자 할 때는 ⓓ지점의 당김고리를 잡아당기면 된다.

초릿대에 원줄 달기③ - 초릿줄 돌리기

〈그림1〉

원줄 끝을 접어 '8자 묶음'으로 고리를 하나 만든다.

〈그림2〉

고리 길이를 너무 길게 할 필요가 없다.

〈그림3〉

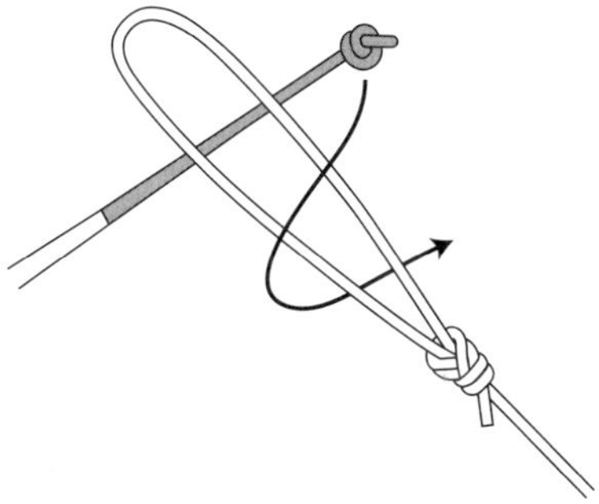

낚싯대 초릿줄을 원줄 고리에 한 바퀴만 감는다.

〈그림4〉

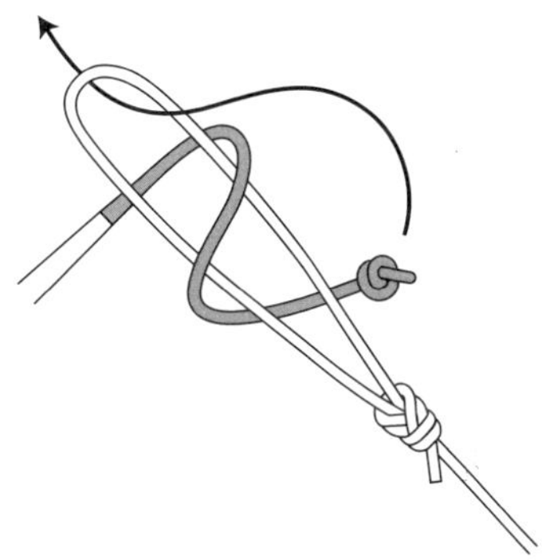

한 바퀴 감은 낚싯대 초릿줄을 원줄 고리 속으로 통과시킨다.

〈그림5〉

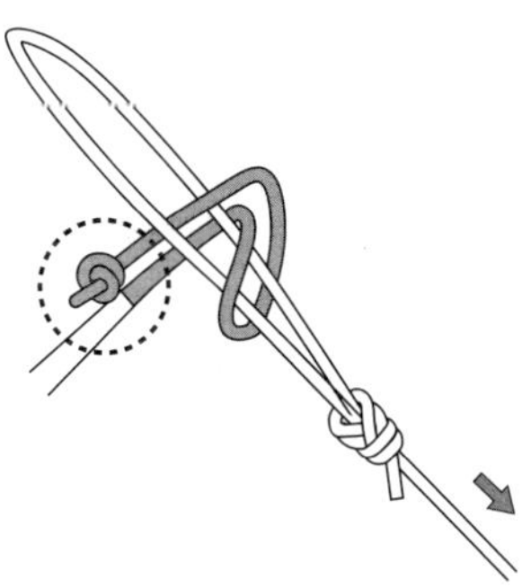

점선 부분의 초릿줄과 초릿대를 함께 쥐고서 원줄을 잡아당긴다.

〈그림6〉

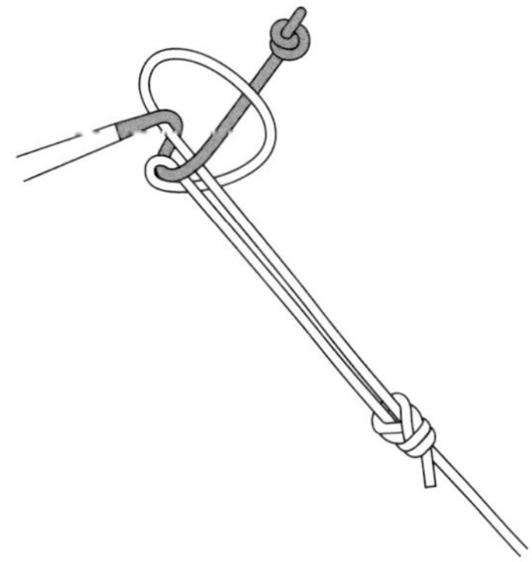

꽉 잡아 당겨 조인다. 풀고자 할 때는 원줄 고리를 위로 밀어주면 된다.

초릿대에 원줄 달기④ - 회전 초리 묶음

〈그림1〉

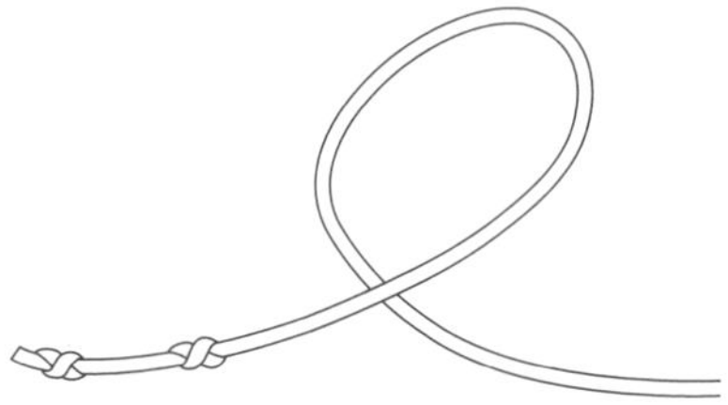

'8자 묶음' 으로 원줄 끝에 두 매듭을 만든 후, 고리를 짓는다.

〈그림2〉

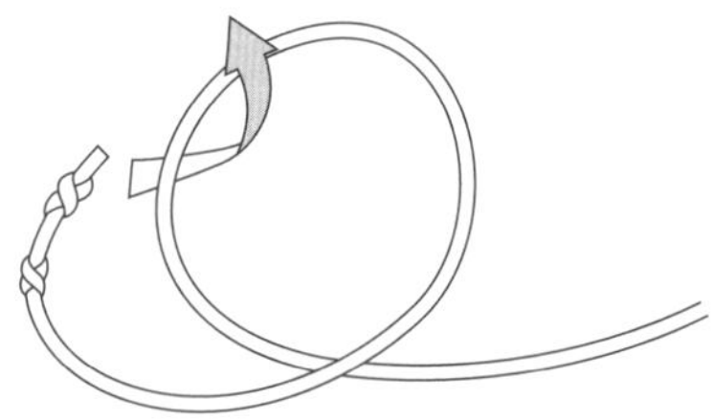

매듭 부위의 줄을 고리 안으로 통과시켜 빼낸다.

〈그림3〉

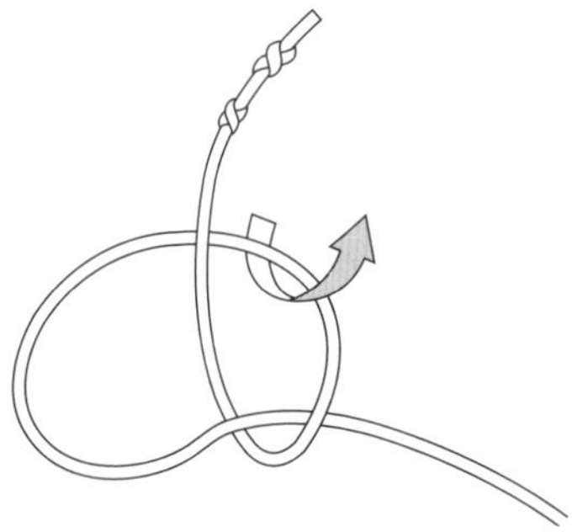

다시 한 번 고리 안으로 통과시켜 빼낸다.

〈그림4〉

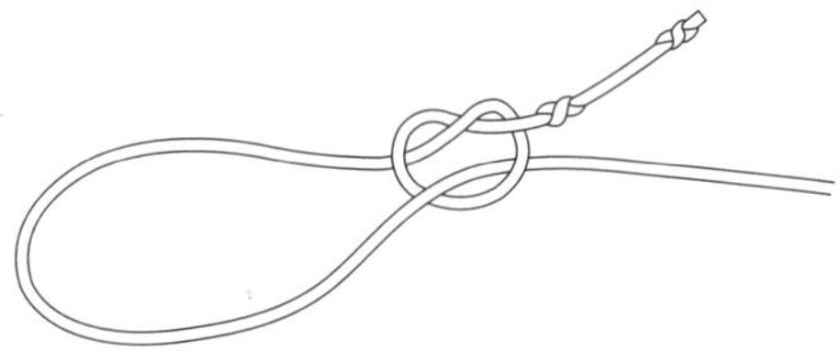

자투리 줄을 당겨 묶음을 하되, 묶음이 매듭 부위에서 이루어지게 하는 것이 좋다.

〈그림5〉

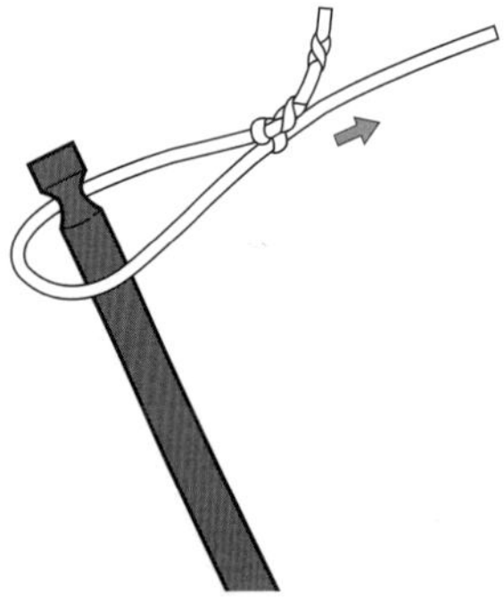

회전 초리에 걸고 원줄을 당겨 조인다.

〈그림6〉

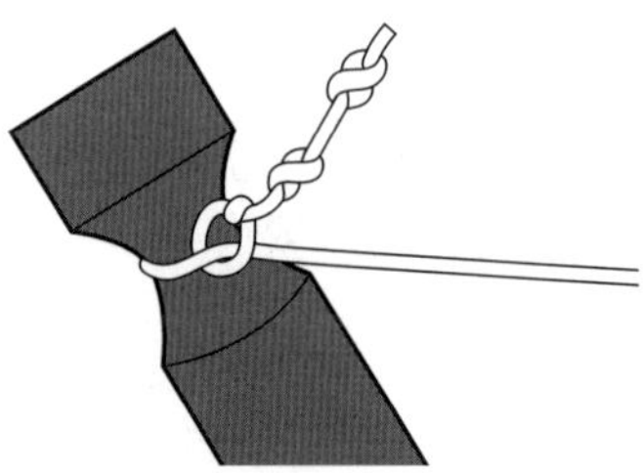

완성된 모습.

토막상식

'강한' 낚싯줄이란 무엇인가

흔히 '이 줄은 강하다' '이 줄은 약하다' 라고 말한다. 강함과 약함의 기준은 무엇일까?

낚싯줄의 강함은 강력(强力)과 강도(强度)로 나뉘어진다. '강력' 은 긴 라인의 일부를 무작위로 잘라내어 양쪽 끝을 잡아당겨 끊어졌을 때의 무게로 표시된다. 즉 10kg의 하중으로 끊어진 라인은 10kg의 강력이 된다. 이른바 파운드(Lb) 테스트는 이 강력을 말하는데, 1Lb는 약 0.45kg이다.

이 같은 강력에 비해 '강도' 는 라인의 강력을 데니어(denier)로 나눠 산출된 수치이다. 데니어란 섬도(纖度)를 표시하는 단위(라인 길이 9000m의 무게가 1g일 때 1데니어)이다. 이런 기준으로 나일론 줄 1호는 220데니어(즉, 220g) 전후가 된다. 이 데니어를 알면 라인 전체의 평균적인 굵기를 산출할 수 있으며, 강함이라는 측면에서 보다 더 정확한 평균치를 산출할 수가 있다.

그런데 '강력' 은 어디까지나 임의로 선택한 구분에 지나지 않는다. 실제 낚싯줄은 굵기가 일정치 않기 때문에 반드시 '강력' 이 '강함' 이라고 단정할 수가 없다. 즉, 줄의 굵기에 관계없이 라인 자체의 강함을 표시하는 것은 '강도' 인 것이다.

다만, 수년 전부터 데니어를 대신해 '디지텍스' 라고 하는 단위가 사용되게 되어 강력은 '그램' 이 아닌 「센티뉴톤/디지텍스(cn/dtex)」라 표기가 행해지고 있다. 이들은 모두 라인을 직선으로 하여 당겼을 때의 강함으로, 일반적으로는 '인장강도' 라 불리고 있다. 이들과는 별도로 '결절강도' 라는 또 다른 강함의 표현도 있다. 이것은 바로 낚싯줄을 묶었을 때의 인장강도이다.

말할 필요도 없이 묶음에 의해 낚싯줄의 강함은 저하된다. 결절강도는 묶는 방법이나 소재에 따라 달라지는데, 메이커에서의 테스트 방법은 25cm로 잘라낸 라인을 한번 매듭짓고 양단에 부하를 걸어 잡아당기는 것이다.

그런데 인장강도가 높은 데도 결절강도가 낮은 라인이 현실적으로 존재한다. 이러한 라인은 여러 가지 매듭을 활용하는 낚시에는 적합치 않지만 라인을 묶지 않고 밀착시켜 마찰 저항으로 라인 끼리를 매듭짓는 비미니트위스트나 세줄땋기라면 문제가 없다.

낚싯줄에 있어 또 한 가지 '강함' 은 내 마모성(耐磨耗性)이다. 낚싯줄은 가이드나 수중 바위 등에 의해 표면이 마찰되지만 이러한 마모에 어느 정도 라인이 견디는가 하는 것이 내마모성이다. 메이커에서는 직경 20mm의 봉에 샌드페이퍼를 설치하고 여기에 라인을 왕복시켜 라인이 끊어질 때까지의 횟수에 의해 내마모성의 강약 데이터로 하고 있다.

이 외에 낚싯줄의 '강함' 분류에는 내수성(耐水性)과 내광성(耐光性)이라 것도 있는데, 최근에는 사용 환경과 용도에 따라 이들 내마모성 · 내수성 · 내광성 등을 보강한 코팅 라인이 늘어나고 있는 등. 섬유 소재의 발달과는 별도로 낚싯줄 자체의 발전 또한 가속되고 있는 추세이다.

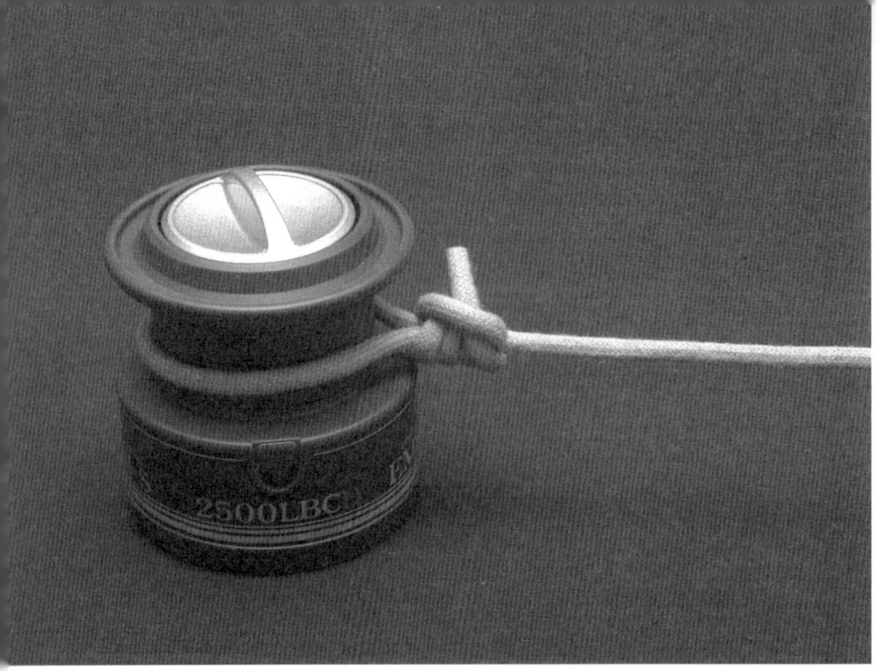

릴 스풀 묶음법 A, B, C

안돌리기 · 임푸루브드 클린치 노트, 유니 노트

용 도 ①스피닝 릴은 캐스팅 릴과는 달리, 스풀(실패 역할) 본체가 돌아가지 않고 주위에 있는 라인 롤러(베일)가 돌아가게 되어있는 구조이다. 채비를 던질 때 베일을 젖혀 던지면 그 채비에 따라선 100m 이상을 날아갈 수도 있다. 이 경우 줄의 끝 부분이 스풀에 묶어 있지 않으면 채비가 통째로 날아가 버리는 불상사가 일어난다. ②따라서 원줄을 릴에 감기 전, 반드시 원줄 끝을 스풀에 묶되, 미끄러운 스풀 위에서 매듭이 돌지 않아야 한다는 점에 유의해야 한다. 아무렇게 묶어 매듭이 돌게 되면 맨 처음 줄을 감는 단계 있어 줄이 헛도는 나머지 팽팽하게 감기지 않는 폐단이 생기기 때문이다. 따라서 릴 스풀에 원줄을 묶을 때는 다음에 소개하는 3가지 방법 가운데 최소한 한 가지를 활용해야 한다. ③여기에 소개하는 스풀 묶음법은 3가지 형태 모두 루어 또는 도래를 묶을 때 사용되는 방법이기도 하다.

특 징 다음에 소개하는 3가지 '릴 스풀 묶음법' 은 어느 쪽이 더 쉽고 빠르냐의 차이가 있을 뿐, 크게 장단점이 있는 것이 아니므로 자신의 취향에 맞는 한 가지 방법만 익히고 있어도 큰 문제는 없다.

스피닝릴의 스풀에 원줄을 묶을 때는 미끄러운 스풀 위에서 매듭이 돌지 않아야 한다는 점에 유의해야 한다. 릴 스풀 위에서 원줄이 잘 돌지 않는 매듭법 3가지 가운데 최소한 한 가지는 익혀두어야 한다.

릴 스풀 묶음(A) - 안돌리기

〈그림1〉

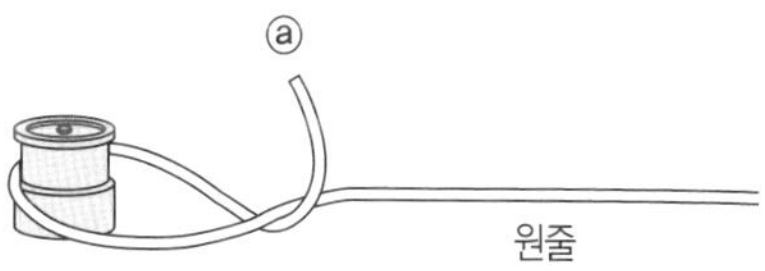

원줄 끝을 스풀에 1회 감는다.

〈그림1-1〉

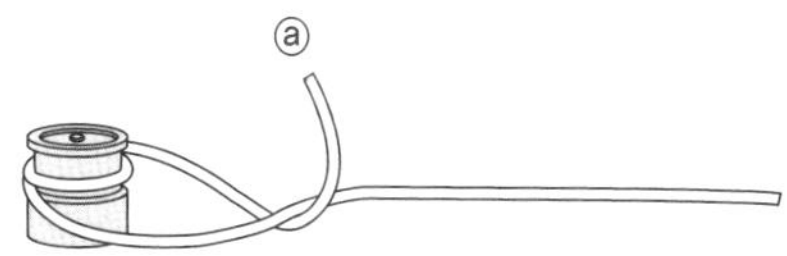

스풀에 한 번 감으면 나중에 매듭이 헛돌 수 있으므로 2회 감는 것이 안전하다.

〈그림2〉

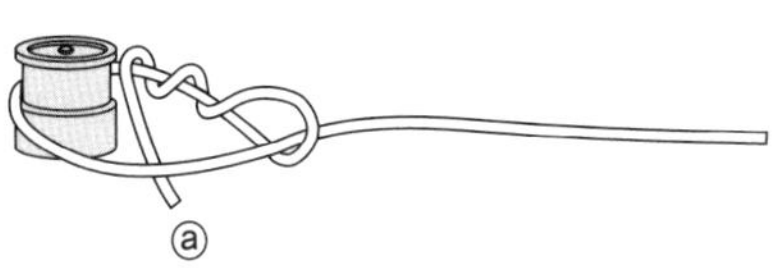

원줄 끝을 되집어 고리 줄을 축으로 3~4회 감아 돌린다.

〈그림3〉

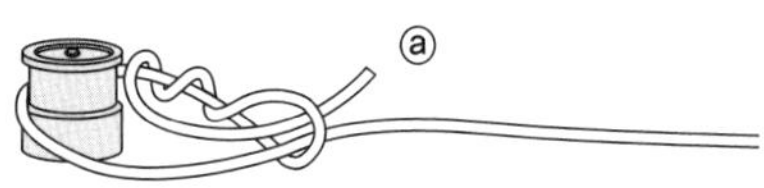

본줄과 겹쳐져 생긴 고리 속으로 원줄 끝을 빼낸다.
이 상태에서 마무리를 해도 된다.

〈그림3-1〉

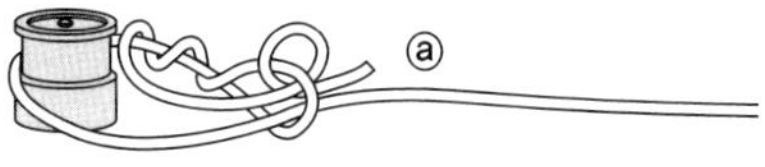

〈그림3〉 단계에서 ⓐ부분을 당겨 바로 완성을 시켜도 되지만, 큰 고리 속으로 한 번 더 넣고 빼내면 더욱 단단히 조여진다.

〈그림4〉

자투리 줄을 잘라주면 완성이 된다.

릴 스풀 묶음(B) - 임푸루브드 클린치 노트(Improved clinch knot)

〈그림1〉

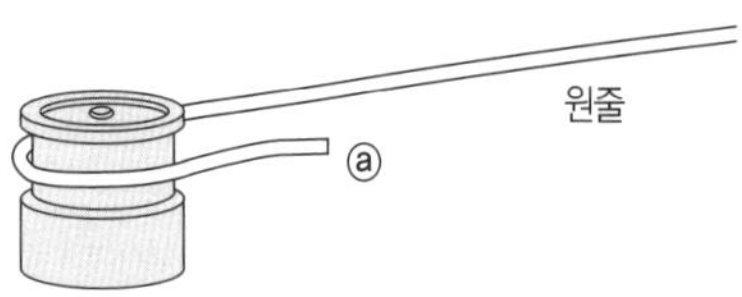

원줄 끝을 스풀에 한 번 감는다. 두 번 감으면 더욱 좋다.

〈그림2〉

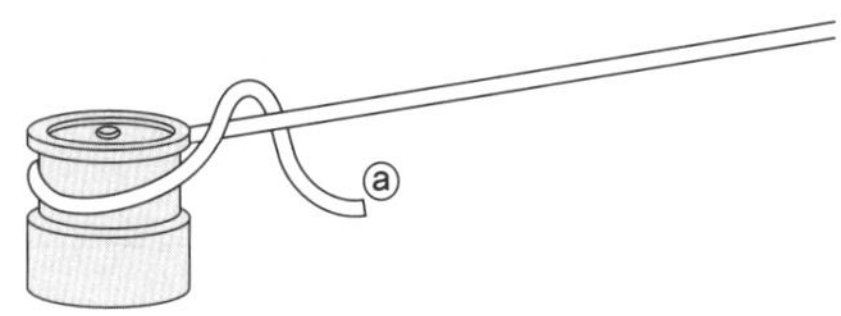

ⓐ를 원줄 위에 걸친다.

〈그림3〉

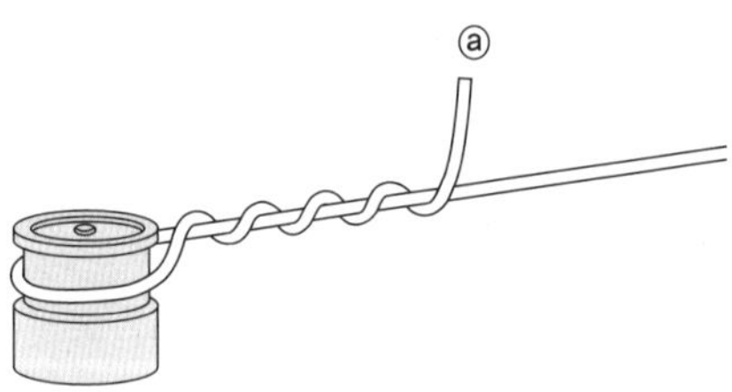

ⓐ를 원줄에 대고 4~5회 돌려 감는다.

〈그림4〉

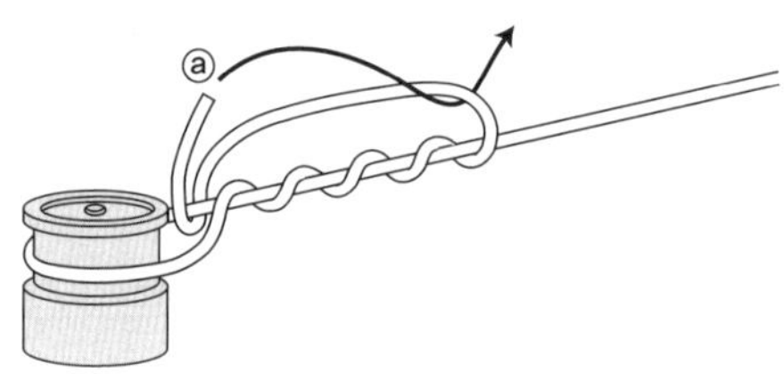

ⓐ를 반대 방향(스풀 방향)으로 돌려 고리 속으로 통과시켜 빼낸다.

〈그림5〉

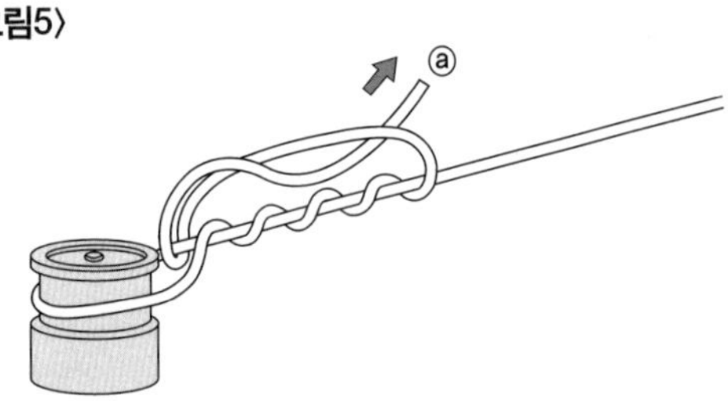

〈그림4〉에서 ⓐ를 화살표 방향으로 빼낸 모습으로, 여기서 ⓐ를 잡아 당기면 매듭이 지어진다.

〈그림6〉

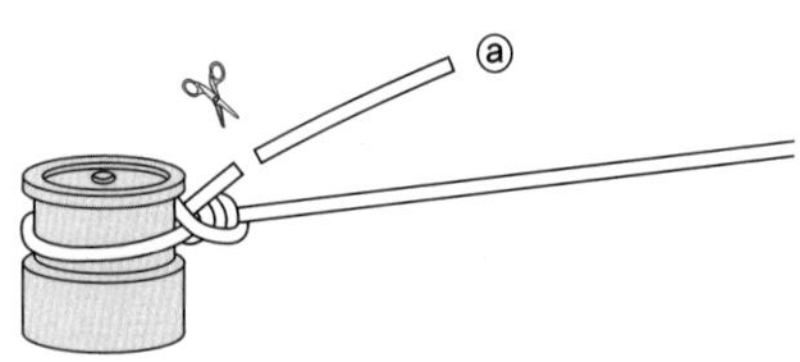

자투리 줄을 자르되, 너무 바짝 자르지 않는 게 좋다.

릴 스풀 묶음(C) - 유니노트(Uni knot)

〈그림1〉

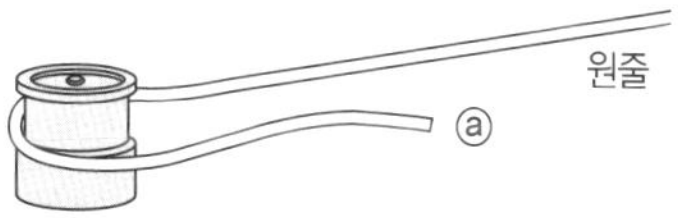

원줄 끝을 스풀에 한 번 돌린다.

〈그림1-1〉

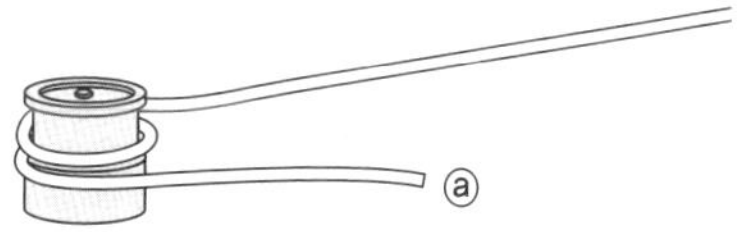

원줄 끝을 스풀에 한 번 돌리는 것보다 2회 돌리면 나중에 헛바퀴가 돌지 않는다.

〈그림2〉

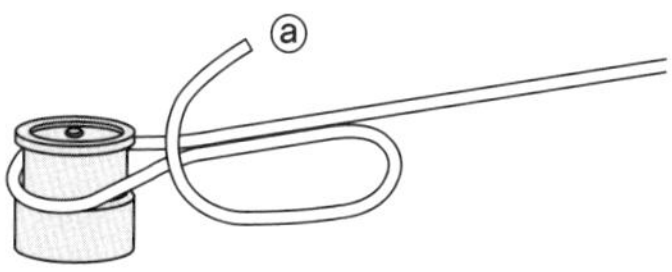

원줄 끝(ⓐ)을 바깥으로 되돌려 고리를 만든다.

〈그림3〉

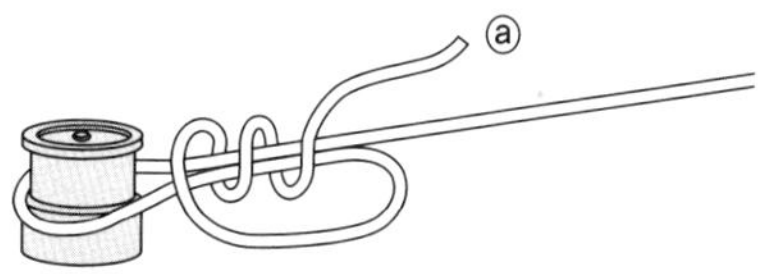

원줄을 축으로 안돌리기를 한다.

〈그림4〉

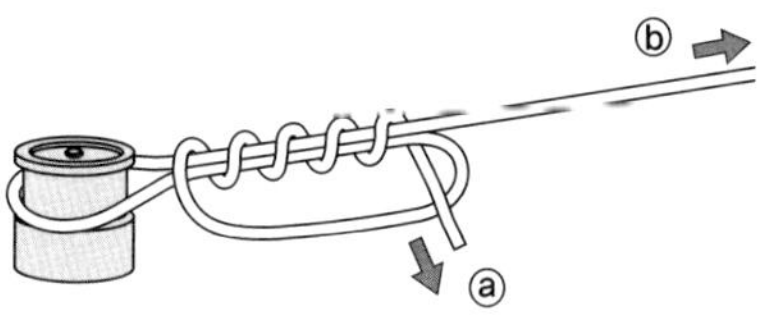

4~5회 안돌리기를 한 후, ⓐ를 먼저 당기고 ⓑ를 당기면 매듭이 지어진다.

〈그림5〉

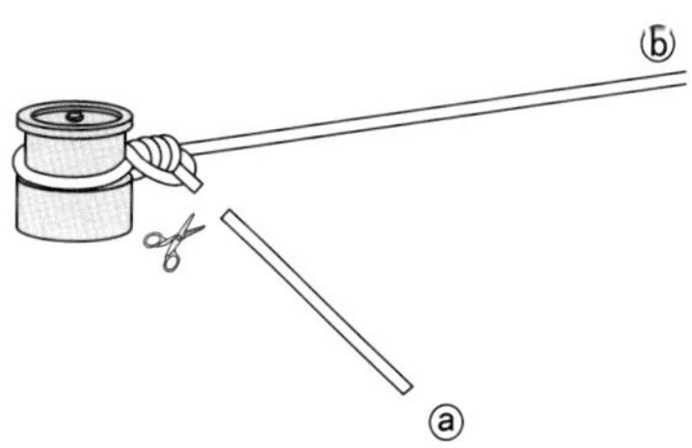

자투리 줄을 자르면 완성이 된다.

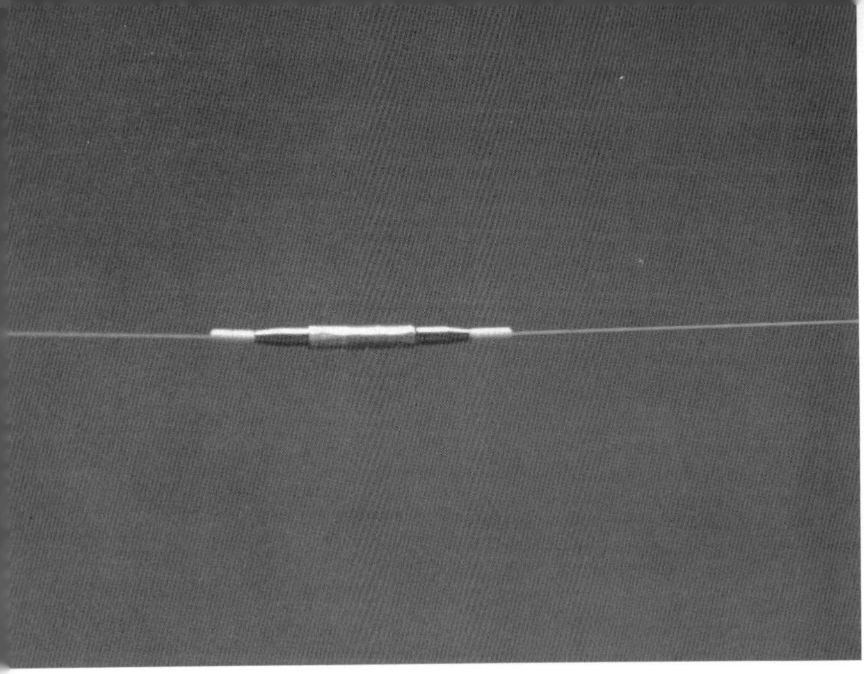

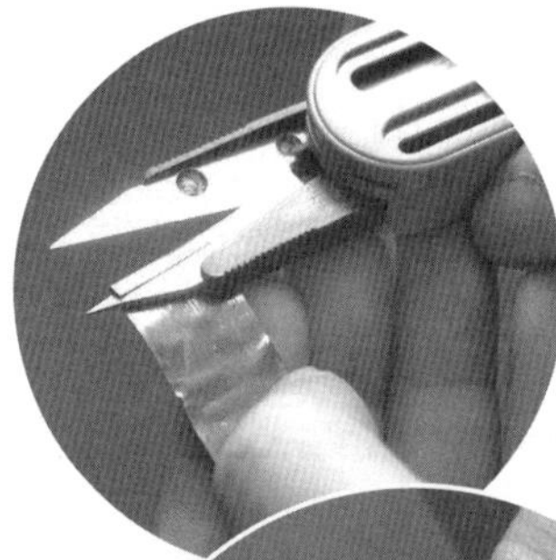

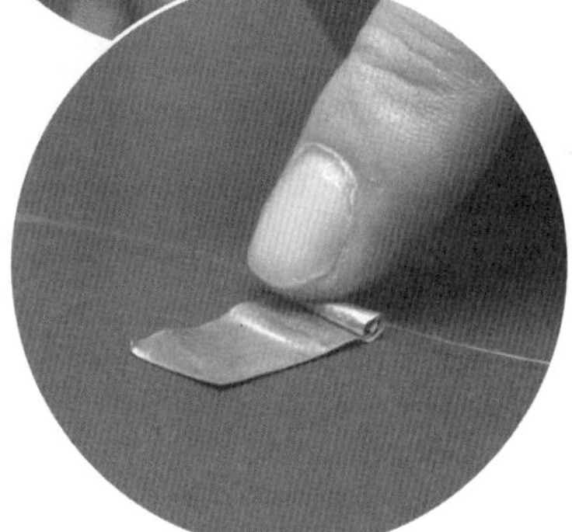

붕어 채비 편납 달기①②

홀더 감기 & 유동 편납 달기

용 도 ①토종붕어낚시에 있어서는 띄울낚시를 하거나, 댐낚시터 등 수심 깊은 포인트에서 찌맞춤 조절용으로 사용돼 왔다. 즉, 현장 찌맞춤에서 생각보다 부력이 더 나올 경우, 편납을 조금 감아 찌맞춤 상태를 조절하는 용도였다. ②본격적으로 편납이 활용되기 시작한 시기는 떡붕어 전층낚시가 보급되기 시작한 90년대 중반부터. 봉돌은 사라지고 편납 사용이 기본이 됐다.

특 징 ①한 번 깎으면 사라진 침력을 회복할 수 없는 게 일반 봉돌인 반면, 편납은 침력을 자유롭게 가감할 수 있다. 봉돌 찌맞춤은 보통 수조에서 1차 찌맞춤을 하지만, 편납 찌맞춤은 현장 찌맞춤이 기본이다. ②유동 편납은 상하로 이동시킬 수 있다는 것이 매력이다.

참 고 ①날카로운 편납 끝이 낚싯줄을 손상시키지 않도록 조심해야 한다. 뾰족한 모서리 부분은 둥글게 깎아 마무리한다. ②유동 편납을 올리거나 내릴 땐 편납이 낚싯줄을 마모시키지 않도록 조심한다. 낚싯줄에 그대로 감을 수 있는 우레탄 편납도 시판되고 있다.

붕어 전층낚시 채비에 있어 필수적이라 할 수 있는 편납 달기는 편납 홀더를 이용하는 방법 외, 찌멈춤고무를 활용해 낚싯줄에 달 수도 있는데, 이렇게 하면 예민성이 뛰어난 유동 편납이 된다. 채비 교체도 유리하다.

① 편납 홀더에 감기

〈그림1〉

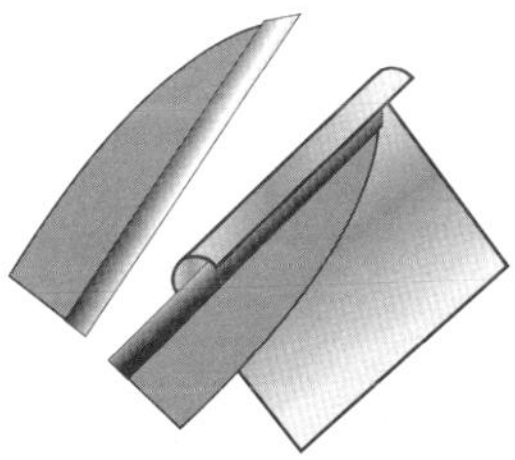

가위 식 라인 커터를 이용, 편납 끝을 둥그런 형태가 되도록 구부린다.

〈그림2〉

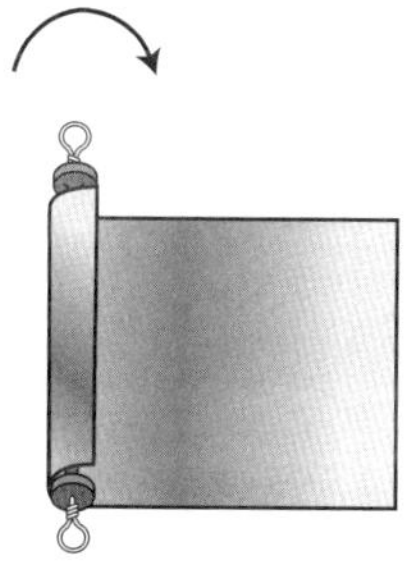

구부린 편납을 편납 홀더에 감는다.

〈그림3〉

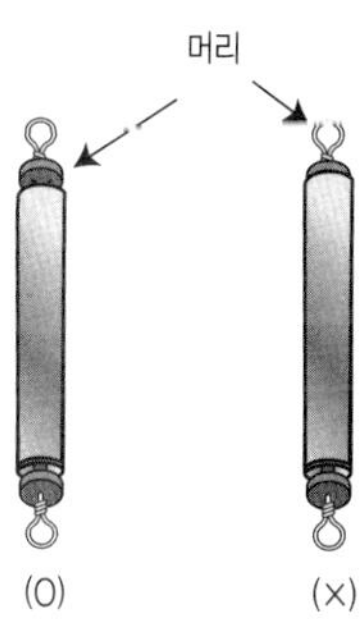

다 감은 편납의 두께는 편납 홀더의 머리를 넘지 않아야 한다.

② 유동 편납 달기

〈그림①〉

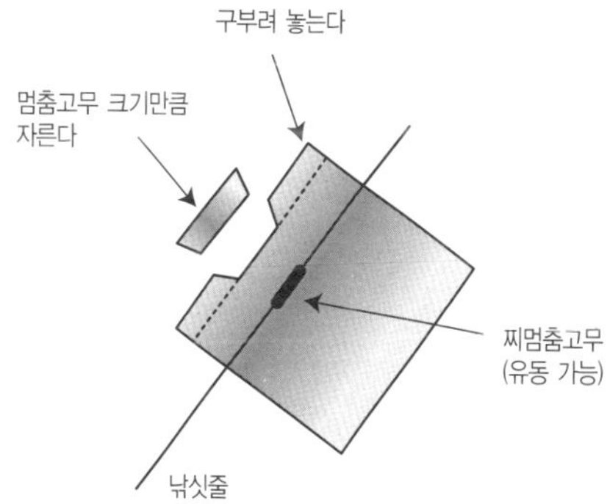

편납을 부착할 낚싯줄 위치에 찌멈춤고무를 달고 〈그림〉과 같이 편납을 자른다.

〈그림②〉

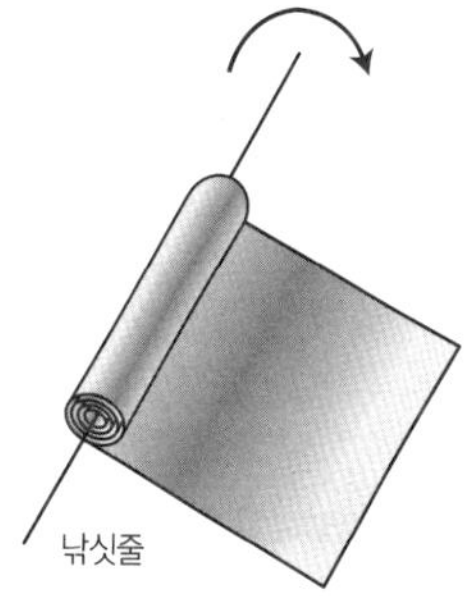

나란히 되게 정성스럽게 감는다.

〈그림③〉

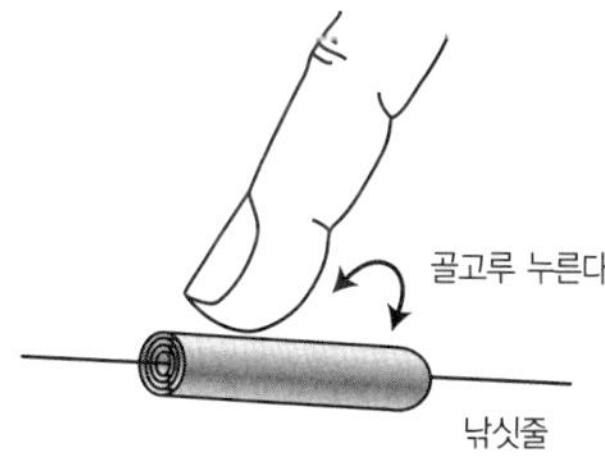

1~2회 손가락으로 돌려가며 둥그런 형태를 갖추도록 한다.

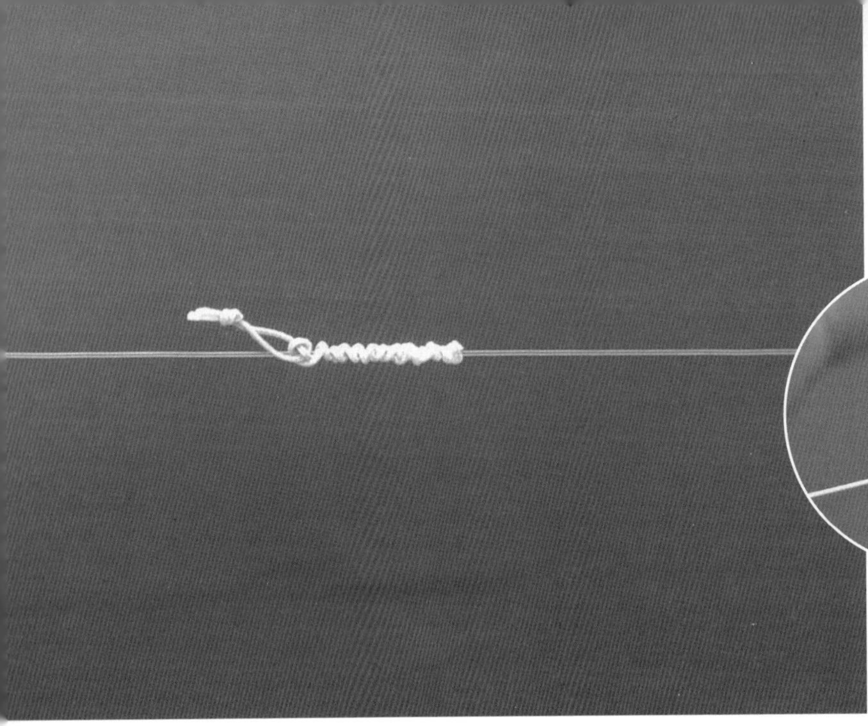

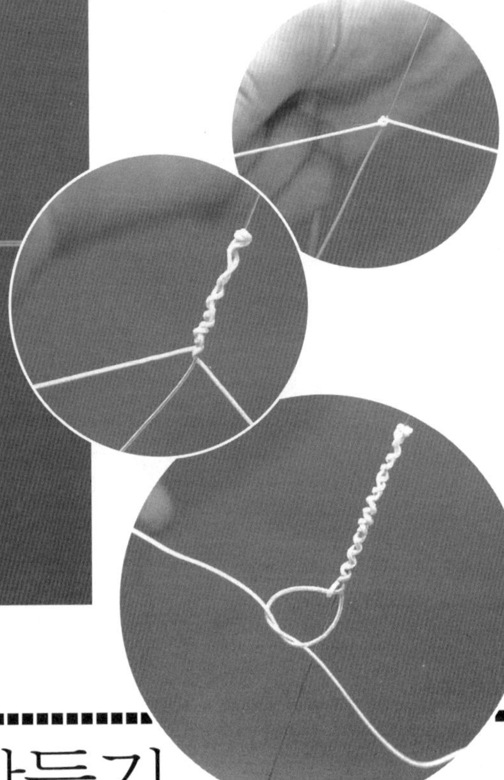

은어 놀림낚시 채비

유동 땋음줄 만들기

용 도 ①은어 놀림낚시에 활용되는 특수한 매듭법이자 연결법이다. ②방법과 용도를 잘 익혀두면 붕어 경기낚시 채비에도 활용할 수 있다.

특 징 ①나일론 윗줄(공중줄)에 면사를 처녀 머리 땋듯 엮어 다는 방식인데, ②면사 땋음줄을 좁혔다 넓혔다 하면서 상하로 유동을 시킬 수 있어 상황에 따라 전체 채비의 길이를 조절할 수 있다.

참 고 ①은어 놀림낚시 채비에는 낚싯대 끝의 천정줄과 수중줄(원줄) 사이에 별도의 윗줄(공중줄)을 필요로 한다. 가는 낚싯줄이 초릿대에 엉키지 않게 하는 목적의 천정줄과는 별개의 역할을 하는데, 전문꾼들은 이 공중줄에 면사 땋음줄을 엮어 다양한 효과를 연출한다. 이때 중요한 것이 땋음줄 작업인데, 라인 홀더를 사용해서 정성스레 작업할 필요가 있다. ②땋음줄 작업을 종료한 다음에는 여기에 수중줄을 연결할 수 있도록 〈그림7〉과 같은 별도의 맬고리를 만들어 주어야 한다.

수중줄과 연결되는 공중줄(윗줄) 아래쪽에 장치하는 유동식 면사 땋음줄은 전체 낚싯줄 길이를 조절할 수 있는 은어 놀림낚시 채비의 특수 분야이다. 이 유동식 땋음줄의 기능은 붕어 전층낚시 및 수초치기에도 활용된다.

〈그림1〉

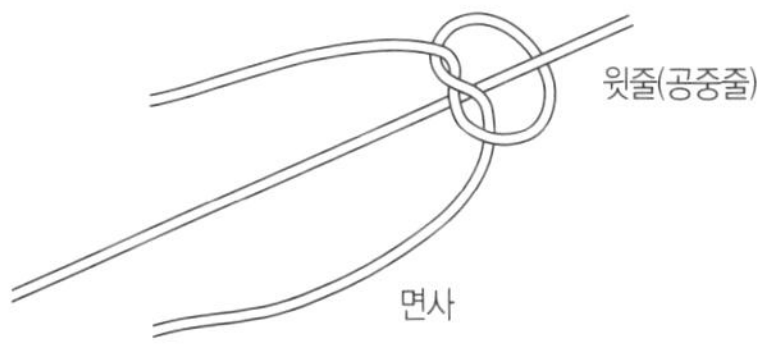

라인 홀더를 이용해 윗줄(나일론)을 팽팽히 당긴 다음, 면사로 한 번 매듭을 짓는다.

〈그림2〉

면사를 교차하면서 땋아 준다.

〈그림3〉

계속 교차해 가면서 밑에서부터 힘껏 땋아 밀어 올려 준다.

〈그림4〉

10회 이상 땋은 후, 그림과 같이 매듭을 짓는다.

〈그림5〉

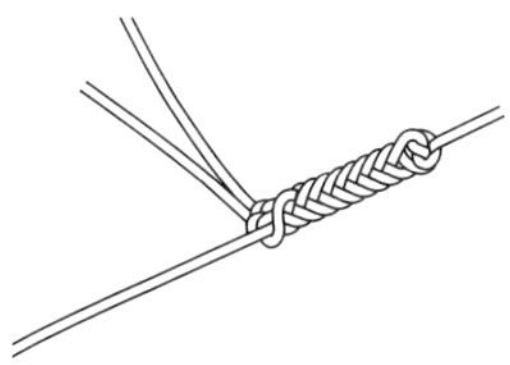

두 번 매듭을 지은 후, 두 가닥의 면사를 한쪽으로 모아 잡는다.

〈그림6〉

두 가닥의 면사를 한데 묶어 망울을 만든다.

〈그림7〉

완성!

〈그림8〉

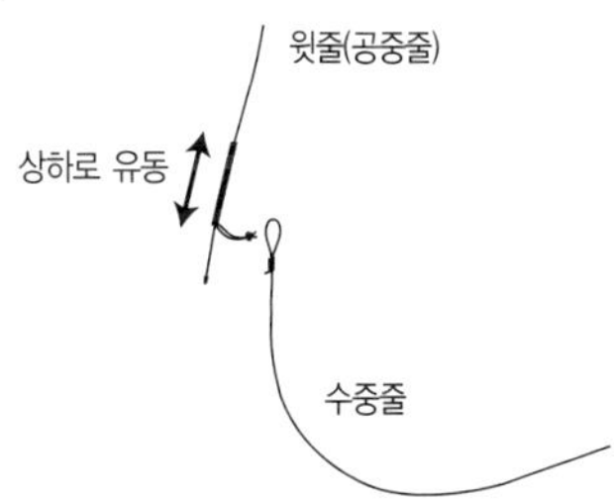

수중줄 고리를 낚싯대 초릿줄과 연결하는 방식으로 달아주면 된다.

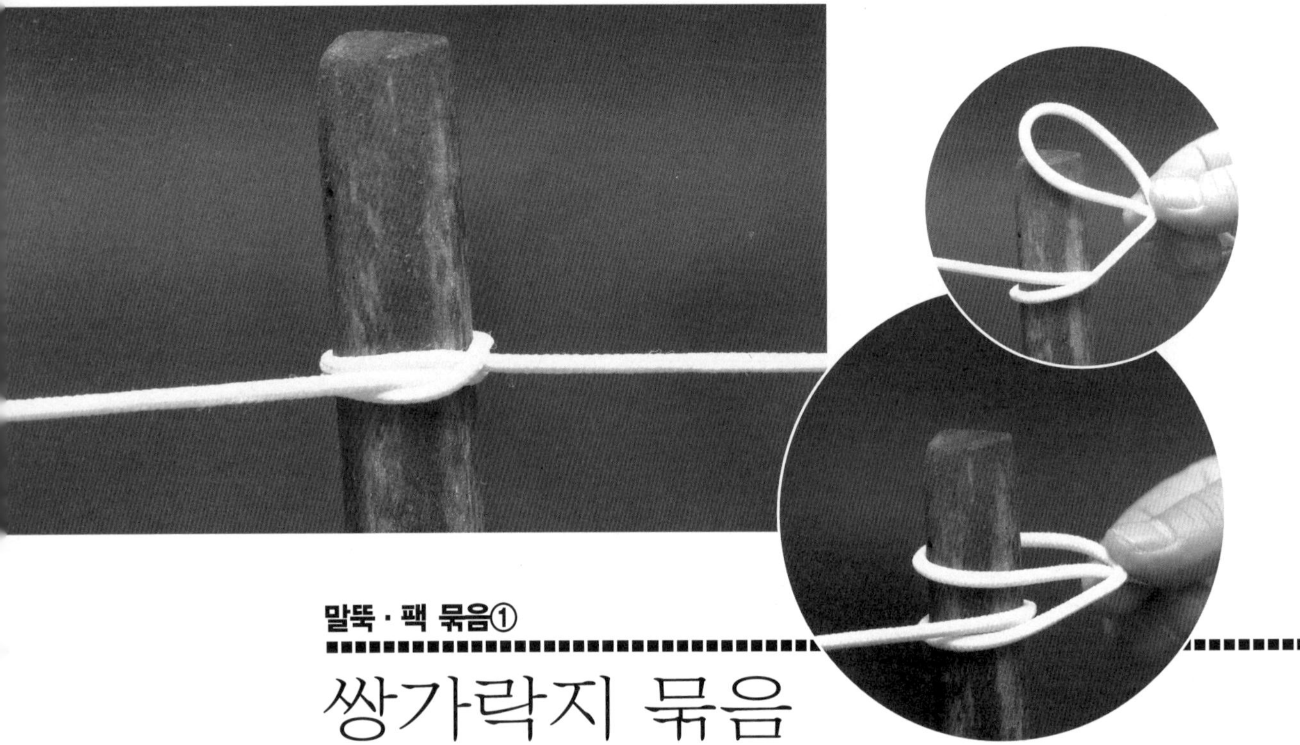

말뚝 · 팩 묶음①

쌍가락지 묶음

–일명 '쇠말뚝 묶음' 'Clover hitch'

용 도 ①방파제나 선창가에 설치되어 있는 쇠(鐵)말뚝에 밧줄로 선박을 재빨리 묶을 때 사용되는 묶음법이다. ②바다 배낚시 또는 배 견지낚시 때 닻을 드리운 후, 그 닻줄을 배에 고정시킬 때도 사용된다. ③예부터 소나 말을 말뚝에 매어둘 때 사용하던 방식으로 오랫동안 '쇠말뚝 묶음' 이라 불려 왔다.

특 징 ①손쉽게 그리고 재빨리 묶을 수 있다. ②위로 걷어 올리는 것으로 금방 풀릴 뿐만 아니라, 말뚝에서 걷어낸 줄은 매듭이 없어 저절로 원상 복구가 된다. ③인위적으로 걷어 올리기 전에는 저절로 풀릴 위험은 거의 없다.

예부터 농촌에서 소의 고삐를 말뚝에 매는 방식으로 '쇠말뚝 묶음' 이라 부르며, 어촌에서 배를 임시 정박시킬 때도 이 방식을 취한다. 나일론 줄 묶음으론 절대 불가하나, 밧줄의 경우는 저절로 풀리는 일이 거의 없다.

참 고 ①바다낚시든 견지낚시든 일반 민물낚시든 배를 사용할 때는 신속한 동작을 요구할 상황이 생긴다. 배를 정박시키거나 바다 위에 고정시키는 일을 선장 혼자 맡아서 하다보면 적시 타이밍을 놓치는 경우가 발생하는 것이다. 이런 때 낚시인이 신속하게 그 작업을 도울 수 있다면 배낚시 자체가 원활해진다.

〈그림1〉

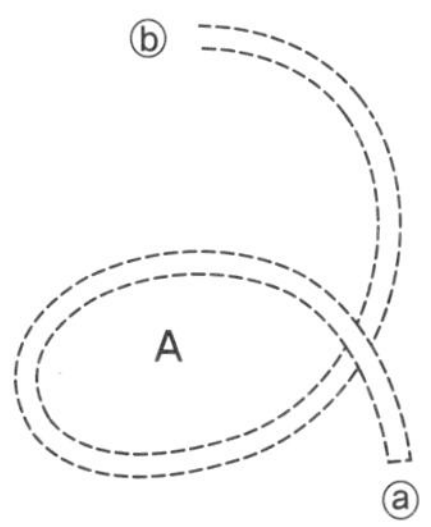

밧줄 끝을 한 겹 돌려 원(A)을 하나 만든다.

〈그림2〉

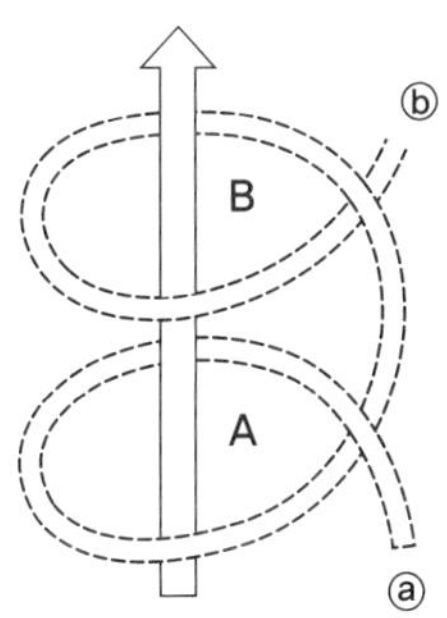

원 하나를 더 만들어 주되(B), A원과는 반대로 엇돌린다.

〈그림3〉

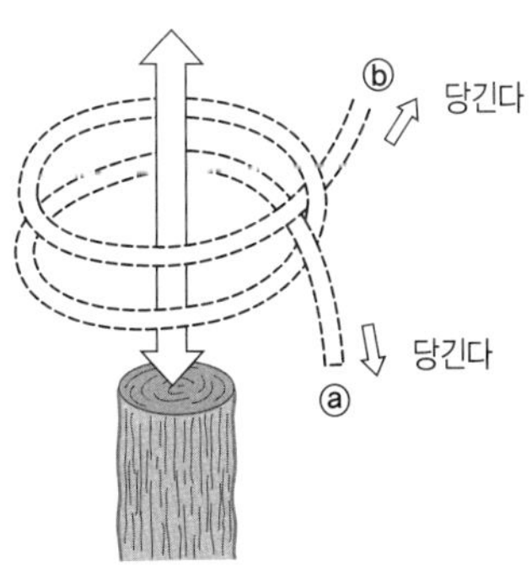

말뚝에 그대로 끼우면 되고, 풀 때는 그대로 들어올리면 된다.

〈그림①〉

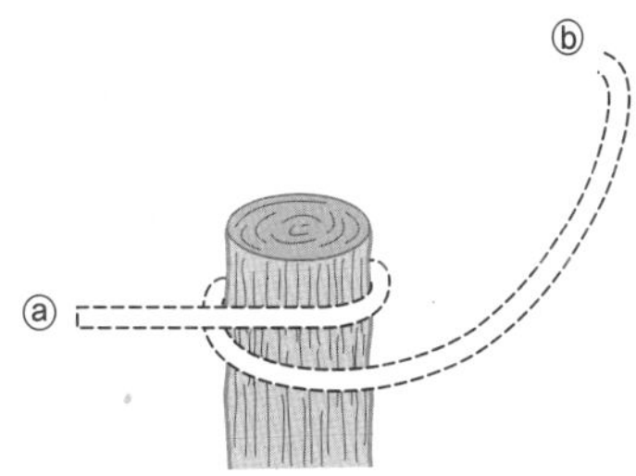

말뚝에 밧줄을 한 바퀴 씌운다.

〈그림②〉

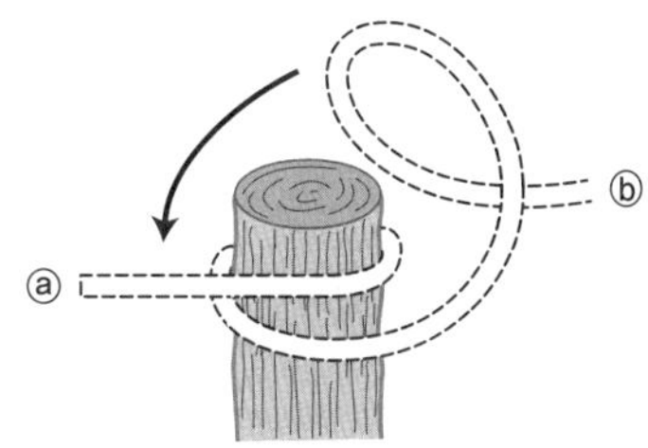

ⓑ부분이 본줄 밑으로 가게 하면서 고리 하나를 더 만들어 그대로 말뚝에 씌운다.

〈그림③〉

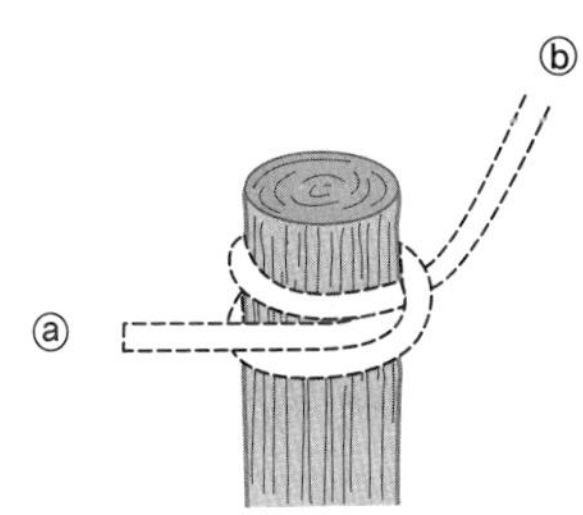

그대로 쑥 들어 올리면 줄이 저절로 풀린다

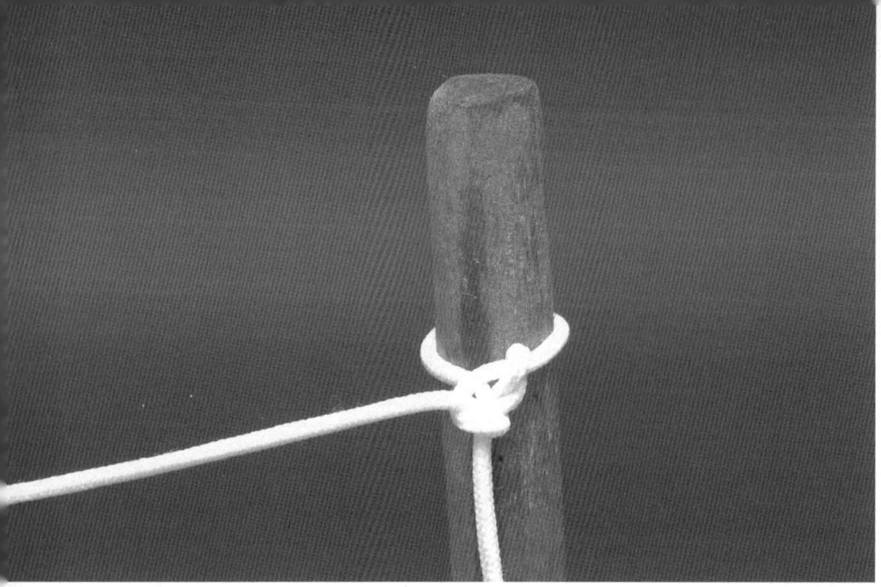

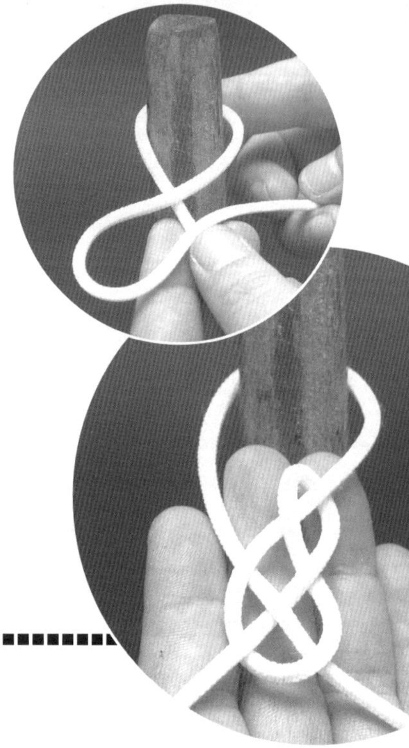

말뚝 · 팩 묶음②

8자형 고리 묶음

용 도 ①전항의 쌍가락지 묶음(쇠말뚝 묶음)보다는 진일보한 매듭법으로, 배와 배를 서로 붙들어 매거나, 선착장의 쇠(鐵)말뚝에 밧줄로 묶어 둘 때 사용된다. ②갯바위 돌출부에 구명 로프를 걸어둘 때도 빼놓을 수 없는 방법이므로 반드시 숙지해 둘 필요가 있다.

특 징 미리 매듭을 모두 지어놓고 말뚝에 씌우기보다는 일단 밧줄을 말뚝(또는 돌출 부위)에 한 바퀴 돌려 걸쳐놓고서 다음 단계의 작업에 들어가는 것이 원칙이다. ①따라서 고리의 크기를 자유자재로 조절하면서 묶을 수 있다는 것이 큰 장점이라고 하겠다. 단, 한 번 고리를 지으면 크기를 늘리거나 좁힐 수 없다. ②강도가 뛰어나다는 점 이외도 완성 단계 이후, 밧줄 끝(ⓐ부분)을 잡아당기면 간단히 풀린다는 것도 큰 장점이다.

참 고 ①특히 오른쪽 〈그림〉은 서양에서 'King of knot'라 불릴 만큼, 강도 측면에 있어 그 신뢰도가 압도적이며 용도 또한 다양하다고 볼 수가 있다. ②낚시 채비에는 거의 사용되지 않는 매듭이지만, 낚시에 필요한 짐을 밧줄로 묶어 올리거나, 물을 길어 올리는 물통을 묶을 때, 텐트의 로프를 나무나 돌에 묶을 때에도 편리하게 활용할 수가 있다.

선착장에 배를 정박시킬 때의 묶음법으로, 갯바위 돌출부에 구명 로프를 연결하거나, 낚시에 필요한 짐을 밧줄로 묶어 올리고 내릴 때 요긴하게 활용할 수 있다.

〈그림1〉

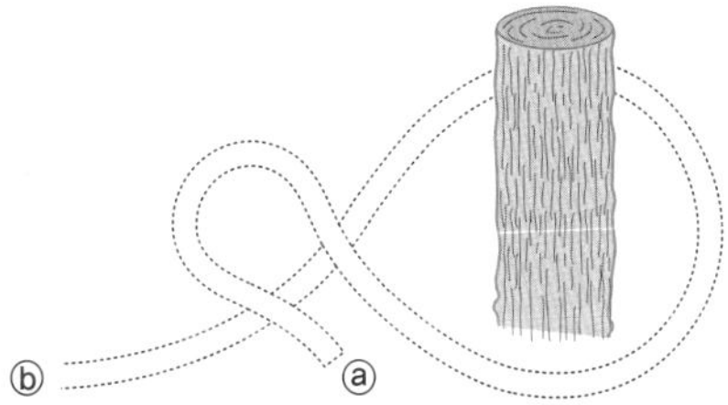

밧줄을 말뚝에 한 바퀴 돌려 건 다음, 끝줄(ⓐ)을 U자로 구부린다.

〈그림2〉

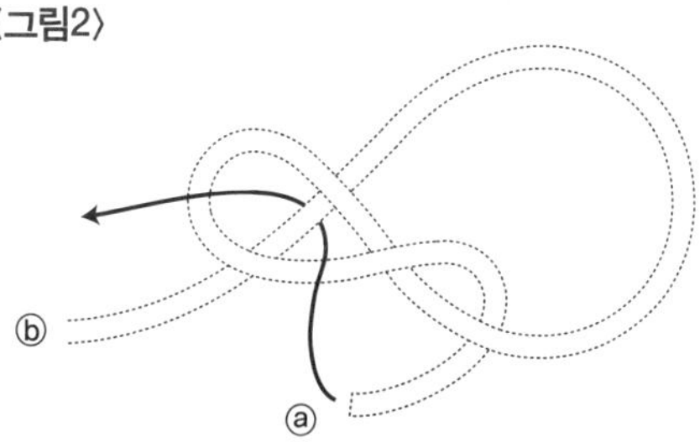

밧줄 끝 ⓐ를 말뚝 사이로 끼워 빼낸다.

〈그림3〉

〈그림2〉에서 ⓐ를 화살표 방향으로 통과시켜 빼낸 모습.

〈그림4〉

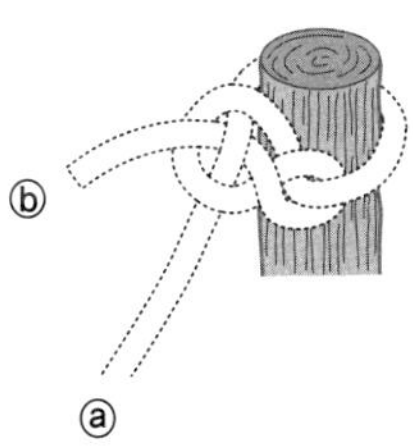

줄을 풀고자 할 때는 ⓐ를 잡아당기면 ⓑ가 끌려 올려지므로 손으로 당기면 된다.

〈그림①〉

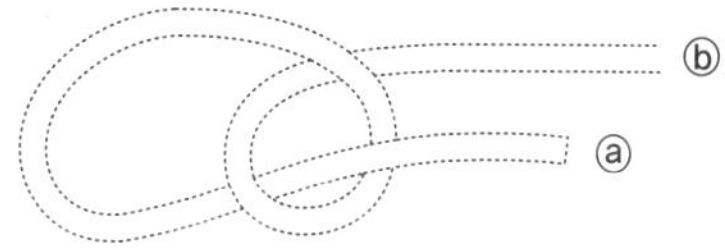

밧줄을 일단 말뚝에 걸친 다음, 본줄 ⓑ부분을 당겨 고리를 만든 후, 이 고리 속으로 밧줄 끝 ⓐ를 통과 시킨다.

〈그림②〉

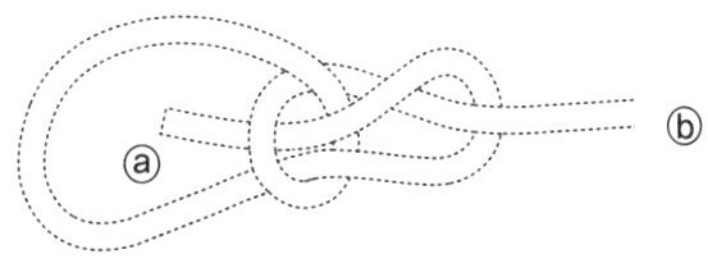

밧줄 끝 ⓐ를 구부려 본줄 밑으로 해서 작은 고리 속으로 밀어 넣는다.

〈그림②-1〉 보강법

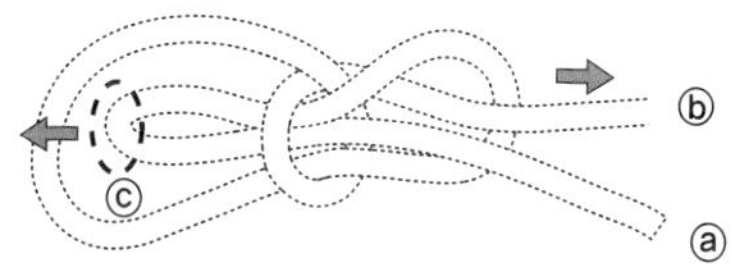

ⓐ를 구부려 작은 고리 속으로 되돌려 빼낸 다음, ⓒ부분과 ⓑ를 함께 당겨 조인다.

〈그림③〉

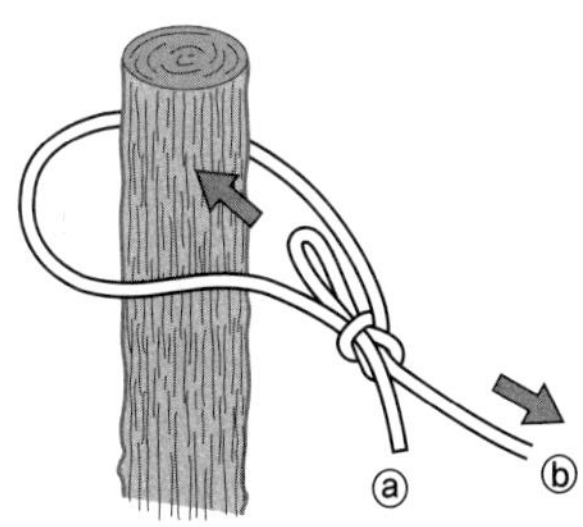

줄을 풀고자 할 때는 ⓐ를 강하게 잡아당기면 저절로 풀린다.

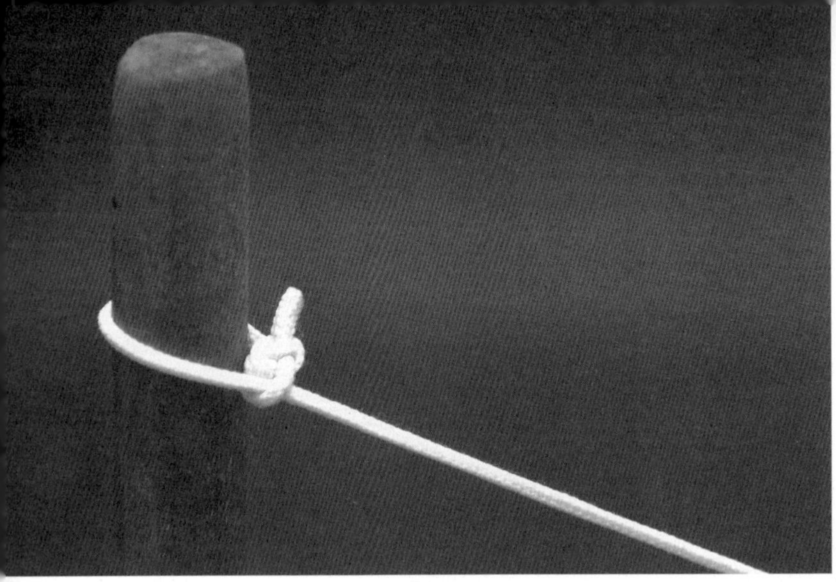

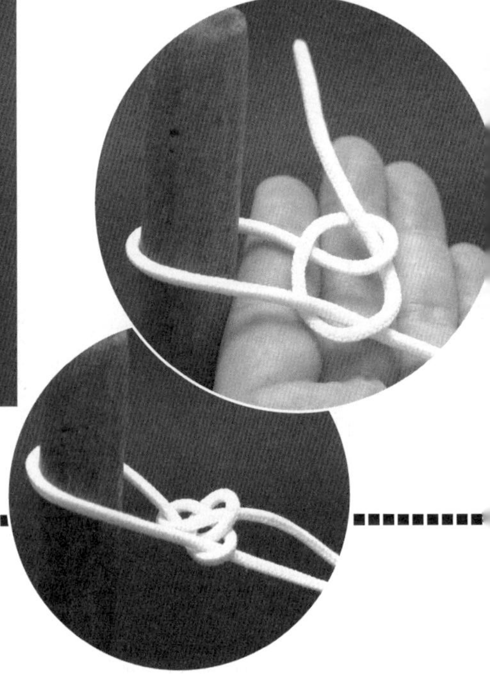

말뚝 · 팩 묶음③

올가미 매듭

–일명 'Running boat line'

용 도 ①전항의 '8자형 고리 묶음'은 고리가 더 이상 줄어들지 않는다는 것이 그 장점이었지만, 용도에 따라서는 고리가 꽉 조여들면 들수록 좋은 경우도 얼마든지 있다. 가령 동물을 포획할 시에 사용되는 올가미가 그것이다. 이 경우는 고리가 줄어들지 않으면 간단히 포획물을 놓쳐버리기 때문이다. '올가미 매듭'은 이러한 경우에 사용된다. 서양에서는 '런닝 보트 라인'(Running boat line)이라 부르는데, 이동하는 선박에서 그물을 던지는 요령으로 해변의 침목이나 기둥 등에 로프를 걸어서 배를 정박 시키고자 하는 의미로 볼 수 있다. ②낚시의 경우에는 고기가 든 살림망이나, 기타 용도의 물건을 물속에 집어넣어 두기 위해 한 쪽의 밧줄을 갯바위 돌출부 등에 묶어 둘 때 활용할 수 있는 방법이다. ③배낚시나 해변 던질낚시에서 가지바늘을 만들 때 자주 사용된다.

'올가미 매듭'이란 명칭 그대로, 필요시에는 고리 형태를 유지하고 있다가 힘이 가해지면 고리가 옥조여지는 형태의 묶음법이다. 서양에서의 'Running boat line'이란 이동하는 선박에서 로프를 던지는 행위를 뜻한다.

특 징 ①말뚝 묶음법으로 첫 번째 소개한 '쌍가락지 묶음'과 마찬가지로, 당겨지면 당겨질수록 고리가 조여 드는 것이 장점이다.

참 고 ①방법은 그다지 어렵지 않지만 신뢰성은 그다지 높지 않다. 위로 쑥 빠져버리는 경우도 있기 때문이다.

〈그림1〉

밧줄을 기둥에 걸치고 작업을 해도 되며, 미리 매듭을 완결지은 후에 씌워도 된다.

〈그림2〉

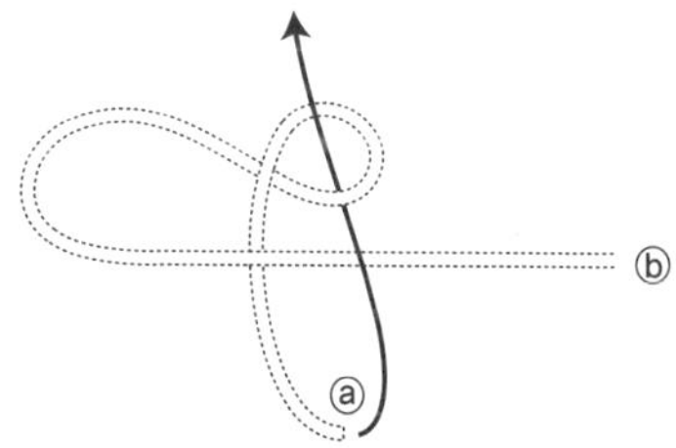

작은 고리를 만들어서 끝 부분 ⓐ를 본줄에 걸치게 해서 고리로 통과시킨다.

〈그림3〉

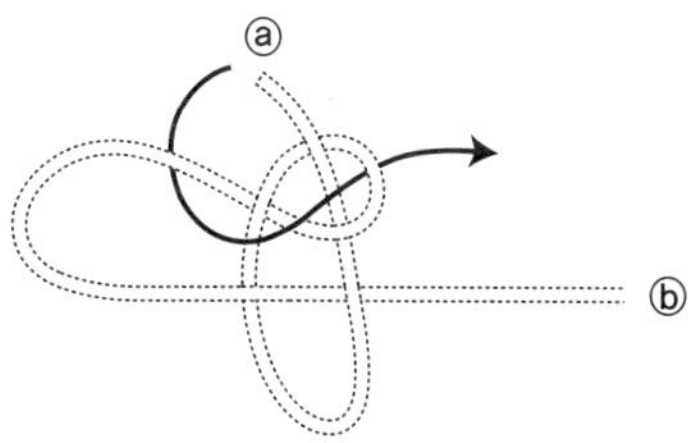

끝 부분 ⓐ를 화살표 방향으로 해서 고리에 통과시킨다.

〈그림4〉

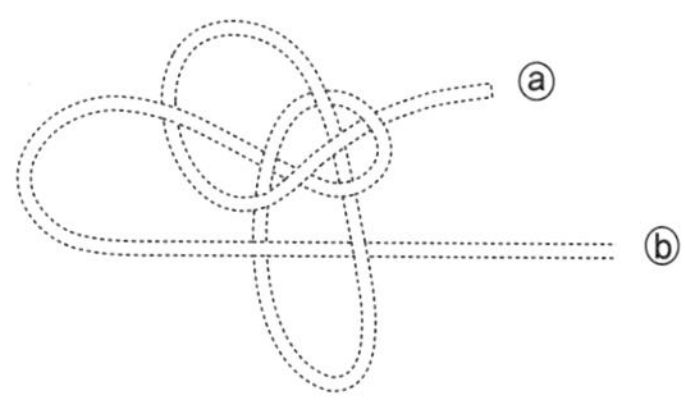

필요한 고리의 크기를 잘 가늠한 후, ⓐ를 살살 당겨 매듭을 조인다.

〈그림5〉

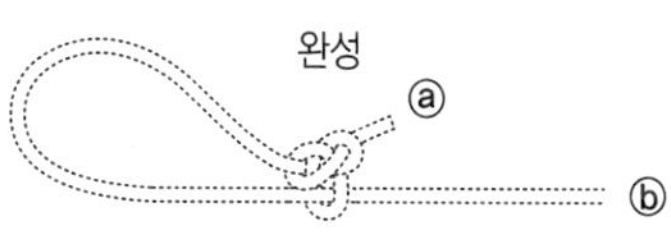

완성된 모습.

〈그림6〉

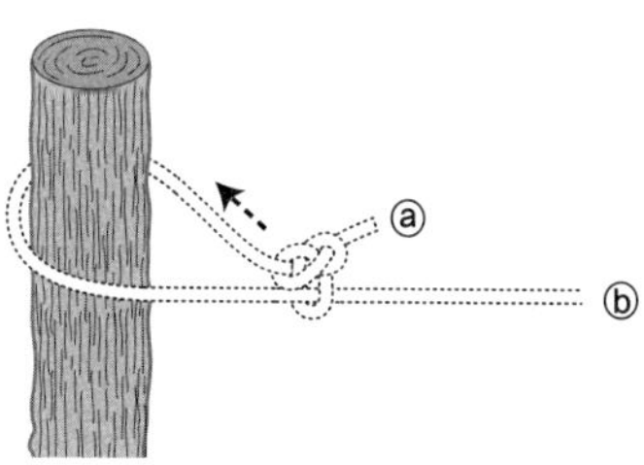

ⓑ에 힘이 가해지면 고리가 조여진다.

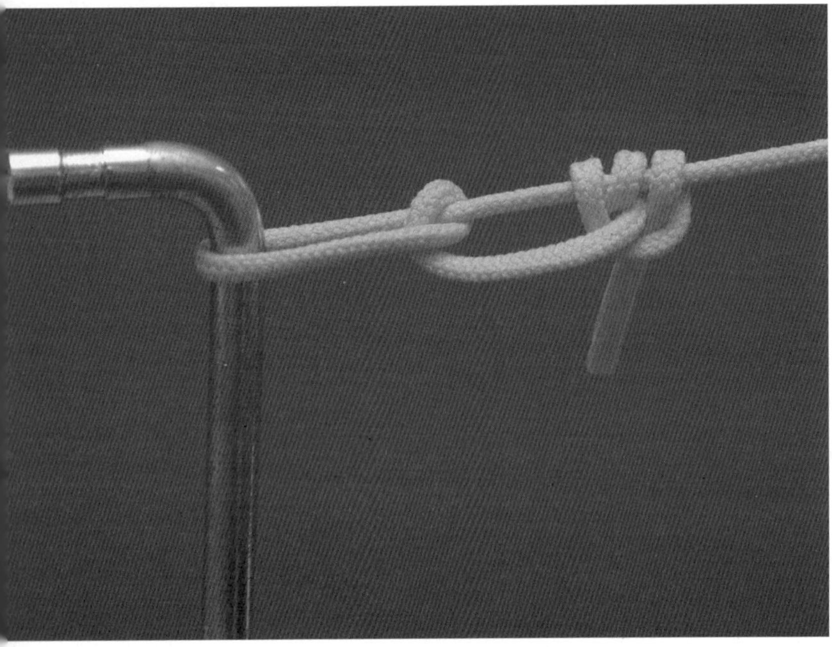

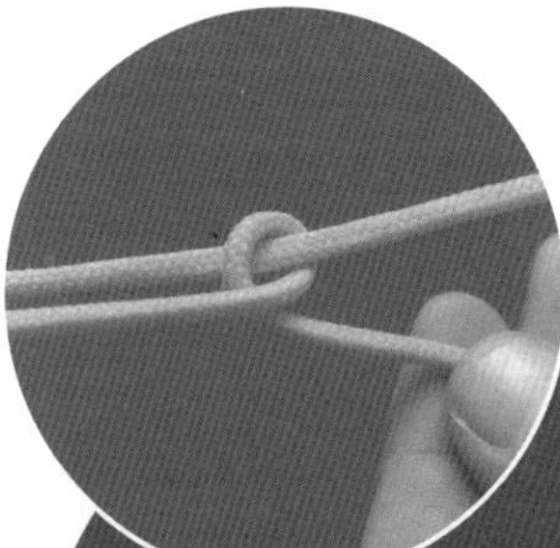

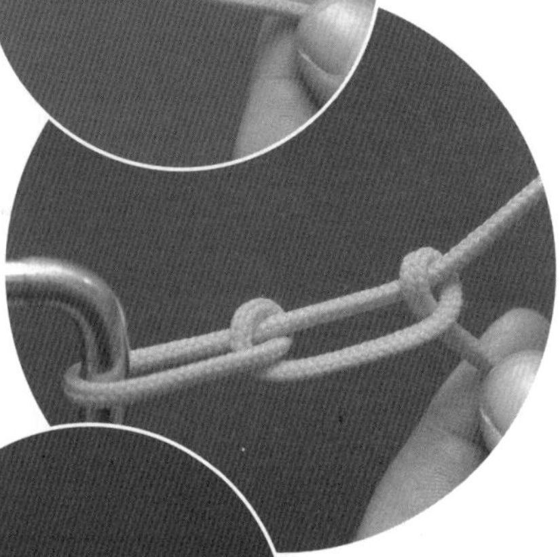

말뚝 · 팩 묶음④

팩 묶음

용 도 ①텐트나 대형 파라솔을 바람에 움직이지 않게 팩을 박아 줄을 붙들어 맬 때 활용되는 매듭법이다.

특 징 ①전형적인 등산용 묶음법으로 낚시 자체에는 직접적으로 활용되진 않지만, 밤낚시 때 텐트를 설치하거나 대형 파라솔을 설치할 때는 꼭 필요한 매듭법이므로 평소에 익혀두면 편리하게 활용할 수 있다. ②위쪽이 기역(ㄱ)자로 꼬부라진 형태이거나 구멍을 통해 줄을 맬 수 있는 기구 외, 일자 형태로 된 말뚝의 경우는 줄이 위로 쑥 빠지기 쉬우므로 이런 점에 반드시 유의해야 한다.

참 고 ①일반 고정식으로 묶어도 큰 문제는 없으나 설치물의 전체 밸런스를 조절하기 위해선 여러 방향으로 묶은 줄의 길이를 조절할 때는 이 매듭법이 상당한 효과를 발휘한다. ②따라서 잘 익혀두면 여러 가지 용도로 활용할 수 있다.

전형적인 등산용 묶음법으로 낚시 자체에는 직접적으로 활용되진 않지만, 밤낚시 때 텐트를 설치하거나 대형 파라솔을 설치할 때는 꼭 필요한 매듭법이므로 평소에 익혀두면 편리하게 활용할 수 있다.

〈그림1〉

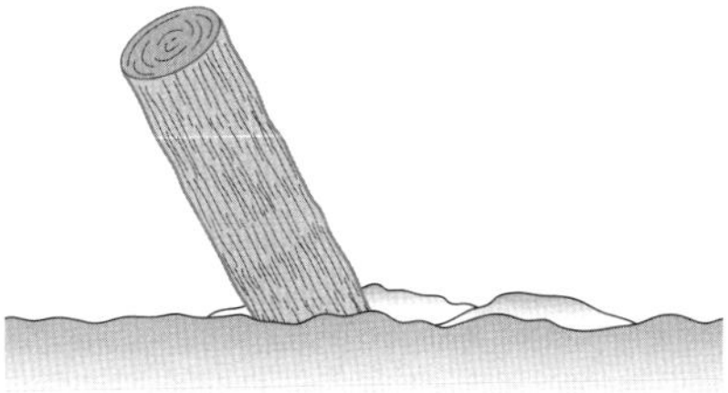

일자 형태의 말뚝을 비스듬히 박고 작업을 해도 무방하다.

〈그림2〉

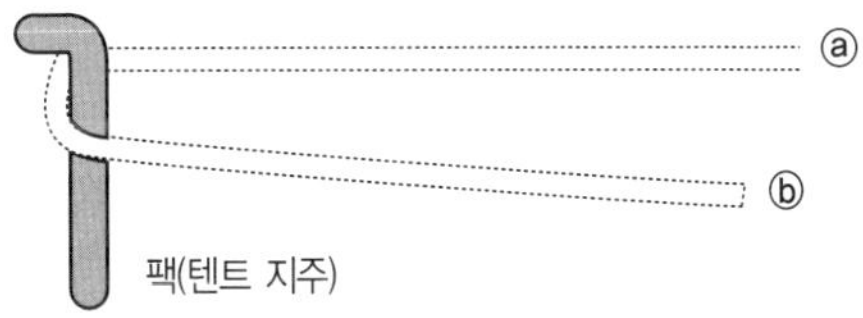

로프를 일단 팩에 걸친다.

〈그림3〉

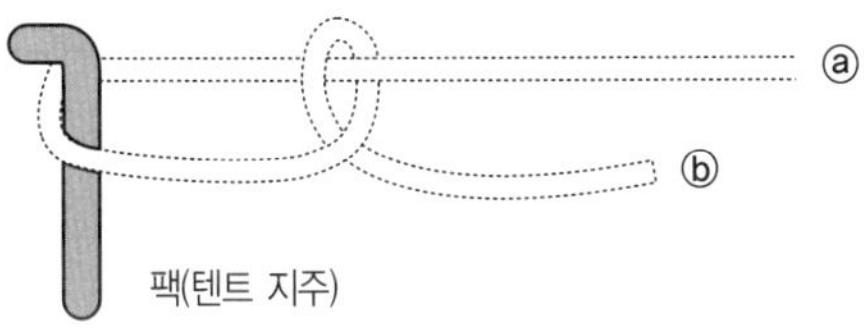

로프 끝(ⓑ부분)을 본줄에 대고 한 바퀴 돌려 걸친다.

〈그림4〉

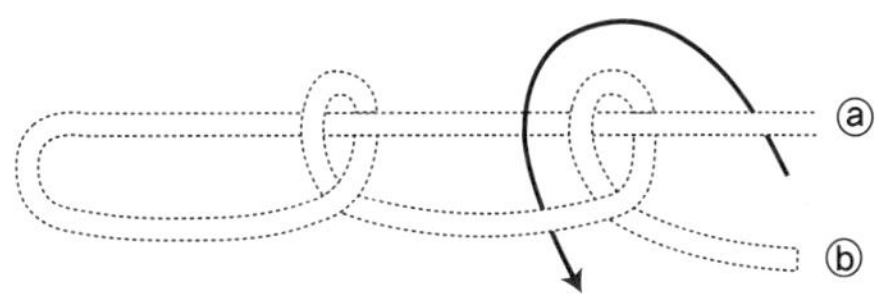

적당한 간격을 두고 다시 한 바퀴 돌려 걸친 다음, 같은 지점에서 이중으로 돌린다.

〈그림5〉

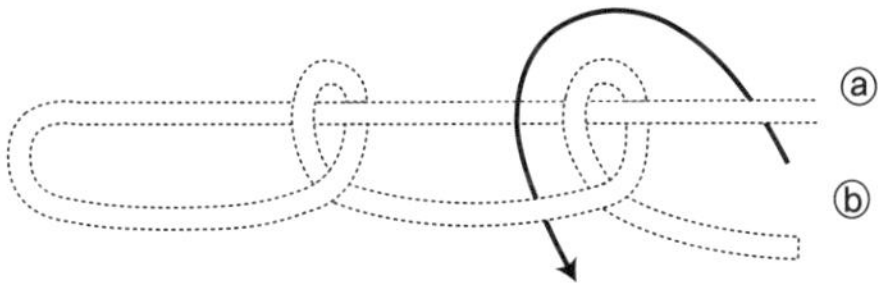

로프 끝(ⓑ)을 화살표 방향으로 돌려 매듭을 짓는다.

〈그림6〉

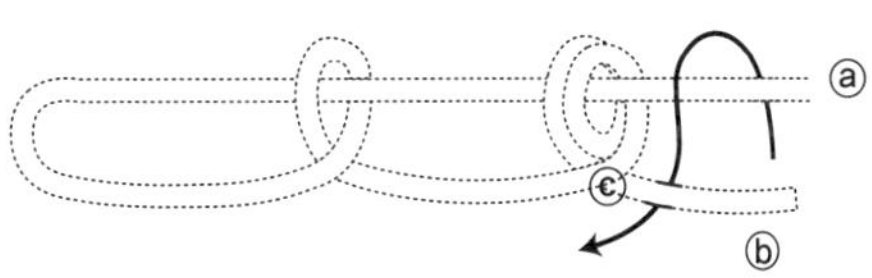

줄이 팽팽히 당겨져 있는 상태에서 ⓒ매듭 부분을 팩 쪽으로 밀면 줄이 늘어나고, 텐트 쪽으로 끌어 끌어당기면 조여진다.

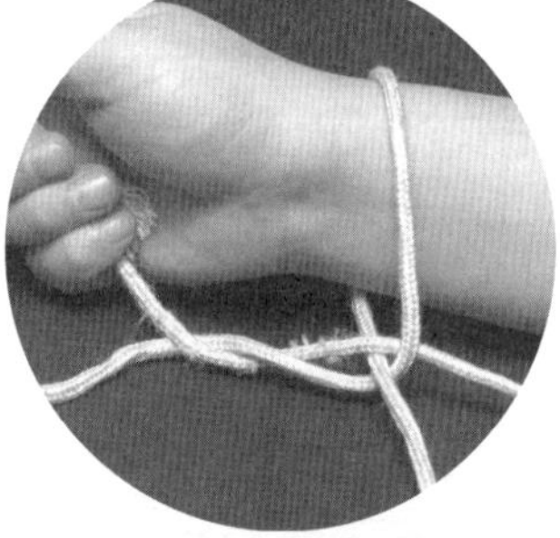

기타 묶음법

구명 로프 묶는 법

용 도 ①갯바위를 타고 오르거나 내릴 때 안전을 담보하기 위한 묶음법이다. ②특히 높은 파도에 휩쓸렸을 때는 아무리 구명조끼를 착용했다 하더라도 자력으로 갯바위를 기어오르려고 하면 제2, 제3의 사고를 당할 수도 있다. 파도를 맞아 갯바위에 머리를 부딪치거나, 벼랑 지대에선 손잡이 확보 자체가 불가능할 수도 있다. 그냥 밧줄을 잡기만 해서도 안 된다. 높은 파도에 몸이 휩쓸리다 보면 밧줄을 놓치기 십상이다. 이런 때 자신의 몸을 묶어 안전을 확보하는 것이 이 묶음법이다.

특 징 ①견인 도중 밧줄을 놓쳤을 경우에도 자신의 몸을 묶은 밧줄 고리가 더 이상 늘어나거나 조여지지 않아 안전을 담보할 수 있다. 따라서 밧줄 고리 크기를 너무 크게 짓지 말아야 한다.

참 고 ①이 묶음법은 자신의 안전을 위한 것이므로 타인의 도움 없이 스스로가 묶을 수 있어야 한다. ②한두 번 익혀서는 실제의 위험 상황에선 당황하게 되므로 눈을 감고도 묶을 수 있도록 틈틈이 반복해 익혀 두어야 한다.

이 묶음법은 자신의 안전을 위한 것이므로 타인의 도움 없이 스스로가 묶을 수 있어야 한다. 한두 번 익혀서는 실제의 위험 상황에선 당황하게 되므로 눈을 감고도 묶을 수 있도록 틈틈이 반복해 익혀 두어야 한다.

〈그림1〉

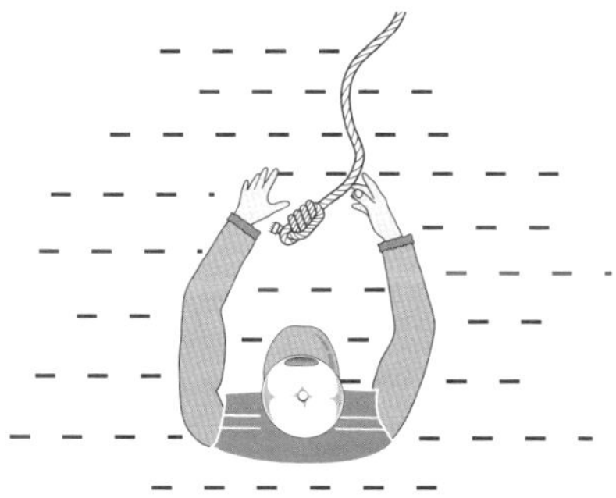

동료가 물에 빠졌을 경우에는 빨리 구명 로프를 던져 준다.

〈그림2〉

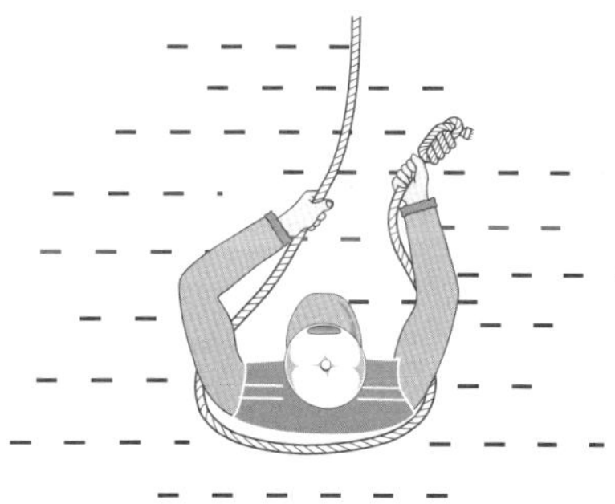

빗줄 끝 부분을 등 뒤로 돌려 감는다.

〈그림3〉

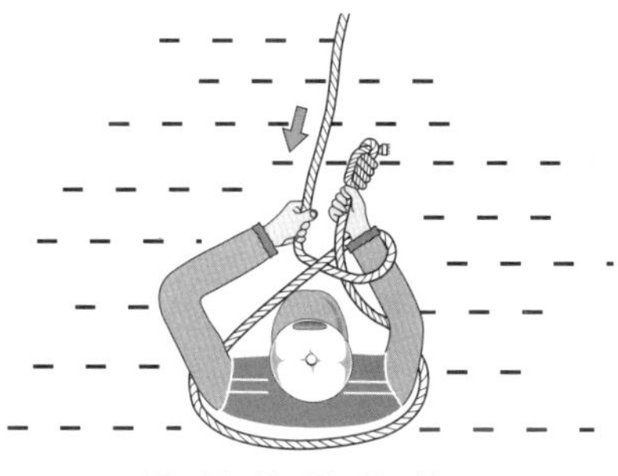

왼손 밧줄을 당겨 고리를 만든 후, 끝을 잡은 오른 손목을 집어넣는다.

〈그림4〉

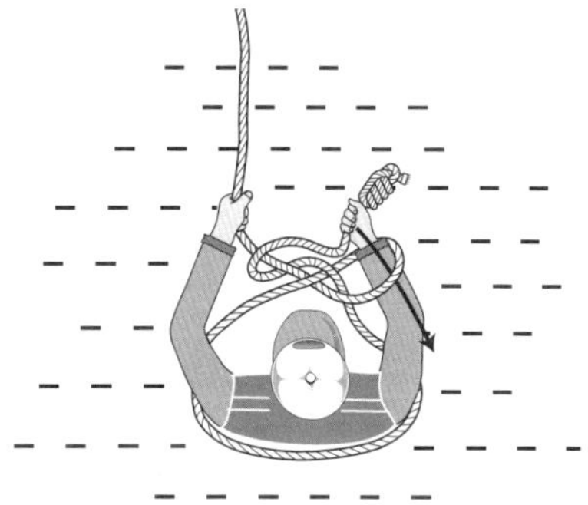

왼손 밧줄은 절대로 놓지 말고 오른손 줄을 원줄 밑으로 반 바퀴 돌려 빼낸다.

〈그림5〉

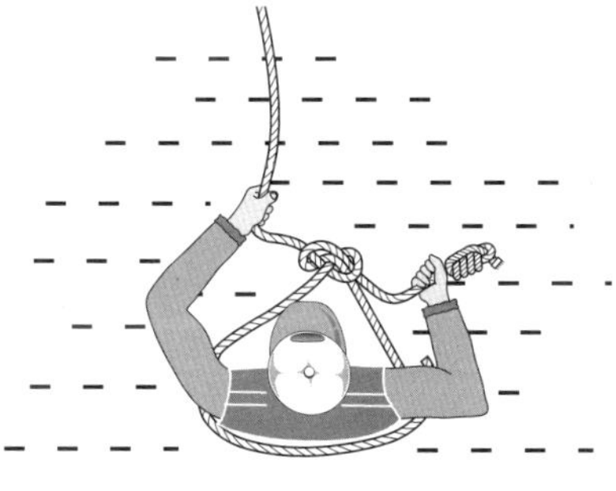

양손으로 밧줄을 힘껏 맞잡아 당긴다. 고리가 너무 크면 몸이 쑥 빠져 버릴 위험이 있다.

〈그림6〉

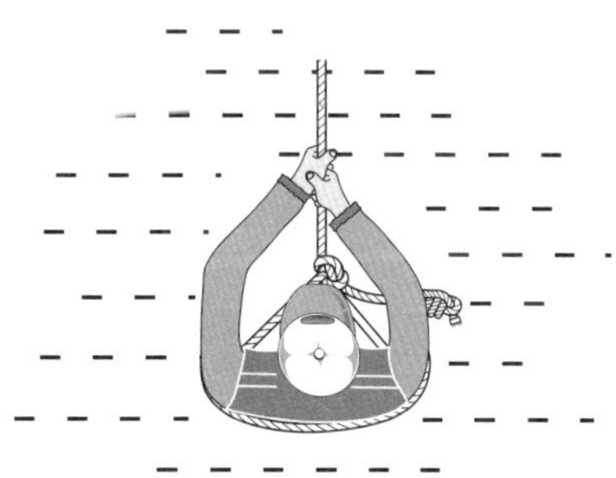

고리에 몸을 의지하면서 양손으로 밧줄을 움켜쥔다.

제2부 ▌어종별 고수 채비 50선

제1장 민물낚시 편

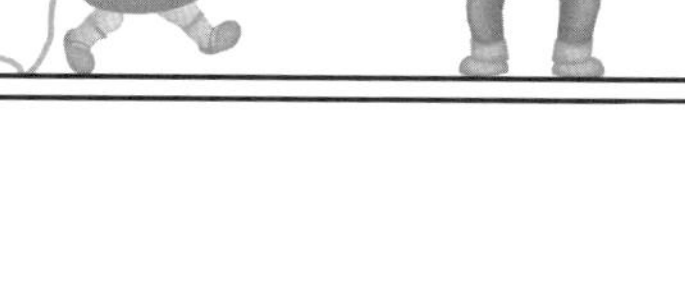

바닥낚시① – 적시적소, 자유자재

한 형 주

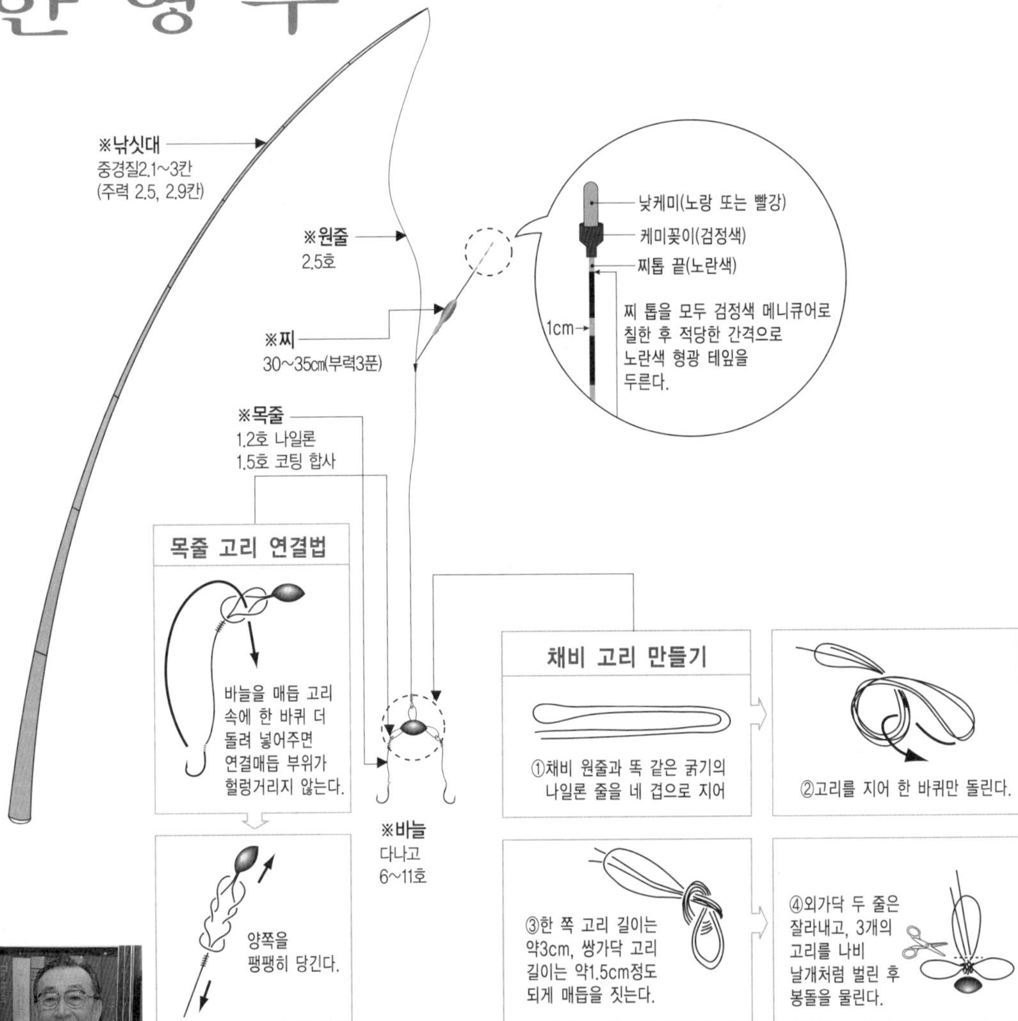

한형주
〈의학박사 · 본지 고문〉

■채비 주안점 – ❶채비의 키 포인트는 '찌'. 정장 차림에 있어 넥타이와 같은 것으로, 세련되지 못한 것은 사절! 너무 길거나 부력이 강한 것도 사절! 주야를 막론하고 눈에 잘 띄어야 하므로 색깔 조화가 중요하다. 〈그림〉과 같은 채색 대비가 가장 주효! ❷필자 채비의 가장 핵심은 원줄과 쌍바늘을 연결하는 '나비 고리' 채비를 자작(自作)해 사용하는 점이다. 한 번 찌맞춤한 전체 채비에 바늘 크기를 다양하게 묶어둔 목줄채비를 적시적소, 자유자재로 교환할 수 있고 목줄이 끊어졌을 때나 오래 사용했을 때 손쉽게 교환할 수 있다.

■사용 주안점 – 즐겨 하는 떡밥낚시는 물론, 지렁이 미끼를 사용할 때도 변함없이 사용하는 채비다. 수초나 돌멩이 등의 장애물이 있는 곳도 가리지 않는다. 나일론 또는 코팅된 합사 목줄채비를 취사선택 하는 것으로 각종 여건을 극복한다.

바닥낚시② – 외 · 쌍 · 가지바늘 변형 채비

최운권

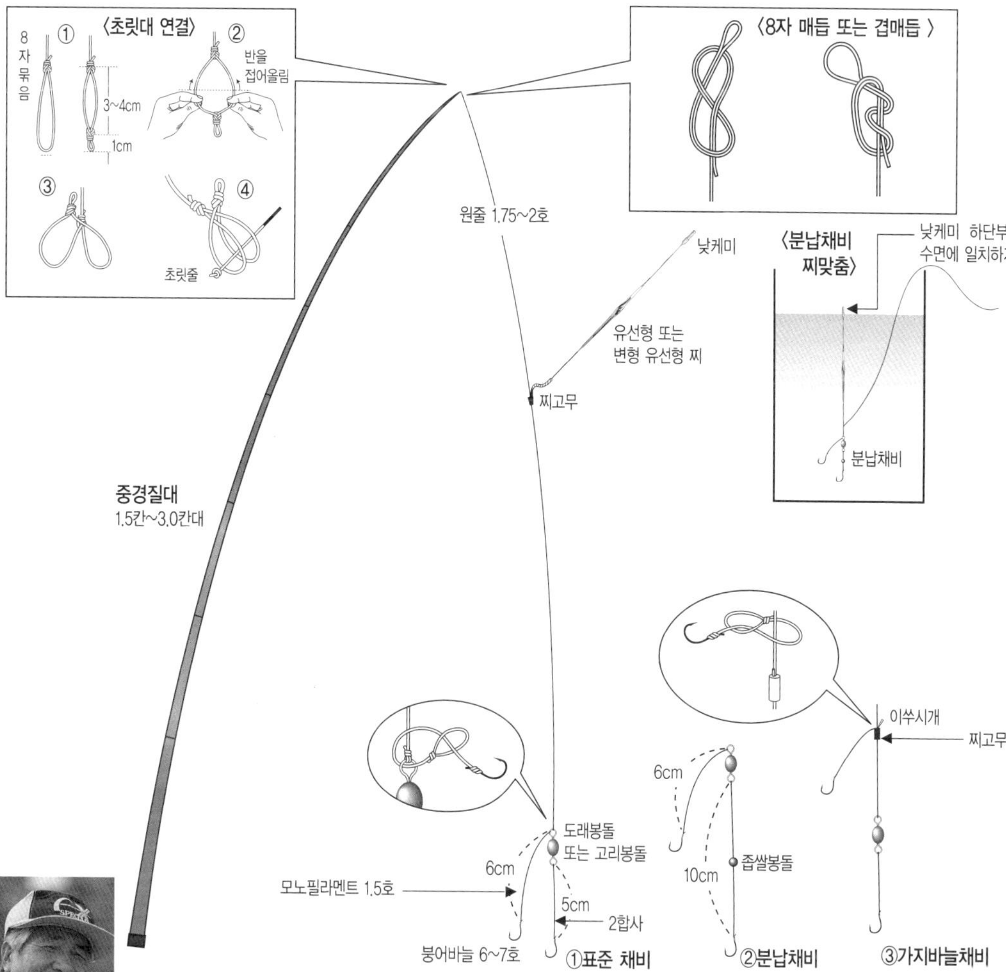

최운권
〈「실전 붕어낚시」 저자〉

■**채비 주안점 –** ❶본 채비는 다양한 현장 포인트 여건에 따라 두루 활용해볼 수 있는 전천후 채비라 할 수 있다. 우선 고리봉돌을, 또는 도래를 제거한 도래봉돌을 이용해 외바늘 채비를 〈그림〉과 같이 단다. 하나는 아랫고리에, 또 하나는 윗고리에 달아 쌍바늘채비의 효과를 내면서도 또 다른 상황에 따라 윗고리 바늘을 제거, 외바늘채비로 쉽게 전환할 수 있다. 윗고리 바늘 채비는 모노필라멘트, 아랫고리 바늘채비는 2합사 정도로 세팅하면 서로 엉킬 염려도 없다. ❷분납 채비는 가장 예민한 채비라 할 수 있다. 붕어가 입질을 할 때 좁쌀봉돌만 움직여도 찌가 반응하게 된다.

■**사용 주안점 –** ❶표준채비는 떡밥낚시, 수초대, 감탕 바닥에서 고루 사용할 수 있으며 ❷분납채비는 떡밥낚시, 유료터에서 활용할 만하다. ❸가지바늘채비는 얼음낚시 또는 수초대에서 위력을 발휘하는데, 이동이 자유롭고 세팅이 간편하다는 게 장점.

수초치기① – 원거리 직공형 채비

남상구

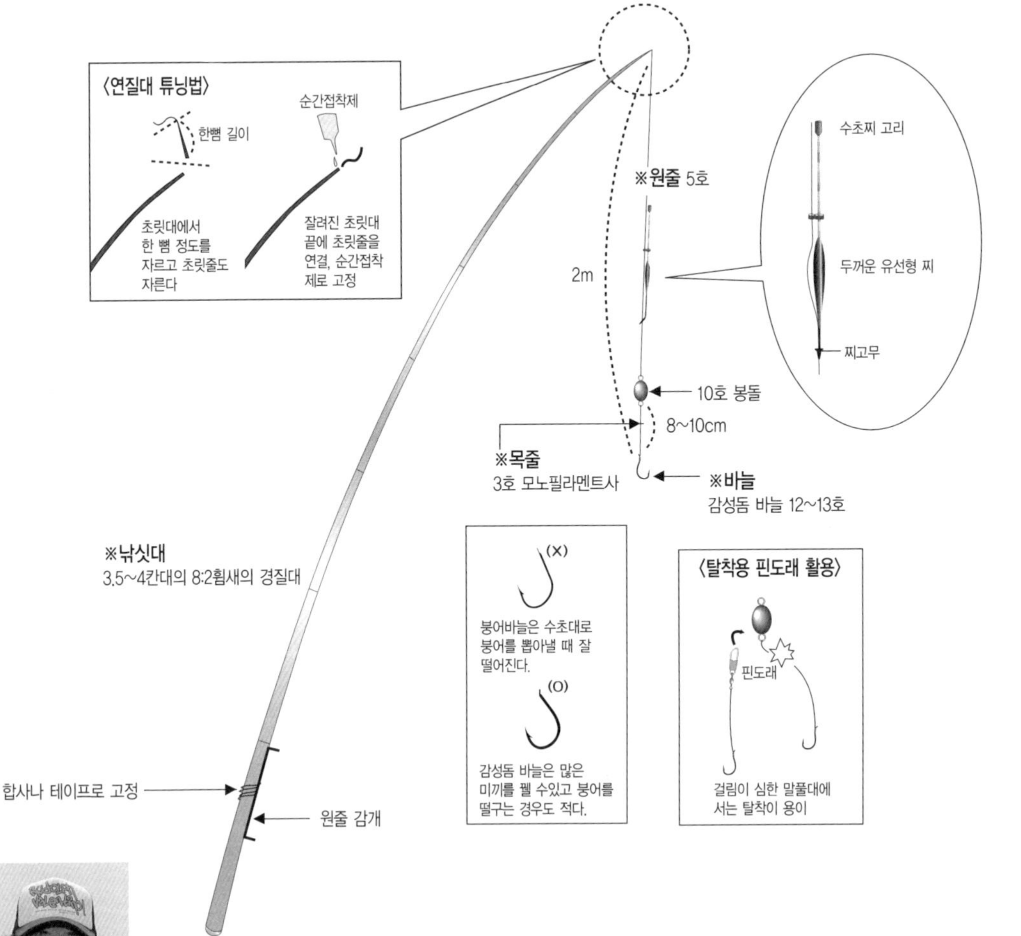

남상구
〈서울 · 우정낚시회 회장〉

■채비 주안점 – ❶빽빽한 수초 틈을 노려야 하는 만큼 거추장스러운 소품은 없는 것만 못하다. 줄감개를 활용하는 이도 있지만 밀생 수초대에서는 오히려 밑걸림만 불러일으킨다. 필요한 길이의 원줄 자체만 사용한다. 대부분의 낚시 수심대는 1~1.5m. 어느 정도 여유는 필요하기 때문에 2m 정도로 사용한다. 3 칸대든 4칸대든 이는 불변의 법칙! ❷카본 낚싯대가 일반화되면서 수초꾼들이 바라는 전용대는 사실 만나기가 쉽지 않다. 붕어낚시용은 낭창한 연질대가 대부분이어서 〈그림〉과 같은 튜닝이 필요하다. 그래야 원하는 포인트를 정확하게 노릴 수 있다.

■사용 주안점 – 수초, 그것도 부들 전용 채비라 할 수 있다. 포인트라면 갈대보다도 부들 쪽이 씨알이 굵고 마리수도 좋다. 늦가을 무렵, 삭은 부들이 엉켜 있는 포인트를 노리기에 이 채비는 최상이다. 갈대보다는 좀더 멀리 떨어져 있는 수초가 바로 부들. 장대로 정확하게 채비를 내릴 수 있어야 한다.

수초치기② – 다대 편성형 채비

정 홍 수

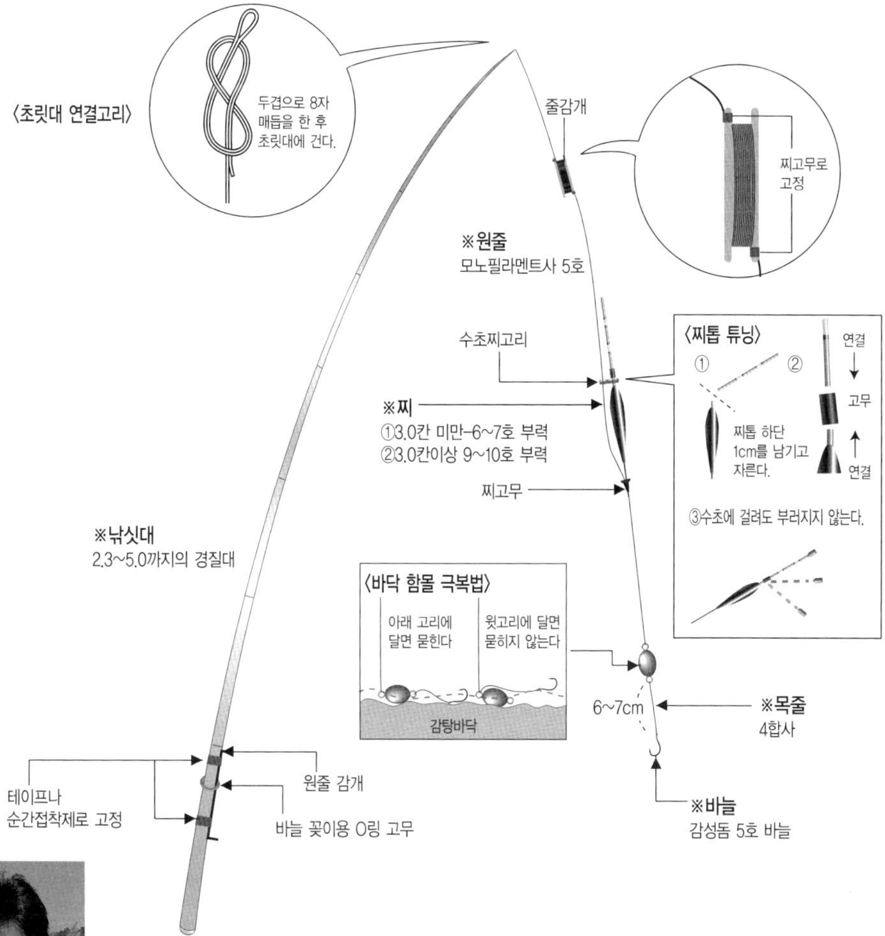

정홍수
〈경산 · 보습조우회 회장〉

■**채비 주안점 –** ❶수초라고 해도 스윙낚시로 공략 가능한 곳이 있고 그렇지 않은 곳이 있다. 오히려 대물은 채비조차 들어가기 어려운 밀생 수초대에 은신해 있을 확률이 높다. 이러한 이유로 수초치기는 수초치기되 10대 이상의 다대 편성으로 포인트를 노린다는 의미로 필자는 '다대 수초치기'를 즐겨 한다. 수초를 강제로 제거하기보다는 의도적인 훼손을 하지 않고 공략한다는 데 더 무게를 둔 것이다. ❷줄감개는 다양한 거리의 포인트를 노리기 위해선 꼭 필요한 소품일 수 있다. 찌톱은 〈그림〉과 같이 튜닝을 하면 밑걸림 때문에 찌톱을 부러뜨리는 일은 없다.

■**사용 주안점 –** 스윙낚시로 공략이 어려운 포인트로는 대표적으로 뗏장을 들 수 있다. 여기에 말풀이 혼재되어 있다면 군데군데 적당한 길이의 대를 펴서 채비를 집어넣으면 된다. 때에 따라서는 5칸 정도의 긴 대도 사용할 수 있어야 한다.

대물낚시① – 정정당당 '스윙낚시 채비'

차 종 환

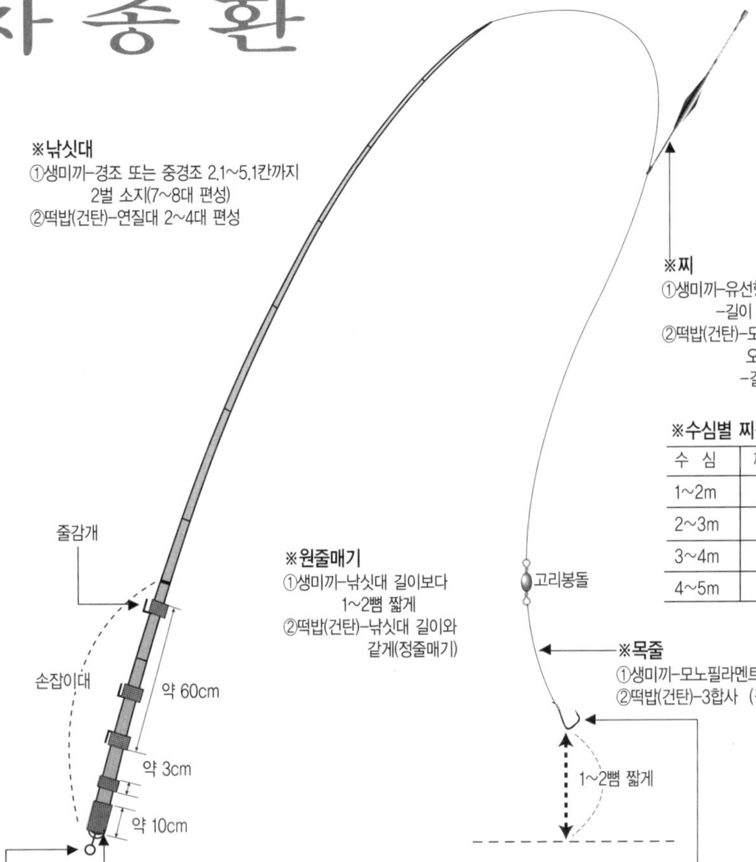

※수심별 찌길이

수 심	찌 길이(전체)	봉돌 무게
1~2m	약 50cm	3.2g (8.6푼)
2~3m	약 60cm	3.7g (9.9푼)
3~4m	약 70cm	4.2g (11.3푼)
4~5m	약 80cm	4.7g (12.6푼)

차종환
〈붕어연구소장 · 「실전! 붕어대물낚시」 저자〉

■채비 주안점 – ❶'고기와의 정정당당한 1대1 승부'를 지향하는 만큼, 채비 또한 연안에서의 앞치기를 위주로 하는 정상적 캐스팅이 가능한 스윙채비를 쓴다. ❷이 채비는 만드는 방법이 간단하면서도 강하고, 자리 이동이나 낚싯대 교체, 철수 시 기동성이 뛰어나다. ❸근거리부터 원거리까지 공략 범위가 넓고, 대물을 제압할 수 있는 강도, 정투가 가능한 조작의 편의성, 그리고 고도로 요구되는 정숙성 등을 고루 감안한 결과물이다.

■사용 주안점 – 이 채비를 제대로 활용하기 위해선 먼저 원하는 지점에 자유자재로 채비를 투입할 수 있는 캐스팅실력이 돼야 한다. 대물의 주 은신처인 수초대를 스윙으로 노리기 위한 캐스팅은 크게 '앞치기'라 뭉뚱그려 부르지만, 동작을 더욱 세분화, 전문화하면 ①들어치기(표준) ②끊어치기 ③튕겨치기(일명 활쏘기) ④장애물 넘겨치기 ⑤안짱치기 등으로 나눌 수 있다.

대물낚시② – 투척 편리한 '유동 채비'

윤기한

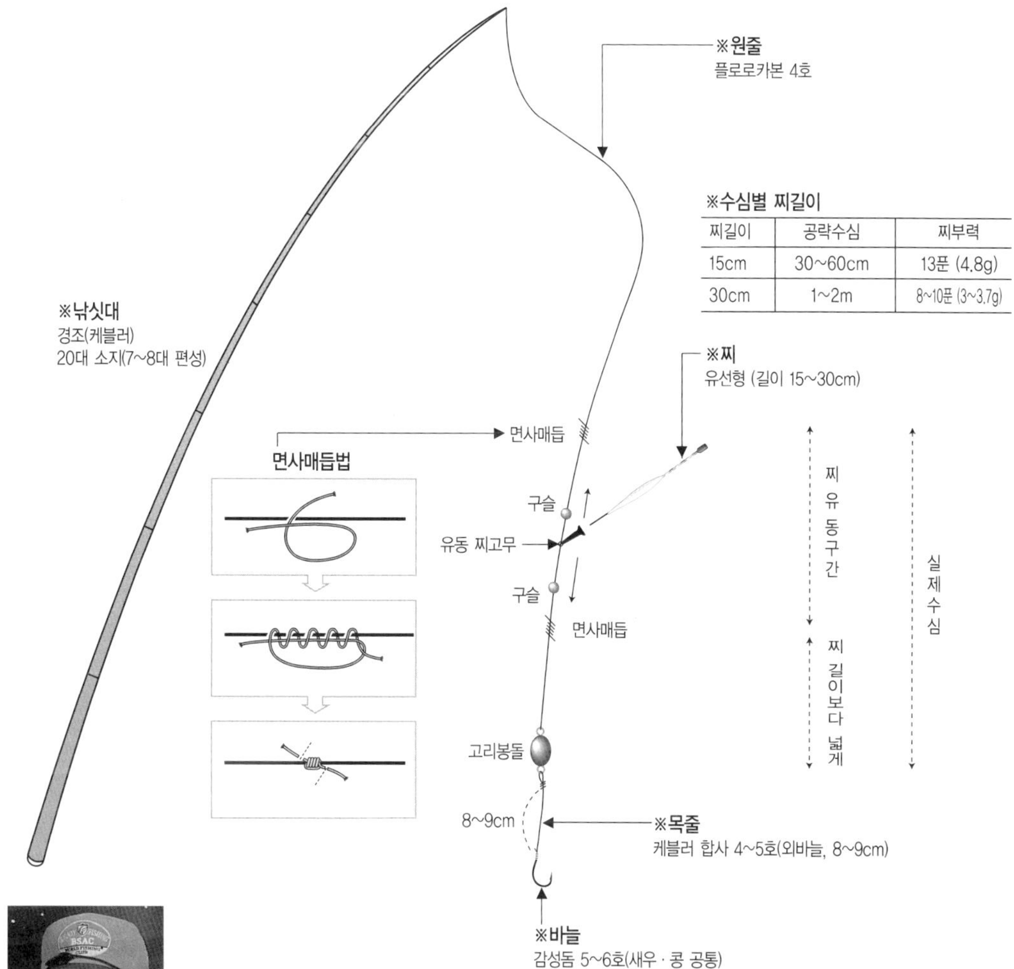

※수심별 찌길이

찌길이	공략수심	찌부력
15cm	30~60cm	13푼 (4.8g)
30cm	1~2m	8~10푼 (3~3.7g)

윤기한
〈대구낚시연합회장 · 수향낚시 대표〉

■채비 주안점 – 강한 힘을 요구하는 대물채비는 낚싯대 손잡이부터 원줄–목줄–바늘에 이르는 전 구간이 적절한 균형이 유지돼야 한다. 만약 어느 한 부분이 지나치게 강하거나 약하다면 전체적으로는 무력한 채비로 전락하고 말 것이다. 항상 전체 균형을 생각하자.

■사용 주안점 – ❶새우나 콩을 미끼로 시도하는 대물낚시는 얕은 수심대가 주 공략처가 된다. 따라서 찌는 얕은 수심층을 감안, 주로 짧은 찌를 사용한다. 15cm찌는 30~60cm 수심대, 30cm찌는 1~2m권의 다소 깊은 층을 노릴 때 쓴다. ❷채비는 유동채비를 애용한다. 좁은 수초 구멍에 채비를 던져 넣거나 뗏장, 부들류의 정수수초대에 바짝 붙여야 하는 데는 고정채비보다 유동채비가 매우 편리하다. 수면 입수 후 수직 입수성이 좋아 걸림도 적다.

보트낚시① – 관통 수초찌 채비

김윤구

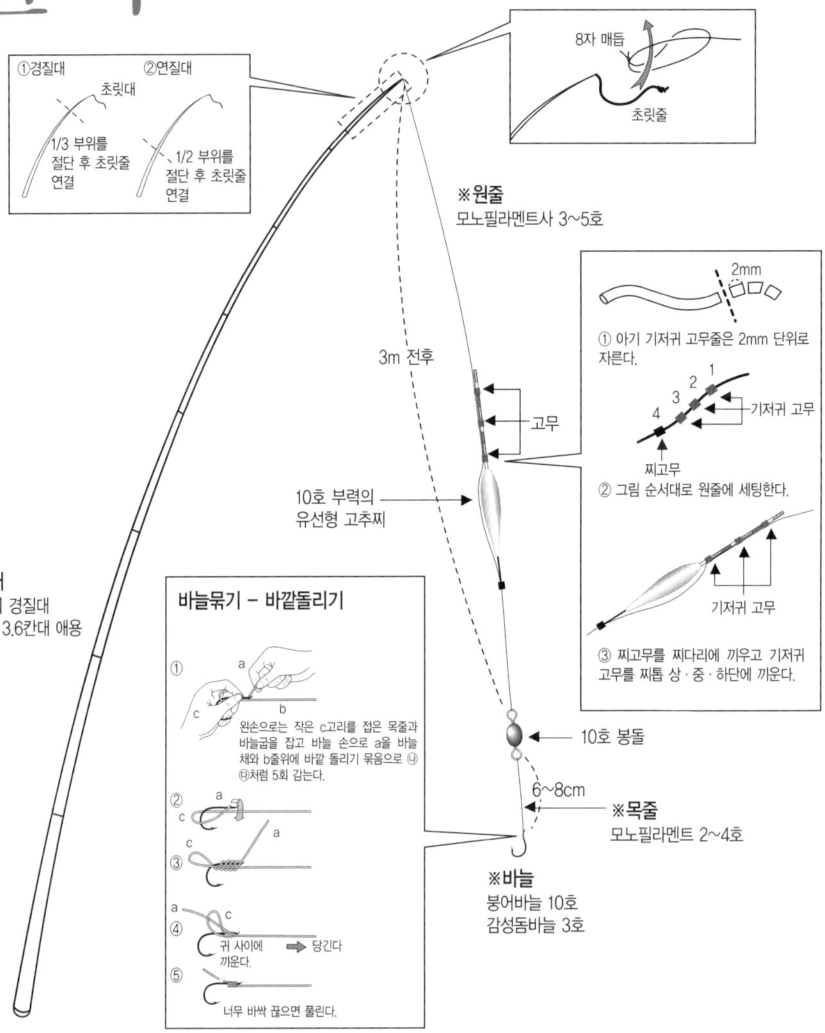

김윤구
《(사)한국낚시연합 회장》

■**채비 주안점 –** ❶밀생한 수초, 특히 갈대는 다른 수초보다 잎이 여러 갈래로 퍼져 있는 형태여서 채비나 찌가 걸리는 일이 다반사다. 이러한 장애를 최소화하기 위해 간편하게 고안한 채비다. 관통 수초찌의 장점은 일반 수초치기 채비보다 더 자연스런 채비 입수가 가능하다는 것. '관통찌' 기성품은 값이 비싼 단점이 있지만, 이 채비는 기저귀 고무줄만 있으면 똑같은 효과를 낼 수 있다. ❷찌톱과 원줄을 완전히 일치시켰기 때문에 채비의 입수 및 챔질 과정에 있어 걸림이 없음은 물론, 일반 찌고리처럼 물이 차서 부력을 약화시키는 폐단도 적다.

■**사용 주안점 –** ❶수초치기에 있어 부들 및 줄풀처럼 자그마한 구멍을 노릴 때 매우 유리하다. ❷찌톱과 원줄의 유격이 거의 없는 셈이므로 말풀처럼 잘 내려가지 않는 수초구멍도 스트레이트로 파고드는 때가 많다.

보트낚시② - 대물용, 수초치기 채비

김 동 현

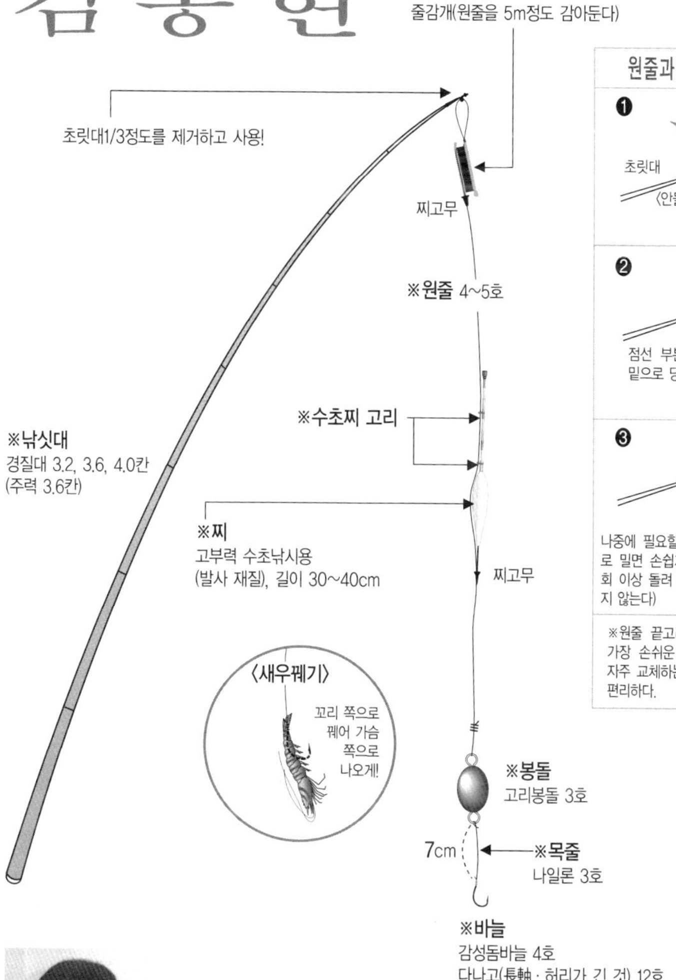

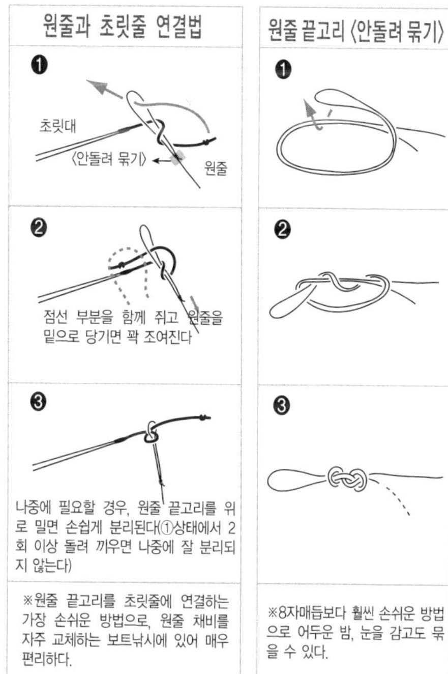

김동헌
〈한국낚시연합 경기연맹 회장〉

■채비 주안점 – ❶보트낚시의 주류를 이루는 수초구멍치기용 채비로, 원하는 포인트 지점에 채비를 정확히 집어넣기 위해선 아무리 경질대라도 일반 스윙낚시용으로 만들어진 시제품은 초릿대가 낭창거려 무척 불편하다(무거운 봉돌과 고부력 찌를 사용함에 있어 특히 그러하다). 이에 시제품의 초릿대를 1/3 정도 제거하고 초릿줄을 부착해 사용한다. ❷포인트 여건 및 수상 · 수면 · 수중 장애물 등을 고려해 원줄 채비 전체를 교체해야 할 경우가 많으므로, 채비 묶음 및 연결이 손쉽고도 필요에 따라 교체하기 편리하도록 간편성과 효율성에 비중을 두고 있다.

■사용 주안점 – ❶원줄의 길이는 수심에 따라 달라지므로, 줄감개에 감아두는 원줄은 좀 넉넉하게 5m 정도 감아둔다. ❷새우 미끼는 통상적으로 머리 부분을 벗겨낸 뒤, 꼬리 쪽에서부터 꿰어 바늘 끝이 가슴 쪽으로 나오게 하되, 잡고기가 있을 때에는 통새우를, 잡고기가 없는 곳에선 껍질을 모두 까고 사용한다.

전층낚시① – 슬로프낚시 채비

이 동 윤

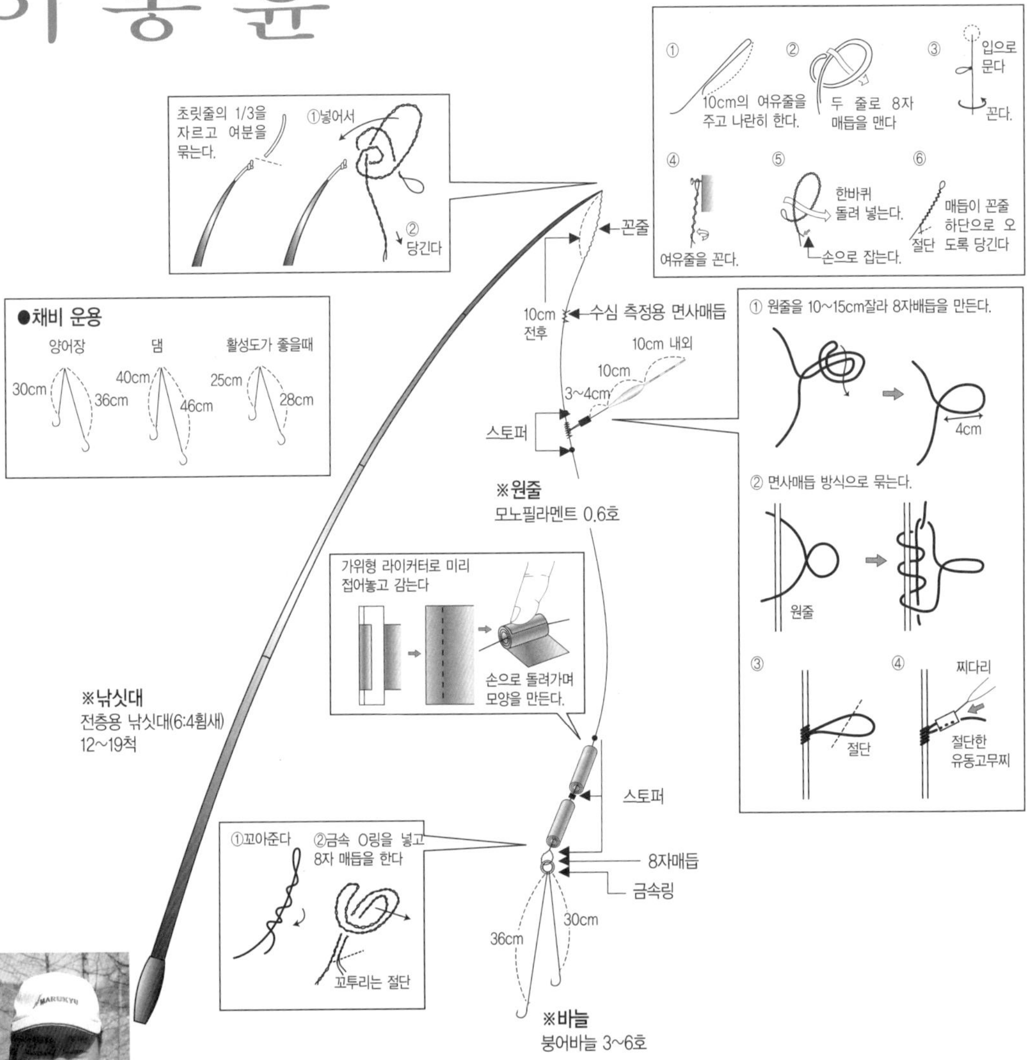

이동윤
〈문화일보 체육부장 · 마루큐 필드스탭〉

■채비 주안점 – ❶섬세한 채비를 사용하는 만큼 엉킴, 무게감 등을 고려했다. 우선 원줄은 꼰줄로 강화시켰다. 채비를 던지거나 거둘 때 초릿대나 찌에 줄이 잘 엉키지 않고 강화의 의미도 있다. ❷목줄 연결 역시 꼰줄에 금속 링을 연결해 섬세함을 높혔다. 단 겨울엔 극소형 도래를 사용. 깊은 수심이나 바닥층을 노릴 시엔 유동 찌고무를 사용하는 것이 튼튼하다. 예민함을 위주로 할 경우, 면사매듭을 이용한 송엽(松葉)식이 좋다. ❸목줄은 30, 35(또는 36cm)가 기본 단차이나 수심이 아주 깊은 곳에서는 목줄을 더 길게 사용해야 한다.

■사용 주안점 – ❶바닥층을 노리는 슬로프낚시에서 사용하는 기본적인 채비이다. 활성도가 높거나 붕어가 클 경우엔 원줄 1~1.5호, 목줄 0.5~0.8호를 선택한다. ❷겨울철 또는 유료터에서는 원줄 0.7~0.8호, 목줄 0.3~0.4호 사이에서 손택한다. 슬로프낚시는 2~3호의 간토우스레형(각진 바늘)을 주로 사용한다.

전층낚시② – 중층 · 표층 공략용 채비

이 성 중

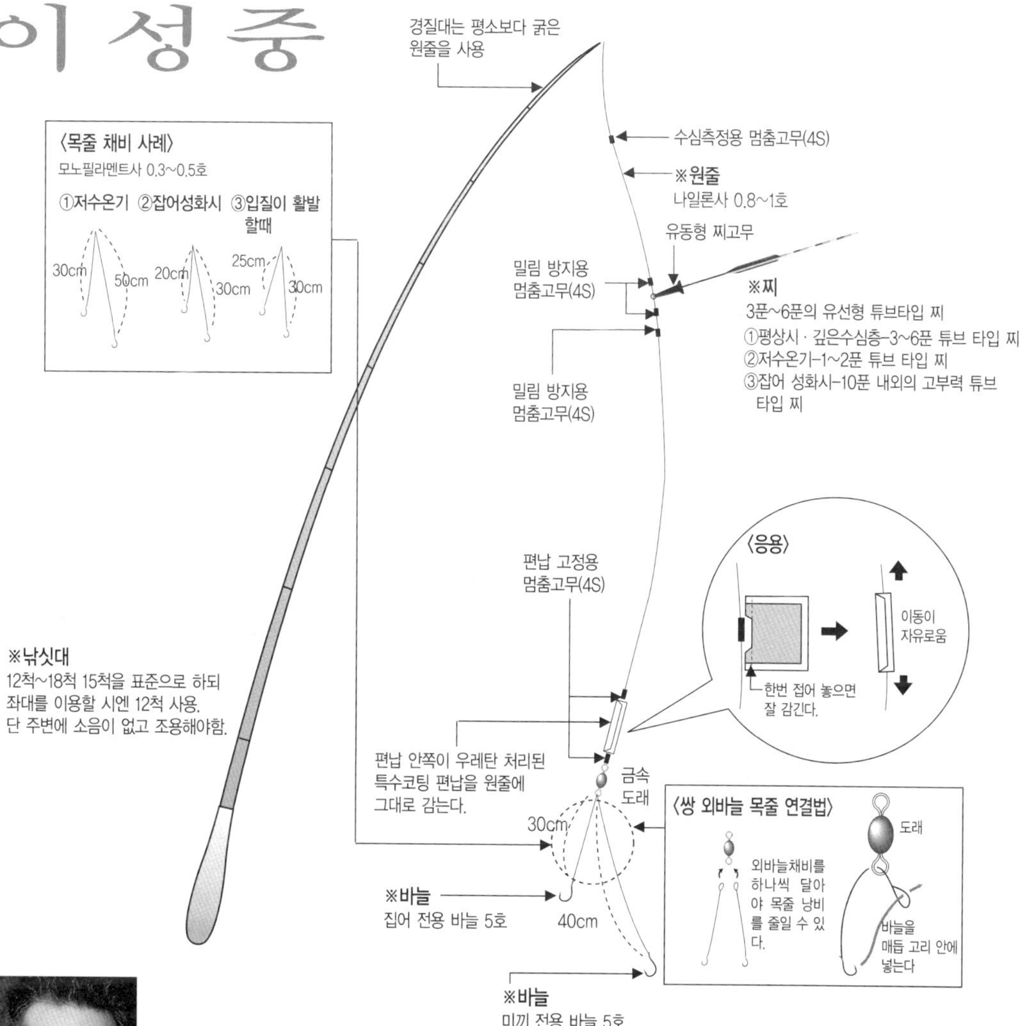

이성중
〈경기 안산 · 낚시춘추 필진〉

■채비 주안점 – 채비는 일단 간결하고 단순해야 한다. 복잡스러운 채비는 예민한 전층낚시 특성상 오히려 마이너스 요인을 주기 쉽다. 그러한 이유로 편납 홀더를 생략했다. ❶보통 전층낚시를 처음 대하는 꾼들은 채비가 너무 약한 게 아니냐고 반문을 한다. 이럴 때 필자는 말한다. 채비에 대한 믿음을 가지라고. 충분히 0.3호 목줄로도 40cm급 떡붕어를 낚을 수 있다. ❷바늘은 미끼용과 집어용을 구분해서 사용하면 편리하다. 같은 5호라도 미끼용 바늘은 굵고 작으며, 집어용 바늘은 그보다 조금 크고 얇게 만들어졌다.

■사용 주안점 – 중층 · 표층 수심을 공략할 수 있는 채비다. 하지만 분명한 것은 〈그림〉에 명시한 것처럼, 낚시 상황과 수심층에 따라 찌, 목줄 길이 등에 변화를 줘야만 한다. 귀찮다고 이를 게을리 하면 입질을 받기 어렵다. 그만큼 전층낚시는 까다롭긴 하지만 이를 극복하면 좋은 결과를 얻을 수 있다.

양어장낚시① – 바닥층 채비

손 정 락

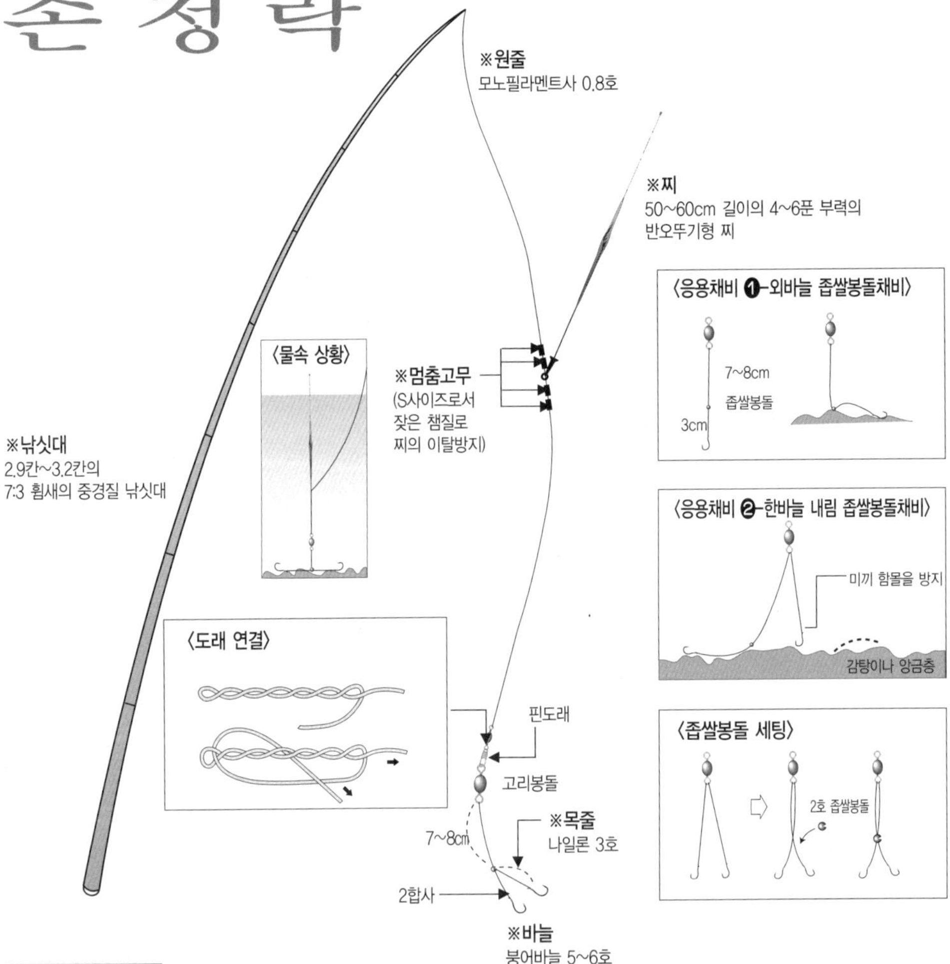

손정락
〈고양 일산 · 프로피싱 대표〉

■채비 주안점 – ❶두 바늘 채비의 집어력과 한 바늘 채비의 예민함을 절충시킨 '좁쌀봉돌채비'다. 두 바늘 중 한 바늘을 올려도 봉돌이 움직이지 않는 사각지대를 최소화했다는 점에서 예민성을 강화시켰다. ❷이 채비에도 단점이 있다. 앙금이 많거나 감탕 바닥에선 채비가 묻힐 수 있다는 것. 〈응용채비②〉 처럼 한쪽 바늘을 길게 해 좁쌀봉돌을 달고 한쪽 바늘을 짧게 달면 바늘이 묻히지 않는다. ❸저수온기나 입질이 미약할 시엔 〈응용채비①〉을 활용해볼 만하다. 외바늘채비 특유의 예민성에 좁쌀 봉돌마저 더했으므로 필자가 아는 바닥층낚시 채비 중 가장 민감한 채비이다.

■사용 주안점 – 양어장낚시는 물론 자연 낚시터에서도 통하는 채비다. 좁쌀봉돌만 바닥에 닿을 수 있도록 찌맞춤을 하는 게 중요하다. 채비를 모두 세팅한 후 바늘만 닿도록 수조찌맞춤을 한 후, 현장에선 찌톱을 두 마디 정도 내놓고 낚시를 한다.

양어장낚시② - 중층 · 표층 채비

이 용 우

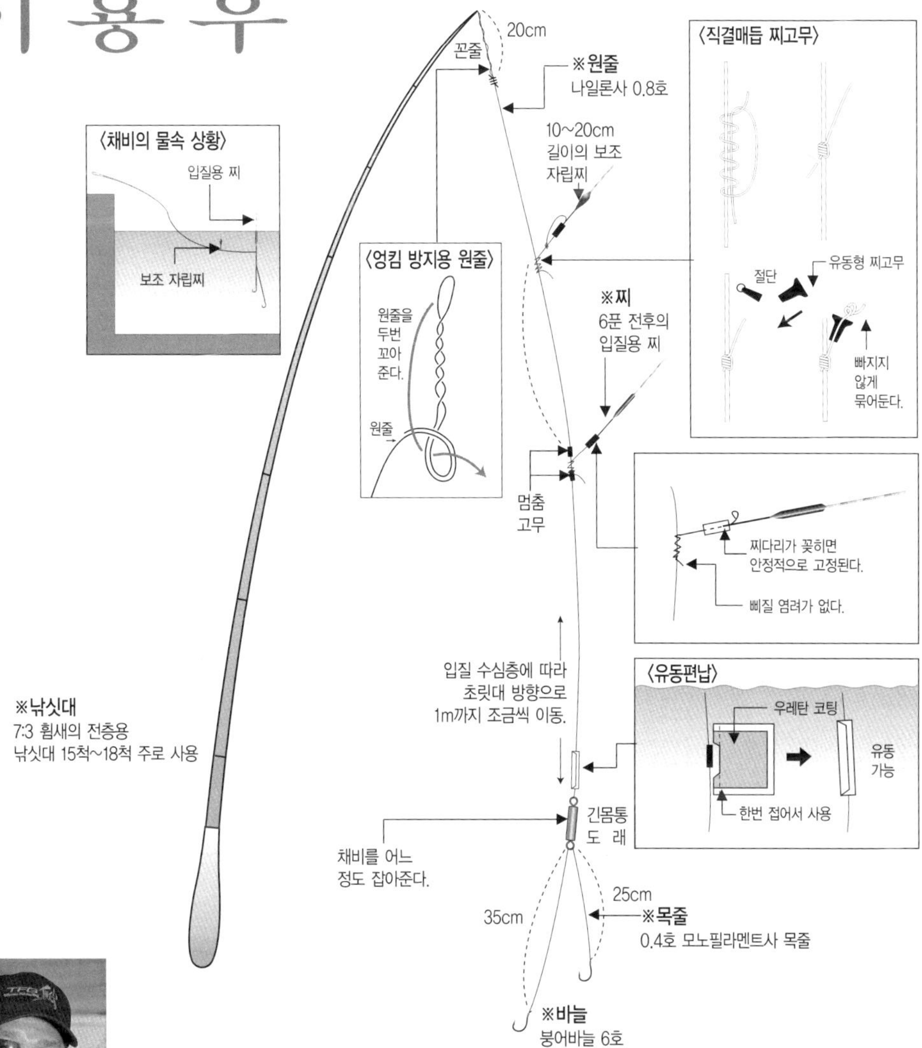

이용우
〈부산 · 토닉 필드스탭〉

■채비 주안점 - ❶표층, 중층 수심을 공략할 때 사용하는 채비로, 2개의 찌를 사용하는 것이 특징이다. 위에 있는 찌는 보조 자립찌, 아래는 입질을 읽어내는 입질용 찌다. 입질을 빨리 잡아내기 위한 속공용 채비로도 알맞다. 보통 중층, 표층 수심을 노리면 내려가는 동안에 입질이 들어오는 경우가 많은데, 보조 자립찌의 역할은 나일론사 원줄의 빠른 입수를 도와줌은 물론, 팽팽하게 유지시켜 주어 헛챔질 확률을 줄여준다는 것이다. ❷유동 편납은 초릿대 방향으로 올려줄수록 채비 입수 시간이 길어진다. 입질 수심 폭이 넓거나 입수 중 입질이 잘 들어올 땐 유동편납을 조금씩 올려준다.

■사용 주안점 - 고수온으로 인해 많은 개체수의 붕어들이 중층 이상으로 떠있을 때 활용한다. 특히 손맛터에서 효과를 볼 수 있는데 가짜 입질을 줄이는 데도 제격이다. 보조 자립찌는 찌톱이 수면에 일치되는 정도면 적당하다.

얼음낚시① – 붕어 채비

최 기 철

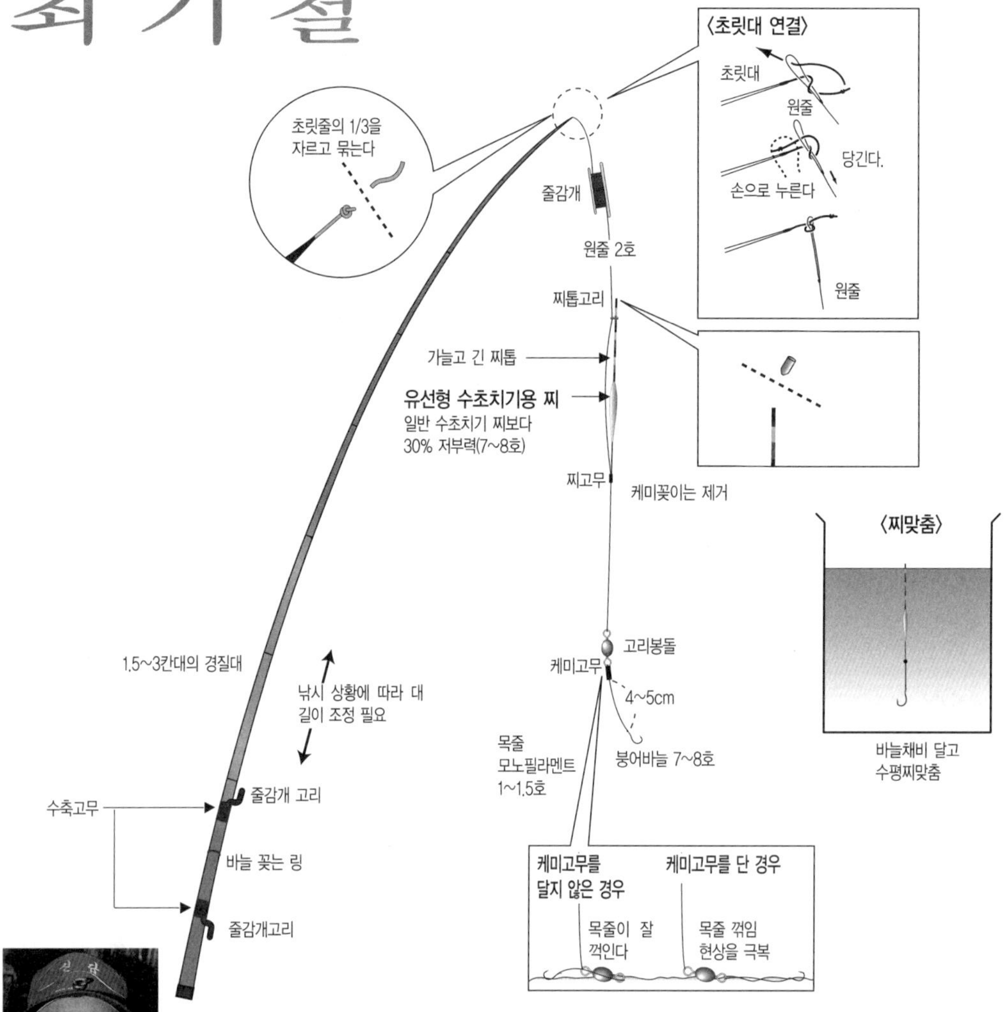

최기철
〈서울 · 신답낚시 대표〉

■채비 주안점 – ❶옛날의 얼음낚시는 얼음구멍 위에서 견짓대를 바로 드리웠으나 붕어의 경계심을 자극하지 않기 위해 최근엔 일반 민낚싯대를 사용해 얼음구멍으로부터 거리를 두는 추세이다. ❷먼 거리에서 얼음구멍 아래로 채비를 정확히 드리우기 위해선 수초치기 채비가 기본이 된다. 하지만 일반 물낚시 수초치기 채비보다는 보다 예민성을 확보해야 한다. 우선 찌는 평소 수초치기용의 70% 부력에 유선형이면 무난하다. ❸조개봉돌은 목줄이 꺾인다는 단점이 있다. 아랫고리에 케미고무를 꽂고 바늘채비를 달면 어느 정도 '목줄 꺾임' 현상을 방지할 수 있다.

■사용 주안점 – 모든 여건에서 사용이 가능하지만 키 포인트는 제대로 입질 여건을 확보하는 것. 줄감개의 채비 엉킴이나 수면 결빙은 입질을 둔화시키는 요인이 되므로 수시로 체크를 해야 한다.

얼음낚시② – 빙어 채비

변 재 수

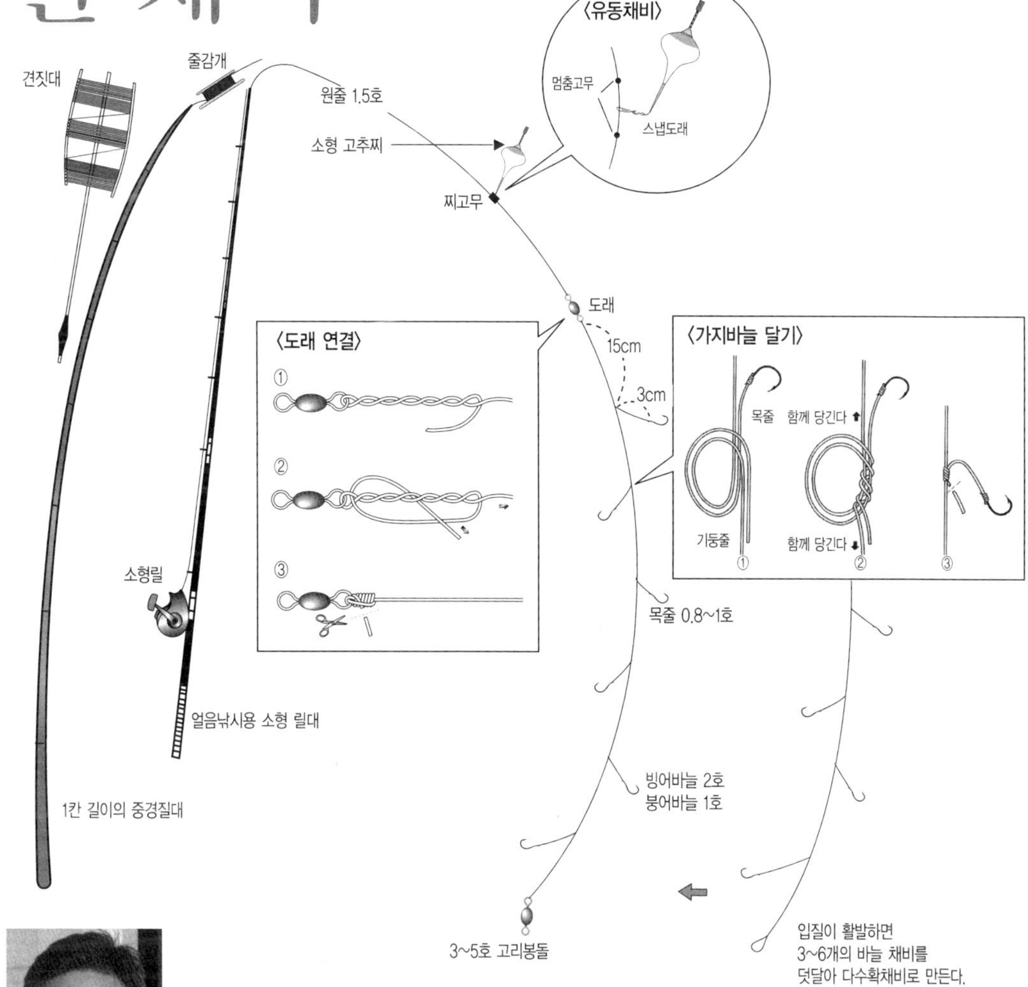

변재수
〈양구 · 양구낚시 대표〉

■채비 주안점 – ❶수심층을 자유롭게 노릴 수 있는 견짓대 및 릴 채비가 민낚싯대보다는 한 수 위! 민대에 줄감개를 사용하면 낚싯줄 길이의 제약을 피할 수 있으나 얼음이 잘 엉겨 붙는 등 번거로운 게 단점이다. ❷빙어의 유영층은 수시로 변하게 되므로 당연히 찌 부력이 봉돌보다 커야 채비를 띄울 수 있다. 말하자면 빙어 전층낚시인 셈이다. ❸빙어가 소형어인 까닭에 가는 원줄을 쓰기도 하지만 약한 입질도 한 몫을 한다.

■사용 주안점 – ❶민대는 평지형 저수지 등 2m 전후의 얕은 수심에서 주로 사용하나 한 칸 정도의 짧은 대를 사용해야 한다. 댐낚시터와 같이 깊은 수심에서는 소형 얼음낚시용 릴이나 견짓대를 사용한다. 스냅도래를 이용해 유동채비를 하면 입질 감도가 더 좋아진다. ❷채비도 중요하지만 무엇보다도 찌가 제대로 입질을 표현할 수 있도록 수면 위의 살얼음을 수시로 걷어내는 등 부지런함이 조과와 직결된다.

잉어① – 대낚시 채비

남 상 주

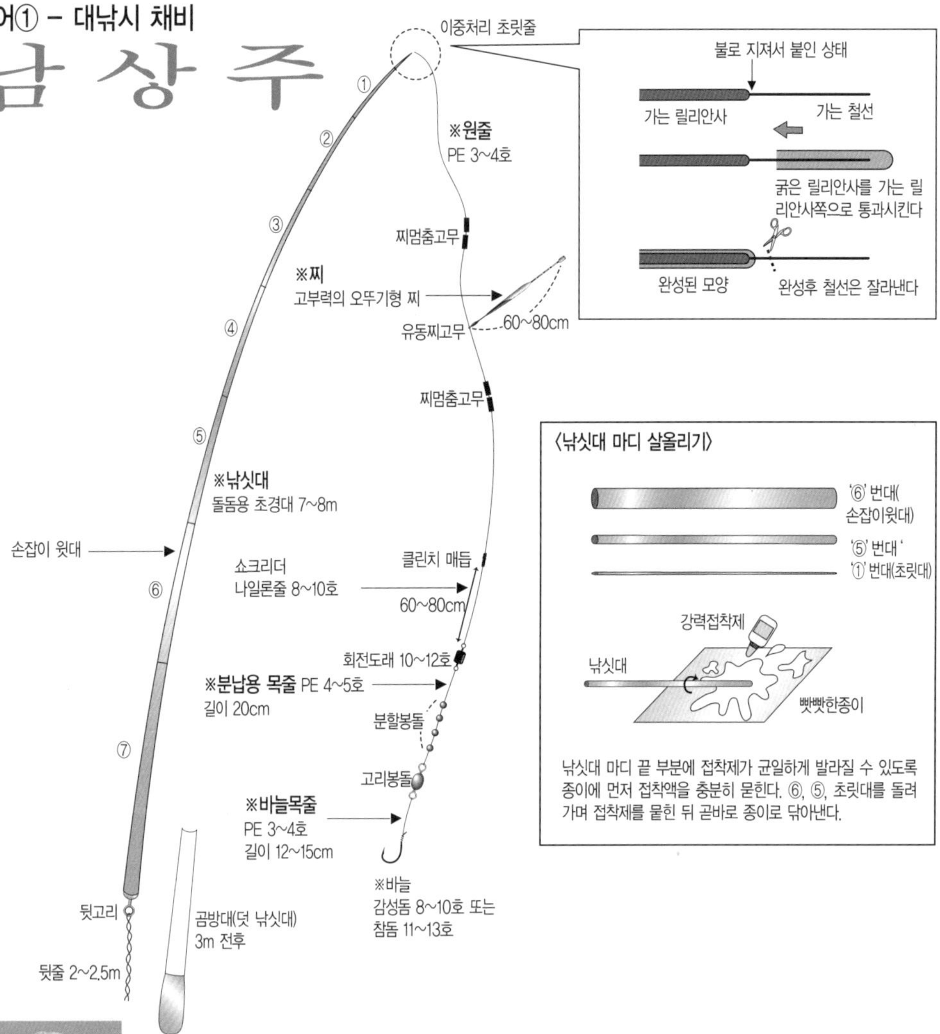

남상주
〈서울 · 잉어 대낚시 전문가〉

■채비 주안점 – ❶새로 장만한 초경질 낚싯대(돌돔용 민장대가 많이 쓰임)라 할지라도 잉어 전용으로 사용하기 위해선 채비 튜닝이 필수! ❷원래 있던 초릿줄은 벗겨내고 이보다 굵고 질긴 초릿줄을 두 겹으로 튜닝하고, 낚싯대 마디는 초릿대 · 6번(손잡이 윗대) · 5번, 세 마디에 강력 본드를 이용해 '살올리기'를 해야 대형 잉어를 걸었을 때 허무하게 낚싯대가 부러지거나 마디와 마디가 빠지는 낭패를 겪지 않게 된다. ❸옆 사람의 도움 없이 대물을 효과적으로 다루기 위해선 곰방대(덧 낚싯대)가 필요하다. 예전엔 주로 손수 제작해 사용했지만 최근엔 잉어 전용 곰방대가 일부 낚시점에 판매되고 있다. 곰방대 길이는 대략 3m 전후가 적당하다.

■사용 주안점 – ❶보통 80cm 이상의 대형 잉어를 노릴 때는 외대 편성과 외바늘 채비가 정석이다. ❷쇼크리더는 PE라인에서 흠으로 지적되는 인장력을 높여주는 기능을 한다. 따라서 대물 잉어낚시에 필히 들어가야 하는 핵심 구성 요소가 바로 이 쇼크리더이다.

잉어② – 원투형 릴낚시 채비

김 시 진

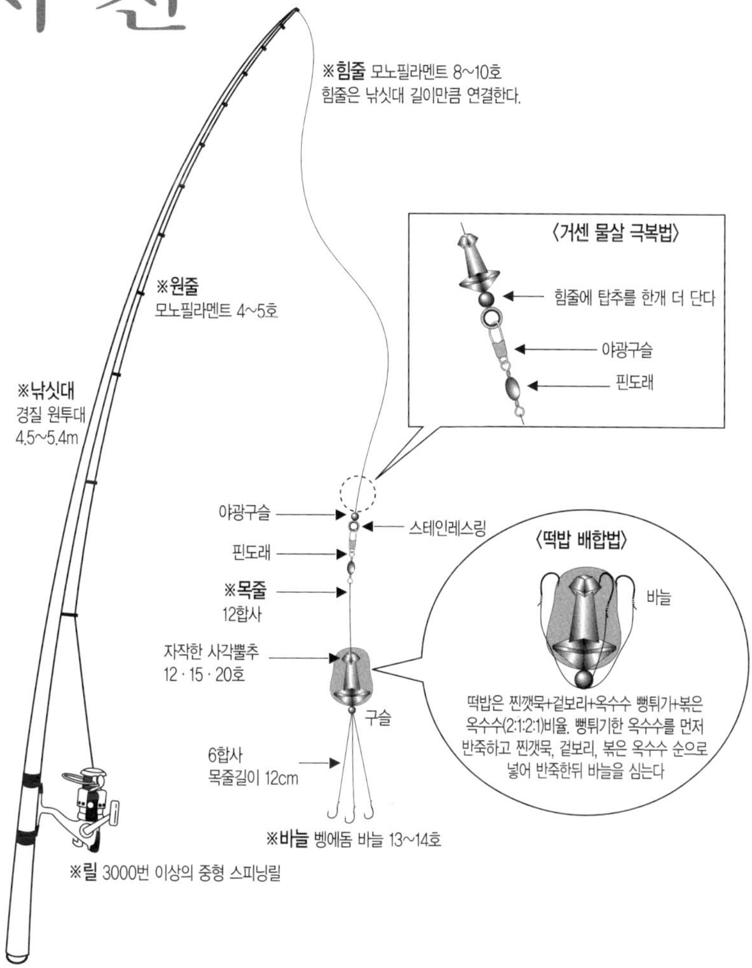

김시진
〈서울 · 잉어낚시 전문가〉

■**채비 주안점 –** ❶잉어 릴낚시는 포인트를 찾아 목적하는 지점에 정확하게 채비를 투척할 수 있는 캐스팅 능력이 중요하다. ❷자작(自作)한 사각뿔추는 공기 저항을 줄여 원투(遠投)와 정투(正投) 능력을 높일 수 있게 고안된 것이다. 특히 물살이 거센 포인트라 할지라도 이 사각뿔추를 '힘줄'에 하나 더 달게 되면 안착력을 향상시킬 수 있고, 거센 물살에도 채비가 구르지 않아 밑걸림이 덜하다. ❸원줄 4~5호에 비해 두 배 정도 굵게 쓰이는 '힘줄'은 채비 투척을 용이하게 하고, 대형급 잉어를 걸었을 시에도 승부를 보다 용이하게 한다. ❹힘줄 길이는 대략 낚싯대 길이와 비슷하면 된다.

■**사용 주안점** – 원거리 투척을 하면서도 정투(正投)에 초점을 맞추는 채비인 만큼 떡밥을 떡밥추에 다는 요령도 필요하다. 떡밥은 종(鐘)이 거꾸로 매달린 형상으로 반죽해 달아야 공기 저항을 조금이라도 줄이고 멀리 날아갈 수 있다.

견지낚시① - 여울견지 채비

조 상 훈

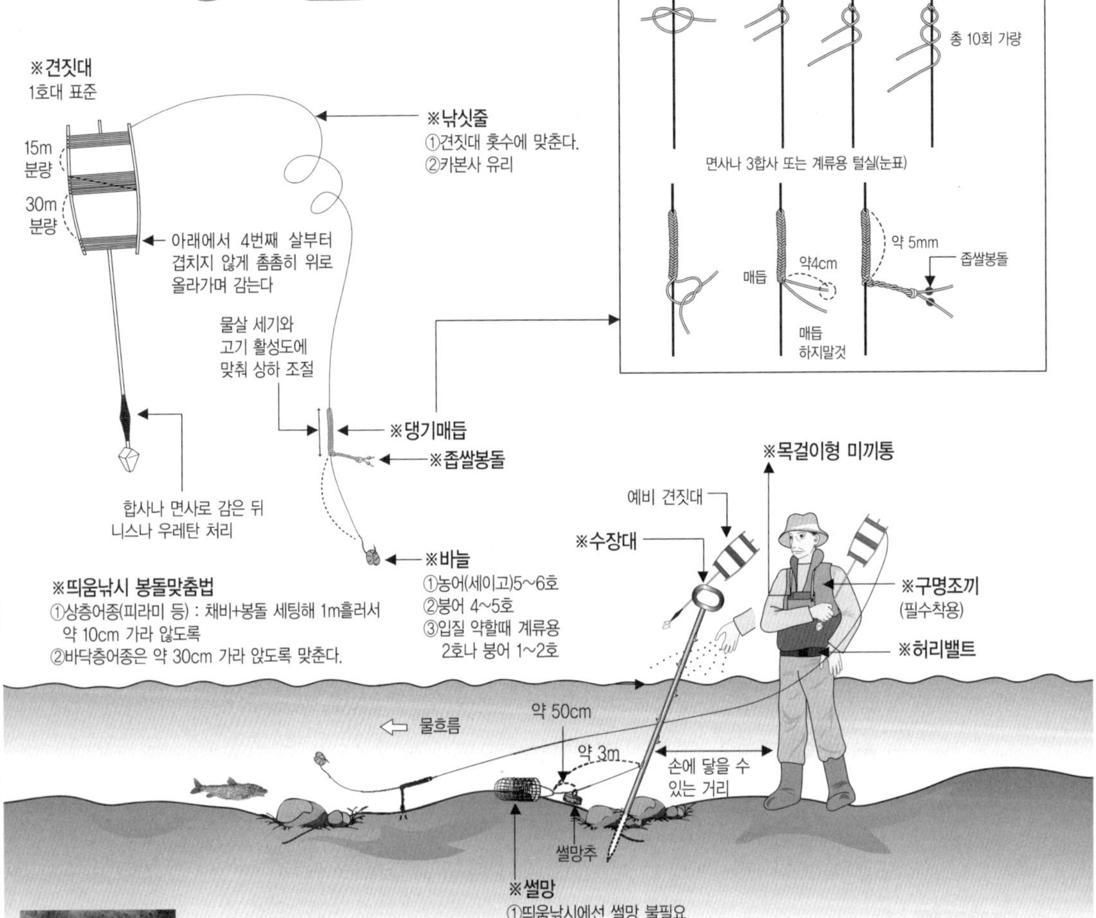

조상훈
〈한국견지낚시협회 교육이사〉

■채비 주안점 – ❶인터넷을 기반으로 한 견지 동호인들의 활동이 활기를 띰으로써 장비와 테크닉도 점점 개량, 발전되고 있다. 여울견지 역시 '썰망견지' 형태뿐만 아니라, 썰망 없이 소량의 밑밥을 수면에 뿌리며 낚는 '띄움견지' 기법 또한 눈에 띄게 발달하고 있다. ❷근래 많이 쓰는 면사나 털실을 이용해 댕기매듭을 해주고, 자투리에 좁쌀봉돌을 물려줌으로써 유영층 탐색과 채비놀림이 더욱 자연스럽고도 정교해진다. 고기 입질 시 이물감을 줄일 수 있다는 점도 이 채비의 대표적이 특징이기도 하다.

■사용 주안점 – ❶특히 '띄움견지'를 시도할 때는 봉돌맞춤법을 숙지할 필요가 있다. 피라미와 같은 상층부 어종은 봉돌을 물린 채비를 자연스럽게 흘려주어야 하는데, 1m 흘렸을 때 약 10cm 가량 가라앉는 상태가 적당하다. ❷이에 비해 바닥층 어종의 경우는 30cm 정도가 기준이다.

견지낚시② – 배견지 채비

이 달 곤

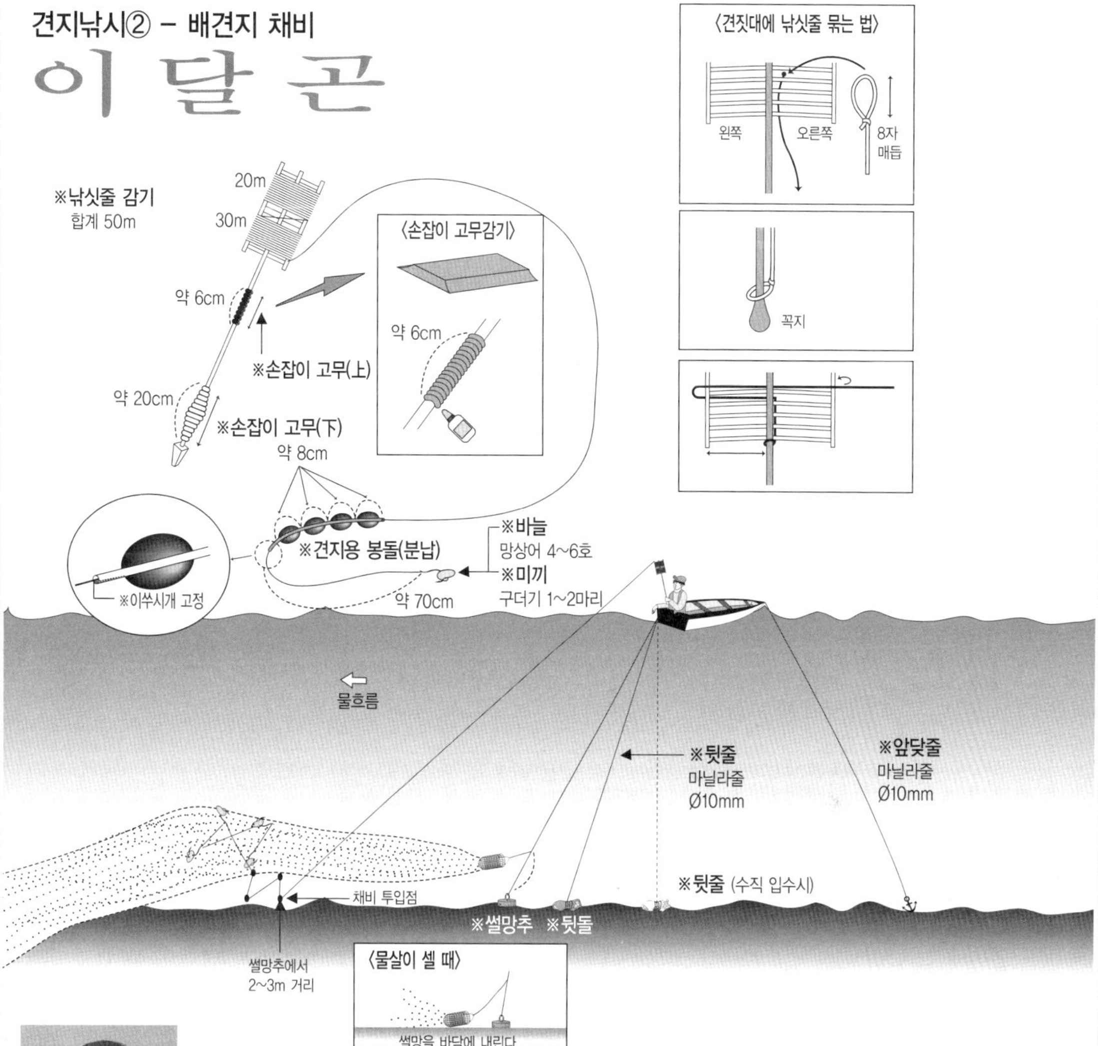

이달곤

〈견지낚시 전문가〉

■**채비 주안점** – ❶견짓대 전체의 무게는 낚싯줄의 인장력을 견디는 한 가벼울수록 좋다. ❷견짓대에 낚싯줄을 감기 전 맨 손으로 줄을 끊어 보아 줄의 인장력 한계를 기억해 두면 대물을 걸었을 때에도 당황하지 않고 여유 있게 대처할 수 있다. ❸채비 전체의 균형이 깨지지 않는 한 보다 짧고 가늘고 복원력이 뛰어난 견짓대가 좋다. 이와 더불어 보다 작은 바늘, 보다 가는 낚싯줄로 승부를 할수록 견지낚시가 안겨주는 즐거움을 더욱 만끽할 수 있다. 자신의 낚시 실력 또한 훨씬 발전하게 될 것이다.

■**사용 주안점** – ❶견짓대 기둥인 마룻대의 손잡이 부분에 고무나 합사를 감아주면 고기를 걸었을 때 미끄러짐을 피할 수 있다. ❷아래쪽 손잡이 고무는 20cm 정도, 위쪽은 한 뼘의 1/3(약 6cm) 정도가 좋다. ❸위쪽의 고무를 감는 위치 선정이 중요한데, 요령은 자신이 쓰는 홋수의 낚싯줄을 감은 뒤 세게 잡아 당겨도 끊어지지 않을 정도의 지점을 찾는 것.

은어 놀림낚시① – 땋음줄(윗줄) 유동 채비

김 근 희

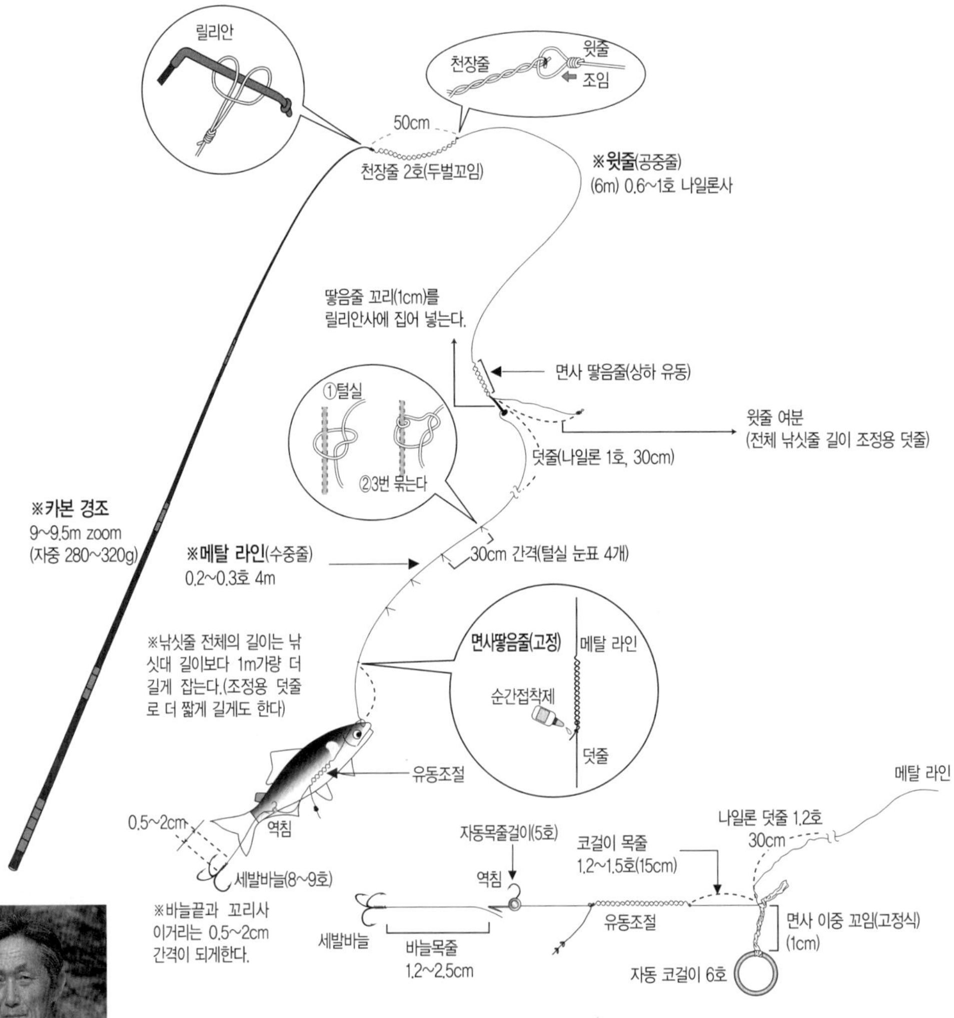

김근희
〈부산 · 「은어낚시교실」저자〉

■채비 주안점 – ①씨은어가 물 밑 바닥 가까이를 자연스럽게 자력으로 헤엄칠 수 있도록 하기 위해서는 가급적 가는 줄을 사용해야 한다. ②낚싯대는 9~9.5m 사이를 오가는 줌대를 사용하며, 윗줄(공중줄)에다 면사를 이용해 별도의 땋음줄을 만들어 준다. 이 땋음줄은 상하 유동을 하게 되는데, 이 땋음줄에 원줄(수중줄)을 연결함으로써 낚시 상황에 따라 전체 채비 길이를 자유자재로 늘리고 짧게 할 수 가 있다.

■사용 주안점 – ①이 채비의 특징은 윗줄(공중줄)과 원줄(수중줄) 사이에 있는 '땋음줄'의 유동에 있다. 평소에는 낚싯대 길이보다 채비 길이를 50cm 정도 길게 사용하지만, 공중받기를 하거나 허리까지 잠기는 깊은 수심에서 은어를 끌어낼 경우에는 채비 길이가 다소 짧아야 한다. 이런 때 바로 '땋음줄'을 이용하게 되는 것이다. ②낚싯대는 은어의 씨알과 포인트 여건에 대응할 수 있도록 초경조 · 경조 · 중경조 등 3대를 항상 휴대한다.

은어 놀림낚시② – 표준 채비

김 남 섭

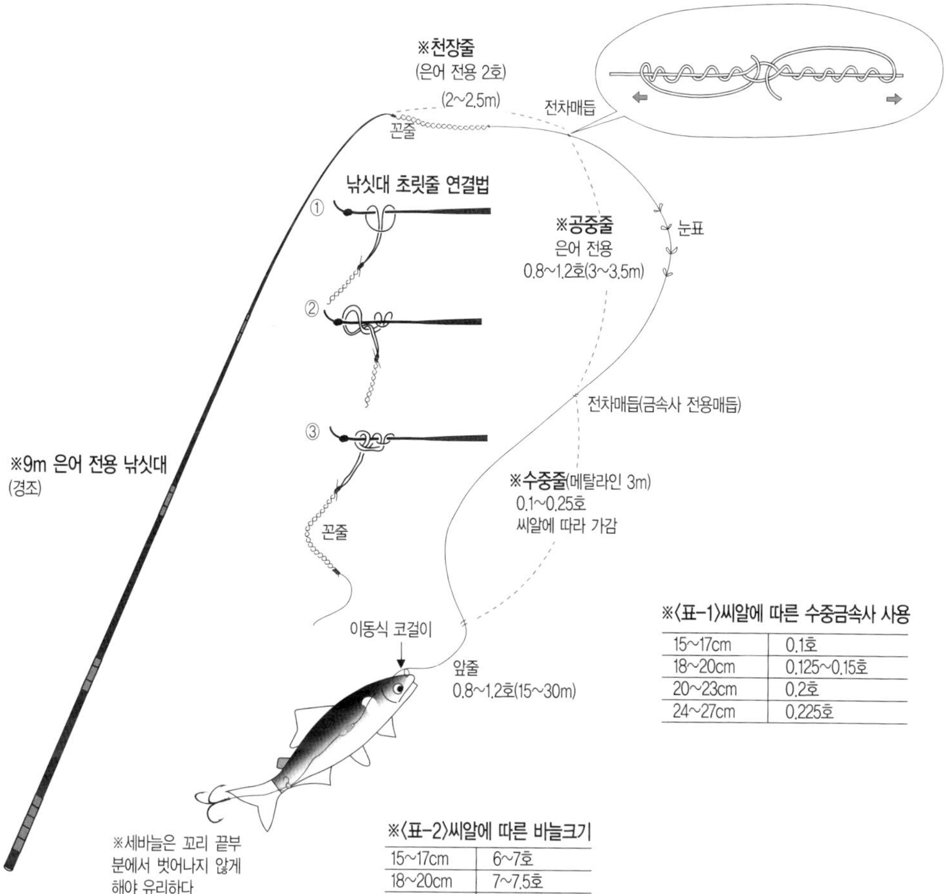

※〈표-1〉씨알에 따른 수중금속사 사용

15~17cm	0.1호
18~20cm	0.125~0.15호
20~23cm	0.2호
24~27cm	0.225호

※〈표-2〉씨알에 따른 바늘크기

15~17cm	6~7호
18~20cm	7~7.5호
20~23cm	7.5~8호
24~27cm	8~8.5호
27이상	8.5~10호

김남섭
〈강릉 · 은어낚시 전문가〉

■채비 주안점 – ❶은어 낚싯대는 유속에 따른 채비의 저항과 원활한 공중받기 등을 위해 주로 경조대를 사용한다. ❷공중줄–수중줄–코걸이로 이어지는 놀림낚시 채비 가운데 가장 핵심인 수중줄은 물속 씨은어를 감지하는 기능을 하므로 가능한 가늘게 사용하되, 공중줄(윗줄)과 연결한 매듭 부분이 빠지지 않도록 확인을 거듭해야 한다.

■사용 주안점 – ❶놀림낚시 조과의 승패는 씨은어를 자유자재로 놀리는 기교에 있다. 등지느러미나 주둥이 부근에 바늘이 꽂힌 놈이 싱싱한 씨은어로 적합하다. ❷원줄(수중줄)로 사용하는 메탈라인은 물에 대한 저항력을 최소화하고 씨은어의 행동을 잘 감지하기 위해 가늘수록 유리하다(〈표-1〉 참조). ❸바늘 역시 은어의 씨알에 따라 다양한 크기를 사용한다(〈표-2〉 참조). 주로 격류(激流)에서는 무거운 바늘을, 소(沼)에서는 가벼운 바늘을 사용한다.

제2부 | 어종별 고수 채비 50선

제2장 루어·플라이낚시 편

쏘가리 루어① – 지그헤드 및 '깡통채비'

이 종 환

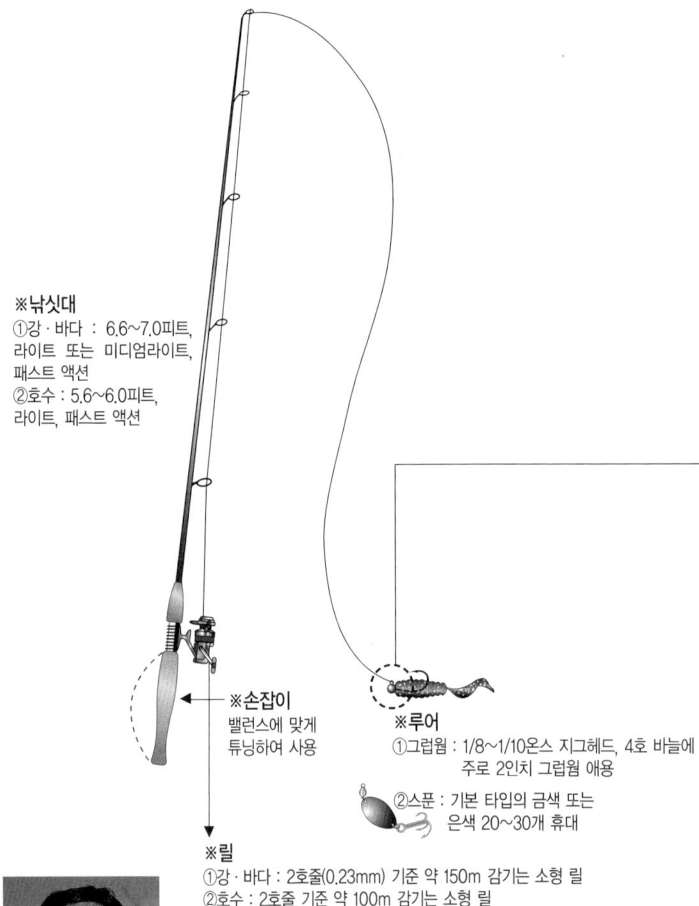

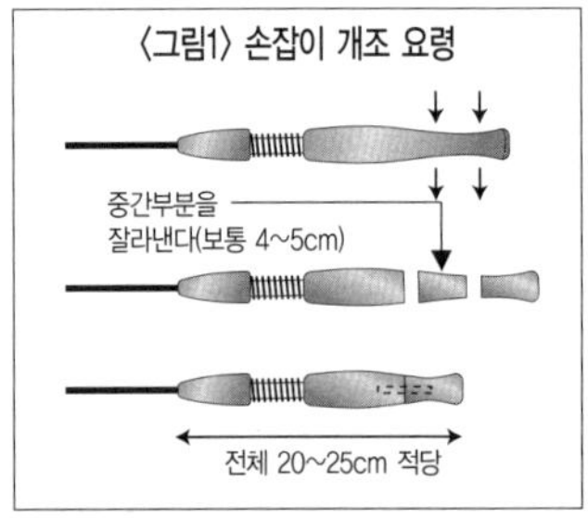

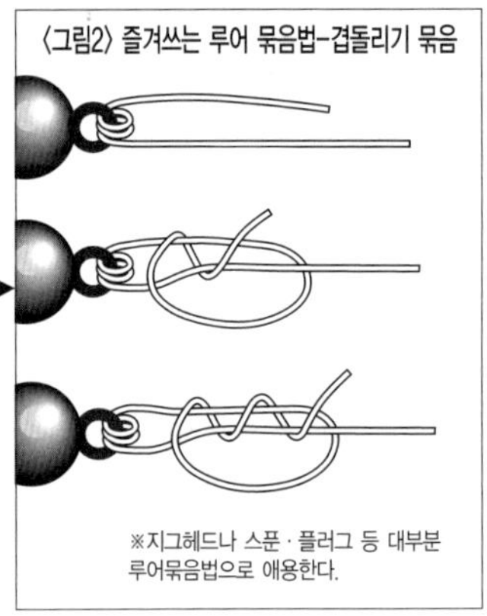

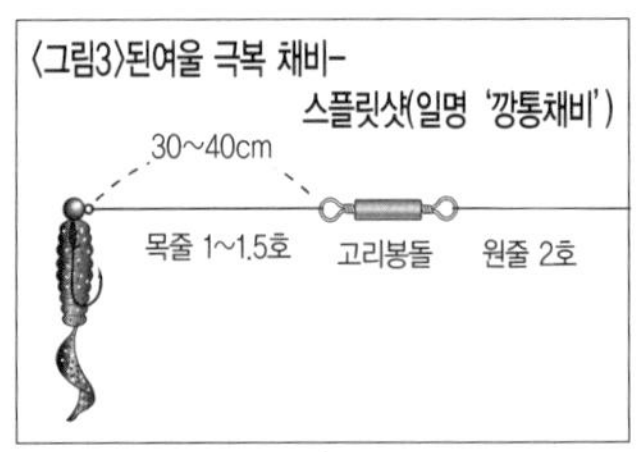

이종환
〈대한교육공제회 · 팀쏘가리〉

■채비 주안점 – ❶주위 지인들에게 누누이 강조하지만 루어, 특히 쏘가리낚시는 사람이 하는 것이지 장비 · 채비가 하는 것이 아니다. 쏘가리의 상태(활성도 등)와 위치를 먼저 파악하고, 여기에 장비와 채비를 맞춰야 한다. 따라서 장비와 채비는 필요조건이긴 해도 충분조건은 아니다. ❷최소한의 기본적인 기능을 갖춘 장비와 채비라면 어느 형태든, 어느 루어든 크게 개의치 않고 근성 있게 사용하길 권한다.

■사용 주안점 – ❶지그헤드는 입질 감지와 교체가 빠르고 액션 연출도 편리해 즐겨 쓴다. 거리 · 유속 · 수심, 그리고 주야(晝夜)에 따라 지그헤드의 무게, 낚싯대 길이, 액션, 낚싯줄 굵기 등을 달리한다. ❷스플릿샷, 일명 '깡통채비'는 수십 년 전부터 강원도에서 쓰던 채비. 수심이 깊고 물살이 빠른 된여울에서 위력적이다. 2호줄을 감은 스페어 스풀과 고리봉돌 몇 개를 여벌로 준비해 필요할 때마다 즉시 교체한다.

쏘가리 루어② – 댐 · 밤 & 강낚시 채비

박 승 규

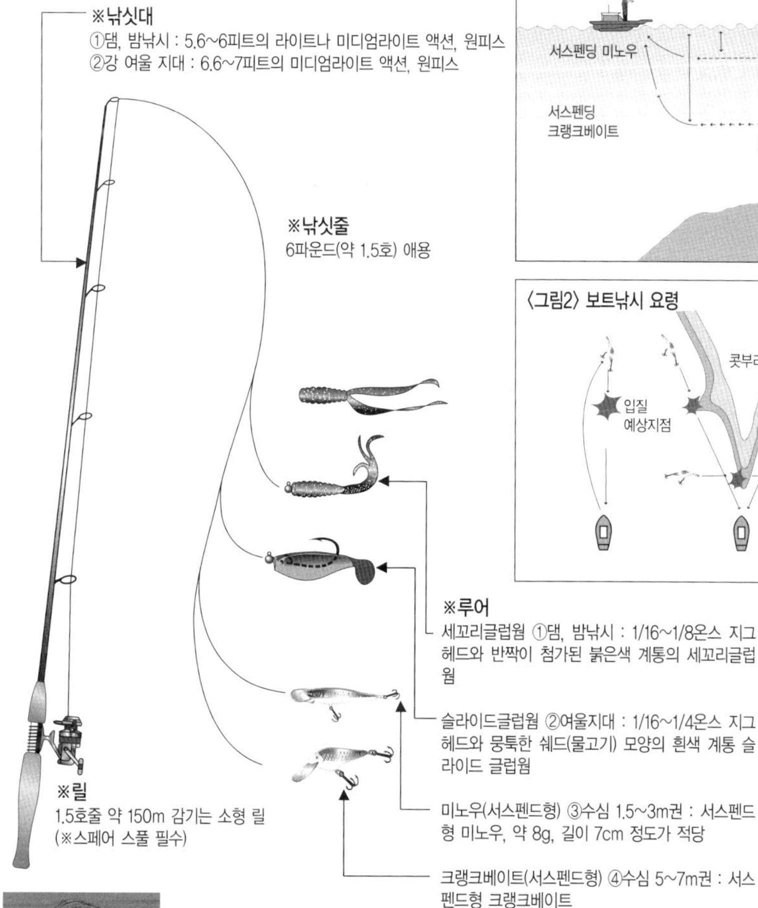

〈그림1〉 보트낚시

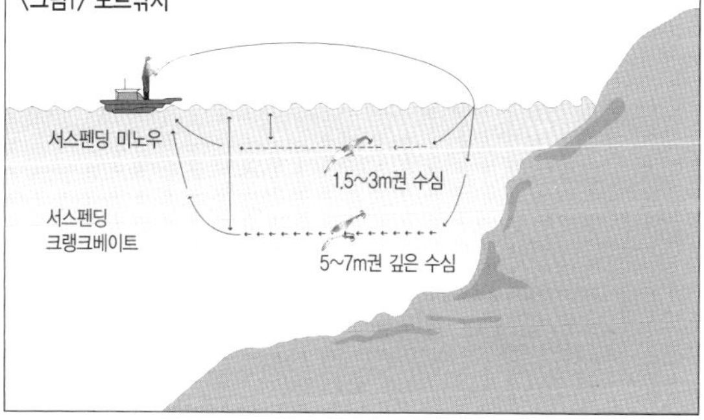

〈그림2〉 보트낚시 요령

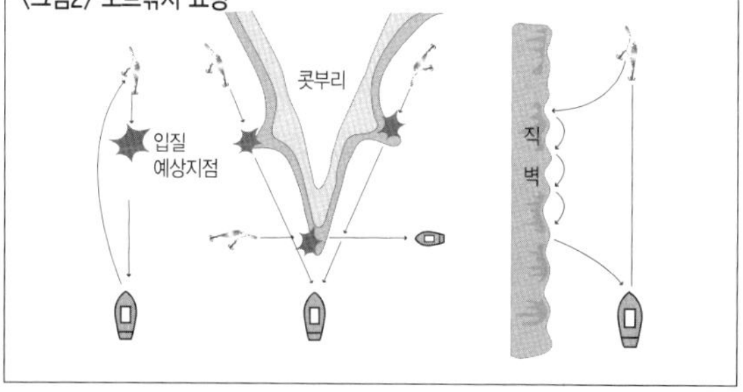

〈그림3〉 장애물 지역에서 스틱가드 활용법

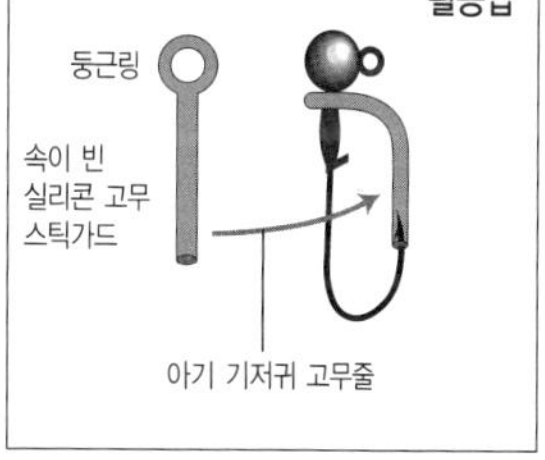

박승규
〈천우교역 대표〉

■채비 주안점 – ❶낚싯대는 되도록 원피스 타입을 즐겨 쓴다. 감도나 루어 동작 연출에 아무래도 2~3절 대보다 예민하기 때문이다. ❷채비는 크게 댐낚시 또는 밤낚시, 그리고 여울지대(강계)의 낚시에 따라 2가지 타입으로 나눠 쓴다. ❸호수, 밤낚시에선 1/16~1/8온스 지그헤드에 세꼬리글럽웜을, ❹여울지대에선 1/16~1/4온스 지그헤드에 뭉툭한 형태의 쉐드(shed · 물고기 모양)형 슬라이더 글럽(slider grub)을, ❺보트를 이용한 호수에서 수심 1.5~3m권을 노릴 때는 서스펜드 타입의 미노우를, ❻ 5~7m권의 깊은 수심을 노릴 때는 서스펜드 타입의 크랭크베이트를 쓴다.

■사용 주안점 – 경량의 채비일수록 섬세한 낚시가 가능하다. 필자는 주로 6파운드 줄을 즐겨 쓴다. 대신 낚시 도중 줄이 긁히는 등 의심스러울 때는 아낌없이 잘라낸다. 따라서 반드시 예비 줄을 감은 스페어 스풀을 챙기는 것은 필수.

꺽지 루어① – 글럽웜 이용한 피네스 채비

하 교 홍

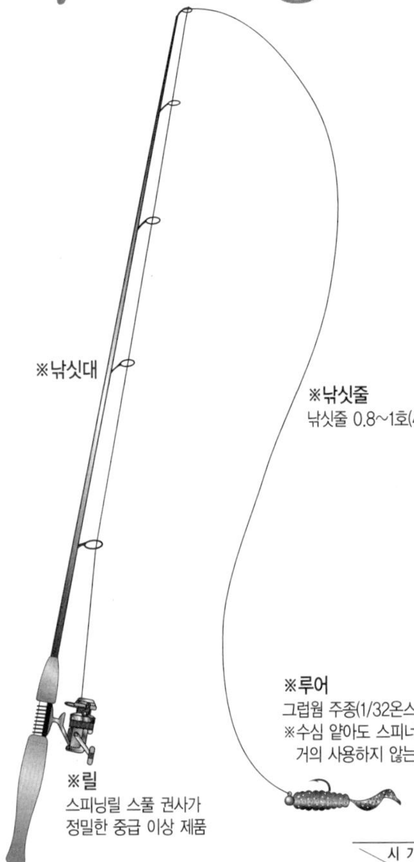

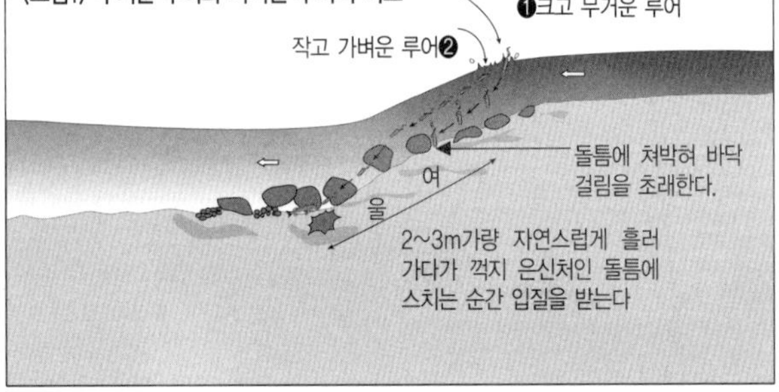

〈그림1〉 무거운 루어와 가벼운 루어의 비교

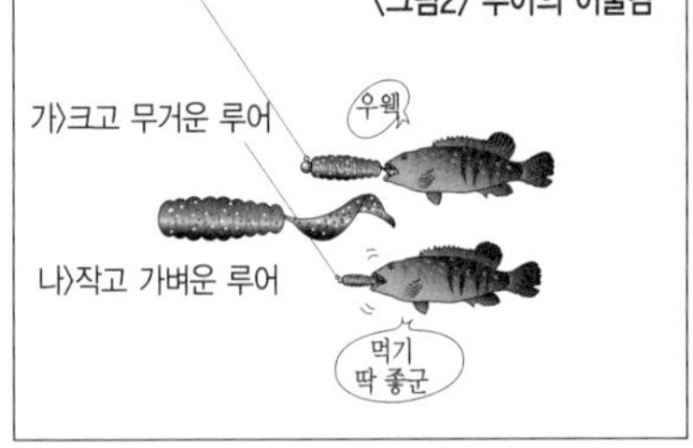

〈그림2〉 루어의 이물감

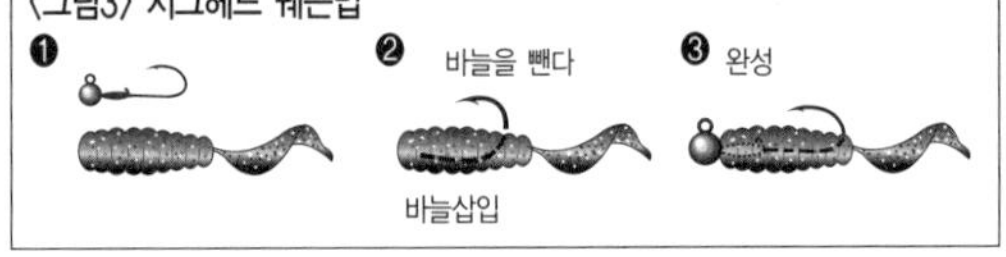

〈그림3〉 지그헤드 꿰는법

〈꺽지용 장비의 흐름〉

시 기 / 장 비	~90년대 초	90년대 중반~현재	2000년대 초 일부~
낚 싯 줄	1.5~2호(6~8파운드)	1~1.5호(4~6파운드)	0.8~1호(4파운드 이하)
주력루어	먼 곳-스푼, 가까운 곳-스피너,	스피너(1/4~1/16온스)	그럽웜(1/32온스 주종)
보조루어	스피너-고가여서 한정적으로 쓰임	그럽웜-1m 이상 깊은 수심 공략 시	얕은 곳에서도 굳이 스피너 사용 불필요
원 투 력		1호줄+1/16온스 기준 약 20m	0.8호+1/32온스 기준 약 25m

하교홍
〈배스토리 회원〉

■채비 주안점 – ❶최근 꺽지낚시는 사용하는 낚싯줄과 루어가 보다 경량화되고 있고, 스피너 대신 지그헤드를 이용한 그럽웜 사용이 압도적으로 늘고 있다. 특히 가장 주목할 만한 변화는 줄과 루어의 경량화다. ❷꺽지를 비롯한 쏘가리·배스 등 어식성(魚食性) 어종의 낚시 성패는 루어의 질감과 낚싯줄 영향이 매우 크다. 이 채비는 줄을 최대한 가늘게 쓰고 웜을 경량화함으로써 원투력을 키우고 자연스런 루어 액션 연출로 고기 경계심을 줄이기 위한 채비로, 일명 피네스(finesse) 채비라 할 수 있다.

■사용 주안점 – 이 채비를 위해서는 낚싯줄의 강도가 충분히 보장되어야 한다. 릴 또한 퍼머 현상이 잦은 중저가의 제품을 피해야 하므로 중급 이상의 릴과 줄을 갖출 필요가 있다. 참고로 0.8호 줄의 인장력을 걱정하는 동호인들이 많은데, 필자가 실전에서 75cm 잉어, 쏘가리 60cm까지 걸어낸 적이 있다.

꺽지 루어② – 스피너 표준 채비

복 정 찬

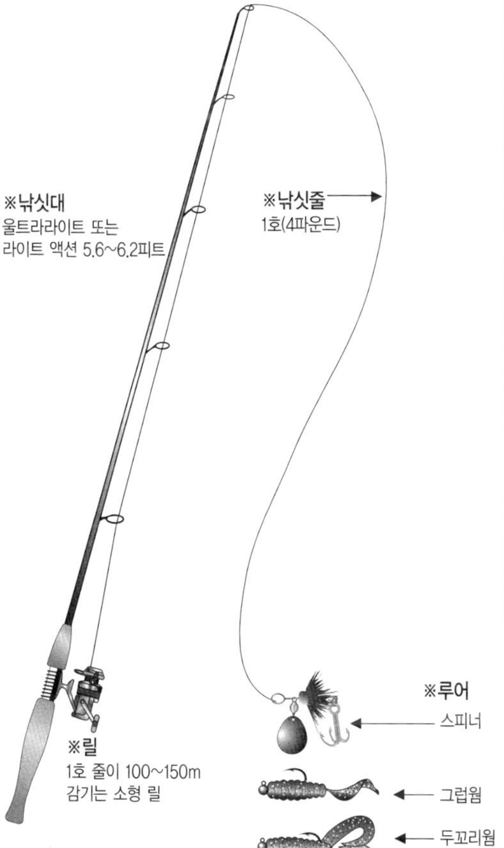

〈표〉 상황별 루어 선택

루어종류	기본루어	깊은 수심	예민할 때
루어 선택	 스피너	 그럽웜	 두꼬리웜
상 황	▶표준:1/8온스 ▶깊은 수심: 1/4온스	수심 깊은 소에서 스피너의 효과가 없을 때 1/16~1/4온스	스피너를 따라온 고기가 루어를 물지 않고 돌아설 때 1/16~1/8온스

〈그림1〉 자작 스피너 만들기

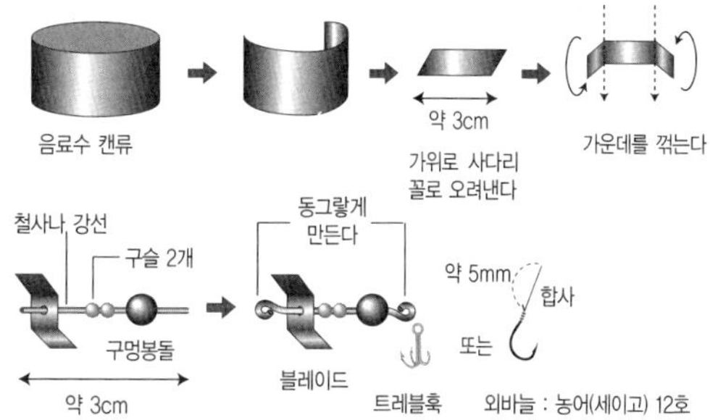

〈그림2〉 스피너베이트 튜닝술

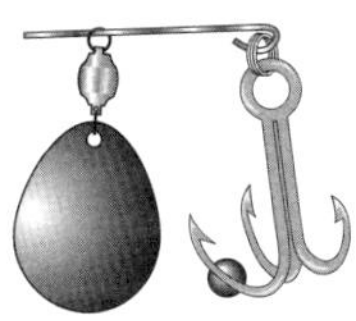

좁쌀봉돌(B가 적당) 1개를 물린다.
①원투력 향상(1/16온스+B봉돌 기준 2~3m 형성
②줄꼬임 방지

복정찬
〈FWC 회장〉

■채비 주안점 – ❶꺽지는 1급수의 맑은 물에 사는 어종인 만큼 루어의 색깔과 움직임(액션)에 민감하게 반응한다. ❷기본 루어는 풍부한 동작으로 꺽지의 공격성을 자극하는 스피너를 즐겨 쓴다. 색깔은 금색을 애용하며, 흐린 날은 은색도 효과적. 스피너는 블레이드의 회전 상태에 성패가 좌우된다. 너무 빠르거나 느린 릴링을 피할 것. ❸수심이 깊은 여울이나 소(沼)에서는 스피너 대신 바닥층 공략에 유리한 웜을 주로 쓴다. 깊은 수심일수록 씨알이 굵은 편. ❹스피너를 따라온 꺽지가 루어를 공격하지 않고 발 밑 바위틈으로 숨을 때 두꼬리웜을 내려 올렸다 내렸다를 반복한다.

■사용 주안점 – 물살이 흘러 산소량이 풍부하면서도 직접적인 물살을 의지할 수 있는 바위나 물속 돌 뒤가 1급 꺽지 소굴. 하다못해 자갈이라도 형성된 곳을 찾을 것. 바위와 돌멩이가 형성되지 않은 곳에선 굵은 자갈모래밭에 몸을 의지하기도 한다.

가물치 루어① – 라이트 & 헤비 태클

신 용 희

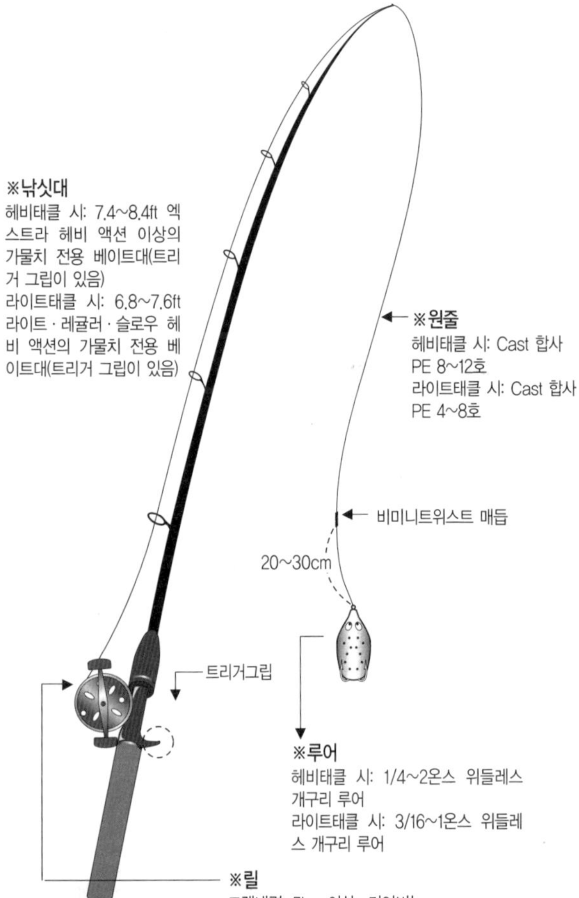

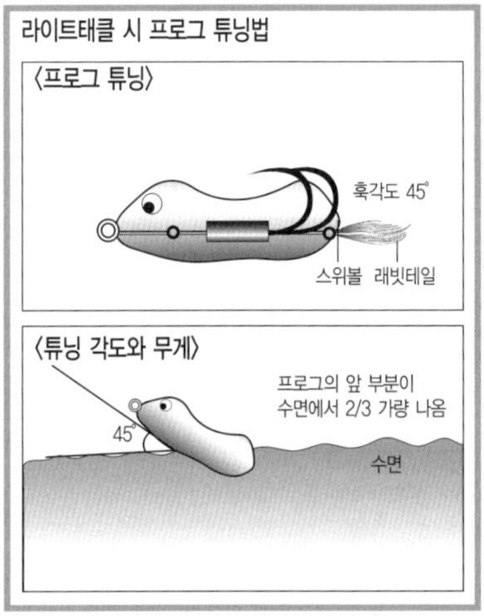

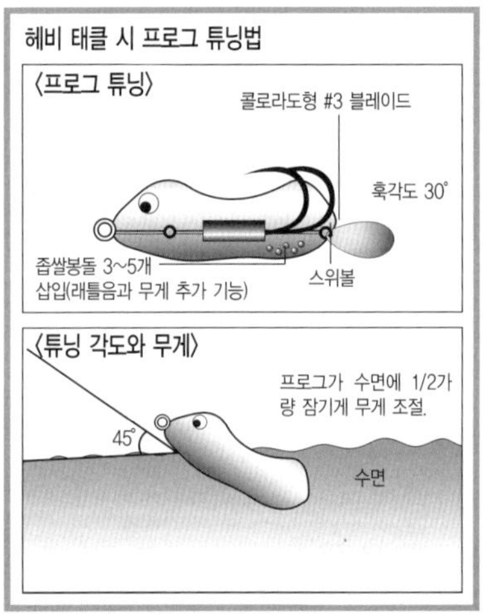

신용희
〈평택 · 신스 스포츠 대표〉

■채비 주안점 – ❶보다 거칠고 빡빡한 수초 지역과 고활성도의 대형급 가물치를 상대하기에 적합한 헤비 태클(Heavy Tackle)과 수초대가 비교적 적고 입질이 까다로운 시기를 유념한 라이트 태클(Light Tackle) 등 두 가지로 채비로 나눠 공략한다. ❷헤비 태클을 사용할 시, 루어를 무겁게 세팅하고, 바늘은 품이 넓은 바늘을 사용함으로써 챔질과 견인력을 높일 수 있다. 라이트 태클은 7피트 전후의 낚싯대에 작고 가벼운 루어, 그리고 바늘은 가늘고 날카로운 #3~4번을 사용해 짧고 까다로운 입질에 대비한다.

■사용 주안점 – ❶가물치는 육중한 몸체와 강력한 힘을 자랑하는 만큼 채비 전체에 밸런스가 맞추어져 있어야 한다. ❷고활성 장애물 지대에선 초기 제압이 관건이며, 저활성도 상황에선 소극적인 공격을 반사적으로 이끌어내야 하기 때문에 채비 투척음을 최소한으로 줄이고 꾸준한 캐스팅으로 입질을 유도해야 한다.

가물치 루어② - 원투 전용 채비

최 재 학

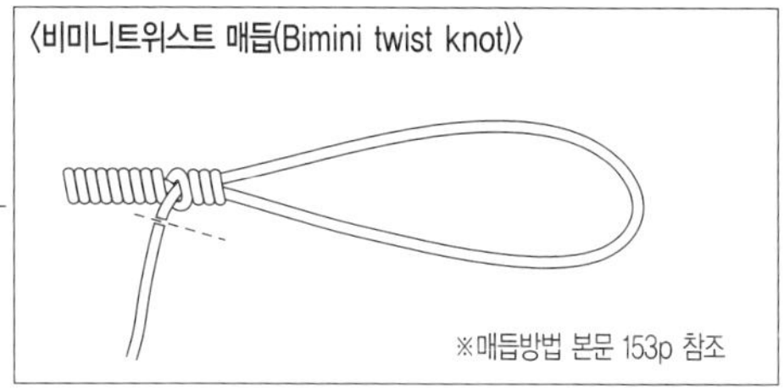

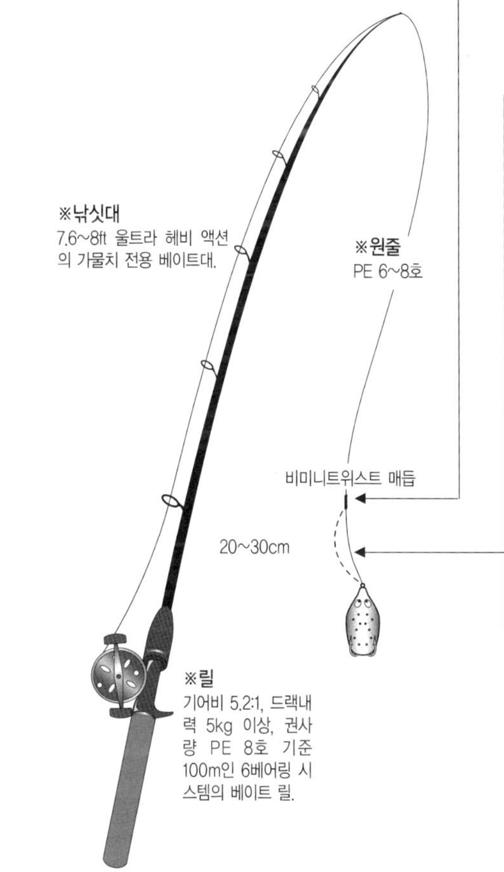

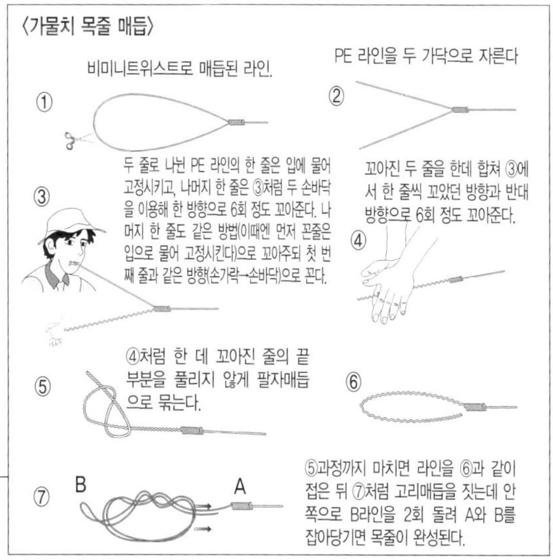

〈프로그 튜닝법〉

1		프로그에서 바늘 전체를 빼내 편납을 벤치 등으로 강하게 누른 다음 강력 본드를 조금 바른다.
2		실납으로 편납 끝 부분을 감아준다.
3		납 전체에 강력 본드를 바른다.
4		본드가 다 마르면 루어 몸체에 바늘을 넣는다.
5		앞 고리를 약간 앞으로 당겨 합사로 묶은 뒤 본드를 바르고 몸체 주둥이와 같이 묶는다.
6		프로그 밑 부분 구멍을 전용 실러(본드)로 공기가 안 통하게 막고, 실러가 굳으면 송곳을 이용해 바람 구멍 하나를 뚫어준다.
7		

최재학
〈인천 · 한국지깅 대표〉

■**채비 주안점 –** ❶봄철 연안 알자리 공략에서 탈피해 40~50m 원거리로 플러그 루어를 날려 가물치와의 화끈한 승부를 벌이기 위해선 전용 낚싯대와 드랙 내력이 우수한 릴이 우선적으로 필요하다. ❷먼거리에 있는 가물치를 공략하기 위해선 원줄과 목줄에 신경 써야 한다. 원줄은 PE라인 6~8호가 적당하고, 특히 목줄은 비미니트위스트 매듭을 한 뒤, 다시 한번 〈그림〉과 같이 매듭을 지어야 가물치를 무사히 연안으로 끌어낼 수 있다.

■**사용 주안점 –** 원투 전용 채비이기 때문에 다소 반응이 늦을 수 있고, 입질이 어디서 들어올지 예측하기 힘들다. 때문에 항시 루어에 시선을 집중하고 '쩝' 하는 소리와 함께 루어가 사라지면 당황하지 말고, 낚싯대를 아래로 내리면서 발을 뒤로 한 발짝 물러섰다가 릴을 두세 바퀴(슬랙 라인 처리) 감고 살짝 끊어 친다. 훅셋이 너무 강하면 낚싯대가 부러지거나 라인이 터진다.

배스 루어① – 다기능 웜 채비

박 충 기

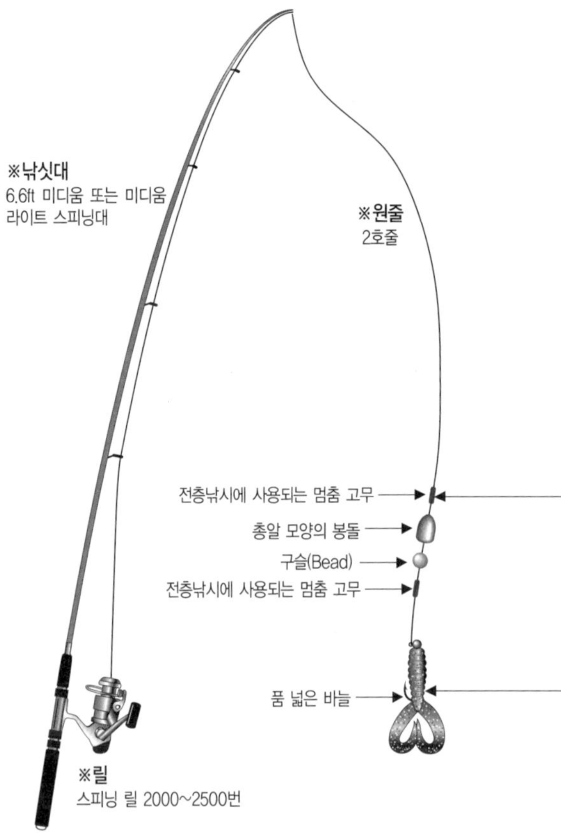

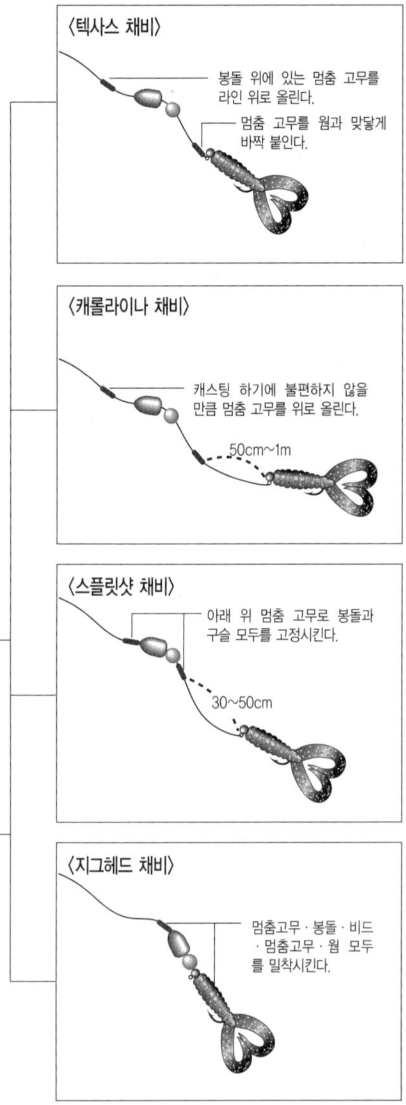

박충기
〈레토피아 · TARGET 프로스탭〉

■채비 주안점 – ❶배스낚시는 다양한 채비나 루어로 포인트 곳곳을 탐색해 봐야 하는데, 한 대의 낚싯대로 채비를 교체하다 보면 시간 낭비와 여러 가지 불편이 따르게 된다. 따라서 〈그림〉과 같이 멈춤 고무를 이용하면, 한 대의 낚싯대로 4가지의 채비를 간단히 연출할 수 있어 보다 빠르고 편한 탐색이 가능하다. ❷이 같은 '다기능 채비'의 핵심은 역시 멈춤 고무로, 그 위치에 따라 텍사스 · 캐롤라이나 · 스플릿 샷 · 지그헤드 채비 등으로 변화한다.

■사용 주안점 – 다기능 채비는 배를 타고 토너먼트를 치르는 선수가 아니고, 낚싯대를 많이 들고 다닐 수 없는 일반 도보낚시를 할 경우에 유용한 채비라 하겠다. 멈춤 고무의 간단한 조작만으로도 여러 채비를 손쉽게 사용할 수 있으나, 낚시터 여건과 포인트에 맞춰 적합한 채비로 응용해 사용할 수 있는 안목이 뒷받침되어야 한다.

배스 루어② - 하드 베이트 채비

박 무 석

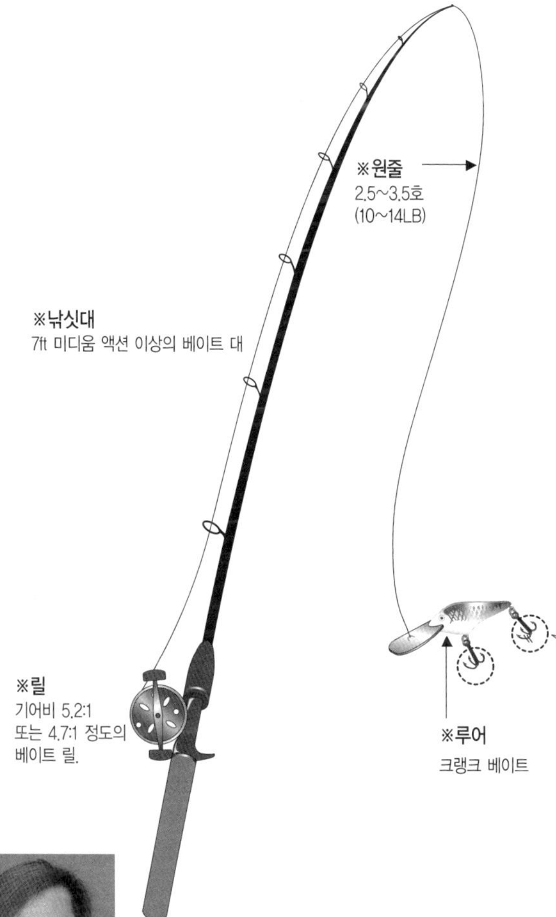

〈무게를 주는 방법〉

① 트레블 훅에 무게 주기

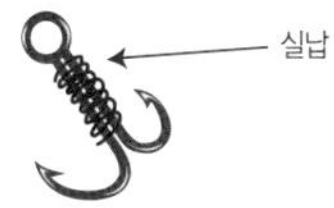

훅 하나를 제거한 후에 실납을 조금씩 감으면서 부력을 맞춘다.

② 립에 무게 주기

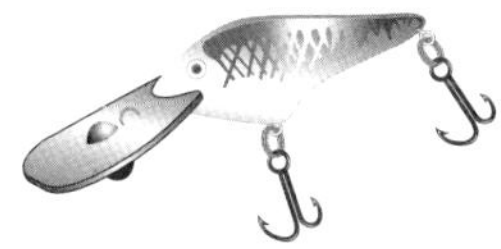

드릴로 립 중앙에 구멍을 뚫어 납봉돌 또는 쇠구슬을 끼워 접착제로 고정시킨다

③몸통과 립에 무게 주기

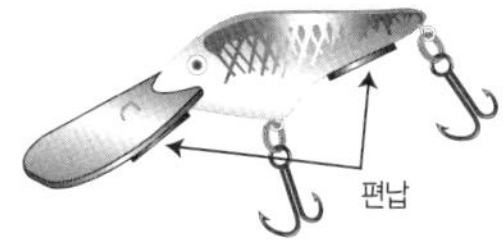

립과 몸통에 편납을 붙인되 균형이 한쪽으로 쏠리지 않도록 정중앙에 붙인다

〈트레블 훅 제거법〉

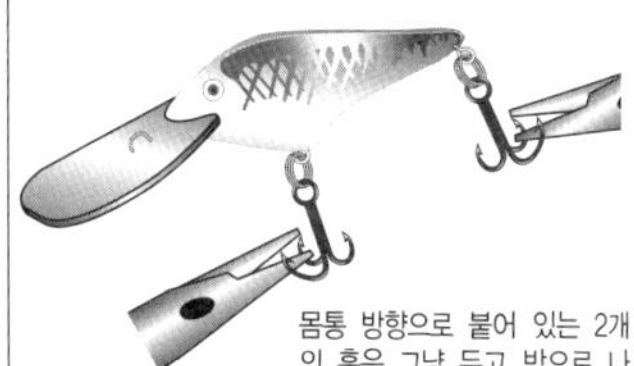

몸통 방향으로 붙어 있는 2개의 훅은 그냥 두고 밖으로 나와 있는 훅 1개를 제거한다.

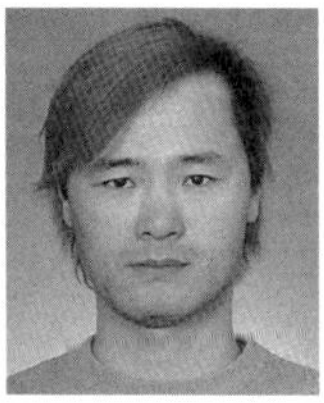

박무석
〈슈어케치 · 런커 · 립컬 프로스탭〉

■채비 주안점 – ❶바늘 하나를 제거한 크랭크 베이트는 밑걸림을 줄이면서 그 위력을 발휘한다. 플로팅 타입의 크랭크 베이트에 편납 또는 봉돌을 이용해 무게를 주면 서스펜드 또는 싱킹 타입의 연출도 가능하다. **❷**크랭크 베이트는 다른 루어에 비해 다소 비싼 편이며, 프로가 아닌 일반인들은 서스펜드나 싱킹 타입을 구입하기도 어려운 실정이다. 잘 쓰이지 않아 수입이 원활치 않기 때문인데, 플로팅 타입의 루어를 이처럼 튜닝하면 세 가지 기능을 모두 살릴 수 있어 여러 모로 실용적이다.

■사용 주안점 – ❶크랭크 베이트는 장애물 지대에서 웜 채비보다 밑걸림이 심하지만 현란한 액션 연출이 가능해 보다 빠르게 배스를 유혹해 낼 수 있다. 바늘 하나를 제거하면 밑걸림이 절반 정도로 줄어든다. **❷**무게는 원하는 공략 수심층과 활성도 등을 고려해 상황에 맞게 가감해야 한다.

우럭 루어 ① – 방파제 · 갯바위 채비

박 인 서

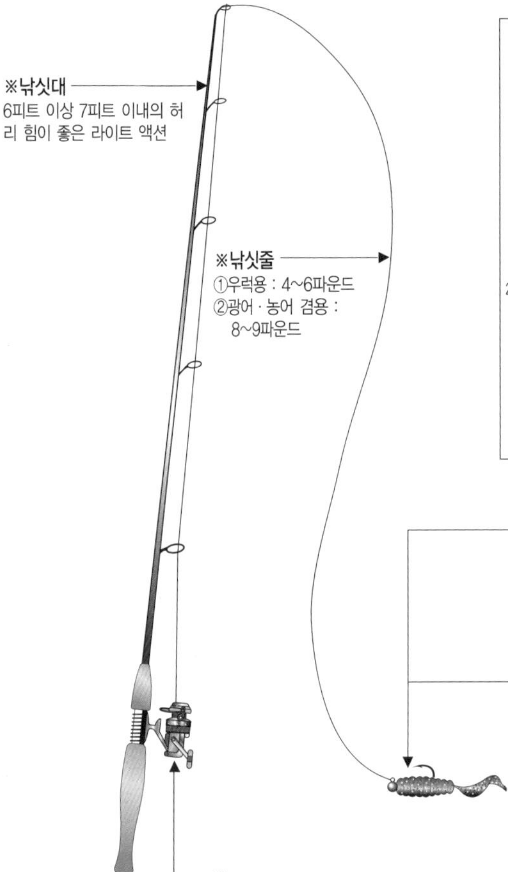

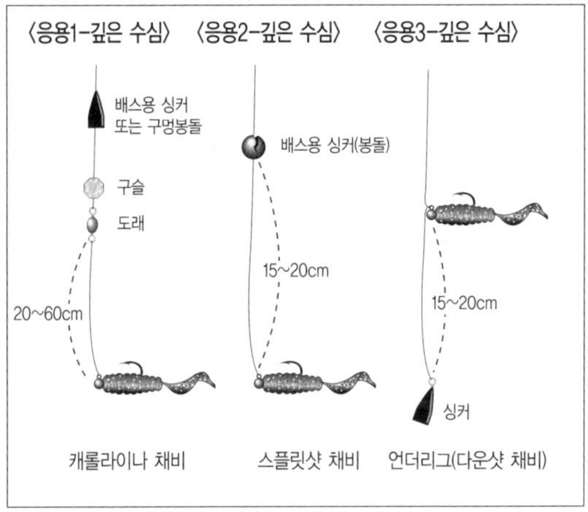

〈계절별 그럽웜 크기〉

시 기	크 기
봄~여름	2인치
가 을	3~4인치

〈웜 색깔 선택〉

①표 준	빨, 연두, 검정
②흐린 물색	눈에 잘 띄는 핑크나 형광 연두색
③맑은 물색	진한 빨강, 검정, 흰색

박인서
〈루어나라 부회장〉

■채비 주안점 – ❶우럭 루어낚시 장비와 채비 또한 쏘가리 · 꺽지와 크게 다르지 않다. ❷다만 육지 연안의 방파제나 갯바위가 아닌, 배를 타고 섬으로 들어갈 경우 우럭낚시 도중 광어나 농어를 만날 확률이 높으므로 이에 대비해 장비와 채비를 업그레이드 시킬 필요가 있다. 필자는 두 종류의 낚싯대를 가지고 다니기보다는 차라리 배스용 낚싯대 1대를 들고 다닌다. 배스 대는 농어 · 광어를 겸하기에 좋고, 경우에 따라선 강계의 꺽지를 대상어로 할 때도 유용하기 때문이다.

■사용 주안점 – ❶우럭을 노리기 위한 기본 루어는 그럽웜이면 족하다. 다만 근래 들어 스트레이트웜이나 롱웜을 사용하는 꾼들이 늘고 있다. ❷어떤 웜을 쓰건 중요한 것은 수심과 조류의 강약에 따른 적정한 봉돌의 선택이다. 파도가 잔잔하고 수심이 1.5m 이하일 때는 1/16~3/16온스 정도가 적당하다.

우럭 루어② – 선상낚시 채비

강 인 수

〈그림1〉 우럭 낚시용 루어의 사용범위

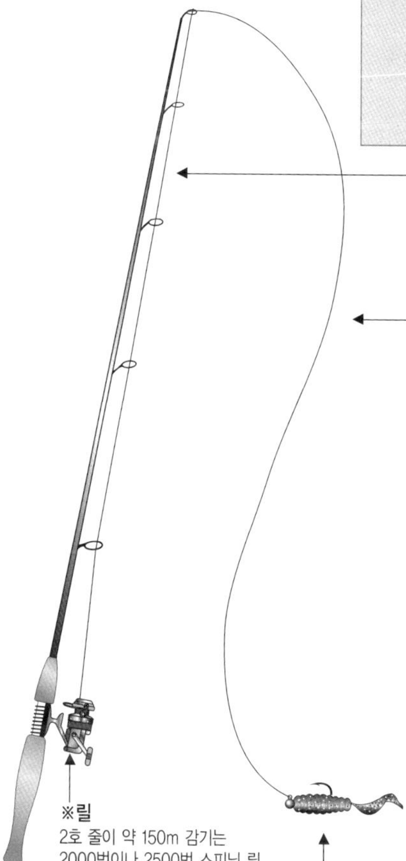

〈그림〉 응용채비

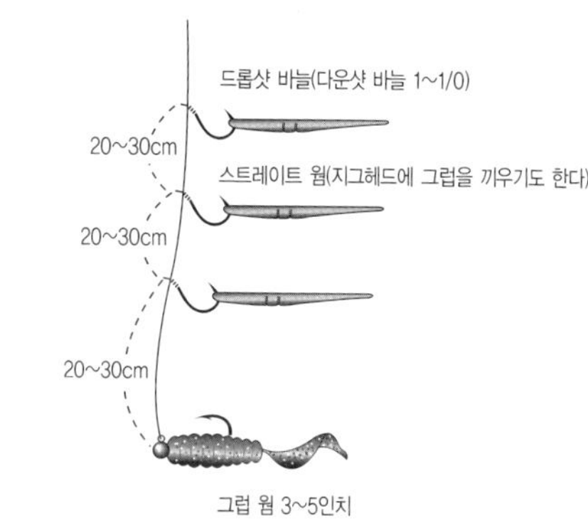

강인수
〈한국배스스쿨〉

■**채비 주안점 –** ❶선상(船上) 우럭 루어낚시는 2002~2003년경 서해대교 일원에서 시작된 신종 장르로 빠르게 확산되고 있는 낚시다. ❷선상 우럭 루어낚시는 수심 3~5m권의 연근해에서 이뤄지는 낚시로, 연안 방파제나 갯바위에서 널리 쓰는 기존의 그럽웜은 물론, 스트레이트웜, 롱웜, 바이브레이션, 스피너, 메탈지그 등 다양한 루어를 활용할 수 있다. ❸또 바다에선 물때와 밀·썰물의 시간대에 따라 수시로 조류의 세기가 달라지므로 낚싯대는 한 대만 사용할지라도 강·중·약 액션의 여벌 대를 갖추면 조류의 세기에 재빨리 적응할 수 있다.

■**사용 주안점 –** ❶장비와 채비도 중요하지만 먼저 포인트 및 조류의 강약과 방향을 읽을 줄 아는 유능한 선장을 만나는 것이 가장 우선적이다. ❷물때는 조금 때가 유리하고, 캐스팅은 항상 조류의 반대편으로 던지는 것이 선상(船上) 우럭 루어낚시의 기본 상식이다.

농어 루어① – 갯바위낚시 채비

김 용 선

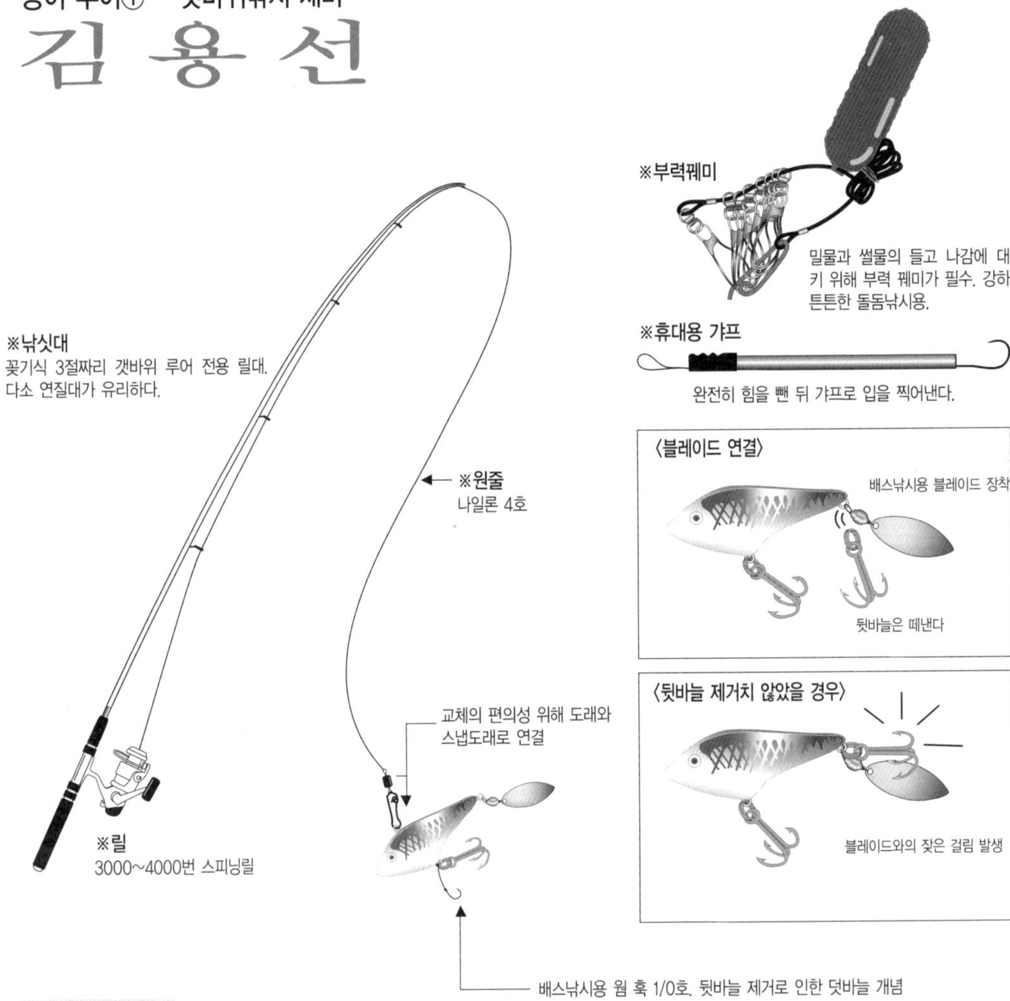

김용선
〈군산 · 루어낚시 전문가〉

■채비 주안점 – ❶많이 변형된 채비다. 공략 포인트가 멀 경우 갯바위에서도 바이브레이션은 필수. 뒷바늘을 제거한 뒤 배스낚시에 사용되는 블레이드를 대신 부착하면 반짝거림이 강해져 먼 거리에 있는 농어를 쉽게 유혹할 수 있다. ❷앞바늘에 별도의 덧바늘을 부착해 걸림 확률을 높이는 것도 좋은 방법이다. 필자는 배스낚시용 웜 훅 가운데 크기가 다소 작은 1/0호 크기의 제품을 애용한다. 덧바늘에 농어가 걸리면 바늘털이에도 강한 장점이 있다.

■사용 주안점 – 일반적인 상황에선 미노우플러그 같은 플러그류를 사용하지만, 원투와 깊은 수심을 동시에 노리면서 바이브레이션의 최대 단점인 '유인 효과'를 증대키 위해 블레이드를 부착해 쓴다. 마치 배스낚시의 스피너베이트처럼 상당한 저항이 블레이드에 가해지는데 느린 속도로 감아도 쉽게 가라앉지 않아 긴 구간을 여유 있게 공략할 수 있다.

농어 루어② – 보트낚시 채비

최 홍 선

〈물속 상황〉

조건–바닥걸림 심하지 않은 몽돌밭, 모래+몽돌밭 지형에서 유리. 봉돌이 바닥을 긁어주면서 농어의 시각과 청각을 자극. 실제로 악조건 상황에선 바닥권에서 대물이 입질.

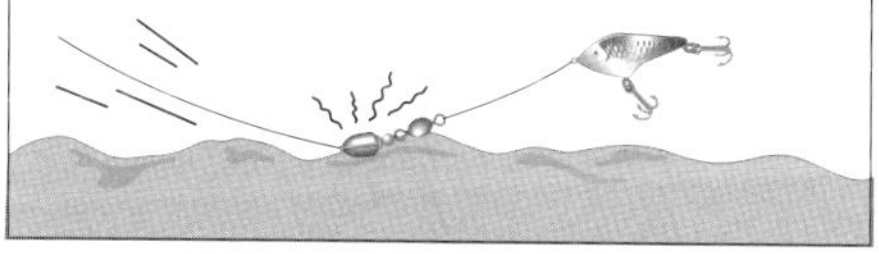

〈이상적인 형태와 크기〉

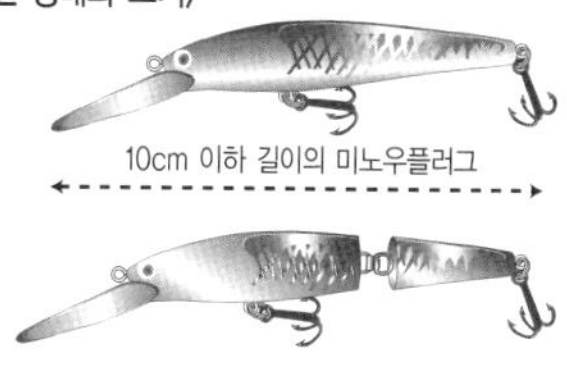

개인적으로 조인트 플러그는 선호하지 않는다.

〈바이브레이션 선택법〉

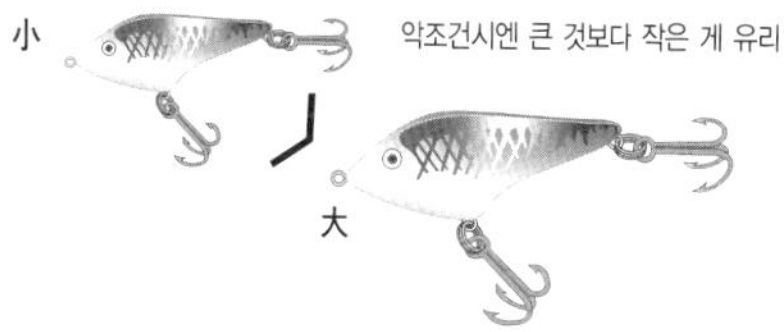

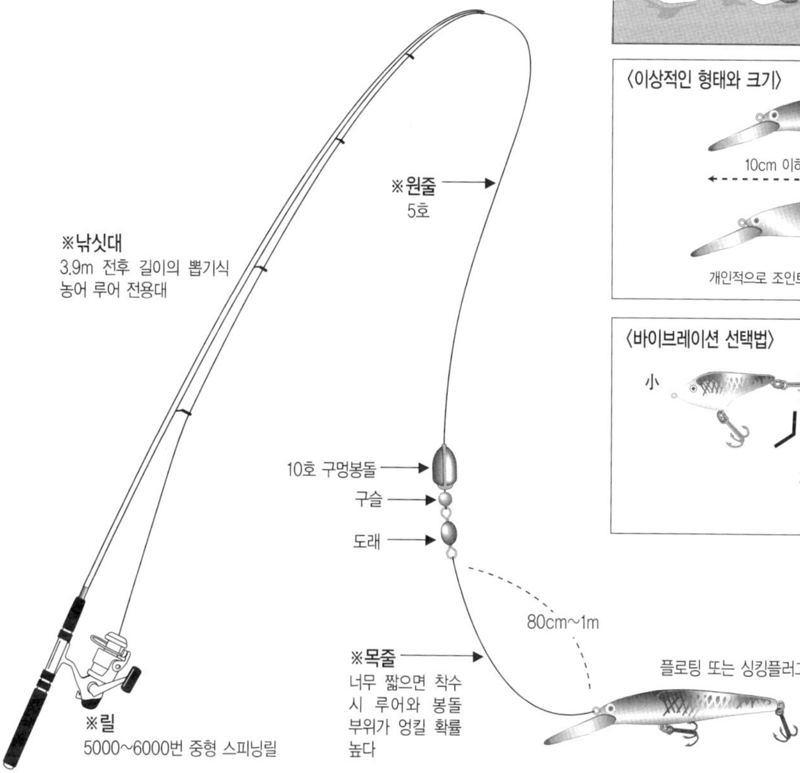

최홍선
〈오천 · 소성호 대표〉

■채비 주안점 – ❶소개하는 구멍봉돌 채비는 과거 농어 루어낚시 초기에 유행하던 스타일이다. 가벼운 미노우플러그에 구멍봉돌을 연결해 원투와 깊은 수심층 공략 등, 두 가지 목적을 달성키 위한 것이다. 그러나 농어의 활성도가 좋지 않거나 저수온 같은 상황에서도 위력을 발휘한다. ❷목줄 길이는 80cm 정도로 길게 준다. 너무 짧게 주면 착수 동작에서 봉돌과 루어가 뒤엉키는 경우가 많다. 루어는 플로팅 또는 싱킹미노우플러그 모두 상관은 없다.

■사용 주안점 – 바다에서 육지를 향해 루어를 날리는 특성상 미노우플러그보다는 바이브레이션이 원투나 수심층 확보 면에서 단연 유리하다. 따라서 평상시엔 바이브레이션을 주로 사용한다. 그러나 바닥이 몽돌로 이루어진 곳 또는 몽돌과 모래가 뒤섞인 곳 등에선 봉돌 채비가 위력을 발휘한다. 봉돌이 바닥을 긁는 것이 느껴지다가 대개 몇 번의 릴링만에 강력한 입질이 받한다.

지깅 낚시① – 대구낚시 채비

김 동 렬

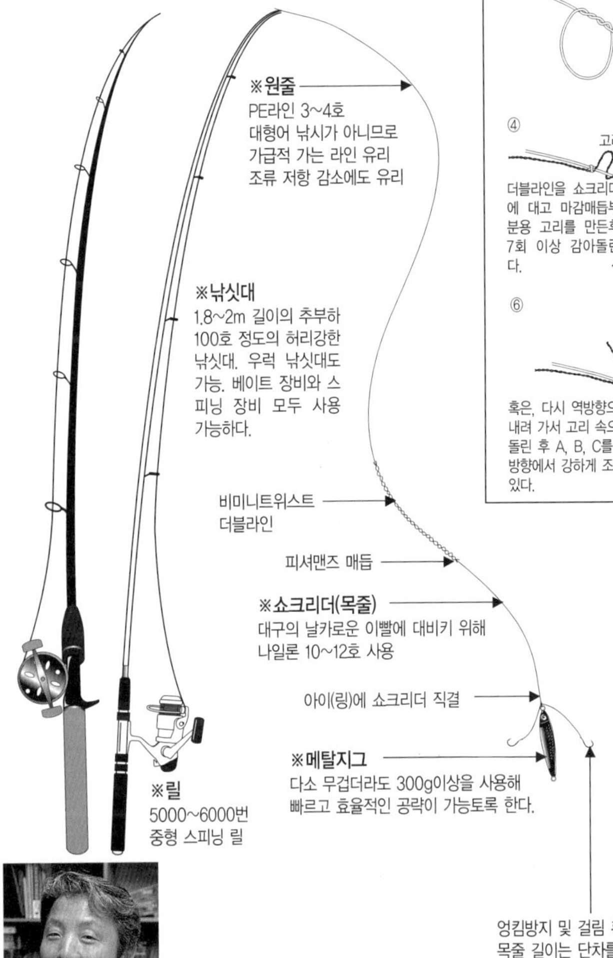

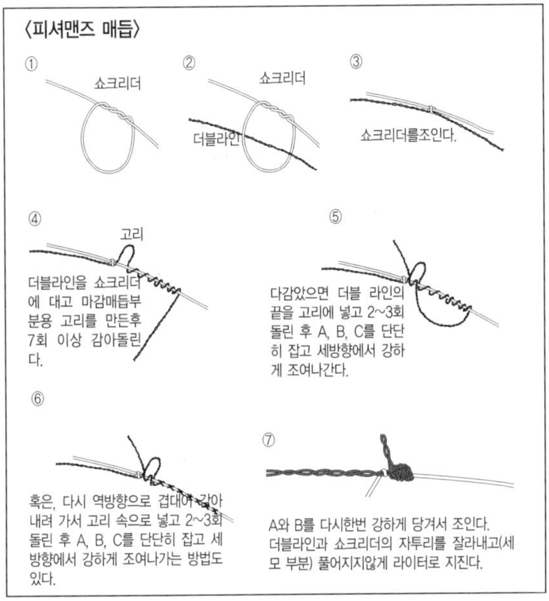

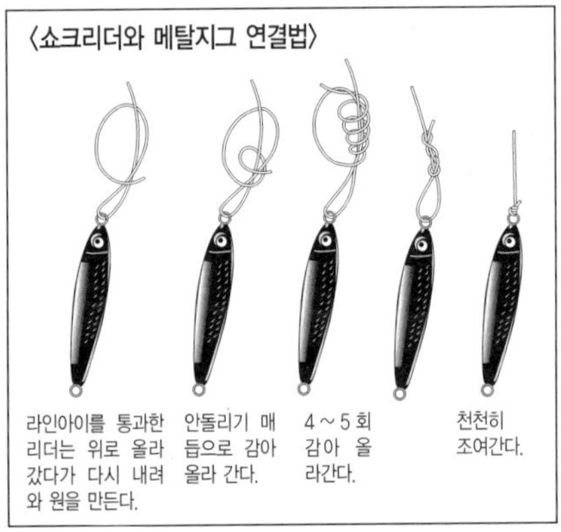

김동렬
〈지깅코리아 대표〉

■채비 주안점 – ❶원줄은 PE라인 3~4호 정도로 가늘게 사용하는 것이 유리. 쇼크리더(목줄)는 나일론 계열로 10호 내지 12호면 충분하다. ❷바늘을 묶는 어시스트리더(보조바늘용 목줄)는 바닥 여쓸림과 대구 이빨의 쓸림에 대비하여 20호 이상. 보조바늘(어시스트훅)은 통상 지그의 머리 부분에 두개를 연결. ❸지그 색상은 핑크색이 단연 효과적. 파랑과 검정 그리고 축광색도 사용해볼만하다. 무게는 가능한 300g 이상이 적합. 400g까지도 사용한다.

■사용 주안점 – 주 입질층은 바닥에서 10m 이내이므로 지그가 닿자마자 들어주면서 고패질을 한다. 입질이라고 판단되면 가볍게 한 번 정도의 챔질을 해준다. 하강하는 낚싯줄의 각도가 45도 이상의 대각선이 되면 입질 감도가 둔해지고 밑걸림도 심해진다. 재차 투입하거나 좀더 무거운 지그로 교체해야 한다. 웜을 주렁주렁 달거나 기타 유사 부착물, 생미끼 등을 달게 되면 조류 저항과 밑걸림만 가중될 뿐 조과엔 큰 도움이 못 된다.

지깅 낚시② – 부시리 · 방어 채비

조 홍 식

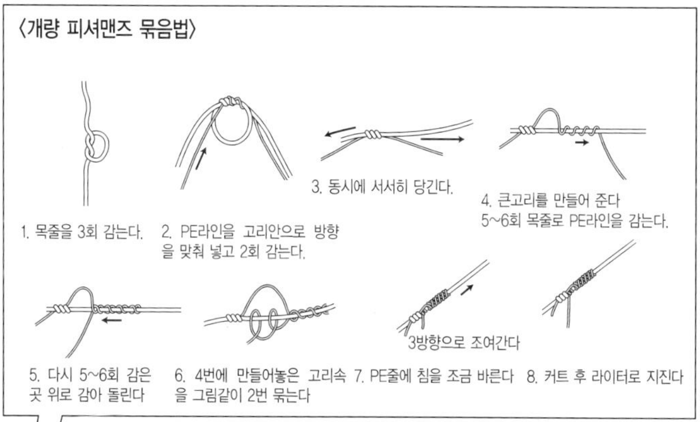

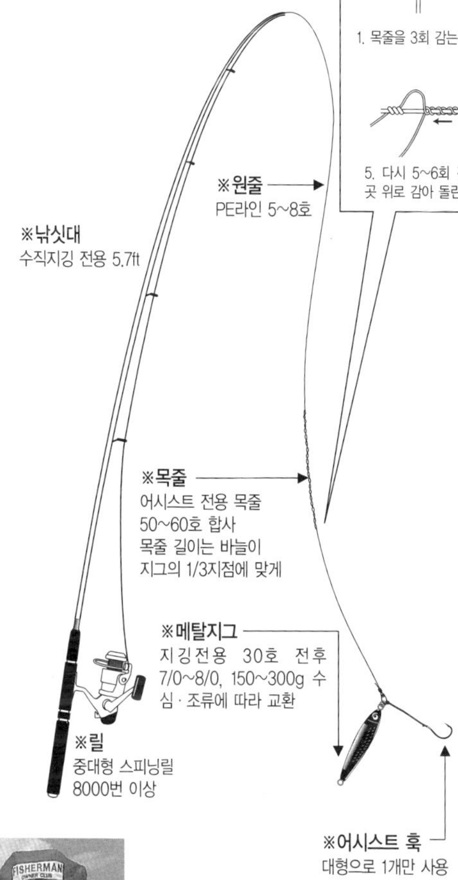

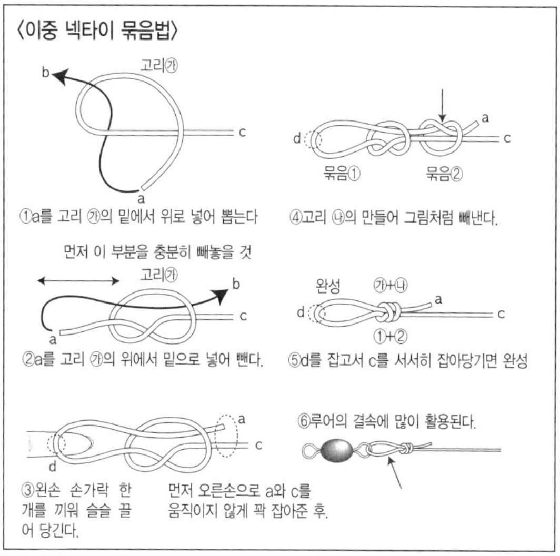

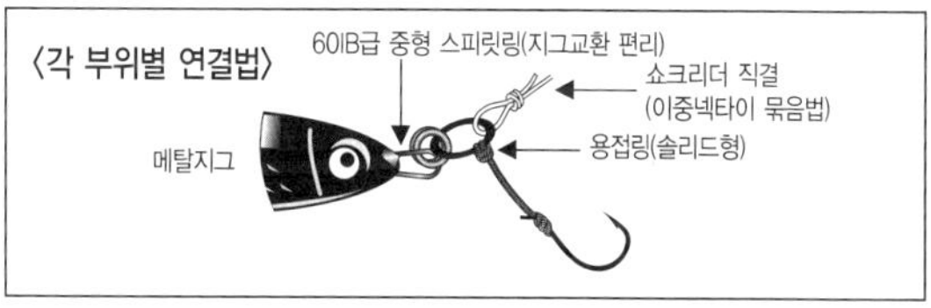

조홍식
〈이학박사 · 루어낚시 전문가〉

■채비 주안점 – ❶너무 강한 채비를 사용한다는 느낌이 들 수 있으나 트러블을 방지하는 데 큰 목적을 둔다. ❷일반적으로 원줄은 'PE라인 6호+쇼크리더 100lb'를 사용하나 수중여가 발달해 여쓸림이 우려되거나 대물이 출몰하는 곳, 부시리가 밑바닥에서 반응하는 경우, 활성도가 높은 시기 등에는 원줄과 쇼크리더를 더 굵게 사용한다. ❸낚싯대는 부시리 지깅 전용으로 설계된 것을 선택한다. 뻣뻣하다고 강한 것이 절대 아니므로 허리까지 유연하게 휘어들면서 구부러진 자체에서도 반발력이 높은, 즉 '리프팅 파워'가 우수한 것이 바람직하다.

■사용 주안점 – 현장 먹잇감의 사이즈와 형상을 참고로 지그를 선택하고, 지그의 움직임과 속도 등엔 정해진 원칙이 없으므로 현장에서 임기응변으로 맞춰나간다. 얼마나 빠르게 현장에 적응하느냐가 조과를 좌우한다.

플라이① – 표준 채비

박 영 환

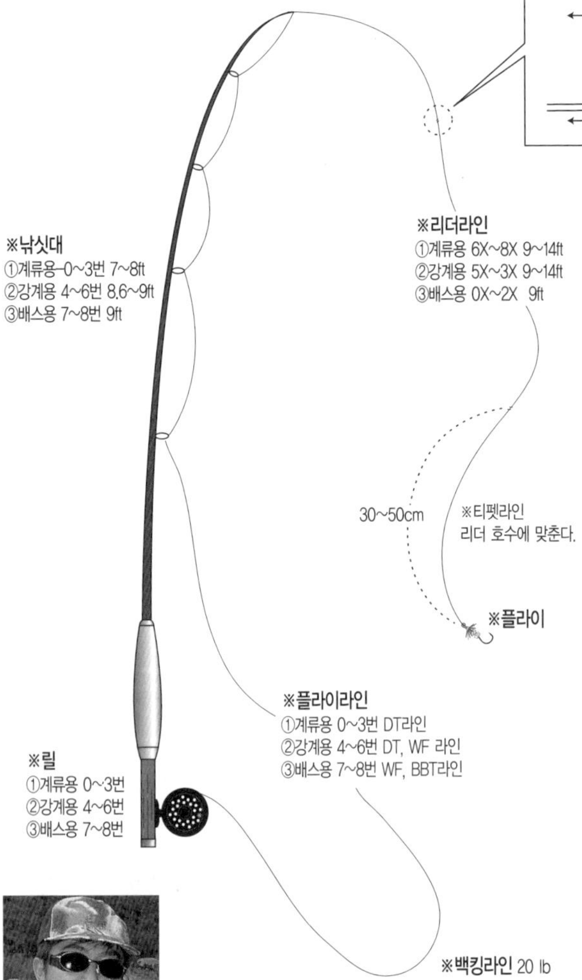

〈그림1〉플라이라인과 리더의 연결

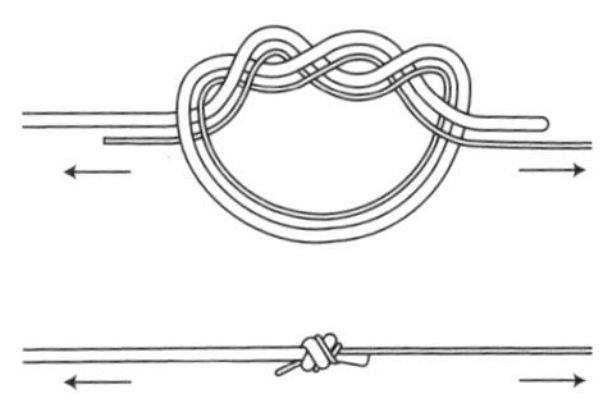

〈그림2〉릴에 백킹라인 묶기(arbor knot, slip knot)

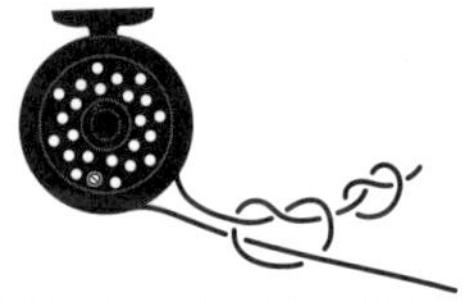

〈그림3〉백킹라인과 플라이라인 묶음

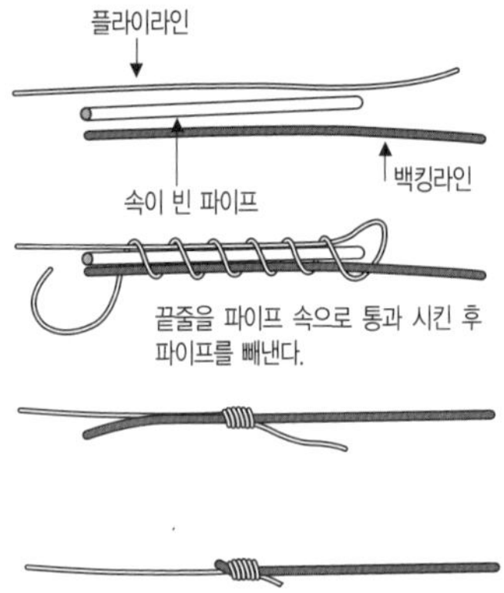

박영환
〈분당 · 앵글러스리버 대표〉

■채비 주안점 – ❶플라이낚시에서 채비의 완성도는 플라이라인과 로드, 릴, 이들 3자가 이루는 무게 밸런스로 좌우된다. 예를 들어 6번 플라이라인엔 로드와 릴도 반드시 6번을 세팅해야 한다. 원활한 캐스팅을 위해서는 꼭 지켜주는 것이 좋겠다. ❷미끼가 되는 플라이는 그 종류가 워낙 많지만 대표적으로 사용되는 것으로 계류용은 패러슈트 · 캐디스(14~20번), 강계용은 미니포퍼 · 거미 · 스트리머 · 비드헤드님프(8~12번), 배스용은 포퍼 · 헤어버그(4~10번) 정도를 대표적인 종류로 꼽는다.

■사용 주안점 – ❶플라이낚시는 장비와 채비를 제대로 활용하기 위해서는 먼저 캐스팅을 제대로 익힐 필요가 있다. 처음 잘못 익힌 캐스팅 자세는 좀체 고치기 어려우므로 처음 배울 때 올바른 선배를 정하고 제대로 배울 필요가 있다. ❷플라이의 선택도 대상어에 따라 그 기준이 정립되어 있으므로 선배의 도움을 받으며 익혀가는 게 좋다.

플라이② - 중량급 겸용 채비

최 부 식

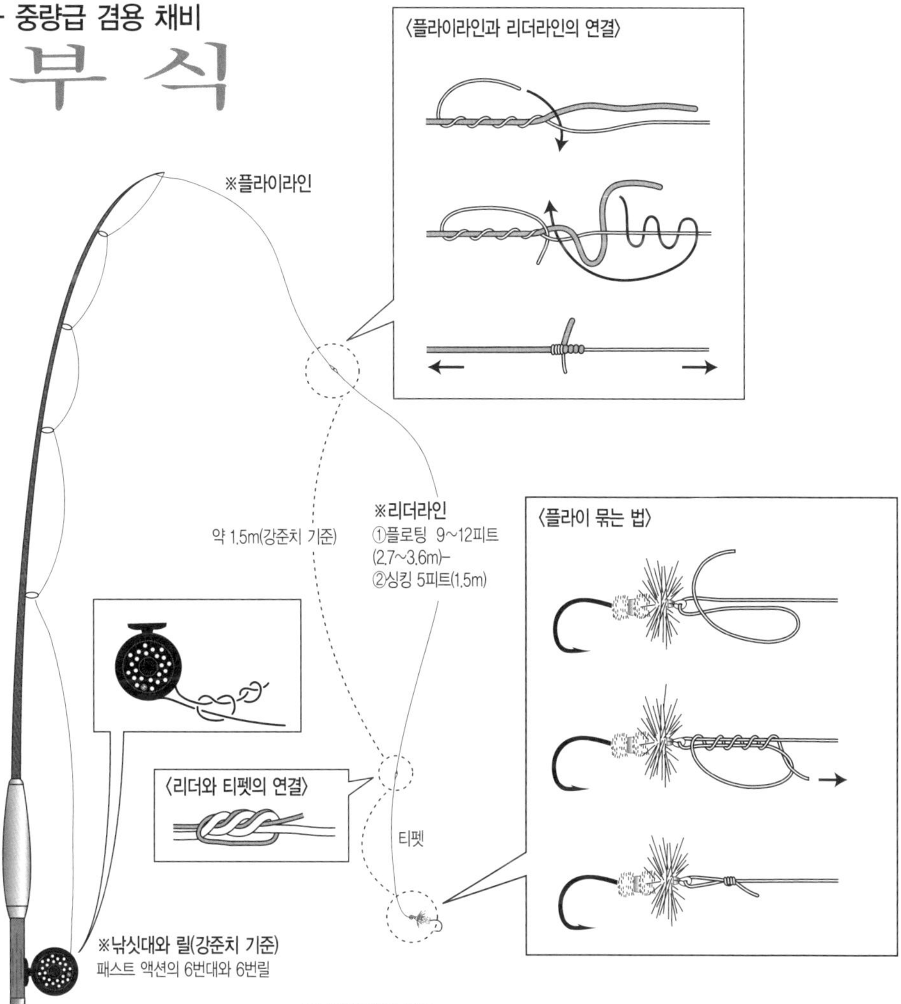

※시즌별 라인 성격
①본격 시즌 -플로팅 라인(산란기)
②저활성기-싱킹 라인(저수온기 등)

최부식
〈서울 · 스파이더플라이샵 대표〉

■채비 주안점 – ❶강과 호수 · 저수지에 서식하는 강준치와 눈불개 · 배스는 계류의 산천어 · 열목어와는 또 다른 파워를 만끽할 수 있는 훌륭한 플라이낚시 대상어다. ❷이들 파워 어종은 시즌에 따라 활성도와 그 유영층이 다르다. 강준치를 예로 들면 수온이 낮은 봄 · 가을철 저수온기는 활성도가 떨어지고, 7월 중순~8월 초의 산란철은 제 시즌을 맞는다. ❸ 저활성기엔 싱킹 라인으로 바닥층을, 본격 시즌엔 플로팅 라인으로 상층부를 노리는 게 기본이다.

■사용 주안점 – ❶ 싱킹 라인은 가라앉는 속도에 따라 1~5등급으로 나뉘는데, 번호가 높을수록 빨리 가라앉는다. 예를 들어 충주호 삼탄은 수심이 얕아 1.5m 이상을 넘지 않으므로 가장 천천히 가라앉는 1등급이 무난하다. 빨리 가라앉는 라인은 바닥에 걸려 훅 손실이 높다. ❷훅의 선택은 수온이 낮을 때는 웨이트를 준 흰색의 존커나 스트리머류의 님프가 무난하고 활성도가 높을 때는 웨이트를 주지 않은 존커 스트리머나 미니 포퍼가 효과적(강준치 기준)이다.

제2부 ▌어종별 고수 채비 50선

제3장 **바다낚시 편**

감성돔① – 반유동, 가을 시즌 채비

박 창 수

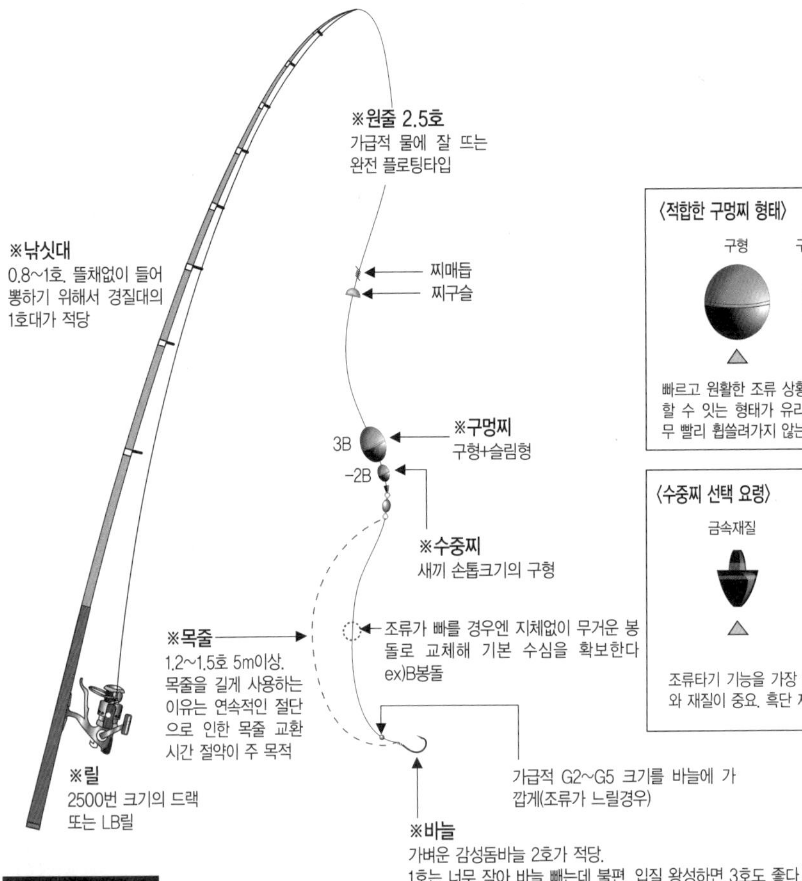

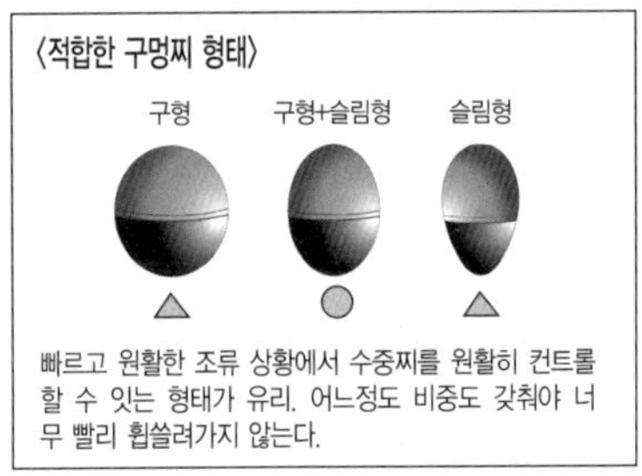

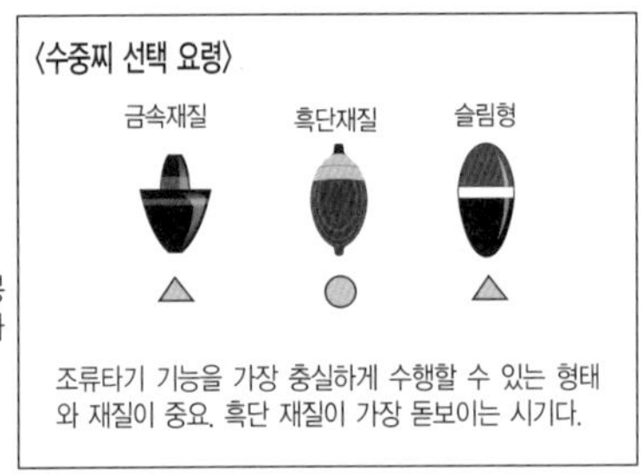

박창수
〈부산 · 피싱랜드만어 필드스탭〉

■**채비 주안점 –** ❶통상 가을 감성돔 씨알은 30~35cm급을 표준으로 삼지만 실제론 25~30cm급 씨알이 주류를 이룬다고 할 수 있다. 따라서 채비 자체의 특별함보다는 각각의 역할에 충실할 수 있는 소품의 선택이 중요시된다. ❷ 신속한 '들어뽕'을 위해선 1호대도 적당하다고 본다. ❸구멍찌는 구형과 슬림형의 중간 형태가 좋다. 다소 무게가 있는 제품을 사용해야 조류에 덜 밀린다. 면적이 너무 큰 구형은 조류에 빨리 밀리고 슬림형은 묻혀버리는 단점이 있다.

■**사용 주안점 –** ❶너무 작은 1호 바늘은 안창걸이가 잘돼 속전속결에 방해가 된다. 2호가 적당하며 입질이 왕성하면 3호를 쓴다. 가을 감성돔낚시는 들물이든 썰물이든 간에 길면 2시간, 짧으면 1시간 낚시. 물속에 버글대는 감성돔을 얼마나 신속히 뽑아내느냐가 관건이다. ❷너무 가벼운 밑밥은 오히려 역효과. 일부는 바닥에 충분히 깔리고 일부는 적당히 흘러가는, 가을 감성돔 전용 집어제를 선택하는 것도 잊지 말자.

감성돔② – 전유동낚시 채비

이 성 규

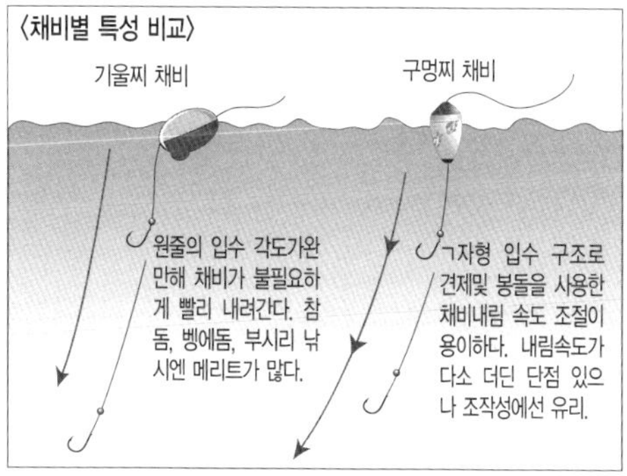

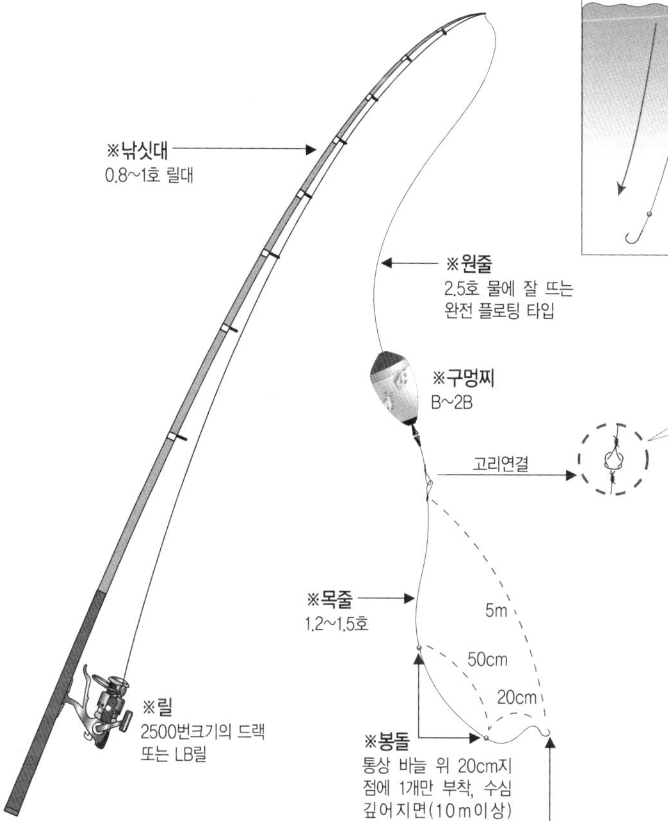

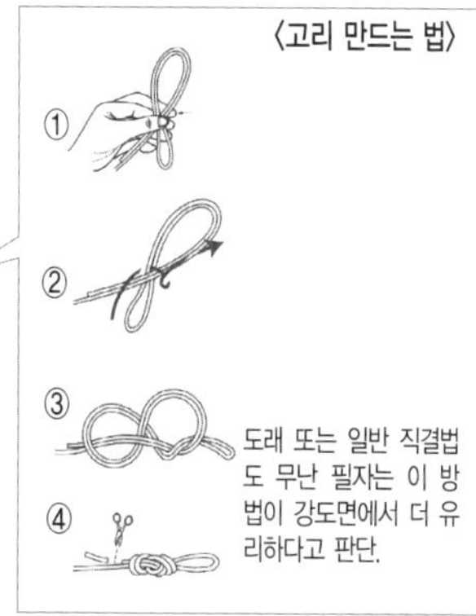

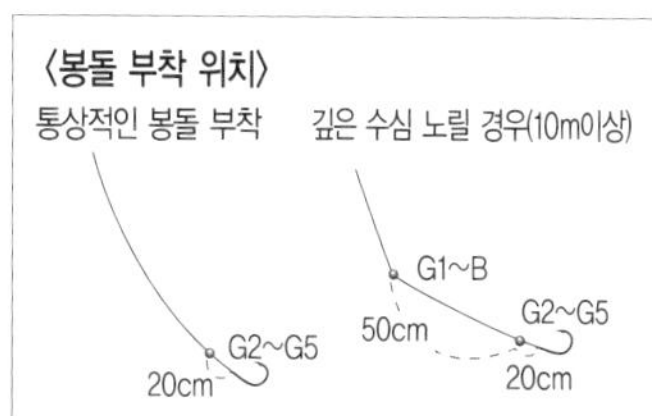

이성규
〈부산 · GIGSKOREA 대표〉

■채비 주안점 – ❶가급적 군더더기 없는 구성이 핵심. 원줄과 목줄 사이엔 찌멈춤봉과 봉돌 1개만을 부착하나 원줄과 목줄을 고리로 연결하면 의외로 강도가 높아진다. 매듭으로 집중되던 힘이 매듭과 고리 결속 부근 전체로 분산되기 때문. ❷개인별 선호도에 따라 차이가 있으나 전유동 채비엔 기울찌보다는 기본형인 구멍찌가 적합하다고 판단한다. 최신 기울찌들은 입수 각도가 완만해 채비가 불필요하게 빨리 하강하므로, 인위적인 조작성능 면에선 일반 구멍찌의 장점이 앞선다. ❸전유동의 특성상 안창걸이가 안전하다. 감성돔바늘 2호 정도가 적당하며 입질이 약을 땐 1호까지도 낮춰 쓴다. 봉돌의 무게는 G2~B 가운데 취사선택. 맨 아래에 가벼운 봉돌을 부착한다.

■사용 주안점 – 가급적 원줄은 완전 플로팅 타입이 우선. 가벼운 채비를 원활히 가라앉힐 수 있는 가장 중요한 키 포인트다. 채비 착수 직후 채비 정렬을 도모하는 동작은 필수다.

벵에돔① – 반유동 제로조법 채비

민 병 진

ex) 45cm이하급 일반 벵에돔 채비

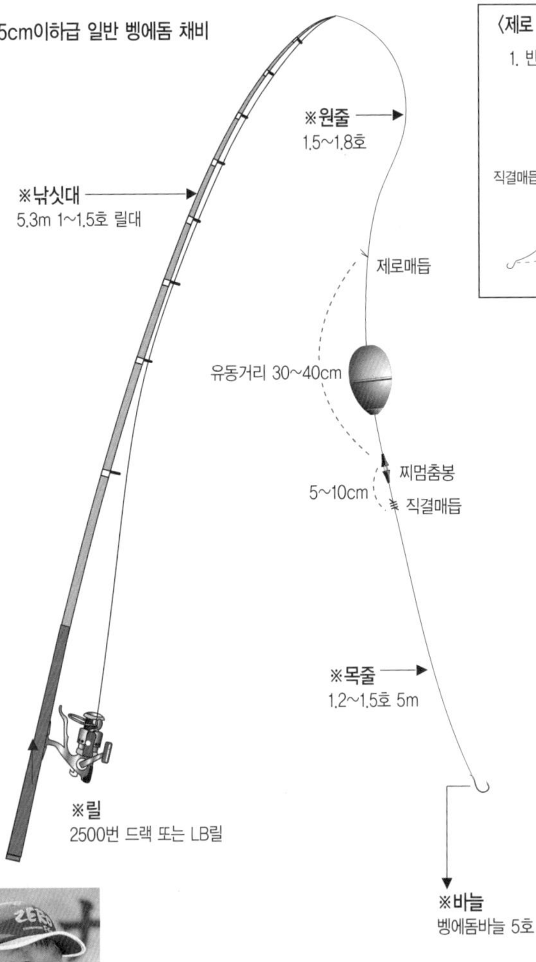

〈제로 채비의 응용〉

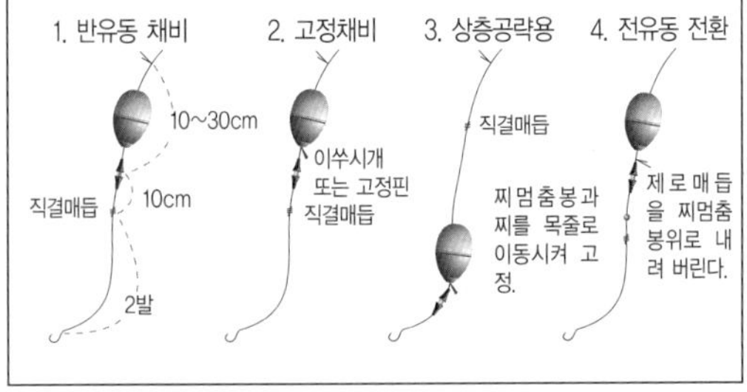

〈제로매듭 만드는 법〉

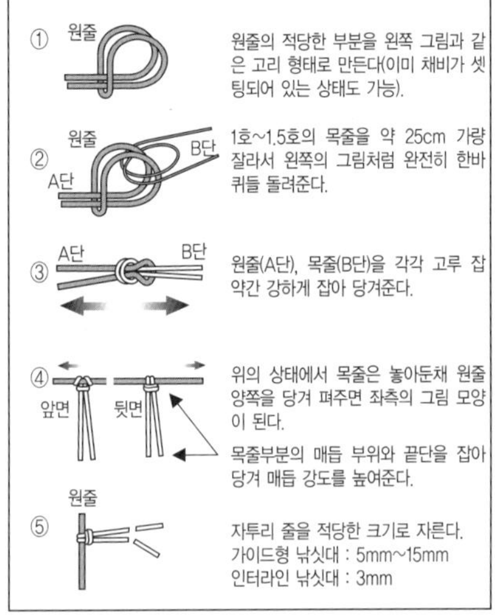

민병진
《(사)한국스포츠피싱제로FG연합 회장》

■채비 주안점 – ❶간결하고 군더더기 없는 채비가 가장 좋다. 채비도는 제로조법 채비의 기본으로서 원칙적으로 목줄엔 봉돌을 부착하지 않는다. ❷통상 띄울낚시용 제로찌는 0~00 부력 사이에서 선택을 한다. 상층 띄울낚시에선 0를, 찌매듭이 찌에 닿자마자 크릴과 바늘 목줄의 무게로 잠기게 만들려면 00찌를 사용한다. ❸ 제로조법에서는 바늘 무게도 간과해선 안 된다. 벵에돔바늘 5호를 기준으로 삼아 채비에 대한 밸런스를 감 잡을 것.

■사용 주안점 – ❶띄울낚시의 특성상 목줄은 기본적으로 2발만 준다. 찌구슬이 없고 응용법에 따라 수심 조절이 용이하기 때문에 목줄 길이는 큰 변수가 못된다. 벵에돔이 표층과 가까운 거리에서 먹이활동 할 경우엔 목줄까지 찌를 내려 보낼 수도 있다. ❷찌멈춤봉과 제로매듭 사이 간격을 30~40cm 정도만 준 뒤 그 범위 안에서 채비를 컨트롤 하는 게 기본.

벵에돔② – 제로찌 잠길조법 채비

이 경 호

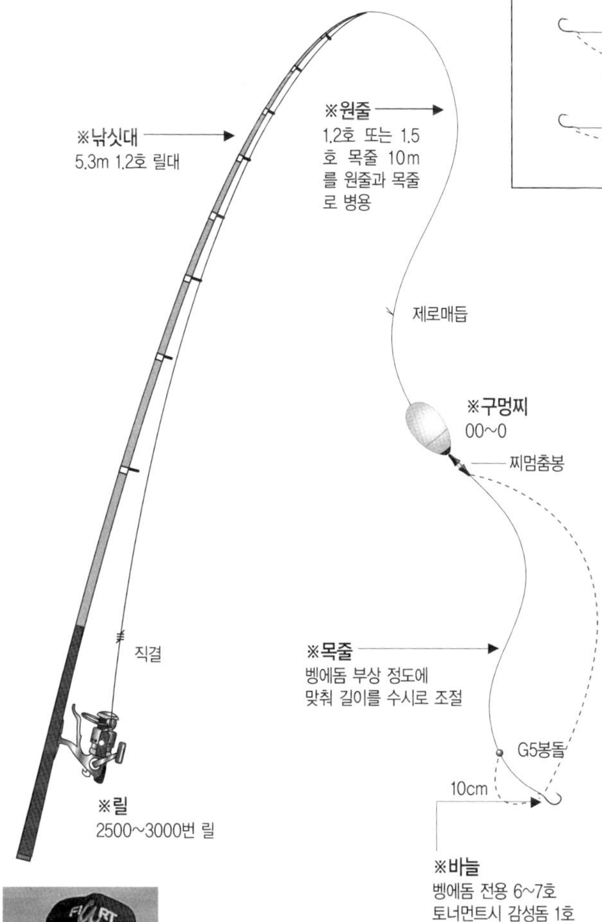

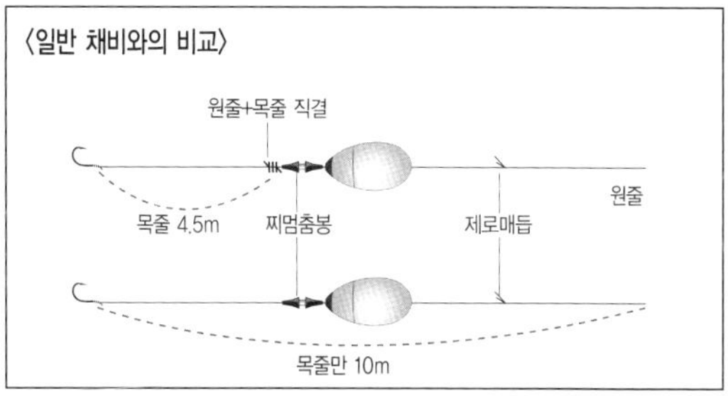

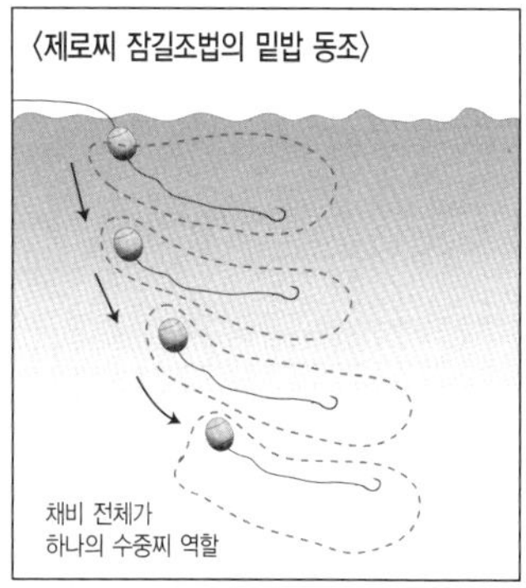

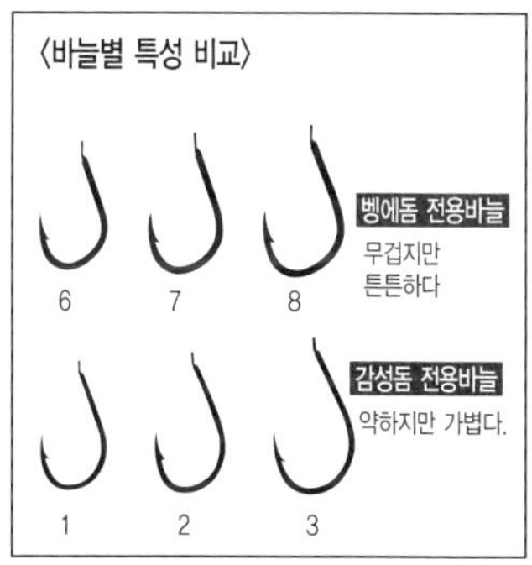

이경호
〈신신피아트스텝 · 광주낚시나라 대표〉

■채비 주안점 – ❶목줄을 10m 이상 길게 사용해 예민성을 높이고 잦은 목줄 교체로 인한 채비 교환 시간을 줄인다. 1000조법과 기본 시스템은 같으나 찌매듭을 한 반유동 채비라는 점에서 차이가 있다. ❷봉돌은 바늘 위 20cm 지점에 1개만 부착. ❸구멍찌는 0~000까지 다양하게 교체해 사용. ④바늘은 통상 벵에돔바늘 6~7호를 사용하나 토너먼트와 같은 경기 때는 감성돔 1~2호를 선호한다. 벵에돔바늘보다 가벼워 잔 씨알에 유리한 때문이다.

■사용 주안점 – ❶최초엔 0부력을 사용한 채비로 상층을 공략하다가 입질이 없거나 점차 입질 층이 깊어지면 00 또는 000로 구멍찌 호수에 변화를 준다. 매듭이 찌에 걸림과 동시에 서서히 가라앉을 수 있도록 조절한다. 채비가 물속에 잠긴 뒤 자주 멈칫거리거나 양 옆으로 흘러다닐 수 있는 정도가 적합. 속조류와 가장 자연스럽게 동조됐다는 반증이다. ❷전유동으로 전환시킬 때는 찌매듭을 찌멈춤봉까지 내려보내면 간단히 해결된다.

참돔① – 밤낚시 채비

김 석

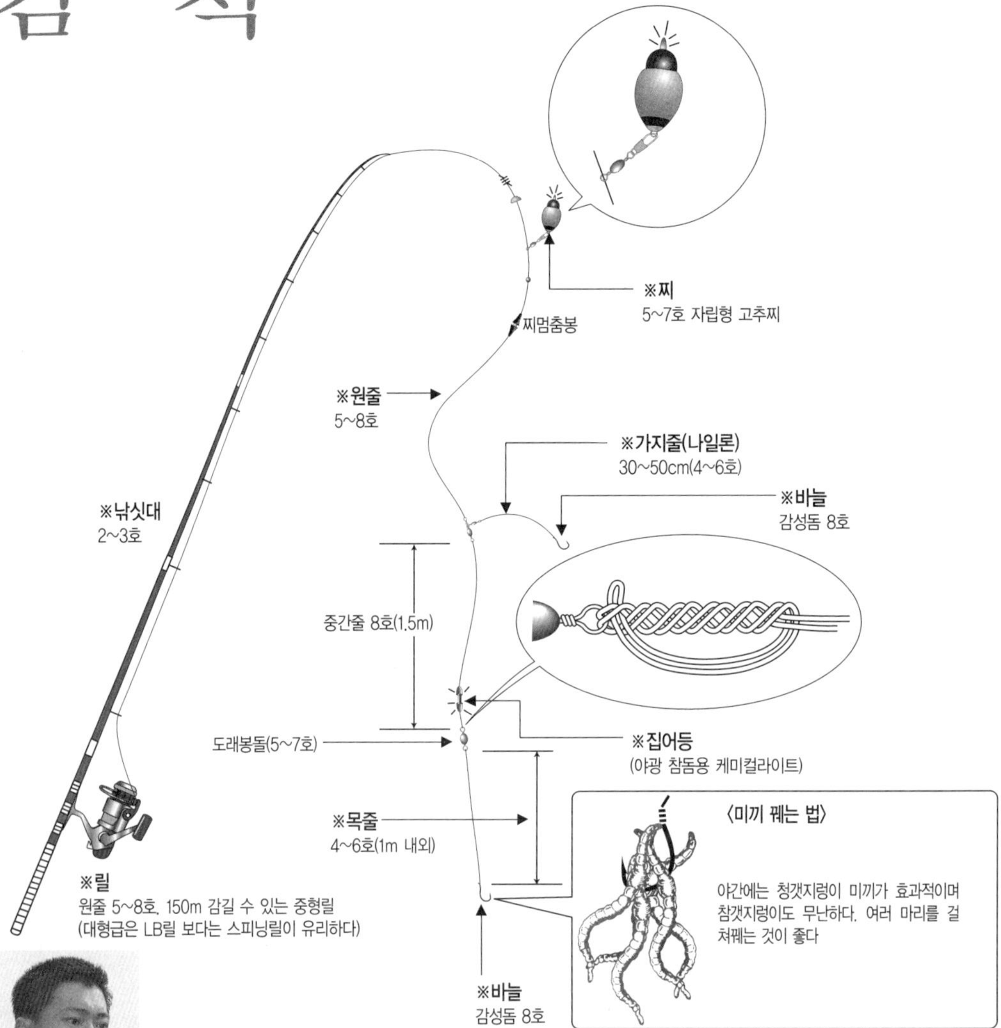

김 석
〈여수 · 한국유통 대표〉

■채비 주안점 – ❶보다 튼튼한 채비를 사용함으로써 밤낚시 대물에 대한 안전성을 도모하며, 가지바늘 채비를 사용함으로써 다수확의 기회를 노린다. ❷또한 가지바늘은 야간 참돔의 다양한 유영층을 파악하는 데 용이하다. ❸찌매듭을 이용하여 수심을 맞추기 때문에 초보자도 사용이 편리하다.

■사용 주안점 – ❶어두운 밤낚시에 사용하는 특성상 채비 엉킴을 방지하기 위해 채비가 완전히 펴진 후 바다에 착수할 수 있도록 항상 유념해야 한다. ❷참돔은 주간에는 바닥에서 휴식을 취하다 밤이 되면 유영층이 높아지기 때문에 먼저 탐색 수심을 전체 수심 3분의 2 지점부터 시작하다가 입질이 없을 경우 조금씩 수심을 깊게 해준다. ❸일몰 전 미리 채비를 하여 목적한 포인트에서 밤낚시라 가정하고 채비를 던져보아서 조류의 방향과 조목(潮目) 지점 및 수심 파악을 미리 연습해 두면 여러모로 훨씬 편리하다.

참돔② – 주간낚시 채비

이 택 상

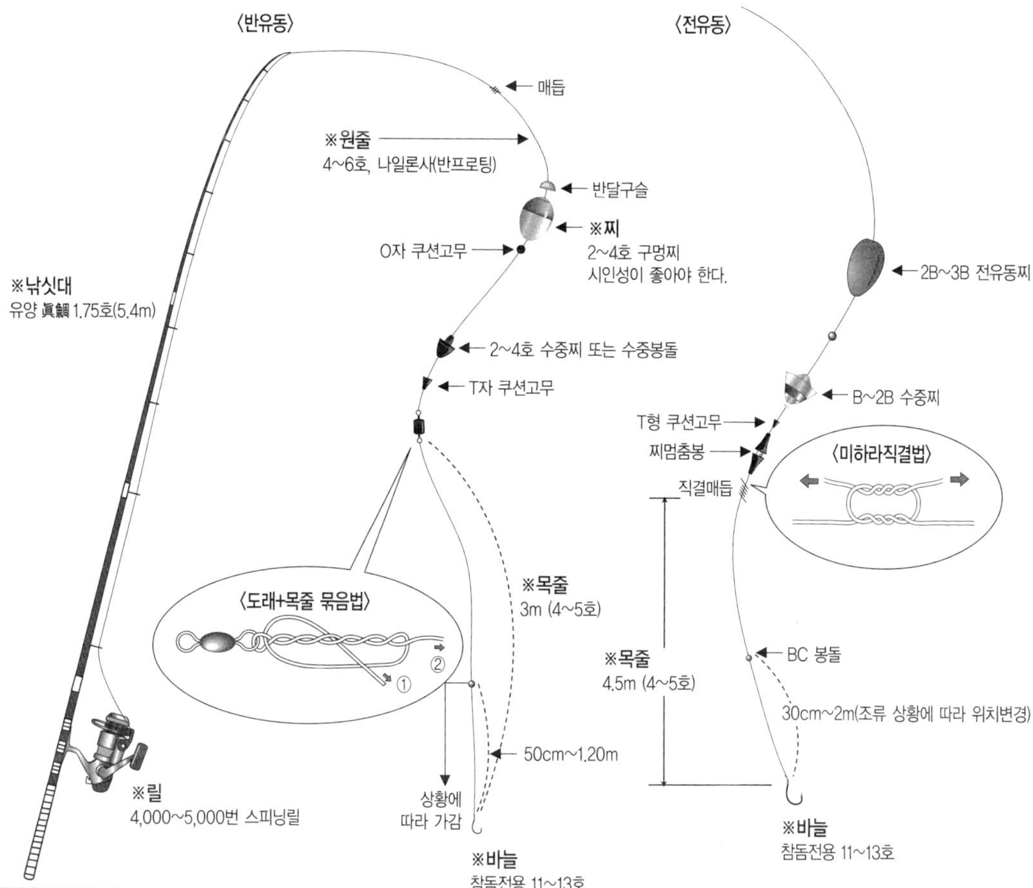

이백상
〈부산 · 만어, 유양산업 필드테스터〉

■채비 주안점 – ❶전반적으로 감성돔낚시 채비와 비슷하다. 다만 낚싯대부터 줄 · 찌 · 바늘 등 모든 소품을 한두 단계 업그레이드 시키되, 하루 종일 들고 서 있어야 하기 때문에 최대한 경량화 된 채비를 선호한다. 릴 또한 LB보다 스피닝릴을 택한다. ❷찌는 반유동의 경우 2~4호 정도로 시인성이 좋고 조류를 잘 타는 것을 고르되, 수중찌는 입수가 빠르고 채비를 안정시키는 종류를 사용한다. 즉 조류가 느릴 때는 수중찌(大)를 달고, 급류에는 입수가 빠른 수중봉돌을 사용한다. ❸전유동의 경우는 구멍이 크고 입수가 잘 되는 기울찌가 우선. 채비의 자연스런 입수를 위해 목줄에는 봉돌을 달지 않는 걸 원칙으로 하되 조류 강약에 따라 좁쌀봉돌을 달기도 한다.

■사용 주안점 – ❶응용 채비의 경우, 바람과 조류가 반대 방향일 때 전유동 채비에 매듭을 달고 목줄에 2~3개의 좁쌀봉돌을 달아주면 채비가 잠기게 되므로 잠길찌 조법을 구사할 수 있다.

돌돔① – 버림봉돌 채비

이 점 우

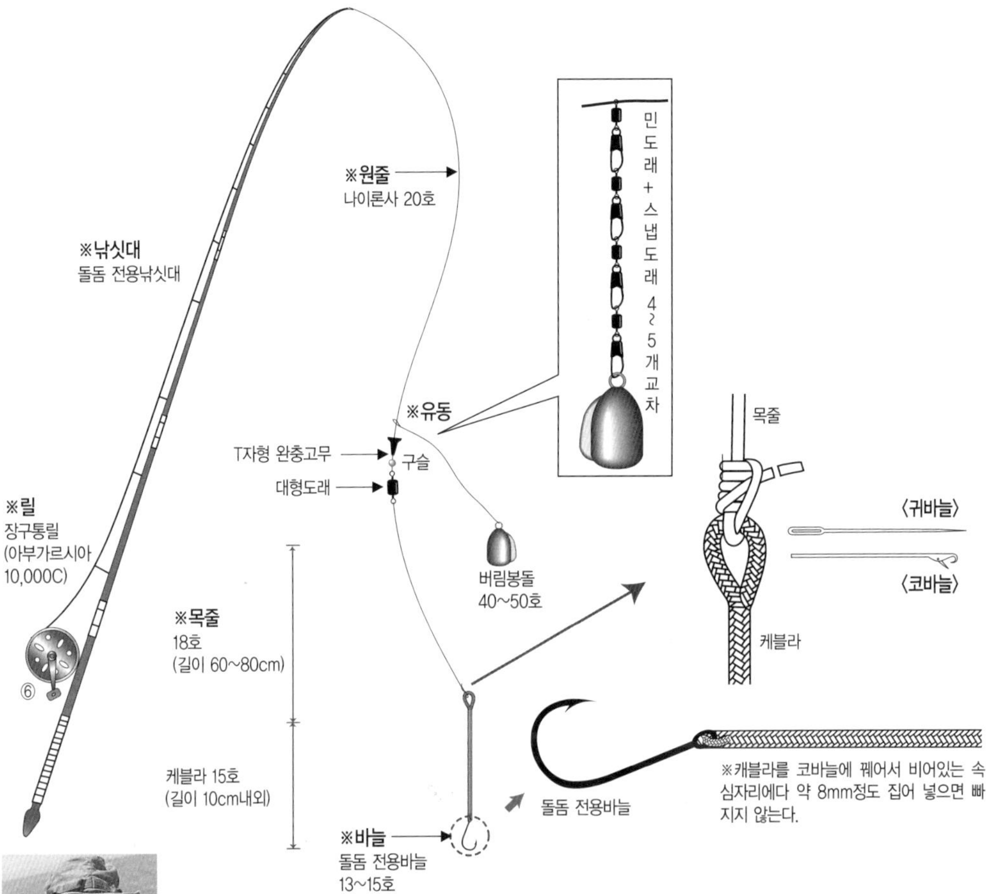

이점우
〈제주 · 신주문화사 대표〉

■채비 주안점 – ❶개인적으로는 제일 효과적인 돌돔 채비로 꼽는다. 이 채비의 핵심은 버림봉돌과의 이음새에 유동식 스냅도래를 장치한 점이다. 밑걸림이 심한 곳에서 효과적인데, 어디에 박혀도 쉽게 뽑아낼 수 있으며 여분의 스냅도래에 다시 봉돌을 꿰어 쓰기에도 편리한 채비다. 또한 버림줄에 흠집이 생길 확률이 적으며 본줄과의 엉킴이 없는 것도 장점이다. ❷또 하나는 삼각도래에 나일론줄을 사용하는 일반적인 봉돌채비에 비해 어신을 훨씬 빨리 감지할 수 있다.

■사용 주안점 – ❶스피닝릴보다 강력한 장구통릴을 즐겨 사용하지만 초보자의 경우 스피닝릴이 적합하다. 장구통릴의 경우 캐스팅 시에 파마가 생기기 쉬우므로 어느 정도 익숙해진 다음에 활용해야 한다. ❷대개 깊은 곳보다는 얕은 곳일수록 밑걸림이 심하므로 이에 대비를 해야 한다. 따라서 빈 바늘로 끌어낼 때는 빠르고 힘차게 뽑아 올려야 걸림이 적다.

돌돔② – 구멍봉돌 채비

문 현 상

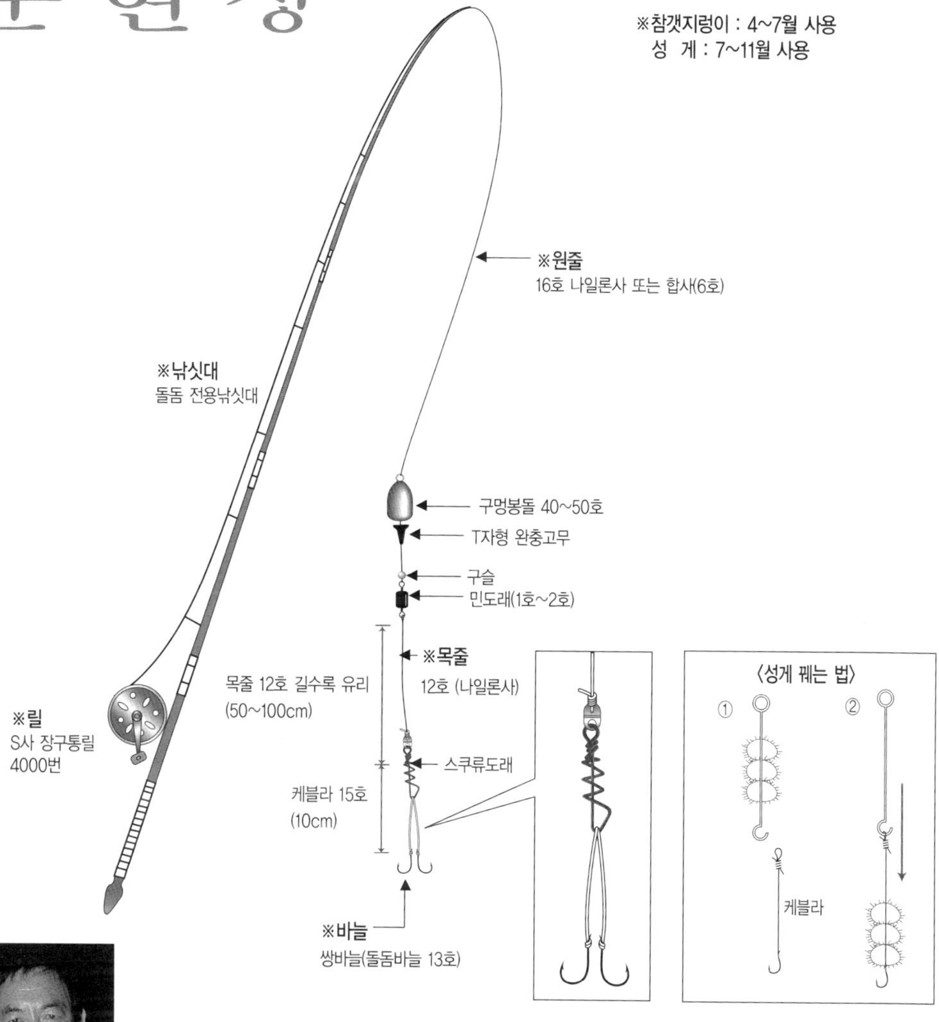

문현상

〈서울 · 돌돔낚시 동호인〉

■**채비 주안점 –** ❶이 채비의 최고 장점은 원투력이다. 버림봉돌 채비에 비해 비거리가 높아 원하는 포인트까지 자유자재로 보낼 수 있다. ❷케블라와 연결하는 목줄은 길면 길수록 유리한데, 조류 속에서 자연스러운 움직임을 연출하여 빠른 입질을 유도할 수 있기 때문이다. ❸바늘은 두바늘을 원칙으로 하되 참갯지렁이를 사용할 경우는 단차(1cm)를 두는 것이 유리하며, 성게를 쓸 경우는 쌍바늘의 길이를 같게 하는 게 효과적이다.

■**사용 주안점 –** ❶이 채비는 그 특성상 밑걸림이 적은 곳에서 사용해야 한다. ❷산란기 돌돔의 미끼는 참갯지렁이를 많이 사용하지만 7월 중순이후부터는 성게를 흔히 사용하므로 목줄과 케블라 사이에는 성게를 꿰어 쓸 수 있는 스쿠류 도래를 연결한다. ❸캐스팅 직후 채비를 바닥에 안착시키고 나면 반드시 낚싯대와 채비가 일직선이 되도록 팽팽하게 당겨 놓아야 입질을 빨리 감지할 수 있다.

볼락① – 민장대 찌낚 채비

김 창 호

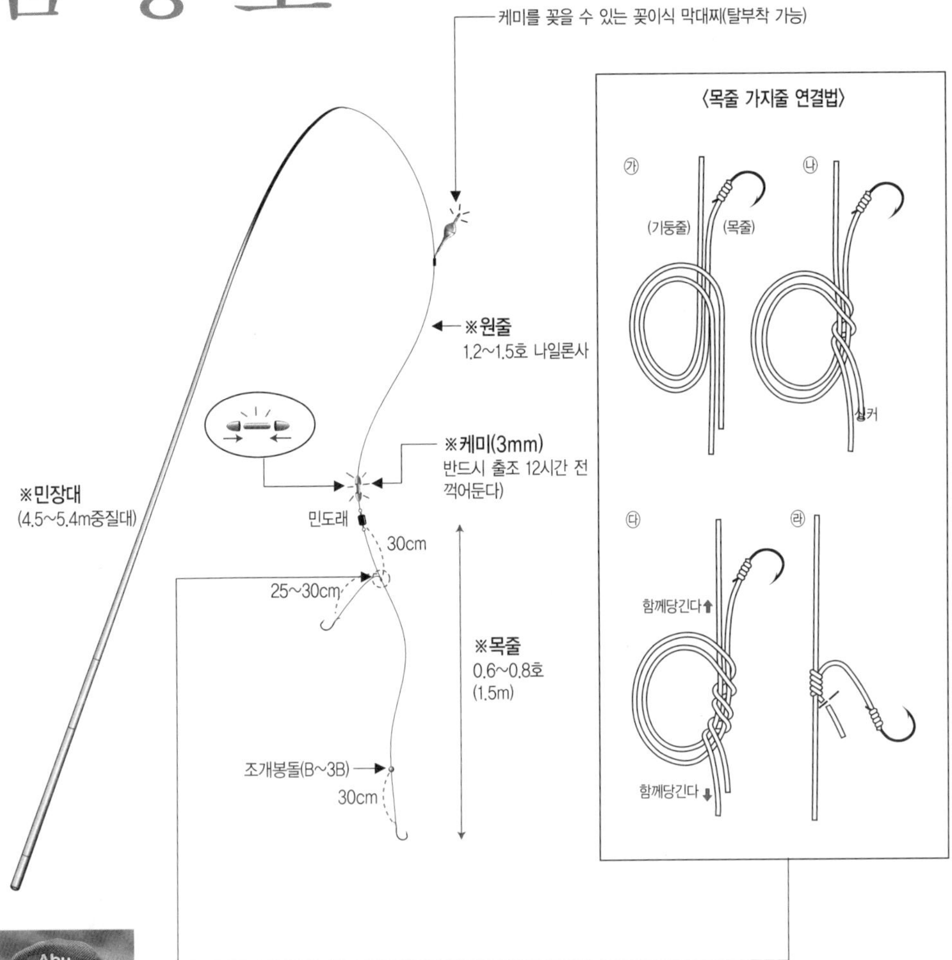

김창호
〈부산 · 616조우회 총무〉

■채비 주안점 – ❶볼락은 바람 방향, 수온, 그리고 소음이나 불빛 등에 매우 예민한 어종이므로 최대한 가벼운 채비로 승부를 걸어야 한다. ❷목줄에는 가지바늘을 덧달아 입질층을 빨리 찾아냄으로써 다수확을 올린다. ❸도래 바로 위에는 출조 12시간 전에 꺾어놓은 케미컬라이트를 꽂아 사용한다. 줄잡이 용도와 함께 집어등 효과도 노리는 것인데, 케미컬라이트가 너무 밝으면 오히려 역효과를 나타낸다.

■사용 주안점 – ❶가지바늘의 윗바늘에 볼락이 물리면 볼락이 피어오른 것으로 입질이 활발한 상태이고, 맥낚시의 아랫바늘에 물리면 바닥에서 떠오르지 않은 상태이므로 피워 오르게끔 유도해 줘야 한다. ❷볼락의 활성도가 낮을 경우(또는 조류가 없거나), 찌와 봉돌을 떼어내고 최대한 자연스럽게 미끼 무게로만 가라앉혀 주면 의외의 효과를 볼 수 있다.

볼락② – 민장대 맥낚(더듬낚시) 채비

배 창 석

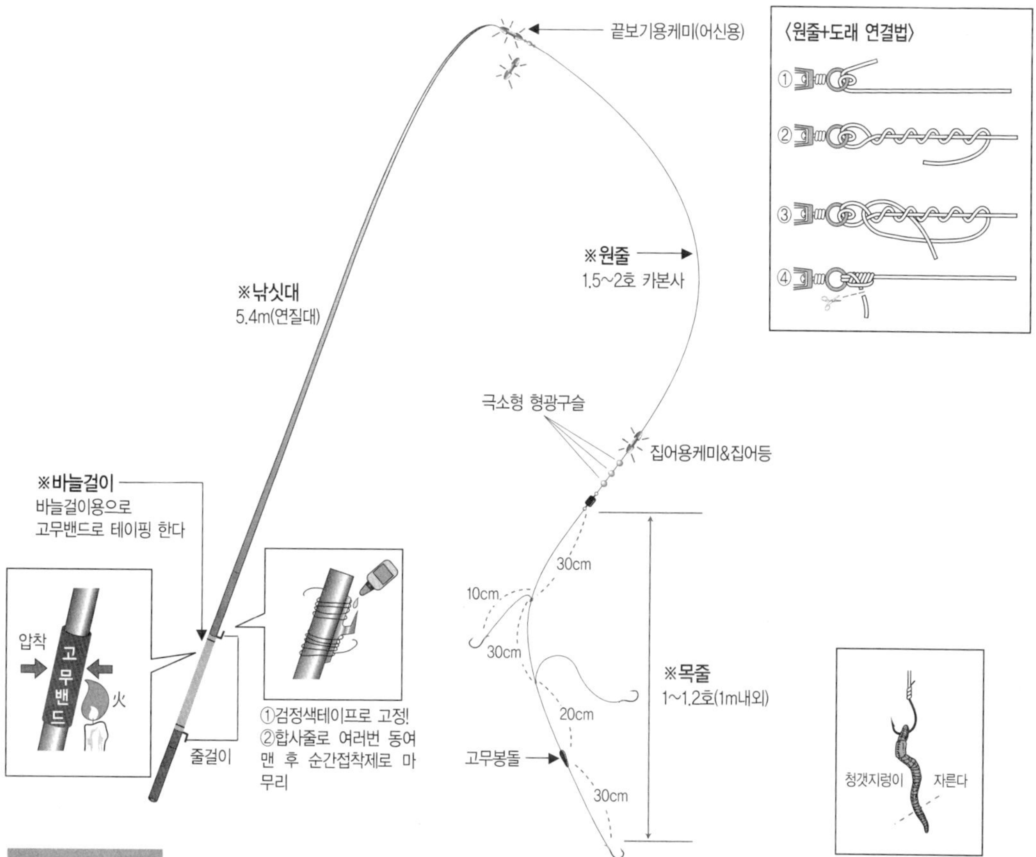

배창석
〈사천 · 병수낚시 대표〉

■**채비 주안점 –** ❶이동이 많은 낚시이므로 낚싯대 손잡이 부분에 줄감개와 바늘걸이를 장착하면 편리하다. ❷이 채비의 특징은 형광구슬. 3~4개를 원줄에 꿰는데, 호기심 많은 볼락의 시각을 유도함은 물론, 낮은 수심에서 채비를 천천히 내릴 수 있다. ❸목줄에 다는 조개봉돌은 조류의 흐름이나 공략 수심에 따라 선택하되, 표층에서 입질하는 경우에는 봉돌을 제거한다.

■**사용 주안점 –** ❶골창이나 수중여 근처에 볼락이 군집해 있을 경우 효과를 발휘한다. ❷바늘에 청갯지렁이 머리를 걸쳐 꿰고 꼬리에서 3분의 1 지점을 잘라 사용한다. 이는 볼락이 먹이를 쉽게 취하고, 또한 채비 엉킴을 적게 하기 위함이다. ❸입질이 약할 경우 전층에서 입질을 받을 수 있도록 최대한 채비를 천천히 내리는 게 관건이다. 입질이 없을 경우는 자리를 옮기거나 봉돌을 약간 무겁게 달아 바닥을 더듬는 식으로 입질을 유도해야 한다.

학공치① – 릴 찌낚시 채비

윤 원 석

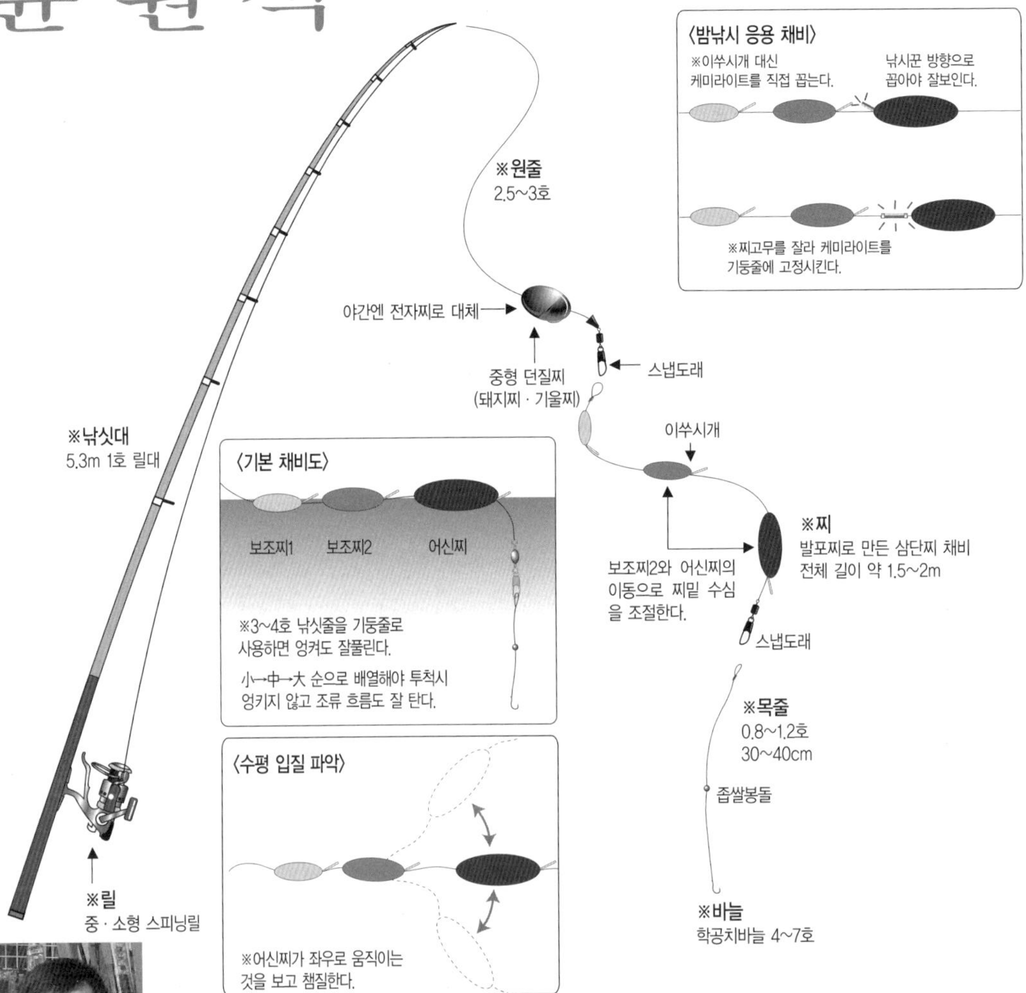

윤원석

〈본지 울진 모니터 · 반도낚시 대표〉

■채비 주안점 – ❶민낚싯대 채비에 사용되는 구슬찌(염주찌) 채비를 응용한 자작 채비법이다. 낚시점에서 판매하는 발포찌를 小 · 中 · 大 크기로 구입한 뒤 〈그림〉처럼 3단찌 채비를 만든다. ❷발포찌 자체는 비중이 없기 때문에 원투를 위해선 던질찌가 필수. 이쑤시개로 각각의 찌를 고정시킨다. ❸최근 들어 학공치 밤낚시도 시도되고 있다. 전체 채비법은 동일하나 맨 끝 大 사이즈 찌를 이쑤시개 대신 캐미라이트로 고정시키는 것이 요령. 中과 大찌 사이에 찌고무를 작게 잘라 캐미라이트를 고정시켜도 된다.

■사용 주안점 – ❶자작 3단찌의 어신은 최종 찌의 좌우 수평 움직임으로 확인할 수 있다. 실제로 수직 입질보다는 수평 입질이 많은 학공치 입질을 잡아내기에 매우 유리하다. ❷채비를 던질 때는 아주 자연스럽게 포물선을 그리도록 해야 채비가 엉키지 않는다.

학공치② – 민낚싯대 채비

황 만 철

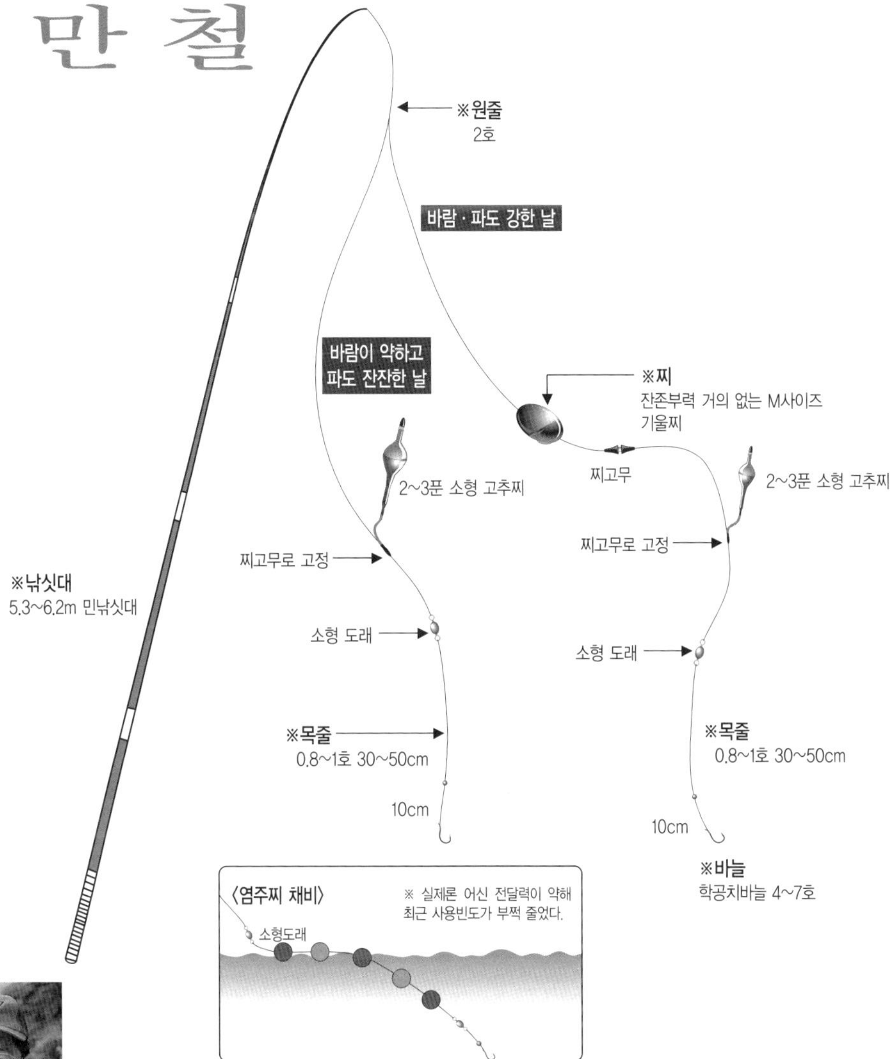

황만철
〈본지 포항 모니터 · 만포낚시 대표〉

■채비 주안점 – ❶바다가 잔잔하고 파도가 약한 날엔 소형 고추찌를 부착한 채비만으로도 낚시가 가능하다. ❷부력은 2~3푼 정도가 가장 적당하다. 바람과 파도가 다소 있는 날엔 기울찌를 날림찌로 사용한 2단찌 채비가 필수. 기울찌는 너무 크지 않은 M 사이즈가 적당하며 0~B 정도의 잔존부력이 거의 없는 것이 요구된다. 고부력 찌를 던질찌로 사용하면 너무 까부는 통에 어신찌에 전달되는 어신캐치에 지장을 준다.

■사용 주안점 – ❶목줄의 길이는 30~50cm 범위 내에서 조절을 한다. 바다가 잔잔한 날엔 얕게, 파도가 다소 높게 이는 날엔 깊게 주는 것이 요령이다. ❷수직으로 서 있는 고추찌로는 수직 입질 파악이 유리하다. 그러나 유심히 관찰해보면 찌가 살며시 옆으로 끌려가는 모습을 포착할 수 있다. 이 순간도 입질이므로 놓치지 말고 챔질해야 한다. ❸갯바위의 높이 및 바람 · 파도 등을 두루 감안할 경우 가급적 5.3m 이상 길이가 좋다.

망상어① – 민장대 맥낚시 채비

홍 종 범

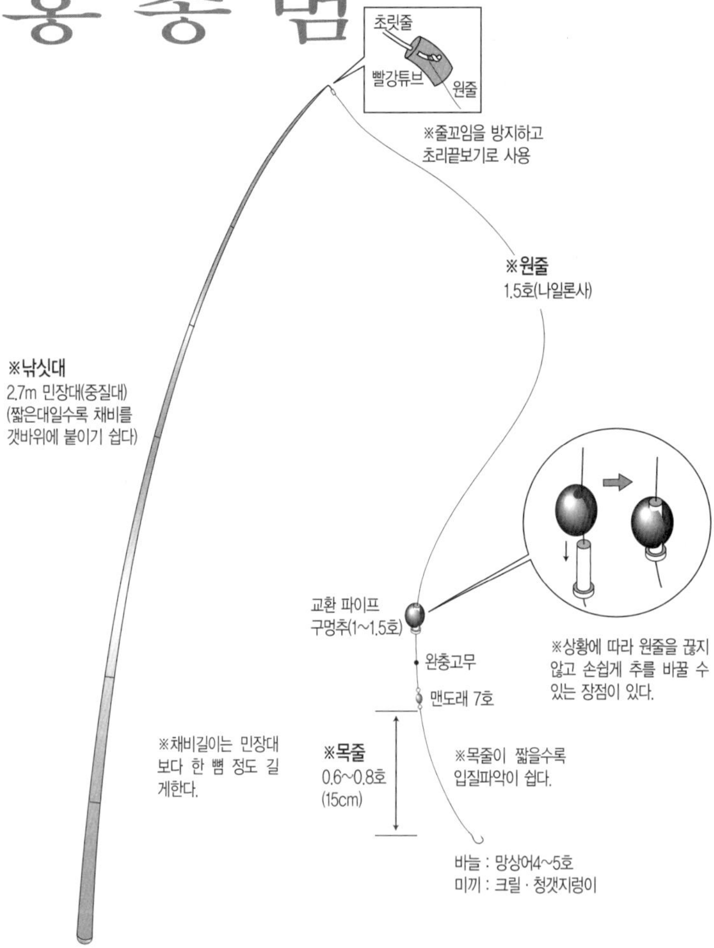

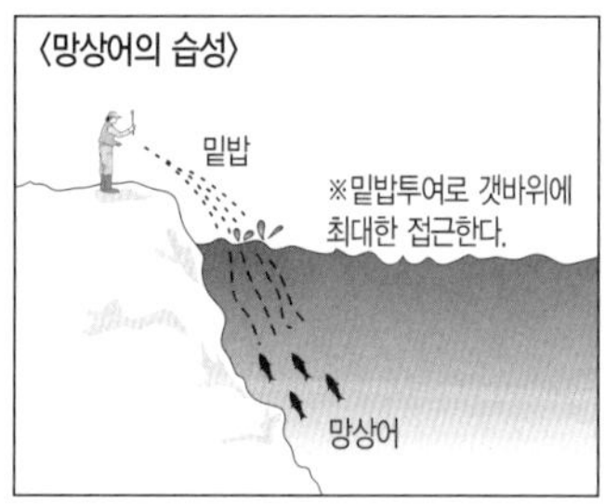

홍종범

〈동해 · 현대낚시 대표〉

■채비 주안점 – ❶채비를 최대한 벽에 붙이기 위해선 긴 대보다는 짧은 대가 유리하다. ❷채비가 낚싯대 길이보다 너무 길 경우 가는 줄로서 대상어를 끌어내는 데 무리가 따르므로 약한 뼘 정도 길게 한다. ❸봉돌은 파이프가 박혀 있는 구멍봉돌을 주로 사용. ❹벽에 붙는 대상어를 효율적으로 공략하기 위해서는 목줄 또한 너무 길지 않는 것이 유리하다.

■사용 주안점 – 이 채비는 파도가 잔잔한 날 벽치기에 위력을 보인다. ❶망상어는 밑밥을 투여하게 되면 갯바위에 붙는 습성 때문에 짧은 대로 채비를 최대한 벽에 붙여주는 것이 좋다. 특히 파도가 없는 날은 수중에 띄운 채비보다는 벽에 붙일 경우 빨리 입질을 받을 수 있다. 이런 때 찌낚시의 경우는 채비를 벽에 붙이기 어려워 맥낚을 주로 애용한다. ❷단, 조류가 너무 셀 경우는 2.5칸~3.0칸대로 바꿔 사용하기도 한다. ❸청갯지렁이 미끼는 반 토막을 내어 꿰어야 쉽게 챔질이 된다.

망상어② – 민장대 찌낚시 채비

김 용 화

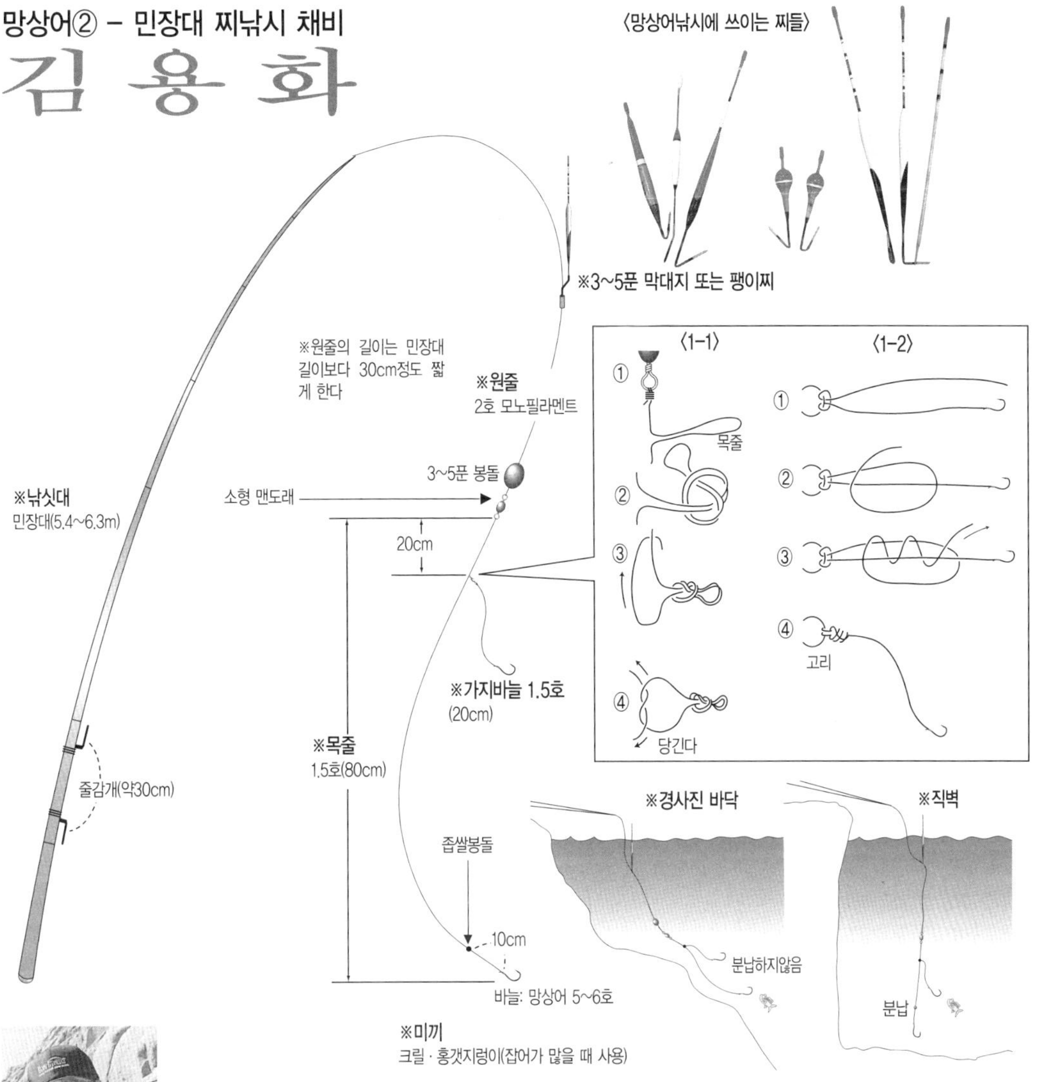

김용화
〈거제 태조낚시 대표 · 바낙스 필드스탭〉

■채비 주안점 – ❶둥근형의 구슬찌보다는 상부 팽창형의 팽이찌가 유리하며, 막때찌도 예민성 때문에 많이 쓰인다. 다만 20cm 이하의 짧은 찌가 좋으며, 긴 찌는 조류의 흐름이 다소 강할 경우 어신 판별이 어려워진다. ❷지형이 밋밋하게 경사진 곳을 노릴 때는 목줄에 봉돌을 달지 않는 것이 유리하며, 직벽을 노릴 경우는 벽면을 효율적으로 공략하기 위해 바늘 위 10cm 정도에 좁쌀봉돌을 달아준다. ❸목줄에 가지바늘을 덧달아 어느 수심층에서도 입질을 받을 수 있게 한다.

■사용 주안점 – ❶직벽의 경우 조류에 따라 채비를 흘려주는데 되도록 채비가 벽면에서 1m 이상 벗어나지 않도록 잡아주어야 쉽게 입질을 받는다. ❷경사진 포인트를 노릴 때는 어느 정도 채비를 흘리다가 살짝 살짝 당겨 위치를 고정시켜준다. ❸평상시에는 크릴을 미끼로 쓰는데 잡어가 많을 때는 갯지렁이(홍갯지렁이, 청갯지렁이)로 바꿔 준다.

찾아보기

토막상식

낚싯줄의 표시(標示)

'호수'(號數)냐? 'Lb'(파운드 테스트)?

우리나라와 일본은 낚싯줄의 표시를 '호수'(號數)로 기준하고 있다. 호수는 일본에서 시작된 것으로, 원래는 5척(1.515m)분 데구스(초창기 낚싯줄)의 중량을 기준으로 결정된 단위였다. 당시의 일본에선 중량 표시를 문(匁)·분(分)·리(厘)·모(毛)로 구분하던 중, 1959년부터 1리를 1호, 1분을 10호로 정하여 부르게 되었다. 이런 기준으로 예를 들면 1리 5모는 1.5호가 되는 것이다.

이 1리(1호)의 굵기가 직경 0.165mm였는데, 결국 직경 0.165mm의 실을 1호라 부르던 것이 아직도 계속되고 있으며, 우리나라 낚싯줄 또한 일본의 영향으로 '호수'라는 표시가 통용되고 있는 추세다(루어 및 플라이낚시인들은 미국식의 피운드 기준을 따르고 있지만…).

그런데 이 직경에 의한 표기는 상당한 허용범위가 있기 때문에 메이커나 제품에 의해 굵기가 일정치 않다는 것이 문제다. 따라서 호수는 굵기 그 자체, 또는 굵기에 의한 강함의 표시 정도로 생각하는 편이 좋을지도 모른다. 예전에는 '1호로 1kg짜리' 고기를 낚아 올렸다면 자랑거리가 됐지만 지금의 낚싯줄은 이전과 비교가 되지 않을 정도로 강해져 '1호로 3kg짜리'를 올리는 일에 그다지 관심을 보이지도 않는다. 이는 낚싯줄이 강해진 탓만은 아니며, 낚싯대를 비롯한 기타 부속장비의 발전 및 상호 밸런스와도 관계가 있기 때문이다.

구미에서는 Lb(파운드 테스트) 표시가 일반적이다. 이는 라인의 굵기와 무게에 관계없이 어디까지나 강도를 기준으로 한 규격이다.

그러므로 1Lb 표시의 라인이라면 1파운드(453.6g)의 중량에 견딜 수 있다는 것이다. 매우 쉽고도 합리적인 측면이 있지만, 이 또한 정확하지는 않다. 강도의 테스트 결과에는 아무래도 일정치 않은 오차가 생기기 때문이다. 더구나 이 경우의 강도는 직선강도이지 결절강도가 아닌 것이다.

결국 낚싯줄의 선택은 호수든 Lb(파운드 테스트)든 그 표시를 참고로 하되, 실전에서의 사용은 낚시인 자신의 오랜 경험을 믿을 수밖에 없을 것이다. 그것이 또한 낚시니까!

낚시춘추 업그레이드 3

낚시 채비 & 묶음법 150

1판 14쇄 인쇄 2021년 1월 11일
1판 14쇄 발행 2021년 1월 18일

지은이 낚시춘추 편집부

발행인 김국률
발행처 예조원

출판등록 제301-2010-184호

주소 서울특별시 중구 퇴계로 180-3
전화 (02)2272-7272 팩스 (02)2272-7275

값은 표지에 있습니다.
ISBN 978-89-94129-10-5 (03690)